广东省高职院校高水平专业群“旅游管理专业群”建设项目
广东省高职教育精品在线开放课程建设项目
广东省高职院校课程思政示范课程建设项目
高等职业教育教学改革融合创新型教材 · 旅游类

旅游服务心理学

Lüyou Fuwu Xinlixue

伍新蕾 主 编
谭健萍 张颖 周捷航 副主编

东北财经大学出版社 大连
Dongbei University of Finance & Economics Press

图书在版编目（CIP）数据

旅游服务心理学 / 伍新蕾主编. —大连 ：东北财经大学出版社，2023.12
（高等职业教育教学改革融合创新型教材 · 旅游类）
ISBN 978-7-5654-5007-5

Ⅰ.旅…　Ⅱ.伍…　Ⅲ.旅游心理学-高等职业教育-教材　Ⅳ.F590-05

中国国家版本馆CIP数据核字（2023）第257393号

东北财经大学出版社出版
（大连市黑石礁尖山街217号　邮政编码　116025）
网　址：http://www.dufep.cn
读者信箱：dufep@dufe.edu.cn
大连永盛印业有限公司印刷　东北财经大学出版社发行

幅面尺寸：185mm×260mm　字数：413千字　印张：18.25
2023年12月第1版　2023年12月第1次印刷

责任编辑：魏　巍　张晓鹏　韩敌非　责任校对：赵　楠　田玉海
封面设计：原　皓　版式设计：原　皓

定价：49.00元

教学支持　售后服务　联系电话：（0411）84710309

如有印装质量问题，请联系营销部：（0411）84710711

前　言

习近平总书记在党的二十大报告中指出“青年强，则国家强”，强调“全党要把青年工作作为战略性工作来抓”，寄语广大青年“立志做有理想、敢担当、能吃苦、肯奋斗的新时代好青年”。教育部积极响应党的二十大精神，于2023年1月29日在《人民日报》上发表题为《着力培养担当民族复兴大任的时代新人》的文章，全面实施“时代新人铸魂工程”。教育是培养人的事业，让广大学生人格健全、心态阳光，全面加强和改进学生心理健康工作正是培养担当民族复兴大任的时代新人的重要内容。

围绕党的二十大报告提出的“坚持以人民为中心的发展思想”，中国文旅行业秉承“以游客为中心”的服务理念，持续关注人民的幸福旅行体验，为实现中国式现代化而不懈奋斗。随着人工智能、虚拟现实（VR）和增强现实（AR）等技术的迅猛发展，数字文旅产品得以实现更加真实、沉浸式的体验，个性化、品质化、智慧化逐渐成为旅游产品和服务升级的主方向。此时，“以情补智”“情智交汇”的旅游心理服务就显得越发可贵且重要了。

在数字文旅时代，面对行业“将理论运用于实践”的要求、学生“学以致用”的诉求，我们编写了《旅游服务心理学》一书。本书以习近平新时代中国特色社会主义思想为指导，针对高等职业教育旅游类专业人才培养特色及要求，依据高等职业学校专业教学标准，立足新时代学生的个性特质、职业发展和成才规律，围绕“走进‘心’的世界”“倾听‘心’的声音”“搭建‘心’的桥梁”“用‘心’做好服务”“用‘心’创新服务”“给‘心’一缕阳光”六大模块、十五个项目呈现文旅服务岗位的心理服务知识、心理服务技能、综合服务素养，体现了“德技并修”“育训结合”“岗课赛证融通”等新时代职教育人理念。

具体来说，本书具有以下突出特点：

1.思政浸润始终，深化培根铸魂

本书深入贯彻党的二十大精神，围绕“一个信念，三个提升，三种熏陶，三项修炼”的育人目标，对“旅游服务心理学”课程固有的思政元素与德育资源进行内涵式深挖，使学生树立为人民服务的理想信念，增进政治认同，坚定文化自信，提高责任担当，增强行业自豪，修炼健全人格。以“思政浸润”为引领，以“启智润心”栏目展示思政素材、凝练思政元素、抒发思政感悟，使思政浸润显性化，培养学生成为社会文明的倡导者、中华文化的传承者、服务艺术的践行者、人民至上的奉献者。

2.岗课赛证融通，实现经世致用

以“工作过程系统化”为主线，以“行业适用”为基础，以“旅游职业心理培养”为目标，提炼服务岗位、技能大赛、导游资格证书等对旅游服务心理的核心要求，全面融通于教材。以“学生为中心”，从解决学生的困惑出发，分析体现中国文旅发展新技术、新业态、新模式的前沿案例，理论结合实践，从心理学的角度揭示旅游服务中产品设计、营销推广、咨询接待等客我互动实质及学生心理调适成长途径。从“课前小互动”到“知识课堂”“案例分享”，再到“见多识广”“学以致用”，实现原理先行、实务跟进、案例同步、实训到位。

3.校企生共合作，打造沉浸式富媒体教学资源

党的二十大报告指出：“推进教育数字化。”本书坚持学校主导、企业共建、学生参与的原则，由双师型教师、行业企业专家、学生共同开发建设沉浸式富媒体教学资源，还原企业工作场景、汇总前沿案例，企业专家与优秀学生进教材，树立行业楷模，实现同辈激励，熏陶职业理想。本书配套教学资源丰富，既有教学大纲、课程标准、课程教案、教学日历、教学课件、学习指南、测试题库等基础性配套资源，还原创制作了微课、动画、VR全景、交互式课件等课程资源，为学生打造了身临其境的学习环境。

本书是广东省高职教育精品在线开放课程与广东省高职院校课程思政示范课程“旅游服务心理学”（项目编号：KCSZ04200）配套教材。作为文化和旅游部（原国家旅游局）“万名旅游英才计划”之双师型教师培养项目（项目编号：WMYC20154-1139）、广东省高职院校高水平专业群“旅游管理专业群”建设项目（立项编号：GSPZYQ2020142）、广东省普通高校创新团队项目（人文社科）数智文旅应用与标准化研究协同创新团队（项目编号：2023WCXTD040）、广东省教育科学规划课题（高等教育专项）（项目编号：2023GXJK925）、2023年广东省高职教育教学改革研究与实践项目（课程思政浸润高职旅游类在线精品课程建设的研究与实践）、河源职业技术学院课程思政教改项目（项目编号：HZJG202111）的研究成果之一，本书入选广东省高职院校课程思政教育案例（入选编号：KCSZ06074）。本书既可作为高等职业教育旅游类专业相关课程的教材，也可作为旅游企业员工的岗位培训教材，还可供广大旅游从业者选为自学提升参考书。

本书编写团队依托广东省高职院校高水平专业群“旅游管理专业群”，已经建成“旅游服务心理学”省级精品在线开放课程、学银在线慕课（https://www.xueyinonline.com/detail/236105297）。课程顺应职业教育提质增优、混合式教学改革趋势，构建校企共建编撰机制。

本书由河源职业技术学院伍新蕾副教授任主编，谭健萍老师、张颖教授以及广东万绿湖旅游经营管理有限公司周捷航经理任副主编，具体编写分工如下：伍新蕾编写模块一、模块二的项目二与项目三、模块三的项目二、模块四的项目一、模块五的项目二、模块六的项目二，谭健萍编写模块三的项目一、模块四的项目二，张颖编写模块二的项目一、模块六的项目一，周捷航编写模块五的项目一与项目三，全书由伍新蕾总纂定稿。本书在编写过程中，得到了合作文旅企业（广州长隆集团有限公司、东莞市青年国际旅行社有限公司、广东万绿湖旅游经营管理有限公司、广东客天下研学旅行管理有限公司、河源春沐源旅游文化有限公司、河源市好世界国际旅游有限公司、河源市客邑文化旅游投资有限公司等）及行业人士的大力支持，他们为书稿编写提供了丰富的一手资料与前沿动态信息，在此深表感谢！本书微课拍摄、动画制作等得到了河源职业技术学院俞彤教授、曾惠华讲师、冯四朵老师，河南职业技术学院秦晶副教授，吉安职业技术学院袁申梅讲师，广东客天下研学旅行管理有限公司叶文杰总经理，河源市客邑文化旅游投资有限公司张淑娟总经理助理，河源客天下国际旅游度假区蔡春枚经理，河源市中正健康管理有限公司王朝晖总经理，河源市重塑普拉提瑜伽工作室曹雪娇教练，优秀毕业生张华华、郑熙璇、黄婧、黄娟、傅瑞、汪文霞、张慧珊、李锦萍、徐沛、胡巧靖、丘迪、朱筱妤、赖冬雨、吴伊丹、李紫瑗、刘巧凤、陈春娟等，在校生陈钰婷、刘坤、刘利雄，以及广东力拓网络科技有限公司的大力支持，VR全景摄制由河源市航拍协会提供技术支持，在此一并表示诚挚的谢意！同时，本书在编写过程中吸收、借鉴了国内外专家学者的相关研究成果，参阅了相关的文献及网络资料，但囿于篇幅，未能一一详列，在此深表谢意！

此外，本书在编写过程中难免存在疏漏之处，敬请各位专家、同行和读者批评指正，真诚希望使用本书的师生朋友们提出改进意见，我们将不胜感激。

编　者

2023年11月

本书配套课程宣传片

目录

数字资源目录

模块一
走进“心”的世界——了解旅游服务心理

学习导图

走进“心”的世界

模块一　了解旅游服务心理

- 项目一　认知心理学
  - 任务一　心理学的内涵
  - 任务二　心理学的基本流派
- 项目二　认知文旅服务
  - 任务一　旅游服务产品的内涵
  - 任务二　中国特色文旅的发展
- 项目三　认知旅游服务心理学
  - 任务一　旅游服务心理学的理论基础
  - 任务二　旅游服务心理学的分析框架

思政浸润

★引导学生树立“为人民服务”的理想信念，以及正确的世界观、人生观、价值观。

★激发学生对旅游行业的认同感和作为旅游从业人员的自豪感。新时代，新起点，新使命。新时代文旅人要以党的二十大精神为指引，充分汲取党的百年历史蕴含的成功经验、智慧源泉，在平凡中坚守，在岗位上贡献，初心不改，勇于担当，热爱不息，不断深耕，坚持旅游为民，推动文旅融合高质量发展，为促进旅游业满足人民群众美好生活的需要和经济社会发展做出新的更大贡献。

学习目标

知识目标

- 认知心理学的内涵与价值，了解心理学主要学派，掌握旅游服务的心理理论基础与研究方法。
- 了解旅游行业的时事与政策，认知旅游产品的内涵与特性，深刻理解旅游服务的价值。

能力目标

- 能运用心理学基本原理，如行为主义“S-R”与“R-S”公式分析旅游行业案例。
- 能运用调查法初步探寻游客的心理状态。
- 能画出旅游企业服务蓝图，分析旅游企业服务质量提升的关键因素。

素养目标

- 养成对客服务的专业意识，形成首问负责的服务自觉性。
- 养成独立深入思考的习惯，提高分析问题与解决问题的能力。

项目一　认知心理学

◎ **课前小互动**

请同学们自由陈述自己对苹果这种水果的认识。分享者讲述时，老师与其他同学保持倾听，并给予适度回应。

知识共探究

任务一　心理学的内涵

在“课前小互动”中，同学们都针对苹果这种水果发表了自己的想法。其实，这就是心理，是我们的大脑对客观现实的主观反应。我们通过视觉、听觉、嗅觉、触觉、味觉等感官认识多姿多彩的外部世界，通过头脑思考事物之间的关系，同时伴随着欢喜、愤怒、悲伤、恐惧等情感体验，这种折射出一系列心理现象的过程就是心理过程。所以，人的心理活动都有一个产生、发展、消失的过程。

知识课堂 1-1-1

（1）扫码学习“微课 1-1-1”；

（2）结合微课，画出“认知心理学”思维导图，关注心理学的发展历程，并写下自己对心理学的初步印象。

微课 1-1-1

认知心理学

为什么每个人的主观反应各有不同？这些千差万别的主观反应从何而来？其实，心理现象人皆有之，它是宇宙中最复杂的现象之一，从古至今为人们所关注。有位学者曾说，世界上有三大未解之谜，即物质起源之谜、生命起源之谜、意识起源之谜，而心理学恰恰是探索意识起源之谜的科学。由于意识起源之谜在很大程度上又和前两个未解之谜有着密切的关联，因此心理学成为一个相当庞大且复杂的学科，任何人都能在其中找到自己感兴趣的主题。人的心理实质见表 1-1-1。

表 1-1-1　人的心理实质

序号	观点	内容
1	心理是人脑的机能	现代科学表明，人脑是人的神经系统的核心部分，是人的心理活动的物质载体
2	心理源于客观世界	人的心理是对客观现实的反映，是人脑与客观现实相互作用的结果。客观现实是不依赖于人的意志而独立存在的客观物质世界，包括自然界和社会环境。对人的心理与行为具有直接影响的是人生存的环境，即人的现实社会生活条件

续表

序号	观点	内容
3	心理产生基于实践	大脑是心理活动产生的物质基础，客观世界是心理活动产生的外部源泉，但具备上述两个条件并不意味着心理活动一定会产生。人只有在实践中，并且与客观事物相互作用才能产生心理
4	心理具有主观能动性	心理的主观能动性表现为人对反映的对象、进程及结果都可以清楚意识到。人的主观世界（如知识、经验、个性、心理状态等）会对现实反映的事物产生影响。人不但能够丰富自己的主观世界，而且不断认识、改变与创造着客观世界
5	心理受到社会制约	人生活在社会环境中，人的本质在于其社会性，因此人的心理必然受其所处的社会环境、历史条件和社会方式的影响与制约

心理学的英文“psychology”一词由希腊文“psyche”与“logos”组合而成。psyche指灵魂（soul），灵魂在希腊文中也有气体或呼吸的意思，因为古代人们认为生命依赖于呼吸，呼吸停止，生命就结束了；logos指讲述（discourse）。psychology的直观含义就是研究讲述人类灵魂的学问。是否真的如此呢？让我们从心理学的发展中来寻找答案吧。

数千年来，人类一直以非正规的方式对自身的行为进行观察，对自身的心理活动进行探索，这种探索最早是在哲学框架下进行的。因此曾有人这样比喻心理学的发展，哲学是父亲，生理学是母亲，生物学是媒人。早在两千多年前，古希腊的苏格拉底、柏拉图、亚里士多德等哲学家就将人类的本性、本能、心灵、感觉、意识等问题作为哲学上的主要概念进行研究。中国春秋战国时期，诸子百家也对人性等问题进行了探索，如孟子的“性善论”，荀子的“性恶论”。但这些研究都是思辨的、猜想的，缺乏客观的研究方法，没有形成科学的心理学理论，因此只能称为哲学或者思辨的心理学。

19世纪以来，自然科学得到迅速发展，启发了人们的思维，出现了一批尝试用实验的方法研究人的心理现象的学者。1879年，德国生理学家、哲学家冯特在德国莱比锡大学建立了世界上第一个心理学实验室，第一次用定量的自然科学方法研究人类的意识活动。至此，心理学终于摆脱了“神学的奴婢、哲学的附庸”这种尴尬位置，成为一门正式独立的科学。由此可知，现代心理学研究的不是人的灵魂，而是人的心理活动、心理过程、心理行为，包括感觉、知觉、记忆、学习、需要、动机、思维、人格、情绪、自我概念、社会关系、社会行为、道德意识等。

综上所述，心理学是一门研究人类心理现象及其影响下的精神功能和行为活动的科学。心理学是在思维科学、自然科学和社会科学交合点上形成的一门具有综合性的交叉学科或边缘学科。从心理学在整个科学体系中所处的位置来看，心理学与哲学、自然科学和社会科学具有密不可分的关系。

心理学在“科学三角形”中的位置如图1-1-1所示。

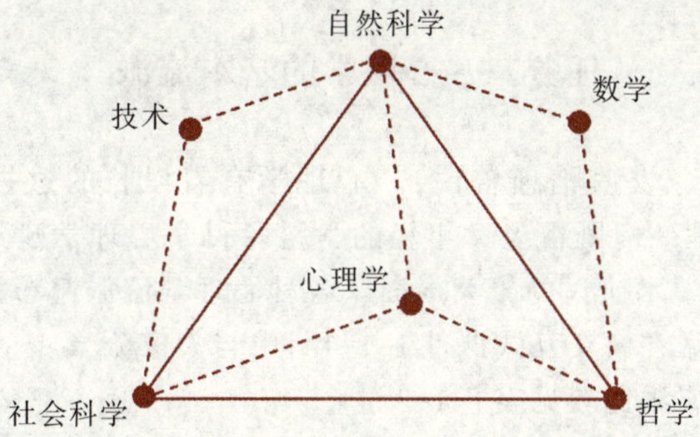

图 1-1-1　心理学在“科学三角形”中的位置

那么，为什么要学习心理学呢？对大多数人来说，首先是认识自我、悦纳自我、完善自我。心理学可以帮助我们加深对自己的了解，从而接受这个独一无二的自己，让自己感受幸福快乐的能力越来越强，做真实、有温度、更好的自己。其次是理解他人、接受他人、和谐关系。我们可以用心理学的理论和方法论解释社会、组织、个体的各种行为习惯和观念，用理性的方式思考问题，从而获得一颗更加包容和善解人意的心。理解他人，用发展的眼光看待自己与他人，用客观、辩证的眼光来看待社会现象，我们的生活将充满芬芳，洒满阳光。

心理学问题的多元化见表 1-1-2。

表 1-1-2　心理学问题的多元化

问题	问题解决者	问题	问题解决者
人们如何更好地处理日常问题？	临床心理学家 咨询心理学家 大众心理学家 心理治疗师	关于世界，婴儿知道些什么？	发展心理学家
记忆是怎样存储在大脑中的？	生物心理学家 精神药理学家	为什么我的工作使我这么沮丧？	工业心理学家 工效心理学家
如何教一条狗听从命令？	实验心理学家 行为分析师	老师应该如何对待捣乱的学生？	教育心理学家
为什么我总是无法回忆起我确信自己知道的信息？	认知心理学家 认知科学家	为什么每次考试之前我都会生病？	健康心理学家
是什么让每个人都不同？	人格心理学家 行为遗传学家	被告在犯罪的时候是精神失常的吗？	司法心理学家
“同辈压力”是如何起作用的？	社会心理学家	为什么每次参加重要的篮球赛我都会呼吸困难？	运动心理学家

学以致用 1-1-1

请同学们独立思考学习心理学的重要性，再以小组为单位进行交流，最后总结成小组意见并在班级内展示。

任务二 心理学的基本流派

交互式课件
1-1-1

西方心理学
主要流派

德国实验心理学家艾宾浩斯曾说："心理学有着漫长的过去，但只有短暂的历史。"因此，心理学是一门既古老又年轻的学科。科学心理学建立以后，整个心理学界出现了从未有过的学术研讨的繁荣局面。各种心理学流派遍布世界各地，我们选择具有代表性的七个流派在"交互式课件1-1-1"中与大家分享。

西方心理学主要流派比较见表1-1-3。

表1-1-3 西方心理学主要流派比较

名称	创立时间	代表人物	研究对象	基本观点
构造主义心理学派	1898年	铁钦纳	意识经验	意识经验可分为感觉、意向、激情三种元素
机能主义心理学派	19世纪末 20世纪初	詹姆斯	意识的功能	意识体验的适应性目的比结构更重要
格式塔心理学派	20世纪初	韦特海默	意识的组织	意识体验和知觉应作为整体来研究
行为主义心理学派	20世纪初	华生、斯金纳	环境对人和动物外显行为的影响	心理学只研究可观察的外显行为
精神分析心理学派	19世纪末 20世纪初	弗洛伊德	决定行为的无意识因素	儿童时期的无意识经验是人格特征与心理障碍产生的根源
认知心理学派	20世纪 50年代中期	奈瑟尔、皮亚杰	思维等复杂的心理过程	心理学要了解人如何获取、储存和加工信息
人本主义心理学派	20世纪 50至60年代	马斯洛、罗杰斯	人类所独有的特殊经验	人是自主的理性动物，有自我发展的潜能

西方心理学中最著名且有影响力的三大流派即精神分析心理学派、行为主义心理学派、人本主义心理学派，它们也被称为心理学"三大势力"。

1.精神分析心理学派——内因论：本能论

精神分析心理学派的创始人是奥地利精神病医师弗洛伊德，他认为人的心理包括意识、前意识与潜意识三部分，其中，潜意识包括原始的本能冲动，以及与本能冲动有关的欲望。他把人格分为本我、自我、超我三部分：本我是与生俱来的，包括先天本能与原始欲望，执行的是"快乐原则"；自我是意识的结构部分，处于本我与超我之间，执行的是"现实原则"；超我是人格中最道德的部分，代表良心与理想，指导自我去限制本我的冲动，执行的是"理想原则"。三者通常处于平衡状态，一旦平衡被破坏，就会导致精神疾病。精神分析心理学派重视潜意识与心理治疗，扩大了心理学的研究领域。但弗洛伊德的本能说、泛性论和人格结构理论等，遭到了20世纪30年代中期以沙利文、霍妮、弗洛姆为代表的一批心理学家的反对，他们强调文化背景和社会因素对精神病产生和人格发展的影响，并且形成了新精神分析学派。

2.行为主义心理学派——外因论：环境论

早期的行为主义心理学派于1913年在美国产生，创始人是华生。该学派认为，科学研究应从观察开始，而人的心理是无法观察的，可观察、可研究的只是人的行为；人的行为的产生源自外部的刺激，并提出了刺激-反应理论，用公式表示为“S-R”。

美国心理学家斯金纳提出了强化理论，形成了新行为主义心理学派。该学派认为，有机体不是单纯地对刺激做出反应，在外部刺激和人的行为反应之间，必须有一个“中介”，这就是个体的心理“O”，从而使人类行为的一般模式成为“S-O-R”。该学派还认为，人的行为的产生不仅源自刺激，而且取决于行为的结果，对行为的结果加以强化会导致这种行为重复产生，这就是强化理论，用公式表示为“R-S”。

3.人本主义心理学派——内因论：潜能论

人本主义心理学派由马斯洛创立，以罗杰斯为代表。他们认为，人的行为由内在的潜能所决定，主张研究人的价值和潜能的发展，“心理学应该关心人的尊严和人的提高”。马斯洛需求层次理论指出，个体成长发展的内在力量是动机。动机由多种不同性质的需求组成，各种需求之间有先后顺序与高低层次之分，每一层次需求的满足程度决定了个体人格发展的境界。

精神分析心理学派与人本主义心理学派的区别见表1-1-4。行为主义心理学派与人本主义心理学派的区别见表1-1-5。

表1-1-4　**精神分析心理学派与人本主义心理学派的区别**

	精神分析心理学派	人本主义心理学派
区别一	弗洛伊德将本我（本性）视为生物的本能和强烈的先天因素	马斯洛认为人性内核是人的基本需要或类本能，是人类一种内在的、高级的需要或潜能
区别二	弗洛伊德认为本我是反社会的，坚持性恶论和悲观主义	马斯洛坚持人性是善良的，对人的健康成长和自我实现持乐观主义态度

表1-1-5　**行为主义心理学派与人本主义心理学派的区别**

	行为主义心理学派	人本主义心理学派
区别一	行为主义心理学派把人看成受外力控制的有机体，人没有自由和尊严，且处于被动地位	人本主义心理学派坚持人的自主权，人可以自由选择自己的未来
区别二	行为主义心理学派坚持外在价值观，主张以强化理论解释社会价值的实现	人本主义心理学派强调内在价值观，马斯洛认为美德追求本身就是一种奖赏，因为人能够得到一种更深刻的幸福感和内在生活的丰富感

知识课堂1-1-2

（1）扫码学习“微课1-1-2”；

（2）结合微课，思考西方心理学“三大势力”的核心理论对自己的启示是什么？请结合实际案例说明。

微课1-1-2

西方心理学主要流派

一个多世纪以来，人们对自身心理活动的规律已经有了较深入的认识，并且能够利用心理活动的规律去指导实践活动，心理对人类来说已不再是神秘而不可捉摸的了。如今心理学已经有了显著的发展，有其主干学科和众多的分支学科，大体分为理论研究与应用研究两大部分。理论研究大部分以间接方式指导着我们的各项工作，而应用研究的各个分支在实际工作中都可以直接起作用，旅游心理学正是其分支之一。

课后小练习

◎ 判一判（判断下列观点的正误并解释原因）

1.心理过程包括认知、情感、意志等过程。（　　）

2.美国行为主义心理学家斯金纳作为新行为主义的代表人物，是操作性条件反射理论的奠基者，他创制了研究动物学习活动的仪器——斯金纳箱。（　　）

3.精神分析心理学派坚持内因论，强调潜意识的重要性，认为本能是人的心理的基本动力，注重潜能的激发。（　　）

◎ 选一选（选出下列单选题中正确的选项）

1.心理现象可以分为（　　）。

A.心理过程与个性心理　　B.认知过程与个性心理

C.情感过程与个性心理　　D.意志过程与个性心理

2.（　　）被誉为“心理学之父”。

A.笛卡尔　　B.弗洛伊德　　C.冯特　　D.柏拉图

3.（　　）被称为“心理学第一大势力”，（　　）被称为“心理学第二大势力”。

A.行为主义学派，认知主义学派　　B.精神分析学派，行为主义学派

C.人本主义学派，精神分析学派　　D.行为主义学派，人本主义学派

收获与体会

____

____

____

项目二　认知文旅服务

◎课前小互动

请同学们从以下四个选项中选择可称为旅游产品的选项，并说明理由。

A.旅游线路　　B.酒店客房　　C.旅游纪念品　　D.导游讲解

知识共探究

任务一　旅游服务产品的内涵

旅游产品，也称旅游服务产品，它由实物和服务共同构成，包括景点、交通、食宿、娱乐等设施设备及相应服务，还包括出售给旅游者的旅游线路类产品，以及景区、酒店等单个旅游企业提供给旅游者的活动项目类产品等。

旅游产品的“硬件”由以实物形态存在的旅游吸引物构成，这是对客服务的目的物与凭借物。然而要发挥旅游产品“硬件”的吸引作用，一定需要“软件”的支撑，也就是以旅游服务人员的“活动”形式提供的心理形态的服务产品。

知识课堂 1-2-1

微课 1-2-1

认知旅游产品

（1）扫码学习“微课 1-2-1”；

（2）结合微课，画出“旅游产品构成”思维导图。

一、服务的本质

在服务经济时代，几乎每个人对“服务”一词都不会陌生，但如果要回答“什么是服务”，并将其透彻诠释却不容易。“服务”和“管理”一样，很多学者都给其下过定义，但由于服务的无形性及应用的广泛性，因此很难对其进行简单概括。我们可以从多角度对服务进行解读，如图 1-2-1 所示。

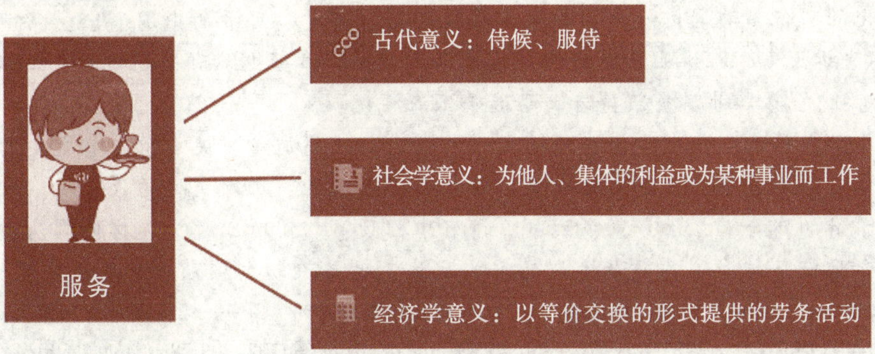

图 1-2-1　服务的多角度解读

服务在古代是侍候、服侍的意思，随着时代的发展，服务不断被赋予新的含义，成为整个社会不可或缺的人际关系的基础。社会学意义上的服务是指为他人、集体的利益或为某种事业而工作，如张先生在公交系统服务了20年。经济学意义上的服务是指以等价交换的形式，为满足企业、公共团体或其他社会公众的需要而提供的劳务活动，它通常与有形的产品联系在一起。因此，有学者总结说，服务是指为他人做事，并使他人从中受益的一种有偿或无偿的活动；同时，服务不是以实物形式，而是以提供活劳动的形式满足他人的某种需要。如今，不同的机构、组织等对服务都有自己的界定，大家可以结合“见多识广1-2-1”进一步了解。

见多识广
1-2-1
服务的多维定义

学以致用1-2-1

请同学们独立思考“从事旅游服务工作，我能收获什么”，再进行课堂展示，发表看法。

诚然，我们从事旅游服务工作可以获得生存资本，但是更能收获许多“无价之宝”。北京第二外国语大学吴正平教授认为，“服务就是为他人做事、让他人获益”。旅游服务工作者通过认真做事，让被服务者获得利益与实惠，从而产生身心的满足与愉悦。可以说，帮助人民群众获得幸福感是现代文旅人的终极目标。

歌德曾说：“我们为祖国服务，也不能都采用同一方式，每个人应该按照资禀，各尽所能。”中国文旅产业是为人民谋福祉的产业，每一名旅游服务工作者都应在这项伟大的事业中发光发热，在每一次对客服务中、在“为人民服务”的文旅事业中实现自我价值，获得人生的成就感。

启智润心1-2-1　坚守文旅从业者的初心，践行发展中国特色文旅业使命

经过11天的激烈角逐，第五届全国导游大赛决赛于2023年9月25日在河北唐山落下帷幕。全国导游大赛为行业选拔出了一批政治素质强、服务水平高、腹有诗书气的优秀导游。

“我们都是中国导游！”全体获奖导游喊出了响亮的口号，这也体现了他们要为中国文旅事业做贡献的坚定决心。“中华优秀传统文化中蕴含的哲理，是我奋力前行的精神源泉。”银牌导游员获得者天津选手徐亮从业已有20多年。“通过对中华优秀传统文化的学习，我可以从中汲取解决问题的经验，从而更从容地面对生活和工作中的压力。在以后的工作中，我将带动更多的同事、朋友加入传承弘扬中华优秀传统文化的队伍，共同讲好中国故事，展现可信、可爱、可敬的中国形象。”徐亮说。“我想告诉大家，旅游业是美好的，是充满希望的，希望更多有兴趣的朋友大胆地接触旅游业。”银牌导游员获得者山西选手王海涛说。

导游在传承弘扬中华优秀传统文化、促进行业高质量发展中承担着重要的责任和使命。导游应坚守中华文化立场，做祖国美丽风景、璀璨文化的代言人，做倡导文明旅游的践行者，讲好家乡故事，讲好中国故事。同时，作为连接供需两端的纽带，导游既是旅游业高质量发展的重要载体，也是推动文旅融合发展的有生力量。

资料来源：徐晓，张宇，唐伯依.恪守从业初心　展现时代风采——第五届全国导游大赛决赛亮点纷呈［EB/OL］.［2023-09-28］. http://www.ctnews.com.cn/m/2023-09/28/content_150084.html.

思政元素：家国情怀　文化自信　责任担当　坚守初心

学有所悟：党的二十大报告对中国特色社会主义实践做了全面总结，步入新的发展阶段，中国文旅行业面临着新的机遇和挑战，以高质量发展推进中国旅游现代化进程成为中国文旅行业的重要使命。新时代的文旅人要以党的二十大精神为指引，充分汲取党的百年历史蕴含的成功经验、智慧源泉，在平凡中坚守，在岗位上贡献，初心不改，勇于担当，时刻保持对文旅事业的热爱和忠诚，以实际行动为文旅产业的繁荣兴盛贡献自己的力量。

二、旅游服务产品的心理特性

“旅行即生活”，从心理学的角度来看，旅游是一种“日常生活之外的生活方式”，它具有“生产与生活”双重属性，既是一种经济形态，更是一种现代生活方式。旅游者从居住地到达旅游目的地游玩再回到家的过程，是一次具有异地性、异时性的经历，旅游者花费时间、金钱、精力等购买的正是这段“经历”。值得注意的是，“花钱买经历”既包括购买“经历产品”——旅行过程，也包括购买该“经历产品”的经历——购买过程。那么，如何理解旅游经历产品呢？大家可以扫描二维码“见多识广 1-2-2”深入学习。

见多识广 1-2-2

旅游经历产品的三维度

人脑具有记录、回忆、重温等功能，游客购买、参与旅游活动，记录旅游经历，以后可以清楚地回忆、重温那次旅游活动。所以，游客购买旅游服务产品，不仅是购买其凭借的具体实物，而且是购买一次舒适的享受，体验一次愉快的经历，期待产生铭记在心的美好回忆。这样看来，旅游服务产品的本质就是一种“经历产品”或“体验产品”。

案例分享 1-2-1　**少年问天：相约天眼，探研寰宇**

2016年9月25日，500米口径球面射电望远镜（FAST）在贵州省黔南布依族苗族自治州落成启用，这个被誉为“中国天眼”的国家重大科技基础设施受到全世界的瞩目。随着我国天文科学和航天科技的进步，“天文热”“航天热”兴起，这激发了全民特别是青少年群体探索宇宙苍穹的浓厚兴趣。于是，依托FAST兴建的中国天眼科普基地作为面向公众普及科学技术知识、开展科普教育活动的场所，每年都吸引着各地的天文爱好者前来研学。

中国天眼科普基地的研学课程包括天文探秘、创客实践、天眼探索、野外科考、民俗体验等。在天文探秘课程中，孩子们带着问题走进天文馆，参与时空穿越、星系旅行，聆听来自宇宙的声音。在创客实践课程中，孩子们亲手组装电波接收机，进行电磁实验等，在玩乐中学习知识，提高创造力和想象力，争当小小科学家。在天眼探索课程中，孩子们可以进入天眼静默区现场，攀登789级登山步道到瞭望台，亲身体验FAST（约30个足球场大小）的震撼，感受祖国的强大和科技的进步。

中国天眼科普基地使过去这种离人们过于遥远且“高大上”的天文技术接地气了，也让中国人自古以来仰望星空的浪漫遐想变成了现实。所有研学课程既有单感官的静态参与，也有身体力行的动态参与，使天眼研学成为孩子们终生难忘的经历与体验，开启了孩子们的“追星”之路。

资料来源：申晓美．中国天眼景区：科技与文旅的巧妙融合　让追梦星辰成为可能［EB/OL］．［2023-01-12］．http://travel.gog.cn/system/2023/01/11/018299025.shtml.

思考：查阅相关资料，思考如何提高科普类旅游产品的体验性，寓教于乐，摆脱枯燥无味的知识灌输。

与实物产品相比，服务产品具有无形性、不可分离性、差异性、不可储存性以及所有权不可转移性等特征。同理，旅游服务产品的心理特征可以总结为以下几点：

1.产品形态的不可感知性

旅游服务产品表现为非物质形态，旅游者无法品尝、观看、触摸与嗅闻到。由于旅游服务产品的不可感知性，旅游企业难以申请专利，竞争者很容易模仿；旅游者在购买产品前难以做出评价，从而增加了购买风险；产品数量难以定量化，质量评价带有主观性。要消除旅游服务产品的不可感知性带来的负面作用，旅游企业可以采取将无形产品“有形化”的策略，即对操作流程进行细化、量化和优化，以确保服务质量的稳定性。

2.生产与消费的不可分离性

生产与消费上的不可分离性体现为同步性与参与性两个方面。物质产品从生产、流通到最终消费，要经过一系列中间环节，生产与消费是两个可分离的过程，具有一定的时间间隔，因此物质产品的生产过程与消费者无关。但服务产品的生产过程也是消费过程，生产者与消费者在同一时空下直接发生联系。也就是说，旅游者参与到旅游服务产品的生产过程中，这种特性使得旅游者在决定购买旅游服务产品之前无法检查其质量，从而存在很高的购买风险。从消费心理的角度分析，单感官的参与和多感官、全身心的参与，人的感受是不一样的。由于旅游者必然参与到旅游服务产品的生产过程中，因此旅游企业一定要让旅游者多感官、全身心地参与旅游活动，这样才能获得更丰富、更美好的体验。

3.产品体验的差异性

由于人的个性存在差异，因此旅游服务产品的质量很难采用统一的标准来检验。同一位旅游服务人员为不同的旅游者提供同一种服务，会因旅游者的性别、职业、需求、经验、情绪及所处的社会文化环境等因素的不同，导致不同旅游者的主观感受与主观评价不同；同一位旅游服务人员在不同的时间或不同的场合为同一位旅游者提供同一种服务，也会因旅游服务人员的工作态度、情绪等的不同，带给旅游者不同的感受。

4.时间上的不可储存性

旅游服务产品的效用在“使用”时才能显现出来，因此旅游者在旅游活动中获得的感受也不能像物质产品那样储存起来。旅游服务产品的时间性很强，旅游者只能在规定的时间内进行消费；如果当时不消费，旅游服务产品的效用就会消失，并且永远无法补偿。这种供需之间的矛盾要求旅游企业一方面监控需求流量，预防需求波动；另一方面调节需求量，使其与旅游企业的供给相适应。

5.空间上的不可移动性

旅游服务产品的流通不能以物流的形式出现，只能以信息的形式传递。旅游服务产品在空间上不能移动，旅游者只能在生产所在地进行消费。例如，旅游资源离开了所在地就会缺乏吸引力，旅游设施设备、环境气氛在空间上也不能移动。

6.所有权的不可转移性

旅游实物商品如旅游纪念品、旅游购物品在消费过程中所有权发生了转移，而旅游服务产品在消费过程中并不发生所有权的转移，旅游者购买且获得的只是短暂的、有限的使用权，如旅游景区的即时游玩权、酒店民宿的暂时居住权、旅游线路的当下体验权等。

7.产品质量的不稳定性

尽管旅游企业针对旅游服务产品制定了严密的标准与规范，也针对多种可能发生的情况建立了预警机制，但旅游者的需求具有极大的随意性、变化性和突发性，不可能全部事先预测到；同时，生产过程中的波动性，也会导致旅游服务产品质量的不稳定。这就要求旅游企业用标准化手段来规范服务行为，加强现场控制与督导，提高员工的综合素质。

8.人际交往的艺术性

从人际关系的角度分析，体验过程就是人与人之间的交往过程，离开了人际交往就无所谓体验。旅游服务过程中要形成和谐、融洽的人际关系，关键是要掌握人际交往的艺术。旅游服务人员为旅游者提供服务的过程，就是进行人际交往的过程。只要从事旅游服务工作，就要频繁地接触人，同各种各样的人打交道。

9.体验经历的综合性

旅游者的体验经历具有综合性，这要求每一个旅游企业，旅游企业的每一个部门、每一个岗位都提供优质产品。各企业、各部门、各岗位的员工为旅游者提供的服务是组成整体产品的零部件。“细节影响成败”，产品的整体质量与各零部件的质量关系十分密切。有人曾把服务比作一根链条，每个员工都是链条上的一环，链条能否发挥正常功能，首先取决于它所有的环是否紧扣。从这个意义上讲，服务业提出的“100-1=0”“100+1=满意+惊喜”具有深刻的意义。

学以致用1-2-2

请根据案例进行现场模拟，并思考以下两个问题：

①从旅游者的角度来看，高品质的旅游服务具备什么特征？

②不同品质的旅游服务给旅游企业带来的价值存在哪些差异？

案例如下：

一个周末的黄昏，一对老年夫妇拎着沉重的行李来到某酒店的前台，询问是否有空房间。我们假设出现以下四种情况：

第一种情况：服务员详细检查了房态表，确定已全部入住后，告诉客人没有空房间。

第二种情况：服务员说：“您先把名字说一下，我确认一下您是否预订过房间……您没有预订过房间吗？抱歉，没有空房间了。”

第三种情况：服务员说：“真抱歉，今天是周末，没有空房间了，如果您提前预订就好了。您可以先出去逛一逛，我看看有没有不来的客人，让您候补。”

第四种情况：服务员说：“真抱歉，没有空房间了，今天是周末，如果您提前预订就好了。不过，这附近还有一些不错的酒店，要不要我帮您问问看有没有空房间？”接着，服务员拿出两张免费的咖啡券，请夫妇到大堂旁边的咖啡厅坐一会儿，等候查询结果。在查询到另一家酒店还有空房间后，服务员立刻告知夫妇。在征得夫妇同意后，请该酒店派车迎接。

任务二　中国特色文旅的发展

2013年3月22日，习近平总书记在俄罗斯“中国旅游年”开幕式上的致辞中指出，“旅游是综合性产业，是拉动经济发展的重要动力”。旅游业是以旅游资源为凭借、以旅游设施为条件、以旅游者为对象，为旅游者的旅游活动与旅游消费创造便利条件并提供其所需商品和服务的综合性产业。作为连接旅游者和旅游资源的重要纽带，旅游业还具有服务性、经济性、敏感性、带动性等特征。

学以致用1-2-3

请同学们回忆旅游及旅游业发展的基本历程，并分析中国古代旅游活动未能发展成为近代旅游业开端的原因。

一、旅游发展简史

在中国古代，社会处于以农业为主的自然经济时代。生产力的发展使得剩余产品开始出现，产品交换也初步形成。随着产品交换的地域范围不断扩大，人们便产生了外出经商或旅行的需要。那时人们的出行多以商品交换为目的，尚未形成自愿外出旅行的观念和习惯。纵观中国历史，我们可以将中国古代的所谓“旅游”分为四种类型，即以李白、杜甫为代表的士人漫游，以张骞、郑和为代表的公务旅行，以玄奘、鉴真为代表的宗教旅行，以及以秦始皇、汉武帝为代表的帝王巡游，但这四种类型旅游的参加者都很少，不具有普遍的社会意义。

到了近代，欧洲在数百年间经历了文艺复兴、启蒙运动等一系列重大变革，社会与经济都发生了巨大的变化。人们的思想逐步从封建制度和宗教神权的禁锢下解放出来，注重人生享受与生活幸福的观念随之产生，旅游活动开始受到欢迎，并日益成为人们生活中的重要内容之一。但是，由于当时交通条件的限制，人们还不可能进行远距离的旅行。

18世纪中叶开始的工业革命使旅游活动迈入了新的阶段。工业革命首先发生于当时资本主义最发达的英国，工业革命推动了资本主义经济的迅速发展，提高了生产社会化程度，促进了科学技术的进步。特别是詹姆斯·瓦特改良了蒸汽机之后，蒸汽机技术很快被用于制造交通工具，人类从此有了机械动力的运载工具——火车和轮船，这使得远距离旅行成为可能。1841年7月5日，英国人托马斯·库克用包租火车的方式组织了570多人从莱斯特前往拉夫伯勒参加禁酒大会，这次活动在世界旅游发展史上占有重要的地位，被称为近代旅游活动的开端。

19世纪末，内燃机问世，汽车和飞机应运而生，人们的出行更加快捷。第二次世界大战后，世界经济蓬勃发展，人们的收入水平普遍提高，同时许多国家都非常重视发展旅游业，出台了一系列政策给予支持，世界旅游出现大众旅游的新局面。大众旅游时代的到来，是现代旅游业产生的标志。

21世纪，现代旅游作为一种休闲方式越来越被人们所接受。旅游产业规模持续扩大，旅游经济地位显著提升，旅游活动日益成为各国人民交流文化、增进友谊、扩大交往的重要渠道。

二、中国特色文旅发展历程

中华人民共和国成立至今，中国旅游业探索出了一条具有中国特色、反映世界趋势、遵循旅游规律的发展之路：从短缺型旅游发展中国家，到小康型旅游大国，再到富裕型旅游强国。沿着这条道路，中国文旅人砥砺前行，奋力谱写文旅高质量发展的新篇章。

1.起步阶段（1978—1991年）

中华人民共和国成立初期，旅游业以外事接待为主。20世纪80年代，改革开放的大潮“唤醒”了旅游业，中国旅游业从此起航。此时仅有入境旅游“一枝独秀”，国人对世界的认识普遍停留在地图上，有机会去旅行也大多是公务出差，或者在节假日走访他乡的亲戚，最正规的旅游是单位组织的疗养与学习。

2.高速成长阶段（1992—2008年）

20世纪90年代，入境旅游与国内旅游实现“双轮驱动”。“外面的世界很精彩”，随着收入的增长和思想观念的解放，越来越多的中国人开始畅游祖国，甚至将旅行的触角延伸到国外。进入21世纪以后，国内旅游、出境旅游与入境旅游“三足鼎立”，旅游市场实现全面发展。这一阶段是中国旅游业由经济增长点向新兴产业、国民经济重要产业转型的阶段，也是中国融入世界经济体系、跨入世界旅游大国行列的重要时期。

3.成熟阶段（2009—2017年）

这一阶段是中国旅游业由国民经济重要产业向战略性支柱产业转型的阶段。在这一阶段，互联网高速发展，产业融合如火如荼，新媒体技术日新月异，旅游需求日趋多样化，这些都推动着旅游业进入智慧时代、跨界时代、微时代、休闲时代（扫描二维码“见多识广1-2-3”进一步了解）。乡村旅游、生态旅游、定制旅游、智慧旅游、研学旅行等新业态蓬勃发展。

见多识广
1-2-3

中国旅游成熟阶段的四时代

4.新时代的全域旅游阶段（2018年至今）

近年来，大众旅游运行模式向更广阔的空间发展，传统的以点为中心的景点旅游模式已经不能满足现代旅游发展的需要。在旅游全景化、全时化、全民化、全业化的当下，用“全域旅游”来对接“大众旅游”，可谓恰逢其时。

见多识广
1-2-4

解读全域旅游

全域旅游突破了景区景点的资源观念，将农耕民俗、生态环境、工业遗产、文化节庆、科技产业、体育活动、医疗教育等各类有价值、可利用的社会资源转化为旅游吸引物。2018年3月9日，国务院办公厅发布《关于促进全域旅游发展的指导意见》，标志着我国进入全域旅游阶段。

动画1-2-1

全域旅游

知识课堂1-2-2

（1）扫码学习“动画1-2-1”；

（2）结合全域旅游知识，了解并分析自己所在地区的全域旅游发展情况。

2018年4月8日，中华人民共和国文化和旅游部正式挂牌。看到文化和旅游部的组建，人们纷纷表示：诗与远方终于在一起了。文化是旅游的灵魂，旅游是文化的载体，文化与旅游融合，让文化可以走向“远方”，旅游也会更有“诗意”。不仅如此，旅游与农业、工业、交通、体育、卫生、科技、航空等产业和领域结合，能够形成新的业态，充分发挥旅游业的拉动能力、融合能力，“旅游+”的发展水平与综合价值不断凸显。

动画 1-2-2

文旅融合

知识课堂 1-2-3

（1）扫码学习“动画 1-2-2”；

（2）结合动画，谈一谈自己对“文旅融合”的看法，并列举家乡的文旅融合发展典型案例。

中国旅游业经过改革开放40多年的发展，实现了从规模旅游、速度旅游向品质旅游、美好旅游转变，从大众同质产品向精致差异产品转变，从单一景区景点旅游向全域旅游转变，从观光旅游向休闲旅游转变，从浅层次旅游向深度旅游转变，从边缘产业向支柱产业转变，从旅游大国向旅游强国转变。曾经再熟悉不过的“食、住、行、游、购、娱”六要素，在今天已成为“食、住、行、游、购、娱、厕、商、养、学、闲、情、奇、文”十四要素，旅游供给体系进一步优化。旅游公共服务设施更加健全，文明旅游、理性旅游成为自觉，旅游市场秩序明显改善，旅游服务体系进一步优化，行业整体服务水平显著提升。

目前，我国文旅业呈现长期向好的发展趋势，并表现出诸多新变化：小规模、自组织、家庭型、开放性的旅游方式受到广泛青睐；户外休闲产品、个性化定制产品、小团深度游产品迎来增长新机遇；微旅行、慢休闲、深度假、重康养的旅游模式成为越来越多人的消费选择；人们对在线旅游的认知度与接受度提升，高科技、跨界化、网络化、专业化成为文旅业未来发展的主要特征。

启智润心 1-2-2　　旅游业作为国民经济战略性支柱产业地位更巩固

如今，旅游业快速发展，规模不断扩大，质量也在不断提升，旅游已经成为衡量人们生活水平的一个重要指标，成为小康社会生活的重要方式，旅游业作为国民经济战略性支柱产业的地位也更加巩固。

在党的二十大报告中，“旅游”一词共出现两次。第一次是在第八部分，提出“坚持以文塑旅、以旅彰文，推进文化和旅游深度融合发展”；第二次是在第十三部分，提出“巩固提升香港、澳门在国际金融、贸易、航运航空、创新科技、文化旅游等领域的地位”。在党的二十大报告中还能发现不少与旅游相关联的词语，如“美丽”出现5次，“美丽中国”出现3次，“美好生活”出现4次，“绿水青山就是金山银山”出现2次……这些都是旅游业发展的政策依托。

中国式现代化要求丰富人民精神世界，实现全体人民共同富裕，促进人与自然和谐共生。旅游业应将促进人们的物质富裕和精神富裕作为重要发展目标，不仅要强调经济属性，而且要强调文化内涵；不仅要有产业功能，而且要有事业目标；不仅要有市场供给，而且要有公共服务。

资料来源：佚名．文旅部：旅游业作为国民经济战略性支柱产业地位更巩固［EB/OL］.［2022-08-19］. https://travel.cnr.cn/jd/20220819/t20220819_525974439.shtml.

思政元素：中国式现代化　高质量发展　利民为本

学有所悟：当前，我国旅游业发展正处于重要战略机遇期，加快建设旅游强国正当其时、大有可为。新时代文旅人应把思想和行动统一到习近平总书记重要指示精神上来，切实增强工作责任感、使命感，坚持以文塑旅、以旅彰文，坚定不移走好独具特色的中国旅游发展之路，扎实推进旅游业高质量发展，更好地造福人民、增益世界。

课后小练习

◎ 判一判（判断下列观点的正误并解释原因）

1. 旅游业最核心的特征就是服务性。 （ ）

2.1841年7月5日，英国人托马斯·库克利用包租火车的方式组织了570多人从莱斯特前往拉夫伯勒参加禁酒大会，这是近代旅游活动的开端。 （ ）

3. 大众旅游时代的到来，标志着现代旅游的产生和发展。 （ ）

◎ 选一选（选出下列单选题中正确的选项）

1.20世纪80年代，（ ）在我国旅游业中一枝独秀。

A. 国内旅游 B. 出境旅游 C. 入境旅游 D. 国内短途游

2.（ ），中华人民共和国文化和旅游部正式挂牌。

A.2017年4月8日 B.2018年4月8日 C.2018年3月9日 D.2018年5月19日

3. 以下对中国文旅行业相关描述错误的是（ ）。

A. 旅游相关产业和领域的结合，能够形成新的业态，从而充分发挥旅游业的拉动能力、融合能力

B.21世纪以后，国内旅游、出境旅游与入境旅游“三足鼎立”

C. 全域旅游的重点在于“全”而不在于“域”，全域旅游必须统一全面发展

D. 高科技、跨界化、网络化、专业化将成为文旅业未来发展的主要特征

收获与体会

项目三 认知旅游服务心理学

◎ **课前小互动**

交互式课件 1-3-1

请同学们扫码学习“交互式课件 1-3-1”，从二十四个经典心理效应中选择自己感兴趣的，并解释选择的理由。

二十四个经典心理效应

知识共探究

任务一 旅游服务心理学的理论基础

在旅游服务过程中，许多工作人员都会遇到这样的情况，同样的服务，有的游客大加赞赏，有的游客却表示不满。如何深入地了解游客的真实心理，从而有针对性地进行沟通、提供服务，是每一位旅游从业者都必须认真思考的问题。

心理学必须结合人们的行为和所处环境来研究人们的内心所想，同理，旅游服务心理学是在人与旅游环境的相互作用中来研究人的心理的。

启智润心 1-3-1 **新生游万绿湖，感悟大美河源**

万绿湖位于广东省河源市，水域面积370平方千米，蓄水总量139亿立方米，内有360多个岛屿，是华南第一湖。这里处处是绿、四季皆绿，万绿湖由此得名。河源人民像爱护自己的眼睛一样保护着这颗璀璨的明珠，万绿湖也逐渐成为河源市首屈一指的城市名片。

认识一座城，从认识一个湖开始。自2009年9月起，每年河源职业技术学院大一新生在经历入学军训的洗礼后，均会被安排参加新生游览万绿湖活动。新生们在本校旅游管理专业师兄师姐的带领下，乘船畅游镜花水月般的万绿湖，登上龙凤岛、镜花岭、水月湾三个各具特色的岛屿，领略万绿湖的秀美风光；走进客家风情馆，了解客家文化，倾听感人的移民故事。第一次看到万绿湖的美丽景色，不少新生都惊呼：“天上瑶池水，人间万绿湖。”

每年的参观活动均由校内生产性实践教学基地——万绿湖研学中心大学城分部组织与安排，并在新生入学时，通过报到处设点宣传、助理辅导员推介、抖音微信宣传等方式向广大新生发布各类活动信息，新生们收到推广信息后以班级为单位进行报名。旅游管理专业大二学生负责该活动的设计、营销、导览等工作，这样既可以锻炼提升自身的旅游服务技能，也可以为参加活动的新生保驾护航。

资料来源：根据河源职业技术学院校内生产性实践教学基地真实案例整理。

思政元素：生态文明　无私奉献　职业熏陶

学有所悟：万绿湖承担着供应粤港澳大湾区4 000多万人口生产生活用水的重任，是名副其实的“生命水”。万绿湖的前身是新丰江水库，于1960年建成。1995年，河源市政府在环境保护的前提下发展旅游业，取“万山成一绿，万绿成一湖”的寓意，将新丰江水库取名为万绿湖。

作为广东省重要的生态屏障和饮用水源地，“生态优先，绿色发展”是万绿湖风景区秉持的“铁律”。万绿湖风景区聘请生态环境部华南环境科学研究所及暨南大学的专家教授为风景区生态旅游发展制定保护措施，并开展生态风险评估调查；组织生态环境部门定期对万绿湖水质进行监测，大力开展增殖放流、植树造林等保护水生态环境的活动；将风景区游船更换为无污染零排放的新能源电动游船，进一步巩固万绿湖的生态优势。

此外，万绿湖风景区还将文化元素融入项目建设中，打造万绿湖生态保护展示厅，传递生态文明理念，让游客充分了解万绿湖的“前世今生”，感受建设水库时客家人民舍小家为国家的无私奉献精神。

何为外界对游客的刺激？何为游客对刺激的反应？刺激与反应的中介是什么？经过分析，我们可以总结为：外界环境对人的作用就是刺激，人的行为就是对刺激的反应，而人的心理就是刺激和反应的中介。当新生们收到推广信息时，脑海中就会产生一些具体的“想法”，如“太好了，大学第一次集体活动，我要积极参加，融入班集体”“万绿湖这么有名，真想去看一看”“这次参观费用比常规旅游的费用便宜多了，机会难得”等。这些“想法”就是同学们的心理活动，这样的心理活动会助推同学们积极报名，参加新生游。但是部分同学也会有相反的“想法”，如“我是河源本地人，太熟悉万绿湖了”“我身体不舒服，还是在宿舍休息吧”等，这样的心理活动所产生的行为结果就是不参与本次新生游了。人对刺激的反应固然与刺激有关，但并不是由刺激直接决定的，作为中介的心理活动在刺激和反应之间起着非常重要的作用。

结合行为主义心理学的观点，我们可以把心理活动看成一个无法打开的“黑箱”，通过“黑箱”的输入和输出（也就是刺激和反应）进行研究。心理学家库尔特·卢因曾提出一个行为公式：

$$B = f(P \cdot E)$$

公式中的B表示行为，P表示人，E表示环境，f表示函数。公式的含义是：行为是人和环境相互作用的函数。行为会随着人的变化而变化，也会随着环境的变化而变化。

行为公式告诉我们，对人的行为要从两个方面进行分析：一方面是行为者所处的环境，看环境给了他什么样的刺激，包括作为“前因”的刺激和作为“后果”的刺激；另一方面是行为者自身，看行为者是一个什么样的人，他有什么样的想法，处于什么样的状态等。

结合新生游案例，推介宣传就是作为“前因”的刺激，不同的新生会给出不同的行为反应，这就是行为主义心理学创始人华生的S-R（刺激-反应）研究模式。当同学们真正参与到新生游活动中，感受了万绿湖之美后，就有了直观的游览体验，这些游览体验就“仁者见仁，智者见智”了，有人无比欣赏，有人表示游乐设施不足，这就是游玩行为的“后果”。这份“后果”在面对再一次的同类宣传（刺激）时，就会影响同学们是否会再次选择去万绿湖游玩，亦即游玩行为是否会重复出现，这就是新行为主义心理学代表人物斯金纳提出的R-S（反应-刺激）研究模式。所以，人的某种行为是否会出现，很显然要受其“前因”的影响；但这种行为是否会重复出现，则要受其“后果”的影响。S-R与R-S研究模式分析如图1-3-1所示。

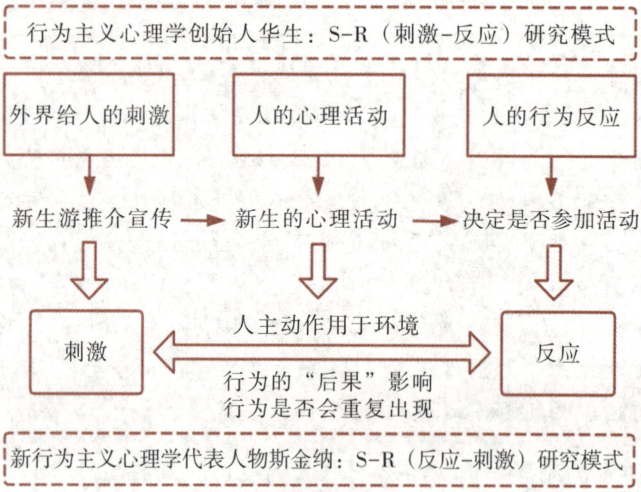

图1-3-1 S-R与R-S研究模式分析

除了被动地接受环境刺激外，人有时还会主动作用于环境。一些心理学家把人的行为分为应答性行为和操作性行为两种，其中，应答性行为是被动的，操作性行为是主动的。例如，旅游巴士司机开车快到十字路口的时候，看见红灯亮了，于是他赶紧刹车，这时司机刹车的行为就是一种应答性行为。又如，经过一天的游览，游客晚上回到酒店客房，他们会伸手将房卡插入房门口的卡槽中，客房便有了电，这时游客插房卡的行为就是一种操作性行为。

除了上述理论基础外，人本主义、精神分析等心理学流派的理论也是旅游服务心理学的理论基础，我们将在后面进行介绍。

任务二 旅游服务心理学的分析框架

微课 1-3-1

认知旅游服务心理学

知识课堂 1-3-1

（1）扫码学习“微课 1-3-1”；

（2）结合微课，谈一谈你对哪些旅游服务心理学研究方法比较感兴趣。

一、从心理现象构成来看旅游服务心理学

人的心理活动丰富多样，其中的关联也异常复杂。比如，我们听到竹林的沙沙声，看到竹影婆娑的光与色，尝到竹筒饭的清香滋味，摸到硬直的竹节等，这些都是感觉。在这些感觉的基础上，我们能分辨出这是斑竹，那是毛竹，这是雨天的竹，那是月光下的竹等，这就是知觉。在离开了这些具体的刺激物后，那些看过的或听过的关于竹的内容仍然在脑海中浮现，这就是记忆。人不仅仅能够通过记忆回想起经历过的事物，而且能够想出自己从未经历过的事物，如根据小说中的文字描述在脑海中产生相关的人物形象或场面，这就是想象。根据人的表情、语言，分析判断事物的本质及其发生、发展的规律，如导游根据游客参观过程中的表情、谈话的语气以及谈话的内容，可以推断出游客对该旅游项目是否满意，以及下一步需要改进的内容，这就是思维。

感觉、知觉、记忆、想象、思维都属于对客观事物的认识活动，都是为了弄清客观事物的性质和规律而产生的心理活动，它们在心理学上统称为认知过程。人在认识客观事物时，还会伴随产生满意或不满意、愉快或不愉快等态度，这在心理学上称为情绪或情感过程。人不仅能认识客观事物，并产生一定的感受，而且能够根据自己的认识确定行动目标、制订计划，最终将计划付诸行动，这种自觉确定目标并努力实现的心理过程就是意志过程。

心理现象的构成如图1-3-2所示。认知过程、情绪或情感过程、意志过程统称为心理过程，它们是互相联系、互相促进、相互统一的。由于每个人的受教育程度及经历不同，因此在认识世界和改造世界的过程中，每个人的心理过程的表现也不同，于是就形成了不同的个性心理，具体表现为每个人都有不同的个性倾向性（包括兴趣、爱好、需要、动机、价值观等）和个性心理特征（包括气质、性格、能力等）。例如，当导游带领游客来到苏州园林时，不同的游客关注的重点不同，建筑学家关注园林建筑特色、园林构景手法等，植物学家关注园林选用植物类型、植物栽种状态等，文学家用锦绣文章来抒发自己对亭台楼阁、山水泉石、花木禽鱼的喜爱与赞美，因此导游对不同游客的导览服务与讲解重点不同。

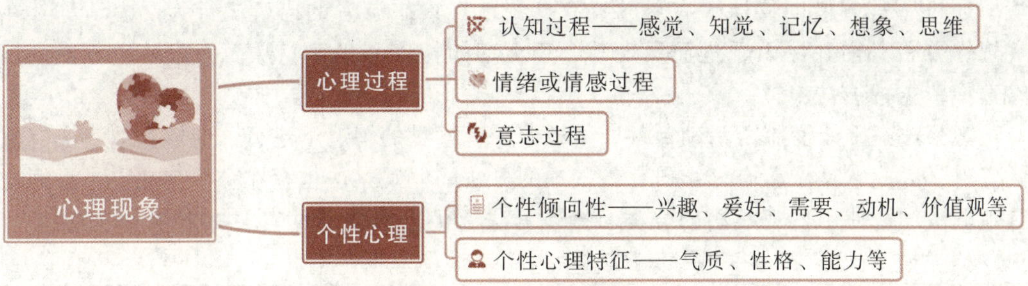

图1-3-2　心理现象的构成

总之，旅游服务心理学是研究心理过程发生、发展的规律，个性心理形成和发展的过程，以及心理过程和个性心理相互关系的科学。

二、从研究内容来看旅游服务心理学

旅游心理学是心理学的一个分支，它是把心理学的研究成果和相关理论应用到旅游领域而产生的一门应用学科，主要研究旅游活动中人们（包括旅游者、旅游工作者、旅游地居民）的心理活动和旅游过程中的各种心理现象及其规律。国外学者对这一领域的研究始于20世纪70年代末期，20世纪80年代中期，我国学者也开始了旅游心理学的教学与科研。国外学者对旅游心理学的研究包括两个方面：一方面，研究旅游者消费行为的一般规律；另一方面，研究旅游工作者和旅游者的互动关系。在我国，学者们普遍认为旅游心理学的研究内容包括旅游者心理、旅游服务心理与旅游企业员工心理，见表1-3-1。

表1-3-1　旅游心理学的研究内容

研究内容	说明
旅游者心理	具体包括旅游知觉、旅游动机、旅游者的人格、旅游者的态度、旅游者的情绪情感、旅游者的审美心理等
旅游服务心理	具体包括旅游景区服务心理、酒店服务心理、旅游交通服务心理、旅游商品服务心理等
旅游企业员工心理	具体包括旅游企业中的人际关系、员工心理保健、员工劳动心理等

旅游服务心理学以旅游者为研究对象，在旅游业的主要业务范围内，研究如何根据旅游者的心理和行为特点，提供符合旅游者心理需要的最佳服务，如旅游定制师根据游客需求定制游客所需要的线路产品，旅游商品销售员根据游客偏好推介风物特产等。旅游服务不是抽象的，而是通过策划服务、景区服务、酒店服务、交通服务、购物服务等具体环节来实现的。旅游者在这些消费环节的心理需求是不一样的，并且往往会因为外在环境的变化而发生改变。因此，在旅游服务过程中，旅游从业人员必须认真研究旅游者的心理特点及变化，从而采取相应的服务措施，不断改进和提高旅游服务质量。

三、从研究方法来看旅游服务心理学

见多识广 1-3-1
旅游心理学研究的三个范式

从研究方法来看，旅游服务心理学综合运用了心理学、社会学、人类学、社会心理学、统计学、经济学等多学科方法，具体包括观察法、实验法、调查法、测量法等。旅游从业人员应从旅游业自身的特点出发，有选择地使用这些研究方法。

1.观察法

观察法是一种最常用、最基本的研究方法，即观察者深入现场或进入一定的环境，通过感官或借助仪器，有目的、有计划地观察旅游者的语言、行为、表情等外在表现，分析其内在原因，进而发现其心理活动的特点和规律，从而为旅游企业提供策略选择依据的方法。

观察法在不改变旅游活动条件、不被旅游者察觉的情况下进行，能够获取真实有效的资料，因此它是旅游心理学研究最基本的方法。但观察法也存在一系列缺点，最好与其他方法结合使用。观察法的分类、操作方法、优点与缺点见表 1-3-2。

表 1-3-2　观察法的分类、操作方法、优点与缺点

<table>
<tr><td>分类</td><td colspan="2">实施前
•明确观察目的
•制订研究计划
•编写观察提纲</td><td>实施时
•敏锐捕捉现象
•准确详细记录</td><td>实施后
•及时整理分析
•形成科学结论</td></tr>
<tr><td>操作方法</td><td>直接/间接观察法
•在直接观察法中，观察的是正在发生的行为；
•在间接观察法中，观察的是过去发生的行为</td><td>隐蔽/非隐蔽观察法
•在隐蔽观察法中，被观察者不知道自己正在被观察；
•在非隐蔽观察法中，被观察者意识到自己正在被观察</td><td>结构/非结构观察法
•在结构观察法中，需要事先确定观察范围；
•非结构观察法对观察范围不加任何限制</td><td>人工/机器观察法
•人工观察法的观察者是人；
•机器观察法的观察者是机器设备</td></tr>
<tr><td>优点</td><td colspan="4">简便易行且直接自然，花费较少但信息丰富。例如，观察旅游者购买旅游商品，除了能观察到旅游者的购买行为，还能够发现不同年龄、性别等的旅游者对旅游商品的偏好</td></tr>
<tr><td>缺点</td><td colspan="4">•观察者只能被动地等待所要观察的事件发生；
•观察者观察到的往往是表面现象，很难了解现象背后的深层次信息；
•观察法在实际运用中难度较大，只有经过严格训练的人才能有效使用；
•观察法不适用于大面积调查</td></tr>
</table>

2.实验法

实验法是有目的地严格控制或创设一定的条件，按照一定的程序，人为地引起某种心理现象产生，对研究对象的活动进行观察、记录和分析研究，从而发现现象之间的因果关系，揭示事物运动规律的方法。依据实验条件的不同，实验法可分为人工实验法和自然实验法两种。实验法的分类、操作方法、主要特点与应用情况见表1-3-3。

表1-3-3　实验法的分类、操作方法、主要特点与应用情况

分类	操作方法	主要特点	应用情况
人工实验法	在设备完善的实验室里，借助各种仪器研究心理现象，从呈现刺激到记录被试者的反应、数据的统计处理，都采用录音、录像等现代化手段，实行自动控制	对心理现象产生原因、大脑生理变化以及被试者行为表现的记录和分析都比较准确	在旅游研究中应用的难度较大，目前较少使用
自然实验法	在日常生活的自然条件下，有目的、有计划地创设一定的情境，在被试者未察觉的情况下观察某一因素对不同组别的影响，比较后得出结论	实验的整体情境是自然的，易于实施，所得结果也比较切合实际	广泛应用于旅游者心理和行为的研究

使用实验法研究旅游者的心理和行为时，应注意以下三个方面的问题：

第一，实验时必须设立对照组，实验结果取决于实验组与对照组被试反应的比较。两组的实验条件应完全相同，不同的是实验组接受了特殊的实验处理，而对照组没有接受特殊的实验处理。如果两组的实验结果出现差别，就可归因为特殊的实验处理所致。

第二，需要对被试者进行精确的事前测验和事后测验。研究者在实验处理前，应就研究指标对被试者进行测验，在实验处理后再就相同的研究指标对被试者进行测验，比较两次测验的结果，就可以确认研究指标与实验处理之间是否存在因果关系。

第三，取样随机化。研究者不能主观地挑选被试者，而应该使在某个范围内的每个人都有均等的机会成为被试者，即取样随机化。随机取样可以减少实验结果的偶然性和特殊性，提高实验结果的可靠性。

3.调查法

调查法是指运用科学的方法有步骤地收集资料并分析各种因素之间的联系，以掌握实际情况的方法。由于旅游者具有流动性大、逗留时间短等特点，因此在短暂接触中深入了解旅游者的心理及行为规律是不可能的。调查法就是针对这些无法深入了解的心理现象，通过访谈、问卷、测试等方法收集有关资料，间接了解旅游者的心理和行为的一种方法。调查法包括访谈调查法、问卷调查法等。调查法的分类、操作方法与主要特点见表1-3-4。

见多识广
1-3-2
眼动实验

见多识广
1-3-3

访谈法的分类与注意事项

表1-3-4　　调查法的分类、操作方法与主要特点

分类	操作方法	主要特点
访谈调查法	调查人员面对面地与被调查者进行交谈，以口头信息传递的方式来了解被调查者的动机、态度、个性和价值观念等，多采用开放式问题获取信息	•具有直接性、灵活性、回答率高、效率高等特点； •调查人员的谈话技巧、性格特点等会直接影响调查的结果； •运用访谈调查法前，先要了解被调查者各方面的情况，再确定谈话目的、拟定谈话提纲； •调查结论是根据被调查者的口头回答得出的，往往不可靠，因此这种方法通常不单独使用，而是与其他方法（如问卷调查法、观察法等）结合使用
问卷调查法	调查人员将所要了解的内容制成问卷，请被调查者按要求填写，多采用封闭式问题获取信息	•要求被调查者实事求是，问题回答准确； •问卷质量高低决定了调查成功与否； •借助互联网发放问卷，能够降低调查成本； •问卷回收率低，且难以监督被调查者是否认真填写，因此对回收问卷答案的真伪判断较难，有效率难以保障

学以致用1-3-1

请同学们登录问卷星网站，为本地一家旅游企业设计一份游客满意度调查问卷，要求设置单选题、多选题、排序题等不同题型，同时注意问卷结构的完整性。

4.测量法

测量法是指使用测验量表对具有某一属性的对象给出可供比较的数值的研究方法。在旅游服务心理学领域使用测量法时，研究者通常直接使用标准化的测验量表来研究旅游者或旅游工作者的心理和行为特征，举凡态度、兴趣、动机、情绪、记忆、气质、性格等方面，都有相应的测验量表。

测量法的优点如下：研究结果科学、直观、实用；可以进行团体测验，从而提高了研究工作的效率；测量结果既可以描述现象，又可以对现象的发展进行预测。

测量法的缺点如下：理论基础不够坚实，可能导致一些测验量表的效度令人怀疑；对测量结果进行统计的方法尚不完善，可能因为统计处理问题产生错误结论；任何测验量表都有其适用的人群，对其他人群使用时必须进行修订，否则测量结果可能不真实、不可靠。

以上旅游服务心理学研究方法各有侧重，由于旅游心理现象具有特殊性和复杂性，因此研究时应根据研究对象的特点和具体任务选择某一种或某几种方法综合使用，这样得到的结果才更有效。

四、从研究意义来看旅游服务心理学

旅游服务心理学贯穿于旅游服务的全过程，承担着为旅游产品设计、旅游资源规划与开发、旅游项目营销等提供心理依据和决策依据的重要职能，因此学习旅游服务心理学意义重大。

1.增强文旅企业服务力

旅游业的工作宗旨是根据旅游者的心理和行为特点，为旅游者提供能够满足其心愿的最佳服务。

学以致用 1-3-2

请同学们参考图1-3-3，以一家真实旅游企业为对象，画出该旅游企业的服务蓝图，要求详细标注企业前台部门和后台部门的名称，在整体框架不变的基础上，可自由发挥创作。

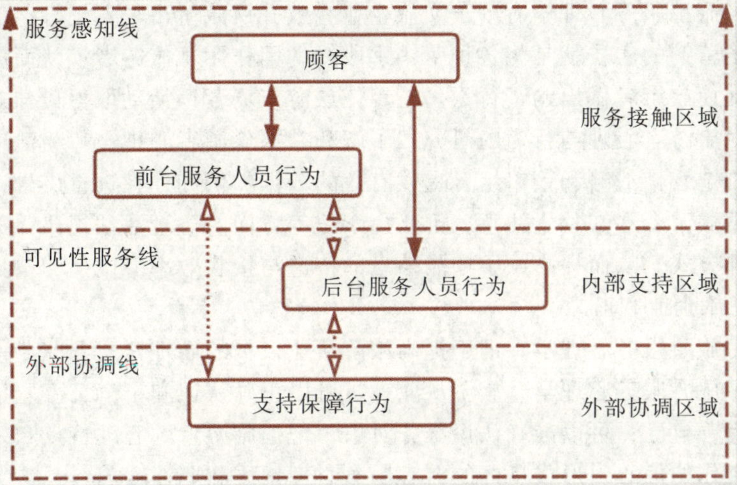

图1-3-3　企业服务蓝图示例

首先，旅游服务人员要对旅游者有深刻的认识，并在工作实践中不断发现和了解旅游者潜在的、真实的心理需求，从而迎合和满足旅游者的心理，这样才能保证旅游服务的质量。通过学习旅游服务心理学，旅游服务人员能够了解并遵循旅游者的心理和行为规律，有效预测旅游者的行为并加以引导，这样既能使服务有的放矢，也能变被动服务为主动服务与自觉服务，从而不断改进和提高服务质量。

其次，在现代旅游管理实践中，管理者已经认识到“快乐的员工才是真正具有生产效率的员工”，如果员工心存不满和怨恨，就不可能为旅游者提供优质的服务。因此，要使旅游者获得最佳服务，拥有一支高素质的员工队伍十分重要。旅游服务心理学能够为旅游企业有效激励和培训员工提供理论原则与方法指导。通过学习旅游服务心理学，管理者能够深入了解员工的思想、感受和需要，有效调动员工工作的积极性，引导员工养成良好的心态，从而提高员工的对客服务质量。

2.提升文旅企业竞争力

(1) 学习旅游服务心理学有助于文旅企业开发真正满足游客需求的旅游产品

随着现代经济的发展和人们收入水平的提高，旅游者的需求日趋复杂多样，旅游者既要求旅游产品丰富多样化，还希望享受周到完善的优质服务，从而满足其物质需要与精神需要。

一方面，学习旅游服务心理学能够为文旅企业开发旅游产品提供新思路。例如，旅游企业在开发旅游产品时，应给予旅游体验更多的关注，从旅游者的味觉、嗅觉、视觉、听觉、触觉等多方面感官进行刺激，充分调动旅游者的兴趣，鼓励旅游者积极投身于那些具有直接性、强烈感受性的感官体验和情感体验之中，从而使旅游产品给旅游者留下深刻的印象。

另一方面，学习旅游服务心理学能够使旅游产品带给旅游者更大的满足感。随着科学技术的发展，旅游产品的现代化、智能化程度越来越高，但其开发前提仍然是充分满足旅游者的心理和生理需求，再考虑其物理性、化学性和工艺性。例如，采用机器人为偏好安静的客人提供客房送餐服务会备受好评，但是喜欢交流的客人更青睐有温度的员工服务。

（2）学习旅游服务心理学有助于文旅企业有效开展旅游市场营销

旅游市场营销的实质就是将各种营销手段或诱因作用于旅游者，从而激发旅游者的购买欲望，促使旅游者做出购买行为。若想使旅游市场营销活动取得最佳效果，旅游企业必须加强对旅游者心理与行为的研究，了解和掌握旅游者心理与行为活动的特点及规律，从而为制定营销战略和策略组合提供有效的依据。例如，在进行广告宣传时，旅游企业可以根据旅游者在知觉、注意、记忆、学习等方面的心理活动规律，选择适宜的广告媒体和传播方式，从而提高旅游产品信息的传递与接收效率。

3.构建文旅企业和谐力

（1）学习旅游服务心理学有助于提高旅游从业人员的心理素质和职业素养

通过学习旅游服务心理学，旅游从业人员可以正确认识和了解自己、接纳和关爱自己、发展和完善自己；可以准确认识服务对象，把握旅游者的心理特点和差异，增强从事旅游服务工作的信心，形成良好的对客服务心理素质和职业素养。

（2）学习旅游服务心理学有助于构建文旅企业内外部的和谐关系

在绘制旅游企业服务蓝图的过程中我们发现，旅游者、前台服务人员、后台服务人员、支持保障系统等互相关联，共同构成了多维互动、内外沟通的服务流。由于各方的利益出发点存在差异，因此在服务交流中，分歧的产生在所难免。通过学习旅游服务心理学，旅游从业人员可以正确认识服务蓝图中各方的出发点，在换位思考的基础上进一步理解旅游者的需求、合作伙伴的诉求、同事的要求，从而建立更加顺畅、稳定的企业内外部沟通渠道，构建更加和谐的企业内外部关系。

课后小练习

◎ 判一判（判断下列观点的正误并解释原因）

1.人的某种行为是否会出现，很显然要受其“前因”的影响；但这种行为是否会重复出现，则要受其“后果”的影响。这句话是对行为主义心理学创始人华生的S-R（刺激-反应）研究模式的解读。（　　）

2.由于每个人的受教育程度及经历不同，因此在认识世界和改造世界的过程中，每个人的心理过程的表现也不同，于是就形成了不同的个性心理，具体表现为每个人都有不同的个性倾向性和个性心理特征。（　　）

3.快乐的员工才是真正具有生产效率的员工，如果员工心存不满和怨恨，就不可能为旅游者提供优质的服务。（　　）

◎ 选一选（选出下列单选题中正确的选项）

1.旅游心理学的研究内容不包括（　　）。

A.旅游者心理　　B.旅游企业员工心理

C.旅游服务心理　　D.旅游纪念品制作

2.为获取研学课程设计需求，我们前往不同学校与老师们进行访谈，这属于旅游服务心理学研究方法中的（　　）。

A.调查法　　B.观察法　　C.实验法　　D.测量法

3.为了解旅游者的旅游服务需求，可以让不同性别、年龄、态度的旅游服务人员提供旅游服务，从中观察旅游者的情绪反应、满意程度，这属于旅游服务心理学研究方法中的（　　）。

A.调查法　　B.观察法　　C.实验法　　D.测量法

收获与体会

模块二

倾听“心”的声音——旅游者的心理透视

学习导图

倾听“心”的声音

模块二 旅游者的心理透视

- 项目一 旅游消费行为心理分析
  - 任务一 旅游消费行为及特点
  - 任务二 旅游消费的决策过程
- 项目二 旅游者知觉分析
  - 任务一 旅游消费中的知觉规律
  - 任务二 旅游条件的知觉
- 项目三 旅游者需求与动机分析
  - 任务一 基于旅游需求的产品设计
  - 任务二 多元驱动的旅游动机

思政浸润

★引导学生了解中国文旅发展的新技术、新业态和新模式，讲好中国文旅行业时事与特色文旅资源，明确国家对文旅行业的政策方针，坚定“四个自信”，浸润家国情怀，强化学生的国家归属感、民族自豪感、文化自信心。

★引导学生关注文旅企业赓续红色血脉、守正创新等现实案例，从而坚定中国共产党领导下的文旅工作者们为人民创造幸福文旅生活的信念，激励学生胸怀理想、志存高远、立足本职、报效祖国。

★引导学生从非遗文化、品牌国货中感悟中华文化之博大精深，汲取“莫高精神”薪火相传之精髓，领会中国工匠的精益求精，激励学生勇于承担传承民族文化、提升国家和民族软实力的使命，坚定文化自信。

★帮助学生树立生态文明理念，牢记“绿水青山就是金山银山”的两山理论，积极探索环境保护和旅游开发、经济增长相辅相成的高质量发展路径。

★引导学生强化大国公民的主人翁精神，守法遵规，诚信服务，孝亲敬老。

学习目标

知识目标

•理解旅游消费行为的内涵及价值，掌握旅游消费行为的趋势；掌握旅游消费行为动因及特点，理解旅游决策与消费的外部环境及心理因素的关系。

•掌握旅游知觉的内涵及基本规律，理解旅游消费者的心理定式与错觉意义；掌握旅游条件的知觉分析方法，以及旅游购买决策的风险知觉和种类。

•理解旅游需求的内涵，掌握马斯洛需求层次理论；理解旅游者的“三求心理”；掌握旅游动机的多元分类。

能力目标

•能辨识旅游消费者的购买价值，能通过大数据与小数据合并分析当今旅游消费者行为新的发展特点；能解释旅游消费者行为车轮模型呈现的旅游者决策过程的复杂理由，初步结合旅游消费者决策时机给出相应营销策略。

•能解释知觉及其规律在旅游中的运用，能在旅游产品设计与服务过程中巧用心理定式及错觉；能基于旅游条件中的知觉影响来设计旅游线路产品等。

•能分析游客在不同状态下的基本需求；能根据“三求心理”设计“旅游经历”产品；能通过多渠道激发旅游者动机。

素养目标

•养成团队合作意识，提升交际沟通能力，树立风险防范意识。

•养成主动关注国家时事、获取行业资讯等习惯，提高信息接收、分析与处理的能力，吸收正能量信息，形成较好的思辨精神。

项目一　旅游消费行为心理分析

◎课前小互动

“秋天的第一杯新茶饮，你喝了吗？”当同学们面前摆放着一杯无名新茶饮、一杯“喜茶”或者“茶颜悦色”或者“蜜雪冰城”等民族品牌新茶饮，大家会选择哪一杯？请同学们自由选择，并解释自己的选择原因，畅所欲言。

知识共探究

任务一　旅游消费行为及特点

一、消费者的价值与特征

通过课前小互动，大家发现即使是一杯新茶饮，每个消费者在做出最终决定前，都会有自己的考量。比如，有人选择该新茶饮是青睐它的口感，有人觉得它是著名的新茶饮民族品牌，还有人认为它是象征着多元文化的潮流艺术作品，甚至是城市地标文化代表，理由众多。

因此，消费者购买和消费商品，除了获得消费商品本身外，更是为了商品或者服务带给自己的某种利益，这种利益就是消费者价值。确切地说，消费者价值是指消费者从某一特定产品或服务中获得的利益，它受消费者年龄、职业、收入、文化程度、自身素质、身体状况、消费经验以及整个社会环境、社会经济形势的影响并随之不断变化。我国《消费者权益保护法》第二条将“为生活消费需要购买、使用商品或者接受服务”的行为界定为消费者的消费行为。根据这一规定，所谓消费者，是指为满足生活需要而购买、使用商品或接受服务，由国家专门法律确认其主体地位和保护其消费权益的个人。部分学者认为，广义的消费者在上面狭义的基础上需增加进行生活消费的单位组织、社团机构。但无论是广义还是狭义，消费者消费的对象都是生活资料而不是生产资料，既包括实物也包括服务，且都是通过市场交换来获取的。消费者的特征及其解析见表2-1-1。

在文旅市场中，消费者被具化为旅游消费者、旅游者、游客等，旅游消费者同样有狭义和广义之分。狭义的旅游消费者是指在访问地停留一夜次以上，在旅行、游览过程中为满足个人需要而购买和消费一切旅游产品和劳务的旅游者。广义的旅游消费者是指在旅行、游览过程中为满足个人需要而购买和消费一切产品和劳务的游客，如游客在游览过程中可能会因生病而购买和消费医药产品。本书中讲到的旅游消费者指的是狭义上的旅游消费者，探讨他们的消费行为局限于他们消费旅游产品、旅游服务的行为。

表2-1-1 消费者的特征及其解析

特征	内容解析
非营利性	消费者购买商品是为了获得某种使用价值，满足自身的生活消费需要，不是为了盈利而转手销售
非专业性	消费者一般缺乏专门的商品知识和市场知识。消费者在购买商品时，往往容易受厂家、商家广告宣传、促销方式、商品包装和服务态度的影响
层次性	由于消费者的收入水平不同、所处社会阶层不同，消费者的需求会表现出一定的层次性。一般来说，消费者总是先满足最基本的生存需要和安全需要，购买衣、食、住、行等生活必需品，而后才视情况逐步满足较高层次的需求，购买享受型和发展型商品
替代性	消费品中除了少数商品不可替代外，大多数商品都可找到替代品或可以互换使用的商品。因此，市场中的商品有较强的替代性
广泛性	在消费者市场上，不仅购买者人数众多，而且购买者地域分布广。从城市到乡村，从国内到国外，消费者市场无处不在
流行性	消费需求不仅受消费者内在因素的影响，还受环境、时尚、价值观等外在因素的影响。时代不同，消费者的需求也会不同，消费者市场中的商品具有一定的流行性

案例分享2-1-1　从“超级文和友”到“城市文和友”

每天排号4万，等位2万，客流日峰值6.8万……这就是2019年“十一”期间长沙文旅餐饮综合体——“超级文和友”的惊人客流规模。近年来横空出世的“超级文和友”以“老长沙”为超级IP，以老字号美食为载体，深度还原20世纪七八十年代老长沙的生活场景，汇聚美食、零售、休闲娱乐等多元业态，利用“市井经济”打造“景点式餐厅”的新布局，成为长沙文旅综合体新地标，推出一张文旅形象新名片。

“超级文和友”的空间设计根植于长沙本土文化，以怀旧场景IP体验进行布局。褪色的红砖墙、四方桌等还原了长沙旧时光，充满了市井烟火气息。每个楼层各具特色，以餐饮业态为主线，还穿插有老照相馆、理发铺、录像厅等多样化生活场景，游客穿行其间，恍若隔世。“超级文和友”保留着地道老韵味，用地方老味道重新营造旧时原有的人情味。“你典当了时间，所以你将拥有一场意想不到的梦境”。

“超级文和友”提供一种新的消费场景和范式——在高效但同质化严重的商业综合体之外，我们有了一种“以旧为新”的个性化选择；在电影片场般的空间里，人们有了某种主体意识或角色感；在通过打卡、拍照、发“圈”而自发形成的流量里，“超级文和友”变成了一种持续发酵的潮流现象。

2020年7月，广州成为“超级文和友”走出长沙的第一站；2021年4月，深圳“超级文和友”带着首次踏足华南地区的网红茶饮连锁品牌“茶颜悦色”的快闪店，正式开店迎客，并同步引入“城市文和友”的新概念。如今，业界对“超级文和友”

的商业发展模式评价不一。

资料来源：舒伯阳，张乐婷，喻春艳．文旅时代的IP智造［M］．北京：旅游教育出版社，2021；NYTtravel新视线．超级文和友还能“超级”多久［EB/OL］．［2021-06-03］．https://baijiahao.baidu.com/s?id=1701488883038801696&wfr=spider&for=pc；梁施婷，石恩泽．超级IP文和友，还有多少“坑”要踩？［EB/OL］．［2021-04-12］．https://www.huxiu.com/article/421037.html.

思考：请同学们查找并阅读相关资料，结合案例分析消费者选择“超级文和友”的原因，阐述自己对“超级文和友”的看法。

二、旅游消费行为的内涵

什么是旅游消费行为？我们可以从我国理论界对旅游消费概念探讨的角度出发来认识旅游消费行为。在这些研究成果中，部分学者从行为分析的角度对旅游消费进行了概念界定。其中，比较有代表性的看法是：旅游消费是指人们在旅行、游览过程中，通过购买旅游产品来满足个人发展和享受需要的系列行为和活动。因此，想要清晰地理解旅游消费行为，就必须全面地分析旅游消费涉及的内容。旅游消费涉及的内容见表2-1-2。

表2-1-2　**旅游消费涉及的内容**

分析角度	分析内容	内容解析
消费对象	以旅游产品、服务为对象	旅游产品是个综合概念，它是旅游者在旅游活动过程中购买所需要的商品和服务的“六要素”总和，包括旅游餐饮（食）、旅游住宿（住）、旅游交通（行）、旅游吸引物（游）、旅游商品（购）、旅游娱乐（娱）等要素
消费形式	在旅游互动体验中完成	由于旅游产品的不可感知性、服务消费与服务生产的同步性，旅游消费行为的完成必须借助游客对旅游活动的参与，以及游客与旅游产品、服务人员之间的互动沟通，游客在参与性、亲历性、互动性的观赏、交往等旅游活动中感悟到快乐、愉悦。旅游消费行为所体现的就是旅游者与服务提供者之间的互动体验过程
需求侧重	侧重高层次的精神需求	旅游需求以一定的经济条件、休闲时间、便利交通为背景，是在社会经济发展到一定阶段时才产生的。它是在满足了旅游者个人基本的生理和安全需求前提下产生的一种高层次需求形式，并从旅游消费动机的高端性与旅游消费产品的高层次性上体现出来

交互式课件 2-1-1

旅游消费行为的心理背景

综上所述，我们将旅游消费行为界定为：旅游者在一定外界条件的刺激下，为了满足个人消遣、健康、商务等较高层次的需求而选择某类旅游产品，并通过与旅游服务人员的互动体验完成购买和消费的决策与行动过程。

三、旅游消费行为的趋势

知识课堂2-1-1

（1）扫码学习“微课2-1-1”。

（2）请同学们查找最近3年的“十一”黄金周旅游消费数据并进行对比，分析数据背后旅游消费行为变化的趋势。

微课 2-1-1

旅游消费行为心理分析

在文旅融合、大众旅游的时代背景下，旅游逐渐成为国人的刚需，成为满足人民日益增长的美好生活需要的重要载体。文旅消费主流群体也发生了新的变化，那就是“Z世代”（1995—2009年出生的人群）的崛起。生活方式深受互联网和媒介环境影响的“Z世代”，其消费观念发生了较大变化。结合近几年的中国旅游大数据，我们发现旅游消费行为呈现出以下发展趋势：

1.旅游消费内容不断个性化、特色化

在产品短缺时期，由于产品的匮乏，消费者受购买的限制和约束而显得本分和顺从，愿意购买生产商生产的任何产品。但随着社会经济的发展，产品日益丰富，消费者的选择不断增多，获取消费信息的手段逐渐多元化，自主学习意识不断增强，消费个性日益凸显。在旅游市场中，宣扬个性特征及消费个性化成为一种时尚。在旅游产品的选择方面，一些新颖有趣的“特种旅游”产品越来越受到旅游者的青睐。比如，坐落于超山风景区（杭州市临平区4A级景点）脚下的杭州水墨蓉庄艺术主题酒店，为玩家提供“坐游船，赏湖景，品茶歇”的新晋画舫剧本杀体验，当好玩刺激的剧本、高出片率的服装、闹中取静的山水风光与极致的酒店民宿享受结合在一起时，旅游者纯粹的“观光客”体验就升级为“本地人”的体验。再如，携程旅游推出了以“当地人带你玩”为定位的“全球当地向导”平台，集合国内以及海外的当地导游、向导达人、留学生华人等，为游客提供当地陪游、包车接送、特色体验、旅途聚会等服务，解决游客旅行中的语言不通、交通不便、不知道怎么玩等难题。

启智润心 2-1-1　　当红色主题遇上沉浸式体验

走进苏州常熟沙家浜革命历史纪念馆，游客可以在全新沉浸式互动课程“春来谜局”中完成抗日使命。此外，还有红色景区灯光秀、智能引导答题闯关、电子感应设备穿越历史……随着红色教育深入人心以及亲子游、研学游的需求不断增加，红色旅游逐渐成为年轻人的“心头好”。其中，还原度高、互动性强的沉浸式体验项目更是为红色主题市场加了一把火。

《中国红色旅游消费大数据报告（2021）》显示，超过40%的年轻游客对红色旅游的兴趣点在沉浸式体验，从深度讲解到科技体验，能帮助他们了解很多历史知识。近年来，各地深挖红色资源，积极对接科技手段，探索红色旅游的沉浸式表达，吸引了大批游客打卡。

在沙家浜革命历史纪念馆的春来茶馆里，游客们变身“送信的百姓”，通过游戏获取线索，寻找“接头人”，并把重要情报传递给新四军。这是沙家浜革命历史纪念馆2021年年底推出的沉浸式互动课程“春来谜局”，现在已成为游客打卡热门项目。据沙家浜旅游度假区的负责人介绍，红色爱国主义教育和绿色生态旅游是沙家浜旅游度假区的两大特色，结合这两大特色，度假区在暑期推出了一系列活动。比如，每年都会举办的暑期特色夏令营活动，仅2022年7月，夏令营就已经接待青少年1 000多人次。接下来，度假区还将以“万物有戏”为品牌，推出大型室外剧本拓展活动，将产品线年轻化，吸引更多年轻群体。

在山东，一些红色景区通过创新技术与服务打造沉浸式体验场景，让游客在趣味中感悟历史文化。旋转式舞台、露天看台与山石、绿植相呼应，在数字媒体、实景灯光等技术的辅助下，沂蒙红嫂的故事徐徐展现在观众面前……在山东临沂沂南县，红嫂家乡旅游区以常山庄村的环境为依托，打造山村剧场，创排《沂蒙四季·红嫂》文献史诗情景剧，通过沉浸式演艺展现“乳汁救伤员”“火线桥”等红色故事，让观众近距离感受军民“水乳交融、生死与共”的沂蒙精神内涵。同时，该景区还打造沉浸式演出小院，推出《民兵连》《妇救会》等5个短剧，剧情皆源自发生在本地的真人真事，演员是周边村民和文艺爱好者。演出时，观众离舞台很近，还能在情节推动下与剧中人物一起互动。

在江西瑞金，120多处革命遗址星罗棋布。“吃水不忘挖井人，时刻想念毛主席。这口井就是我们课文上所描述的红井。”每年开学季，都会有很多老师带着学生来红井革命旧址群，实地讲解“吃水不忘挖井人”这一课。课程结束后，学生还会在景区工作人员的指导下把井水打上来尝一口。除此之外，大柏地战斗旧址是为学生上《菩萨蛮·大柏地》诗词课的地方，“长征从这里出发”等专题展厅是上相关历史课的地方……在旧址、文物实景情境下教学，不仅让学生对所学内容印象深刻，更让历史变得生动活泼起来。

资料来源：尹晓燕. 当红色主题遇上沉浸式体验［EB/OL］.［2022-08-10］. https://mp.weixin.qq.com/s/MW3eIL8dFu07ZTOMI4Xy_A.

思政元素：文化自信 守正创新 赓续红色血脉

学有所悟：2021年是中国共产党成立100周年，红色旅游格外受到关注，大量游客前往红色旅游目的地。在文化自信的支撑下，参与红色旅游的游客呈现出年轻化、家庭化趋势，特别是年轻人对红色旅游的关注度猛涨。在小红书、微博、豆瓣、大众点评等年轻人活跃的社交平台上，出现了很多对红色旅游话题的讨论和分享。“红色博物馆专家讲解”“VR重现革命经典场景”“夜游红色景区”等新的旅游形式，打造出“另一维度欣赏红色景区之美”的旅游体验，成为备受年轻人喜爱的旅游内容。

在红色旅游迎来大发展的当下，红色旅游不再是教条式参观流程，红色剧本杀、红色戏剧、红色沉浸式体验等带来新的旅游体验。红色文旅已经不再是过去的文化内涵不足、形式单一的传统观光型旅游产品，而是与体验型旅游融合发展，以红色文化为灵魂，融入多种创新型技术，使红色文化更加真实生动地展现在游客面前，促进红色文化传承与保护。

结合成功经验，红色文化旅游要走向高质量发展，可以从以下几方面入手：首先，融合当地特色文化，提升红色文旅体验，开发多样化、具有地区特色的体验型旅游产品，增强游客的参与感和体验感；其次，增加科技元素，注重参观体验，融合多元业态，使得历史资料的布展内容更扎实、形式更灵动、呈现更直观，使游客更好地理解红色精神；最后，结合时下热点，推动红色主题元素与大众生活相融合。

现代消费的一个重要特征就是“新消费者”异军突起，尤其是“Z世代”崛起，逐渐成为社会消费市场的主力军。崇尚个性、兴趣多元、喜爱社交的“Z世代”格外关注消费过程的体验、服务和保障，追求“质价比”，购物与社交深度绑定，热衷

"种草"，也热衷被"种草"。不同于"80后""90后"携家带口，扎堆服务好、旅游资源多的传统热门目的地，年轻的"95后""00后"更偏爱小众旅游目的地。相较于流程化的走马观花式旅行，"Z世代"更倾向于走走逛逛的"沉浸式"旅游体验，他们倾向于根据目的地类型来规划自己的旅行，通过图文视频类的新媒体（如小红书、抖音、快手、微博、B站等）搜寻心仪的旅行目的地，而非按部就班地游览。

见多识广 2-1-1

洞察"Z世代"消费趋势

2.旅游消费方式倾向自助智能化

在经济快速发展和人们生活水平不断提高的当下，旅游逐渐成为人们生活中必不可少的一部分，常规的跟团旅游模式已经无法满足广大游客的个性化需求和品质需求，越来越多的游客开始选择自由行的出行方式。"一机在手，畅游无忧"，在信息技术的加持下，旅游消费者线上购买旅游产品的习惯被深度挖掘，移动端消费增长迅速。随着移动技术日益成熟，智慧旅游市场参与者在旅游产品和服务上不断创新，并渗透在旅游的每个环节中。OTA，即在线酒店、旅游、票务等预订系统平台，为各旅游业主体提供了线上产品营销渠道，同时方便消费者定制线上旅游产品。随着OTA平台赋能旅游商家的优势逐渐显现，越来越多的旅游企业开始从"线下"走向"线上"，数字化、智能化逐渐成为旅游企业的"标配"，可以说，信息技术支持下的智慧旅游助推着旅游业高质量发展。

以华侨城的"数字景区实验"为例，华侨城陆续上线微信游园服务系统、微信社交分销系统、花橙旅游微信公众号、人脸储物柜及景区通码、虚拟排队、小程序购票等服务，并推出"失联48小时，跟着爱豆去打卡"及微信创意游戏等营销活动，极大丰富了景区的日常运营，并带动了游客量的跃升。再如，"一部手机游云南"是腾讯"互联网+全域旅游"领域打造的首个省级合作项目，围绕文旅项目提供11个不同场景的微信小程序，全面覆盖游前、游中、游后的各项需求，满足和提升游客吃住行游娱购的需求和体验，让游客全流程省心、安心、放心。

此外，线上文化旅游形式快速发展，足不出户的"云旅游"越来越普及。人们对各类平台的使用更加频繁，以图片、音频、视频、文字、AR、VR等多维度展示的旅游资讯形式已经被多数人接受。

动画 2-1-1

智慧旅游

知识课堂2-1-2

（1）扫码学习"动画2-1-1"。

（2）结合动画，寻找智慧旅游运用成功的行业典型案例。

3.旅游消费动机呈现多样多元化

旅游消费的动机因国家地域、文化背景、年龄层次、性别特征等差异呈现出多元化的特点。比如，同样是入境游客，外国旅游者游览我国的主要动机是欣赏中华悠久的文化，探访古迹，参观中国现代化建设的成就，了解中国人民的生活方式、风土人情等；而海外华侨大多从乡土观念出发，来华探亲访友、寻根问祖，以社会交往为主要旅游动机。从年龄层次上看，年轻人好奇心强，喜欢冒险、猎奇；中年人成熟老练，追求知识和专业爱好；老年人饱经沧桑，怀旧心理重，多喜欢故地重游，探亲访友。成年男性外出旅游多以娱乐、交友、探险、猎奇为目的，而成年女性外出旅游的兴趣则在于了解风土人情、购物等。多年来，许多旅游心理研究专家已经总结出了详尽、成熟的旅游动机理论，我们将在本模块项目三的任务二“多元驱动的旅游动机”中展开介绍。

4.旅游消费层次不断高端品质化

旅游消费一般表现为三个层次，即基础层、提高层和发展层（如图2-1-1所示）。现代旅游的消费者大多数具备较高的文化素质，他们自主消费意识强，旅游消费心态成熟，对旅游消费有比较清醒的认识和较高的期望。除了沉浸山水自然的旅游活动外，越来越多的旅游消费者关注特色文旅项目，不断提高其旅游消费层次，“旅游+”项目日益彰显。

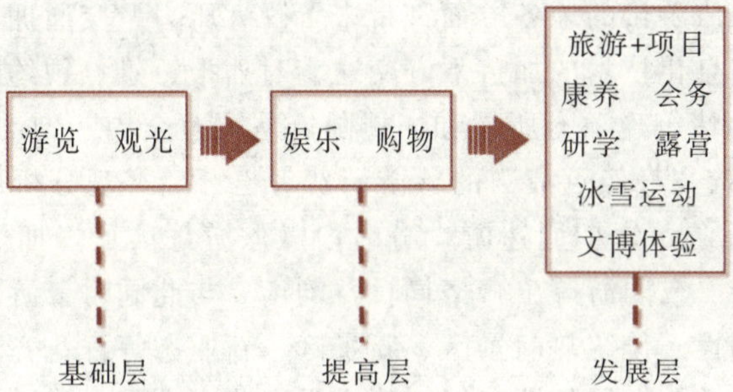

图2-1-1　旅游消费层发展模型

“旅游+”是指充分发挥旅游业的拉动力、融合能力，及催化、集成作用，大力发展旅游+农业、工业、交通、体育、文艺、健康、科技、航空等，为相关产业和领域发展提供旅游平台，插上“旅游”翅膀，形成新业态，提升其发展水平和综合价值。比如，建立在自然生态和人文环境基础上的康养旅游，就是结合风景观赏、文化娱乐、身体检查、医学治疗，以春观花、夏避暑、秋赏月、冬泡泉等形式，让游客实现放松身心、怡情养性、祛邪扶正、延年益寿等目的的深度旅游体验活动。它与传统旅游形态相比，具有滞留时间长、旅游节奏慢、消费能力强、重游率高、强身健体等特点。近年来，博物馆文创类纪录片、文博类综艺节目层出不穷，从《我在故宫修文物》《如果国宝会说话》《国家宝藏》到《唐宫夜宴》《洛神水赋》《只此青绿》，文博元素在荧幕上的呈现，让文化遗产变得愈发鲜活。这不仅唤醒了人们对博物馆和历史文化的兴趣，也让文博游真正“火”了起来。现在，不少“网红”博物馆凭借高质量的创意节目、亮眼的文创产品、沉浸式的多媒体互动和场景体验圈粉无数，“文博+展览”“文博+演艺”“文博+研学”等主题定制化文博游产品备受好评，更多人走进博物馆见证“博物馆的力量”，掀起了一轮文旅新国潮。此外，2023年暑期研学游的变化成为旅游市场转型发展的一个缩影，同程旅行发布的暑期旅游趋势报告显示，7月以来该平台上“研学”相关旅游搜索热度环比上涨203%。研学产品供给呈现出显著的多元化、主题化等特征，除了跟着课本去旅行、动植物探索等主题产品外，国防科技、体能拓展、地貌考察、古生物科研考察、丝路之旅等体验式研学产品也非常受欢迎。各旅游服务企业与博物馆、高校、科研院校、行业协会、培训机构等联合开发研学游产品，在内容的专业性、趣味性、时代性上不断提升。综上，旅游消费正从景点观光向休闲度假、深度体验转变，各地聚焦新趋势打造沉浸式文旅新场景、新业态，文旅市场消费“爆点”不断涌现。

微课 2-1-2

研学旅行

知识课堂 2-1-3

（1）扫码学习“微课2-1-2”。

（2）结合微课，请大家总结研学游与夏令营产品的差异。

5. 旅游消费决策行为日趋成熟和理性化

自1999年中国实施旅游黄金周政策以来，中国旅游开启了高速发展的历史进程。黄金周效应让政府、企业、投资方都看到了中国巨大的旅游消费市场和其强劲的需求增长趋势，国内的旅游投资、资源开发、产品设置都进入了快车道。2000年至2020年的20年间，是中国旅游业发展最迅猛的时期，旅游基础设施等在这一阶段得到了极大改善。游客激增、收入暴涨是黄金周政策最直观的经济特色，但游客的集中出行给交通、餐饮、住宿、游览等旅游目的地各方面都带来了巨大压力，交通拥堵等也成为伴随黄金周政策的顽疾。在信息化技术的加持下，交通实时播报、景点预约限流、诱导系统提前分流等各种措施令拥堵等现象有所缓和。伴随着从“黄金周”到“黄金周+小长假”的中国休假制度的改革，“身经百战”的旅游消费者也开始客观分析出游趋势，理性安排度假计划，长假出境游、短期周边游、分时段微旅游等项目蜂拥登场，跟团游、高铁游、自驾游、家庭游、夜间游等出行格局日益均衡。与此同时，游客对出游目的地的选择也越来越多元和随性，传统热门景区、新景区、新业态等百花齐放。

近年来，国内旅游业发展长期向好的势头没有改变，国内旅游档期、项目和产品的“爆款”与“冷门”同时存在。当前，国民的旅游消费更趋理性化，一大表现是本地游、城市周边游成为热门旅游项目，在空间地域上分布更加均匀，有利于改善旅游资源与旅游需求的空间错位，减缓或避免旅游扎堆现象的出现。此外，旅游消费者选择的旅游类型更多样，游客利用数字化、预约制等智慧旅游技术自发调节出游计划。

案例分享 2-1-2　　美好中国，幸福旅程

2023年春节假期，从白雪皑皑的东北到温暖湿润的南方，来自全国各地的游客穿梭于各大景区，期盼已久的旅游市场复苏景象如约而至。中国旅游研究院院长戴斌介绍，“探亲访友、旅游过年、民俗体验、避寒和冰雪等出游需求在春节假期集中释放，出游规模、消费结构、服务质量和市场主体获得感等指标持续向好，奠定了全年旅游经济高开稳增、持续回暖的市场基础。”

于是，从2023年年初开始，各地文旅局长纷纷站台花式宣传当地旅游，淄博烧烤热度一夜登顶，“大学生组团到淄博吃烧烤”“坐高铁去淄博撸串”等热门话题登上热搜，淄博甚至为此开通了烧烤专列。2023年4月，“进淄赶烤”热潮风靡全国。“五一”假期期间，淄博的酒店更是爆满，全城人声鼎沸。不仅山东淄博，贵州也因为“村BA”“村超”火了，拥有几十年群众基础的台江篮球、榕江足球是所有村寨的大事件。与此同时，主打“极限挑战”的特种兵式旅游爆火……从端午节、五一小长假乃至整个上半年来看，2023年国内旅游业持续保持积极的复苏态势。暑期，厄尔尼诺带来的高温天气也挡不住各大旅游景点的热度飙升。在北京，游客络绎不绝地涌入颐和园、故宫等热门景点；在西安，兵马俑、陕西历史博物馆等景区一票难求；在重庆，夜晚的洪崖洞灯光璀璨、游人如织……容光焕发的文旅市场持续升温，在黄金暑期积蓄着旺盛的消费潜力。面对高温，市民、游客昼伏夜出，多地景区、游乐园等都推出了夜间专场活动，热门商圈夜娱、夜购潜力释放，各地夜间经济产品推陈出新，旅游消费体验持续升级。夜读、夜购、夜市、夜宿、夜宴、夜游、夜娱和夜战等业态夜间接待人次均呈上升趋势。

继“特种兵旅行”之后，“City-walk”在这个暑期成为年轻人的新玩法。“City-walk”大多被翻译为“城市漫步”，与快节奏的“特种兵旅行”不同，“City-walk”主打随心所欲和慢节奏，人们可以选择步行或骑行的方式，在非预设的路线遇见个性建筑、“宝藏”街区、小众店铺，感受繁华都市的魅力风情。除了“City-walk”，音乐节、演唱会等各类音乐演出也成为目的地和景区吸引游客的新“武器”，大型音乐娱乐演出，可以在短时间内产生较强的人流聚集效应，提振当地交通、住宿、餐饮等相关消费产业。同时，音乐演出的受众以年轻人和学生群体为主，能够帮助目的地有效吸引年轻客群。如2023年6月，周杰伦海口演唱会为海口吸引了超过15万游客，创造旅游收入近10亿元。7月8日至9日，同程旅行与腾讯音乐娱乐集团共同打造2023TMEA腾讯音乐娱乐盛典，其间，中国澳门旅游热度上涨超过300%，带动当地酒店、机票预订量大幅上涨。

资料来源：佚名．春节假期多地游客大幅增长 旅游市场回暖显著［EB/OL］．［2023-02-02］．https://m.thepaper.cn/newsDetail_forward_22156728；巅峰智业．读15篇报告！看2023下半年“用户、场景、产品”的文旅新趋势［EB/OL］．［2023-07-25］．http：//mp.weixin.qq.com/s?__biz=MjM5OTIxOTAxMg==&mid=2651333874&idx=1&sn=67a1e7f62ea2e6d9726d490956f49408&chksm=bcc25ed98bb5d7cf27719c68cf3f0cbc9d80812760e9060b8f5fba2611335271e30d0c7c5d6a#rd.

思考：以上案例中较多材料呈现出年轻客群的旅游消费行为，请同学们查找并阅读相关资料，讨论目前我国中老年旅游者消费行为有哪些新趋势。

任务二 旅游消费的决策过程

一、旅游消费决策概述

让我们通过一个身边的旅游案例来进入“旅游消费的决策过程”的学习探讨中。

案例分享2-1-3 **敦煌旅拍，说走就走**

王女士是一位资深的“小红薯”，通过小红书查找美妆穿搭、美食健身日常、家居装饰点缀、旅游出行攻略等是她业余生活的趣味添加剂。某天，她被敦煌艺术摄影深深吸引，大漠孤烟、敦煌飞天，这种文物拟人扮演的摄影实在令人向往，于是她立刻萌生约上两位好闺蜜来一场敦煌摄影之旅的念头。三位“95后”一拍即合，立刻开始调整工作、申请年假、研究攻略。她们分头上网查询，借助各类新媒体查找旅游资讯，还通过一场COS直播联系上敦煌当地一家颇为知名的旅拍工作室。在对自己的经济实力、出游时间和距离远近等因素进行全面衡量后，她们从三条旅拍线路中确认了自己的专属线路，决定自助旅拍，把旅拍工作室作为备选方案。出发前，她们购置了美丽的拍摄服饰道具、特效防晒化妆品、常用摄影设备等。到达鸣沙山月牙泉后，刚开始她们互相拍摄，非常有意思，但天气突然变化，扬尘特别大，带着大包小包拍摄格外不方便。于是她们迅速调整方案，立刻联系旅拍工作室，一系列“霓裳羽衣舞黄沙”的旅拍大片就这样愉快地诞生了。在这次敦煌旅拍过程中，她们拍大片、看美景、赏壁画、访古迹、寻秘境、品美食，而且将自己的旅拍经历分享在小红书上，收获了一批“小红薯”的关注，真是独乐乐不如众乐乐呀。

资料来源：编者根据网络资料整理。

思考：通过以上案例，请同学们讨论，在王女士一行的旅游行为中，哪些属于旅游消费行为？

当王女士受到小红书上敦煌艺术摄影照片、敦煌旅拍心得攻略等外界事物的刺激后，在头脑中开始酝酿敦煌摄影之旅时，她的旅游消费需求与动机就出现了，她的消费行为已经开始。从该案例中，我们可以发现：

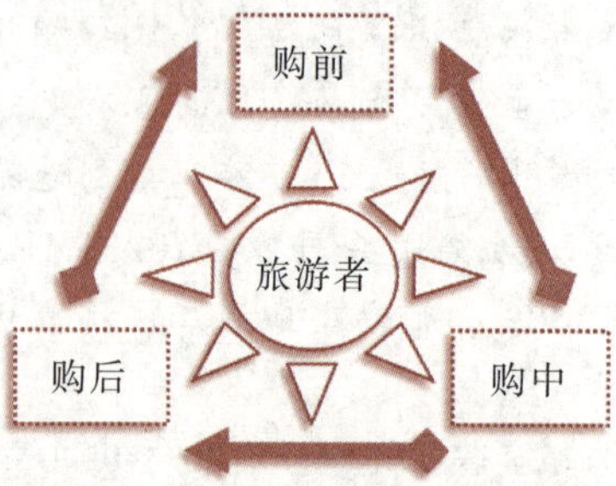

图2-1-2 旅游消费行为的系统连贯性

首先，旅游消费是一个动态系统的决策过程。它一方面表现为旅游消费行为的系统连贯性（如图2-1-2所示），即旅游消费行为包括从旅游产品的购前决策—购中体验—购后反馈到下一轮消费的购前决策行为。具体的消费行为始终处在这一系统的某一环节中，购中体验、购后反馈直接决定了下一轮旅游消费决策。当然，由于旅游产品的综合性，整体旅游购中体验也会存在各种消费决策，如当王女士一行人在实际体验敦煌旅拍时，由于天气突变，她们迅速重新决策，调整旅拍方案，购买工作室旅拍产品。另一方面表现为旅游消费行为具有动态性（如图2-1-3所示）。旅游消费者个体、群体和整个社会都在随时间的推移而发生改变，某一时期的消费行为通常会受到特定时期、特定产品和特定消费者个体和群体的限制与左右，上述“敦煌旅拍”“文博研学”“沉浸式红色旅游”等案例就是很好的例证。因此，从文旅企业的角度来说，以市场为导向的营销对策必须及时把握市场不断变化的特征，才能在消费者动态决策中取得竞争优势。

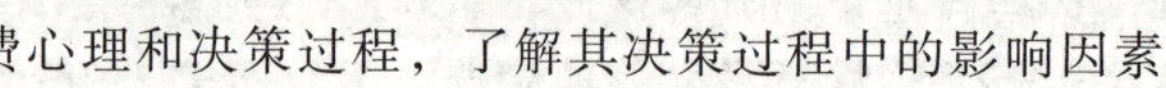

图2-1-3 旅游消费行为的动态性

其次，旅游消费是一个系列决策的过程。消费者行为不仅指决策后的行动，也包括决策前和决策中的所有心理过程。以上述案例来分析，王女士在翻阅小红书时被敦煌艺术摄影吸引，内心的触动引发她寻找更多的相关资讯，从而确定自己的旅拍动机，然后联系闺蜜进行集体旅游决策。决策是行动的依据，从文旅企业的角度来说，应认真研究和把握旅游者的消费心理和决策过程，了解其决策过程中的影响因素，这将有助于企业在开展营销活动时做到有的放矢，提升效率。

最后，旅游消费者行为与外部环境具有互动性。旅游消费是旅游消费者在与外部环境不断相互作用的过程中完成的，这一过程循环往复，呈螺旋式发展。消费行为同外部环境的作用不是单纯的因果关系，而是互为因果。例如，一方面，经济环境中的个人收入水平、利率、物价、通货膨胀率、税率等均会对消费者的行为产生影响；另一方面，当众多旅游消费者做出相似决策时，整体的经济环境也会相应发生变化，进而使市场随之波动。例如，得益于经济回暖和促进消费政策等各种利好因素的推动，2023年中国旅游市场的供给端和需求端都迎来了全面复苏。

二、旅游消费的动因

学以致用 2-1-1

假设同学们是旅游消费者，你们在决定购买旅游产品的时候，会考虑哪些因素？请大家在课程平台谈论区畅所欲言，再根据大家的集体意见进行归纳总结。

根据头脑风暴的任务成果，我们发现同学们会考虑线路价格、旅游目的地的好玩度、休假时间等因素，其实这些因素可以综合成推动旅游者产生旅游行为的三大动因：内部动因、条件动因、外部动因（如图2-1-4所示）。内部动因即个人旅游动机，这是人的基本需求之一；推动人们出游的条件动因是指个人充足的闲暇时间、足够的可自由支配金钱和便利的交通条件，这些都是旅游行为产生必不可少的条件；外部动因主要是指旅游目的地与客源地之间的空间相互作用。这种空间相互作用将吸引游客朝某一特定的空间移动。

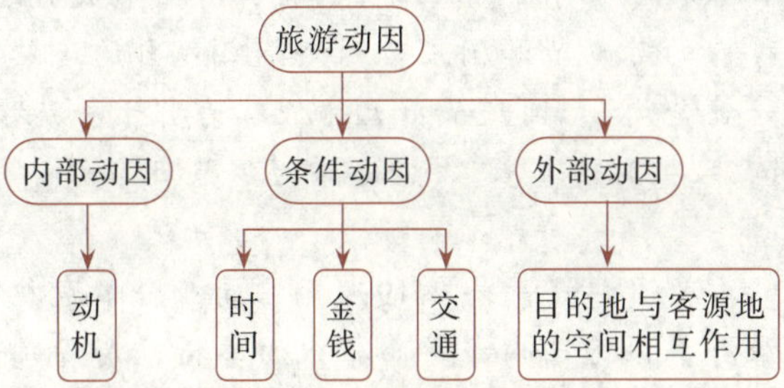

图2-1-4　旅游动因分类

1.旅游行为产生的内部动因——个人动机

动机是推动人们采取行动的内部动因，是人们对旅游消费的主观设计。比如，游客希望到什么地方去旅游，准备采取哪种方式进行旅游消费，想通过旅游消费活动满足何种需求，都会进行个人的主观设计。可以说，旅游动机是旅游行为产生的主观前提，正是它在促使人们成为一名真正的旅游消费者。

2.旅游行为产生的条件动因——时间、金钱、交通

首先，旅游行为的产生必须有足够的闲暇时间。曾有学者根据目的倾向将人生的时间划分为就业工作时间、附加工作时间、个人生活时间、社会活动时间与个人闲暇时间五部分（见表2-1-3）。旅游消费活动是一项主要在闲暇时间进行的活动，因此，有可自由支配的时间是旅游消费行为产生的必要前提。

表2-1-3　人生时间分类

时间名称	内容解析
就业工作时间	法定就业工作时间，如我国实行的8小时/工作日工作制
附加工作时间	必需的附加工作时间，如必要的加班时间
个人生活时间	用于满足个人生理需要的生活时间，如吃饭、睡觉等
社会活动时间	个人必需的相关社会活动时间，如有关的社交和约会等
个人闲暇时间	可供个人自由支配的时间

其次，旅游行为的产生还必须有可充分支配的金钱。旅游消费相对于其他日常必需品而言，属于非必需开支。

最后，便捷、舒适的交通条件也会激发人们出游的欲望。值得注意的是，这里提到的交通条件是指旅游者感知到的交通条件，有时它并不受实际空间距离的制约。例如，随着青藏铁路的开通，在时间允许的情况下，坐着火车去拉萨成为众多旅游者的首选。无论是性价比，还是对高原反应的适应度，尤其是乘坐火车时欣赏到的青藏高原沿途如油画般漂亮的风景，都使旅游者感知到交通条件是优越的，火车交通方式无形中提高了人们的出游兴趣。

启智润心 2-1-2　　中国式旅游黄金周

1999年，国务院公布了新的《全国年节及纪念日放假办法》，决定将春节、"五一""十一"的休息时间与前后的双休日拼接，从而形成7天的长假。黄金周本指中华人民共和国境内的劳动节和国庆节两个节日各自的连续七天休假。劳动节七天休假称为"五一黄金周"，国庆节七天休假称为"十一黄金周"。相对于其他公休假期，"黄金周"又被称为"长假"，通常冠以节日名称，分别为"五一长假""国庆长假"。

黄金周制度出现的动因之一，是在1997年东南亚金融危机的背景下，为了刺激消费，拉动国内经济，促进国内旅游而推出的举措。消费作为衡量社会经济平衡发展的重要标志，既与社会群体的收入水平息息相关，也与民众的消费观念更新、消费时间充裕与否密不可分。通过给予民众充足的休息时间，刺激中国老百姓的经济思维从简单的"积累型"向"积累-消费型"转变，取得了"四两拨千斤"的效果。

从1999年至今，黄金周的发展历程如同一支变奏曲，有起伏有争议。整理一下黄金周的发展脉络，从井喷到调控，再到理性反思，尽管一直与争议相伴，但更多的人已经习惯了黄金周所带来的别样的生活方式。初期黄金周客流集中爆发，让人们看到旅游业潜力的同时，也大面积暴露了旅游业存在的现实问题和供需瓶颈，盲目出游的人群在传统人文景区大量聚集，给交通、住宿、旅游设施、景区管理等带来了巨大挑战。为了有效控制黄金周期间旅游产品供不应求、价格不断上涨的局面，政府开始实施宏观调控：一方面，开始大力推介一些非主流的温冷线路；另一方面，成立假日办，推出旅游预报系统，将各地的热点景区纳入监测范围，通过媒体发布动态的旅游信息，宏观调控客流走向，引导游客避开旅游高峰和旅游热点。同时，公布一些景区的最佳容量，将景区的人流压力控制在合理的范围之内。除了假日客流预报、景区紧急疏导等，政府还逐步调整国家法定节假日方案，推出职工带薪假等对策措施，以营造健康发展的旅游经济大环境。

资料来源：佚名. 黄金周［EB/OL］.［2015-10-20］. https://baike.baidu.com/item/%E9%BB%84%E9%87%91%E5%91%A8/80882? fr=ge_ala.

思政元素：制度自信　为人民服务　增进民生福祉

学有所悟：党的二十大报告明确指出，"增进民生福祉，提高人民生活品质"。

无论是国务院公布放假办法，形成黄金周制度，还是在面对供需瓶颈时不断进行宏观调控，都充分体现了中国政府是为人民服务的政府。习近平总书记指出，“江山就是人民，人民就是江山。中国共产党领导人民打江山、守江山，守的是人民的心”。治国有常，利民为本。为民造福是立党为公、执政为民的本质要求，必须坚持在发展中保障和改善民生，鼓励共同奋斗创造美好生活，不断实现人民对美好生活的向往。

习近平总书记指出，“人民对美好生活的向往就是我们的奋斗目标”。为加快推进国民旅游休闲高质量发展，更好满足人民群众的美好生活需要，国家发展改革委与文化和旅游部联合印发了《国民旅游休闲发展纲要（2022—2030年）》，旨在进一步优化我国旅游休闲环境，完善相关公共服务体系，提升产品和服务质量，丰富旅游休闲内涵，促进相关业态融合。近年来，我国旅游休闲环境持续优化，公共服务体系更加完善，产品和服务质量显著提升，与相关业态的融合程度不断加深，旅游休闲内容持续拓展延伸。

3.旅游行为产生的外部动因——目的地与客源地之间的空间相互作用

在现实中，旅游客源地与旅游目的地相互作用的旅游空间结构模式通常被称为客源地-目的地模式。这种空间相互作用产生的条件主要是两地间的互补性、替代性和可达性。互补性较强的旅游目的地将会以其自身区别于客源地的独特旅游资源吸引游客。例如，对来自城市的游客而言，乡村的“清新空气、绿树成荫、环保食材”就独具吸引力。两个替代性较强的旅游目的地是竞争对手，其中越靠近客源地的那个旅游目的地对游客的吸引力就越大，因为距离越近就意味着游客付出的时间、精力和金钱投入越少。另外，游客感知到的旅游地与目的地之间的可达性也将影响旅游者的出游决策。

三、旅游决策与消费的环境及心理因素

旅游者在做出旅游产品的购买决策、进行消费体验的整个过程中，往往会受到内部和外部多方面因素的共同影响。

1.旅游决策与消费的外部环境影响因素

旅游决策与消费的外部环境影响因素主要来自外部社会经济环境。一般将旅游者的家庭、参考群体、角色地位、社会阶层、文化群体等归为影响其旅游决策行为的外部因素（见表2-1-4）。

表2-1-4　旅游决策与消费的外部环境影响因素及其内容解析

影响因素	内容解析	文旅热词举例
家庭	家庭是对旅游消费者的决策有最大影响力的群体。从市场营销的观点看，许多产品的需求水平是由家庭的数目而不是由人员的数量所决定的。如在娱乐活动中有三分之二以上是家庭性质的，在文化休闲活动中有近40%是以家庭为基础的。由于家庭与旅游者行为的联系十分紧密，因此在旅游活动过程中，家庭是影响旅游者行为的主导因素	亲子游产品 家庭自驾游

续表

影响因素	内容解析	文旅热词举例
参考群体	参考群体是对旅游者的决策、行为和评价等具有重要影响的相关个人或群体。不同的参考群体在不同时间内或不同的情境下，影响着旅游者的信念、态度和行为。如某位潜在旅游者看到自己的同事或好朋友都去某地旅游且游后评价不错，那么受这些参考群体的影响，他下次出游的地点很可能就是该旅游地。在新媒体营销时代，抖音、小红书、视频号等上面的博主、旅友也是参考群体之一	旅游博主 网红打卡点 OTA网络口碑
角色地位	角色地位是指旅游者个体在特定社会群体中所处的位置。在旅游活动中，旅游者的角色地位同他在家里的角色地位可能大相径庭，如一个人决定驾车带全家出去旅游，在整个旅游活动过程中，他除承担司机角色外，还可能承担导游及汽车修理工的角色；如果他决定带全家乘坐飞机或轮船外出旅游，他就不再扮演司机和汽车修理工的角色，而可能担任导游、决策者之类的角色	自助游 定制旅游 房车旅行
社会阶层	社会阶层是指在一个社会中具有相对同质性的群体，并且这一群体是按照等级排列的，每一阶层成员具有类似的价值观、兴趣爱好和行为方式。在旅游活动中，不同社会阶层的旅游者显示出不同的旅游产品偏好和旅游目的地偏好，其消费行为也具有不同的特点	创意市集 精致露营 旅游圈层营销
文化群体	文化群体是指具有相同的信念和价值的人群。不同的文化群体对旅游者行为的决策具有不同的影响。在旅游市场上，与文化偏好一致的旅游产品和服务，更有可能被旅游者所接受。每一文化群体又具有能为该群体成员提供更为具体的认同感和社会化特征的内涵，并形成次一级的亚文化群体。亚文化群体包括民族亚文化群体、宗教亚文化群体、年龄亚文化群体和地域亚文化群体等	国风体验 工业秀带 红色沉浸式体验游

案例分享2-1-4　　元宇宙下的圈层营销

圈层是指由某一类拥有相同兴趣爱好、价值观、生活习惯、艺术品位的社会群体相互联系形成的小圈子。圈子里没有完全陌生的关系，靠情感相联。其实圈层在农业文明时代就已存在，当时只是分散，被称为“关系”。在数字化时代，得益于技术工具的进步，圈层已结构化，但其底层逻辑仍是靠关系。人们愿意通过亲朋好友或专家的推荐进行购买，粉丝热衷于购买明星、知名博主推荐、代言的产品。

圈层营销是指品牌通过给消费者精细画像，将其分为一个个具有相似消费特性和行为习惯的“圈子”，并针对这些“圈子”进行精准营销，满足消费者的多元化和个性化需求，从而推广产品或服务，在激烈的市场竞争中脱颖而出。随着社交媒体和社群的迅速崛起，在新的消费者市场环境下，圈层营销市场规模持续扩大。在圈层营销中，用户不再是被动接收信息的一方，而是积极参与和共享的主体，期待通过社群的形式，获取到更个性化、更具价值的产品或服务。

元宇宙是人类运用数字技术构建的，由现实世界映射或超越现实世界，可与现实世界交互的虚拟世界，是具备新型社会体系的数字生活空间。随着元宇宙技术的快速发展，圈层营销正在向更智能化和个性化的方向推进。这不仅满足了“Z世代”对新奇独特体验的需求，还在提升用户参与度和互动性的过程中为品牌和消费者之间建立了更深层的联系。

（1）更深的用户参与度。元宇宙可以为用户提供一种沉浸式体验，让用户以虚拟角色的形式更深入地参与品牌活动，提高用户的参与度和黏性。品牌可以通过用户在元宇宙中的互动行为，了解用户的喜好和需求，进行更准确的圈层营销。

（2）更丰富的互动方式。在元宇宙中，用户可以通过文本、语音、表情、动作等多种方式进行互动，这为圈层营销提供了更丰富的互动方式。例如，品牌在建立的虚拟商店中设计可互动的虚拟产品展示，让用户通过手势操作来感知或试用产品；或者设置虚拟问答机器人，通过语音交互来回答用户的问题，提供更好的购物体验。

（3）更精准的用户定位。在元宇宙中，品牌可以通过收集用户行为数据，以及利用“圈层经济”的特性，实现对用户更精准的定位，以便进行更有效的营销。例如，音乐产品品牌可以在元宇宙中通过用户行为数据找到音乐爱好者，形成“圈层”，有针对性地推出音乐类虚拟产品或活动，实现精准营销，提高用户黏性和商业效益。

（4）更强的创新能力。元宇宙为品牌提供了一个自由创新的空间，在这个全新的虚拟世界里，品牌可以通过虚拟试穿、虚拟旅游等方式，进行更加直观和生动的展示，让消费者以一种前所未有的方式体验产品或服务。

（5）更高的用户忠诚度。通过元宇宙，品牌可以与“以圈划分”的“Z世代”建立深刻的用户连接，提高用户的忠诚度。例如，运动品牌在元宇宙中建立一个虚拟体验中心。在这个中心里，用户可以试穿虚拟鞋款，参加虚拟运动比赛，甚至还能与其他用户进行互动，讨论自己的运动经验和鞋款偏好。这样的体验不仅可以帮助用户更深入地了解产品，也能让用户感受到品牌的创新力和个性化服务，从而提高用户对品牌的忠诚度。

综上，元宇宙环境下的圈层营销为品牌提供了全新的营销手段，品牌在自己创建的虚拟空间内，可以设计出不同的场景和活动方案，吸引用户（尤其是“Z世代”消费者）参与，提高他们对品牌的认知度和好感。同时，元宇宙的沉浸式体验特点让消费者能够更深刻地感受到产品和服务，提高品牌的用户黏性、忠诚度。元宇宙还能收集大量用户数据帮助品牌进行精细化营销，满足各类消费者的需求。未来，随着元宇宙的深入发展，“圈层营销×元宇宙”这一模式有望能够创造更多的商业价值和社会效益。

资料来源：欧赛斯．浅谈圈层营销［EB/OL］．［2022-01-21］．https://baijiahao.baidu.com/s?id=1722555307527326465&wfr=spider&for=pc；时空元宇宙数据服务．什么是圈层营销？元宇宙下的圈层营销会是什么样的？［EB/OL］．［2023-08-11］．https://baijiahao.baidu.com/s?id=1773900320506769642&wfr=spider&for=pc.

思考：通过对以上资料的理解，请同学们思考“元宇宙”如何为旅游业的发展注入新活力。

见多识广
2-1-2
不同文化背景下旅游消费行为的对比

2.旅游决策与消费的内部环境影响因素

影响旅游者决策与消费的内部心理因素，主要指由旅游者个人的主观心理产生的对旅游行为的影响因素，包括知觉、需求、动机、个性、态度、学习等方面（见表2-1-5），这些方面正是“旅游服务心理学”所重点关注的。

表2-1-5　　旅游决策与消费的内部环境影响因素及其内容解析

因素	内容解析
知觉	知觉是指人们对旅游产品和服务的各种不同属性、不同部分及其相互关系的综合认知和反映。旅游者选择旅游活动对象时所发生的认知和主观判断取决于许多因素，其中最重要的是对每个旅游活动对象的知觉，即它是否具有满足旅游者的需求，并为旅游者所认知的特征，是否具有激发旅游者动机和行为的能力。因此，对旅游者知觉的分析和研究是理解和掌握旅游者心理的重要开端
需求	需求是指旅游者或潜在旅游者对某种旅游产品的渴求或欲望，它是旅游者的一种潜在需求，即旅游者自身感觉缺少某些东西又期望得到某些东西的一种心理现象。旅游需求具有对象性、个性化与多样性、伸缩性、可诱导性与驱动性。需求总是对一定事物的渴求或欲望，不同的旅游者拥有不同的旅游需求，这必然会导致旅游需求的个性化与多样性并存的情况，并且会随着条件的变化而增加或减少，同时受外部各种旅游信息的刺激而发生变化。当旅游者有需求时就会产生不安与紧张情绪，进而推动其参与旅游活动以寻求心理平衡
动机	动机是指直接推动旅游者进行旅游的内在动力。旅游者的行为由旅游动机所引起并受其支配，而旅游动机又源于旅游需求。旅游者的旅游动机是复杂多样的，既有求实、求新、求名、求美、求知等心理动机，又有探亲访友、文化寻访、科考探险、康体健身等社会与生理动机。因此，旅游业经营者和营销人员在制订旅游产品营销计划时，应考虑各种类型旅游者的不同旅游动机
个性	个性是一种复杂的心理现象，是一个人区别其他人的内在的、比较稳定的心理特征的总和，是个人在对环境的反应中所形成并一贯保持的行为倾向。通常，不同个性的旅游者的旅游行为有很大差异性
态度	态度是指旅游者对某个旅游产品或旅游地的一种稳定的看法和倾向。态度比较准确地反映了旅游活动中旅游者在特定情况下可能产生的旅游行为。旅游者对相互竞争的旅游服务或产品所持的态度，往往是旅游业经营者和营销人员关注的焦点。因此，对旅游者态度的调查、分析和研究是十分重要的
学习	学习是指根据日常经验而产生的旅游者行为中相对持续不断的变化状态。通常，在旅游活动中，旅游者既是消费者，又是问题的解决者。旅游者要解决各种各样的旅游问题，如去什么地方旅游，什么时间出发，怎么去，逗留多长时间，选择什么样的饭店住宿等。因此，购买旅游产品其实也是一个学习的过程，就是购买一种新的体验，而在这种全新的体验过程中，旅游者必须适应许多环境的变化。因此，旅游学习的过程就是旅游者满足自身需要和适应环境变化的过程

四、复杂的旅游消费决策过程

在模块一中我们已经知道旅游服务产品的特性，旅游消费决策过程的复杂性来源于旅游服务产品的特性。另外，旅游服务产品本身的多样性和相互联系、相互依赖的特点也决定了旅游消费决策是一种复杂的行为。这一点体现在旅游者在做出购买旅游产品决策时需要考虑的各个方面（见表2-1-6）。

表2-1-6　　购买旅游产品时的决策清单

● 选择旅游目的地——包括国家、地区、旅游度假胜地
● 选择旅行交通方式——定期航线、包机航线、游船、高铁、火车、长途汽车、自驾车
● 选择住宿设施——入住或不入住酒店、豪华型/标准星级酒店或经济型酒店
● 度假所需时间——×天或×星期
● 选择出游时间——季节、月份、具体日期
● 选择包价或单项旅游产品
● 选择旅游经营商——经营包价旅游的旅行社或公司

市场营销学家曾将产品分为日常型产品与复杂型产品，并对这两类产品的购买行为从不同的角度做了深入分析。由图2-1-5可知，旅游服务产品很明显属于复杂型产品，旅游服务产品的购买过程比消费者购买快速消费品要复杂得多，这一过程包括更复杂的决策、更长的决策时间以及更高的承诺。

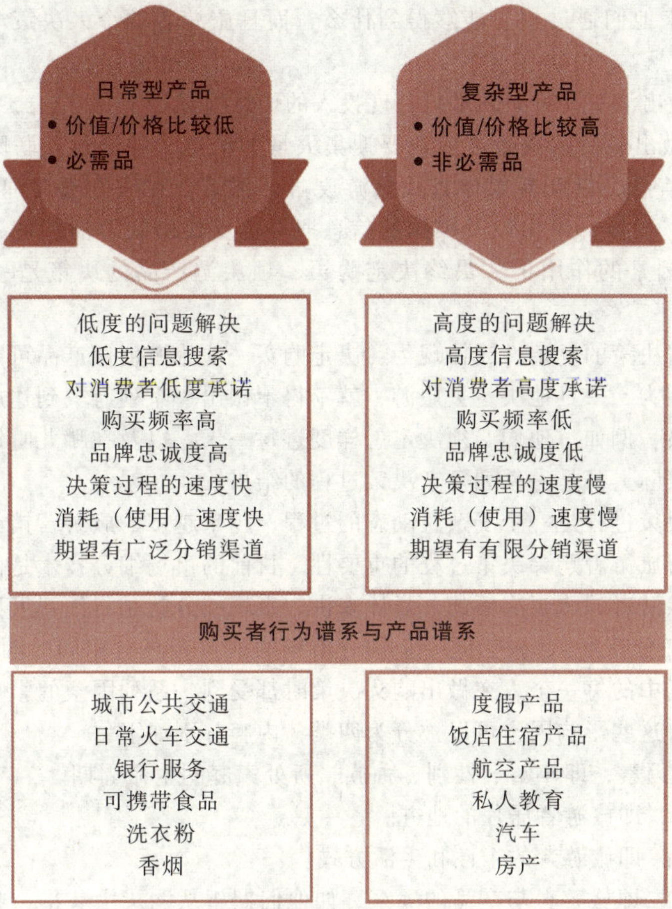

图2-1-5　日常型产品与复杂型产品的对比图

资料来源：斯沃布鲁克，霍纳．旅游消费者行为学［M］．俞慧君，张鸥，漆小燕，译．北京：电子工业出版社，2004.

1.旅游者进行消费决策缺乏安全感

旅游服务产品的无形性特点使得旅游消费者在购买过程中具有较高的不安全性，他们在购买之前无法尝试产品和服务。这也就意味着他们的购买行为会非常复杂，并且会涉及许多相关者。

2.旅游者的消费决策因牵涉感情因素而受影响

对个人来说，购买旅游产品是一件比较重要的事情。度假旅行把人们从日复一日的日常工作和生活环境中解脱出来，重新振奋精神。大部分旅游者会考虑家人的感受、同行者的想法，因此选择旅游度假产品时总会受到家庭其他成员、相关群体当中的其他成员的影响，甚至有时会在购买过程中做出妥协。也就是说，个人的旅游决策受亲朋好友等各种因素的影响，购买者的行为动机非常复杂，也较难研究。与此同时，那些影响因素也会随着时间的变化而改变，更加难以掌握。

3.旅游者做出消费决策所需时间较长

绝大多数旅游者在购买旅游产品时总会提前花费较长的时间进行决策，这意味着旅游者在做出决策过程中的想法与真正享用度假产品时的想法可能截然不同。旅游者会努力预测未来他们通过旅游能够得到什么，而且旅游者的个人决策本身具有即时性效果。

4.旅游者做出消费决策必须进行高度投入的信息搜寻

旅游者在做出最后的决策之前，要搜集大量的信息，如通过互联网搜索心仪的旅游目的地评价信息，借助新媒体查找旅游攻略，再结合在线沟通咨询、线下打听等。这些面向个人、群体、组织以及媒体的信息搜寻也反映出旅游消费决策行为模式非常复杂。在多种因素的作用下，最终决定购买一项旅游产品的决策是一个复杂过程的结果。

旅游者消费决策的复杂性还体现为：决定购买一项旅游度假产品可能并不是旅游者的最终决策。因为，一旦他决定去旅游，就不得不做出一系列有关到达旅游目的地之后活动规划的决策。例如，他们必须决定怎样度过每一天，以及在哪儿吃饭等，每一项看似简单的决策实际上都是一系列复杂决策过程的结果。

见多识广 2-1-3

代表性旅游者购买行为理论与购买决策模型

旅游消费决策过程是一个复杂且动态的过程，越来越多的旅游营销专家以及经营者都意识到了了解旅游者购买决策过程的重要性，目前的市场细分技术是依照不同旅游者的特点来解释旅游者的购买决策的。具体来讲，市场细分就是将消费人群划分成不同亚群体（或者说细分市场），属于同一个细分市场的消费者具有相同的购买和需求特点，在一个细分市场中的每一个人在做出购买决策时都受到一系列因素的影响。根据经典的市场营销理论，这些影响因素可以被分为四类，内容分别如下：

- 人口统计因素，即年龄、性别、种族、所处家庭的生命周期。
- 地理因素，即旅游者居住的地方。
- 心理因素，即旅游者的个性和生活方式。
- 行为因素，即旅游者与产品的关系，如他们期望从购买中获得一些利益，或者他们是第一次购买这个产品还是常规购买。

传统的旅游市场营销非常依赖市场细分，以上这四个方面正是在旅游者消费决策过程中起着非常重要作用的因素。也许心理分析并不能帮助我们去完全识别或预测每一个旅游者的行为，但是从影响旅游者的内外部因素入手，建立对旅游者消费行为的认识框架，将使我们全面了解旅游者的行为，并为有效地实施旅游市场营销策略指明方向。

课后小练习

◎ 判一判（判断下列观点的正误并解释原因）

1.消费者价值是指消费者从某一特定产品或服务中获得的利益，它主要受消费者年龄、职业、收入、文化程度、自身素质、身体状况、消费经验等的影响，一旦产生较难改变。（　）

2.旅游者消费行为是旅游者在一定外界条件的刺激下，为满足个人消遣、健康、商务等较高层次需求而选择某类旅游产品，通过互动体验完成购买与消费的过程。

（　　）

◎ 选一选（选出下列多选题中正确的选项）

1.“我想去桂林呀我想去桂林，可是有时间的时候我却没有钱；我想去桂林呀我想去桂林，可是有了钱的时候我却没时间。”这几句歌词形象地说明，一个人的旅游消费动因包括（　　）。

A.一定的经济基础　　B.必要的闲暇时间

C.足够的文化素养　　D.突出的旅游动机

2.（　　）等均属于旅游决策与消费的外部环境影响因素。

A.家庭　　B.社会阶层

C.角色地位　　D.需求

◎ 想一想

1.“世界那么大，我想去看看”，近年来出现了两种全新的旅行方式：第一种是“躺吃式旅行”，也就是旅游者到达旅游目的地后“宅酒店”，即宅在酒店睡到自然醒后再点外卖享受当地美食，泡一个不用担心需要整理浴缸的泡泡浴，尽情释放积攒的疲惫，松弛感满满；第二种是“特种兵式旅游”，为了节约成本，大学生等年轻人群体一般周五晚上或双休日清晨出发，打卡各大景点后，在周一早上赶回教室上课。用最短的时间打卡最多景点，且不影响接下来上学或上班，极具“性价比”。请分析为何会出现这两种截然不同的全新的旅行方式，你更喜欢哪种？为什么？

2.每年国庆黄金周时长都略有不同，如遇到“中秋+国庆”的“超长黄金周”，出境游、长线游等需求会得到充分释放；反之，短线游、周边游则成为更多选择。这反映了旅游消费动因的哪个因素在发生作用，同时请分析旅游者的消费行为变化趋势。

3.请分析旅游者购买行为理论及购买决策模型与西方现代心理学相关流派的关联，以及运用在旅游产品开发与营销方面的启示。

收获与体会

项目二 旅游者知觉分析

◎ **课前小互动**

八音盒小测试：当一个旋转木马样式的八音盒在同学们面前播放出悠扬的旋律，大家是专注于音律，还是会被外观所吸引？或者想感受一下八音盒的质感？甚至闻一闻八音盒是否有香味？

知识共探究

任务一 旅游消费中的知觉规律

一、旅游知觉的内涵

1.知觉的含义

在课前小互动中，当我们单纯用耳朵倾听音律，用眼睛观察外观，用手触摸外形，用鼻子闻气味时，都是通过感觉器官来接收八音盒的刺激。这种人脑对直接作用于感觉器官的刺激物的个别属性的反应就是感觉。但是任何客观事物的个别属性都不是孤立存在的，而是由多种属性有机结合起来构成的一个整体。当它作用于我们的感觉器官的时候，我们通过大脑的分析与综合，产生对它的整体反应。比如，旋转木马式样的八音盒呈现在我们面前时，我们会利用大脑对它的颜色、形状、声音、气味、材质等进行整体的分析与综合。这种人脑对直接作用于感觉器官的刺激物的各个部分和属性的综合性、整体性反应就是知觉。

知觉是一个复杂的过程，它包括生理和心理两方面。人在感知某一事物时，首先要通过感官（如眼、耳等）感知对象（生理历程），然后在头脑中形成一种印象（感觉）。这种印象与感知者已有的认识体验构成经验表象，这种先行经验的观念又向对象方向转移结果，形成一个有意义的心理画面——知觉（如图2-2-1所示）。

为了准确把握知觉的本质，要做到以下两点：

第一，理解感觉与知觉的关系。感觉和知觉都是通过感官对当前事物做出的直接的、生动的反应，其差别在于：感觉是对外界事物的个别属性的反应，知觉则是对事物的各种属性、各个部分及其相互关系的综合的、整体的反应。感觉和知觉又是不可分割的。知觉之所以能够反映事物的整体，是因为在此之前已经完成了对该事物各种属性的感觉，并在大脑中储存着相同的感觉信息组合，因此当前只要有其中一种感觉信息作用，就能引起这个感觉信息组合的兴奋，产生相应的知觉。所以说，感觉是知觉的基础，也是知觉的组成部分，知觉不是许多感觉简单的加总，而是各种感觉的有机联系，有感觉信息的储备才有知觉的形成。感觉与知觉的联系非常密切，人们往往把二者合称为

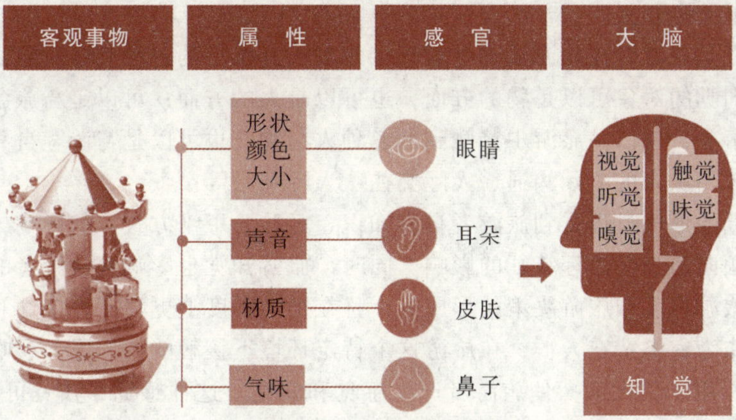

图 2-2-1　知觉的形成

“感知”。感知是认识事物的最简单的过程，是心理过程的开始和基础，是学习活动的重要途径，是维持正常心理活动的必要条件。

第二，把握知觉的本质，还需要理解知觉与思维的关系。知觉是主体对客体的感知过程，并受到知觉对象特点及知觉者先行经验的影响。所以说，“仁者见仁智者见智”，世界上没有哪两个人所知觉到的世界是一模一样的。如面对故宫，文物专家和普通游客的知觉印象绝对不同。

见多识广
2-2-1
感觉与知觉的异同

2. 知觉的类型

知觉是多种感觉器官联合活动的结果，且包括当时的心情、期盼以及过去的经验与习得的知识，所以知觉是纯心理性的。知觉包括对物的知觉和对社会的知觉。社会知觉是在社会环境中对有关个体或群体特征的知觉，是人们在社会活动中产生、发展起来的社会心理活动，影响着人们的社会行为、人际关系的建立和活动效果。知觉的分类见表 2-2-1。

表 2-2-1　知觉的分类

知觉的类型		含义
对物的知觉	空间知觉	人对客观物体的形状、大小、远近、方位等空间特性的知觉
	时间知觉	人对客观事物延续性和顺序性的认知，即对事物运动过程的先后和长短的知觉
	运动知觉	人对物体在空间中的位移和位移速度的知觉。客观事物是在一定的时空中运动的，运动知觉具有阈限，运动速度太快或者太慢知觉是感受不到的
对社会的知觉	对他人的知觉	对他人的外表、言语以及内在的动机、情感、态度等心理状态和个性心理特征的认知
	人际知觉	对人与人之间相互关系的知觉
	角色知觉	对个体一定的社会关系和在社会组织中所处的特定地位或身份的认知，包括对身份与规范的知觉
	自我知觉	人对自己行为的观察和对自己心理状态及行为表现的认识

3.旅游知觉的含义

旅游知觉是旅游者在旅游活动中对直接作用于其感官的各种刺激对象之属性的整体反应。旅游知觉的对象可以是物的方面，也可以是人的方面；可以是与旅游景点相关的各种信息和事务，可以是旅游中接触到的各种人与物，也可以是与游客自身相关的各种事务，如旅游团队内的人际沟通、人际交往、人际关系等。

旅游知觉的形成过程受到旅游者自身知识、经验、思维方式等的影响，还受到旅游者各种心理倾向和个性心理特征的影响。同时，旅游知觉也影响着旅游者的情绪情感体验与判断、旅游态度和旅游决策的形成等，且在影响程度上更具有直接性和决定性。

旅游者作为一类特定人群，在旅游这个特定环境下接触的人、服务、吃住行和旅游目的地都会作用于其大脑，使旅游者产生感觉和知觉。这种感觉和知觉可能是美好的，也可能是令人愤怒、讨厌的。这种好的或坏的感知在旅游者脑海中一经形成，就很难扭转。所以旅游服务人员应该积极探索旅游者的感知特性，让其在旅游活动中尽量产生好的感知，以期旅游者能继续寻求旅游服务并形成良好的口碑。

案例分享2-2-1　　嗅觉“造金”，酒店香氛的新战事

国际品牌大师Martin Lindstrom的研究指出：“人的情绪有75%由嗅觉产生。人对照片的记忆，在3个月后只剩下50%，但回忆6个月前闻过的气味的准确度高达65%。”实际上，气味在酒店中的应用非常广泛，很多高端酒店品牌都拥有定制的香味，如华尔道夫的Tuscan Soul、瑞吉的“凯罗琳四百”、朗廷的Ginger Flower、威斯汀的白茶香氛等。这些香味不仅构成了酒店独特的气味名片，还成为不少人争相购买的对象。据了解，在电商平台中，“五星级酒店同款香氛”成为重要的香氛品类之一，在小红书等平台检索“酒店香氛”关键词，有超过1万+的测评推荐。而随着新国货的崛起，如“全季同款香氛”“全季禅香香氛”等热门酒店香氛也得到众多认可和推荐。如今，伴随着酒店品牌化程度的提升，形成差异特色也成为酒店品牌的刚需，拥有独特的香味自然也成为打造酒店品牌独特性的重要方法之一。

在消费端，酒店香氛可以重塑品牌印象，构筑与消费者的情感关联。从某种程度上说，五感中的视觉和嗅觉在消费者入住酒店时最先发挥作用，舒适宜人的香气可以激发客人的情绪，与消费者的美好记忆产生情感关联，提升其对品牌的好感度。比如，阿迪纳兰在给希尔顿欢朋设计香氛时，沉淀及延伸了客人对希尔顿欢朋的印象：快乐、活力、温暖，打造出了极具品牌风格的香气——清爽的柑橘调，融入些许灿烂花香，香气欢快又缤纷，让客人在嗅觉体验中深度感知希尔顿欢朋的品牌调性。

实际上，伴随着嗅觉经济的爆发，中国酒店香氛市场正进入高速发展的新阶段。根据艾媒咨询发布的《2022—2023年中国嗅觉经济发展趋势与商业机会研究报告》，2020年中国香水市场规模达到109亿元人民币，同比增长11.2%，预计2025年将达到300亿元人民币。近年来，中国酒店品牌化、连锁化程度的提升也让酒店香氛不再成为高端酒店的专属，香氛产品在连锁酒店、精品民宿等场景进一步得到应用。

资料来源：迈点资讯.嗅觉“造金”，酒店香氛的新战事［EB/OL］.［2022-09-08］. https://mp.weixin.qq.com/s/-Qo8LVpX8rgFa70hxZkavQ.

思考：在人的所有感官中，嗅觉几乎是最被低估的感官。请同学们阅读并查找资料，说说还有哪些旅游产品设计与嗅觉有关。

二、旅游知觉的基本规律

知觉可以被描述为理解世界的过程，这个过程是个体接受、选择、组织和解释刺激，形成一幅有意义的与外部世界相一致的心理画面的过程。例如，当我们抵达内蒙古大草原时，看到辽阔无边的草原风光，听到震撼人心的呼麦，品尝到鲜美无比的乌查之宴，在我们的头脑中就会产生蒙古族同胞热情好客、民俗风情绚丽多彩、自然风光得天独厚的整体形象。旅游知觉具有以下基本规律：

1.知觉的选择性

在课前，我们对八音盒的体验互动体现了知觉的选择性。再如，在新疆的戈壁沙漠中，人们容易看到绿洲；在海南岛的美丽沙岸，人们的视觉很容易被船只、海鸟和白云所吸引。人们按照某种需要、目的，主动地、有意识地选择少数事物作为知觉对象，或无意识地被某种事物所吸引，以它为知觉对象，对这些事物产生鲜明清晰的知觉印象，而周围的事物则成为知觉的背景，其知觉印象比较模糊，这就是知觉的选择性。选择的对象可以是事物的整体，也可以是事物的某一部分。

不同类型的旅游者旅游需求和目的不同，在旅游过程中选择的知觉对象也就不同。有人喜欢青山绿水，有人喜欢人文古迹；有人喜欢安全系数大的旅游项目，有人喜欢冒险性强的旅游项目。历史考古型旅游者可能把古代的残砖片瓦看得比一座现代化的游乐场还重要，而商务型旅游者可能认为交通、通信便捷的饭店的价值高于名山大川。假如这些人同游一个旅游景区，那就会分别形成关于这一旅游景区的知觉印象。游览苏州留园，建筑学家乐于观赏中国传统古建筑，沉浸在留园琳琅满目的花窗样式中；而生物学家愿意观察动植物，风雅的竹子、雅致的兰花等更能吸引他们的眼球。

见多识广
2-2-2

两可图：神奇的视觉错觉

知觉的选择性从某种意义上说，是一种感知防御方式。通过主动的知觉选择，可以排除那些非本质的、无关的或从个人角度、文化角度出发难以接受的事物。近年来开始流行的单项旅游，很多就考虑到了旅游者的知觉选择。从业者有选择性地向旅游者推荐一些特殊的知觉对象，既能减少旅游者知觉选择的时间和工作量，降低旅游者的身心疲劳程度，又使他们能更清晰深刻地感知某些对象，获得比其他旅游方式深刻、丰富得多的旅游经历。

在日常生活中，人们往往把注意力集中在自己认为重要的东西上，但是，在旅游活动中，人们常常会背离这种倾向。旅游者通常会降低自己的知觉选择性，尽可能地把各种事物都纳入知觉范围，增加知觉对象，体验日常生活中没有或无法体验到的多姿多彩的人生乐趣。但是，由于感官功能和停留时间的限制，即使最大限度地降低知觉选择性，刺激的无限性和知觉选择性的矛盾也依然存在。为了解决这个问题，旅游者往往借助各种媒介，如导游手册、明信片、书籍、旅拍、旅游博客、旅行日记等，记录当时无法深入感知的事物，以供事后欣赏。

案例分享2-2-2　　红遍全网的丁真，如何带燃四川甘孜文旅？

2020年，一场意外的邂逅，让四川甘孜的康巴汉子丁真火了，同他一起火起来的，还有四川甘孜以及当地的文旅产业。从丁真爆火到他签约，再到推出家乡宣传片，前后不过7天时间。信息化时代，速度永远是攫取流量的不二法门。四川省甘孜藏族自治州文化广播电视和旅游局顺势推出的《丁真的世界》《丁真的新年》《甘孜本色》等系列宣传片和“1分钟看看甘孜有多美”“甘孜A级景区门票全免”“文旅局长推荐100个打卡点”等网络话题，全网阅读量超200亿次。丁真爆红不过短短半个月的时间，甘孜文旅部门抓热点、抢流量的速度实在惊人。据相关数据统计，2020年年底，甘孜康定机场、亚丁机场的订单量较上一年同期增长两成，甘孜酒店预订量增长111%，随后的一周，甘孜酒店订单量超过上一年同期一倍。这次成功的宣传，让当地旅游业获益颇丰。

2020年12月，国务院新闻办公室在新闻发布会上介绍文化和旅游助力脱贫攻坚情况时提到藏族小伙丁真火爆的现象，认为网红的旅游代言人对当地旅游开发、脱贫攻坚和乡村振兴起到了很好的积极作用，新媒体营销确实在有效拓展乡村旅游的客源渠道，能够助力增加贫困村的收入。新媒体营销也成了乡村旅游营销推广的一条重要渠道，使乡村旅游产品销售、分发渠道更加畅通，获取游客来源也更加精准。另一方面，网红在一定程度上能够提高新媒体营销效能，为乡村振兴注入流量。这些网红通过直播、短视频对当地的文化旅游资源进行直观的生动呈现，产生了生动的传播效果，也实现了流量转化，提升了当地旅游产品的吸引力。

资料来源：石兴雨．红遍全网的丁真，如何带燃四川甘孜文旅？[EB/OL]．[2020-11-30]．https://new.qq.com/rain/a/20201130A0GWW600；佚名．网红的旅游代言人对当地旅游开发等起到积极作用[EB/OL]．[2020-12-23]．https://www.guancha.cn/politics/2020_12_23_575557.shtml

思考：同学们还能想到其他知名旅游博主吗？请同学们查找并阅读相关资料，分析旅游博主如何影响旅游消费者的消费行为。

2.知觉的组织性

知觉的组织性指人们对旅游环境中的刺激物进行选择时，并非零乱无系统的，而是倾向于把它们组合成一个整体，或一个有意义的东西。常见的有关知觉组织性的原则有三条。

启智润心2-2-1　　中国公民文明旅游公约

《中国公民文明旅游公约》是指2016年8月2日中国公民文明旅游公约新闻发布会上发布的30个字10句话“重安全，讲礼仪；不喧哗，杜陋习；守良俗，明事理；爱环境，护古迹；文明行，最得体”。

资料来源：佚名．中国公民文明旅游公约[EB/OL]．[2015-10-20]．https://baike.baidu.com/item/中国公民文明旅游公约/19870445?fr=ge_ala#reference-1.

思政元素：文明出行　道德意识　遵纪守法

学有所悟：公民要遵守的文明旅游公约由公民自己来提炼、制定和执行，充分体现了我国的民主与平等，展现了大国公民的主人翁精神和我国政府机关“以民为本”的办事态度。旅游作为一种个体行为，是个人综合素质的展示过程，是欣赏美的过程，也是向别人展示美的过程。从更高的层面上讲，旅游者代表着国家和民族的形象，是客源地文化传播的使者，文明、儒雅、包容，好客、重礼仪、尊重别人，是中华民族优秀的人文传统。旅游是一种多向交流的文化活动，旅游者本身也肩负着传播客源地文化、提升国家和民族软实力的使命。

每个人都希望自己的每一次旅游都是快乐和高质量的，但旅游的质量不仅仅体现在别人为你提供的产品和服务的质量上，也取决于游客自身的行为能否与“有质量旅游”的正常行为相匹配。这需要我们每一位旅游参与者都能够守法遵规，每一次旅游都要做到文明出行。守法遵规是基础，而讲文明则体现了旅游者的素质和修养。

（1）接近原则

接近原则是指在感知各种刺激物时，彼此接近的刺激物比彼此相隔较远的刺激物更容易组合在一起，构成知觉对象。这种接近可以是空间上的接近，也可以是时间上的接近。在实际的旅游活动中，人们倾向于将彼此地理位置接近的旅游点（如华东五市或西北线、天津与北京或桂林与阳朔）视作一个整体。

（2）相似原则

相似原则是指人们在感知各种刺激物时，容易将具有相似自然属性的事物组合在一起，即将相似的物体集成系列，从而产生一个统一的整体。在旅游活动中，许多旅游者倾向于把五岳名山视为同一类型的旅游地，尽管它们各有独特之处，但人们认为它们同是山岳旅行的经典。

学以致用 2-2-1

请同学们分析知觉的接近原则与相似原则的区别，并举例说明旅游线路产品设计或者旅游项目开发中两者的运用。

（3）封闭原则

封闭原则是指若干个刺激物共同包围一个空间，有形成同一知觉形态的倾向。人有闭合的需要，当知觉刺激物的特征并不十分清楚地显示彼此之间的关系时，人们就会根据以往的经验主观地增添或减少缺失的部分，使它以一个完整的图景表现出来。比如，我们说“上有天堂”，自然就会想到“下有苏杭”。再如，说到长城，我们就会想到“不到长城非好汉”。所以，对旅游城市、旅游企业而言，如果它们的美好形象或宣传口号被人们所熟悉，只要提到上半句，旅游者就很自然地想到下半句，则十分有利于树立良好的旅游品牌。

案例分享 2-2-3　一句话诠释一座城

城市形象宣传语是一个城市的文化符号。它不仅要能够揭示出一个城市的人文内涵，凸显其自然风貌，而且要能够体现一个城市的文化理念，代表这个城市的文化水准。来看看我国部分省市的旅游宣传语：

• 最热情的旅游宣传语：山东

山东省花重金打造的旅游宣传口号“好客山东”传播极广，央视“好客山东欢迎您”的广告让人印象深刻，扑面而来的是齐鲁山水的豪情和山东人的热情。这个广告语译成英文为Friendly Shandong，也很具有亲和力，甚至在日韩也有一定的影响力。

• 最温情的旅游宣传语：河南

一部河南史就是一部中国史，这块中原土地是黄河文明的摇篮，也是华夏儿女的共同记忆。有统计表明，汉族绝大多数姓氏都起源于河南，占全国人口总数的80%以上。因此，河南顺势而为，推出“心灵故乡，老家河南”这个口号，一下子拉近了与旅游者的距离。抹不掉的是乡愁，回不去的是故乡，河南这一招“温情牌”直击人心。

• 最霸气的旅游宣传语：湖南

湖南宣传语：锦绣潇湘，伟人故里，湖南如此多娇。放眼全中国，恐怕除了湖南，没有哪个省市敢自称“伟人故里”。这不仅是因为伟大的新中国缔造者毛泽东，还因为湖南人那敢言敢干的地域性格。湖南自古便有“唯楚有才”这样的豪言壮语。

资料来源：浑源县文化和旅游局．一句话诠释一座城！中国34省市旅游宣传口号大全［EB/OL］．［2022-12-16］．https://mp.weixin.qq.com/s/FuOP-oGftbh3Q6PDDhBZMA；旅思马记．旅游口号，宜人心入耳入景［EB/OL］．［2019-10-30］．https://mp.weixin.qq.com/s/-ltIC5L2JKAFftT98fSOxA.

思考：请同学们为自己的家乡设计一句旅游宣传语。

3.知觉的解释性

知觉是在过去的知识和经验的基础上产生的，所以对事物的理解是知觉产生的必要条件。在产生知觉的时候，客观事物的各种属性和各个部分不一定同时发生作用，只是由于过去经验的帮助，人们对知觉对象产生理解，才获得对事物的整体反映。所谓知觉的解释性，指人们根据自身的知识与经验对感知的事物进行加工分析，利用概念的形成把它们标识出来。人们对刺激的解释完全是一个个体行为过程，它是建立在个体先前经验、知觉的动机和兴趣的基础上的。刺激常常是模棱两可的，有时可能处在变化之中，往往使人难以认清它的真面目。理解性使人的知觉过程更加迅速，节约感知的时间和工作量，同时知觉印象准确完整。在这种情况下，个人的经验常常会提供解释刺激的范围或备选方案。个人还会借助自己的需要、愿望、兴趣、意图等来解释刺激。

学以致用 2-2-2

假设你是旅游纪念品商店的销售员，用一分钟的时间即兴讲解旋转木马样式八音盒的特色。互相倾听并记录后，辨别每个人的讲解重点，再进行讲解内容分类。

知觉的解释性在旅游中有着十分重要的意义。它会使旅游富于乐趣，收获更广。自然山水经过保护性开发更具有体验意义，喀斯特溶洞经由导游的生动讲解别具审美韵味，红色旅游景点则更需要优秀的红色旅游讲解员采用更新颖、沉浸式的方式呈现其精髓。

4.知觉的恒常性

当物体的基本属性及其结构的关系不变，仅外部条件发生一定变化时，知觉的印象仍保持相对不变，这就是知觉的恒常性。比如，无论是在强光下还是在黑暗处，我们总是把煤看成是黑色、把雪看成是白色、把国旗看成是红色。实际上，强光下煤的反射亮度远远大于暗光下雪的反射亮度。知觉的恒常性受到很多因素的影响，其中，主要是过去经验的作用。知觉的恒常性不是生下来就有的，而是后天形成的。

三、旅游知觉的心理定式

微课 2-2-1

认知心理定式

知识课堂 2-2-1

（1）扫码学习“微课 2-2-1”。

（2）结合动画和自己的日常生活，列举出生活中发生的“心理定式”现象。

微课伊始的南方黑芝麻糊广告，是不是勾起了大家对温暖香甜的黑芝麻糊的食欲？悠长的麻石小巷里，一声亲切而悠长的“黑芝麻糊哎……”的叫卖声，令小男孩一听到，就立刻联想起曾经吃过的黑芝麻糊。那香醇的味道诱惑得他立刻跑出家门，一定要买上、吃到可口的黑芝麻糊，并且把碗都舔得干干净净，还意犹未尽。“一股浓香，一缕温情”——南方黑芝麻糊广告的温馨重现，令我们心中的温情也仿佛随着黑芝麻糊的热气慢慢回升。这就是因先前的品尝活动而产生的一种对同类活动特殊的心理准备状态，并用行动实实在在地反映出来，也就是心理定式。心理学上的“定向趋势”，是由一定的心理活动所形成的准备状态，对以后的感知、记忆、思维、情感等心理活动和行为活动起正向或反向的推动作用。实践表明，能对旅游行为产生影响的心理定式因素主要有首次效应、晕轮效应、经验效应、刻板印象等，我们一起来认识它们。

1.首次效应

我们第一次参观的某个旅游景点、第一次品尝到的地方风味小吃、第一次接触到的旅游接待人员，会给我们留下深刻印象，形成一种心理定式而难以改变，这种现象就是首次效应，也叫第一印象。首次效应先入为主，给我们戴上“有色眼镜”，在今后的一切活动中，我们常会不自觉地将当前的印象与第一印象相联系。

学以致用2-2-3

结合首次效应定义，思考人际交往的第一印象产生的三个问题：

（1）他人与我们接触的多少秒内是“瞬间感觉”的最关键时刻？

（2）他人的真实瞬间形成最多不超过多少秒？

（3）影响第一印象形成的因素有哪些？

第一印象具有层次性、广泛性和推延性。如果游客游览某一景点时留下良好的第一印象，就会对该地区所有的景点产生良好的印象，反之亦然。作为旅游工作者，我们了解了首次效应这一特点后，无论是设计旅游产品，还是直接对客服务，只要是第一次呈现在旅游者面前，一定要给其留下良好的第一印象，以免因为某种不足影响旅游者对旅游产品和服务的知觉。

启智润心2-2-2 **新风口“云旅游”：“5G+VR”高科技营造良好第一印象**

当下，文旅行业通过“云旅游”积极转型，探索旅游新形态。“云旅游”让公众足不出户即可看遍祖国的大好河山，了解传统文化的魅力。依靠直播、5G+VR、航拍体验等技术，“数字技术+旅游业”的各类探索不仅让更多人养成了线上“云旅游”的习惯，也令“云旅游”的形式不断丰富。游戏化“云旅游”、全景VR、直播“种草”、发布数字藏品等“云旅游”玩法不断升级，变现渠道拓展，正在为行业和游客双双打开文旅新场景。

宅家也能看国内众多博物馆。其中，最出名的案例有故宫博物院的“数字故宫”小程序。在小程序中点开“全景故宫”，即可开启云上畅游，实现“一人包场”。采用VR全景技术，“全景故宫”360°全方位展示故宫的各个院落。用户不仅可以参观各个宫殿，还能进入一些实地游览时不允许进入的区域，真正实现在故宫中畅行无阻。部分殿宇还能呈现不同季节的景色，只需点击图标一键切换就能欣赏冬季故宫的银装素裹或金秋的天高云淡。

除了故宫外，其他结合了VR技术的数字博物馆和“云展览”也如雨后春笋般涌现。

焰遐云自主研发的中国共产党党史学习教育馆VR虚拟展厅，采用历史文献、珍贵影像、图片、实物、VR党建一体机、多幕融合投影等更加全面地展示中国共产党百年发展历程和各地区的党建工作、党建成果。体验者打开手机、电脑，轻轻一点，选择导览或播放，然后选择三维或鸟瞰、漫游的视角方式，犹如置身馆中学习党史。

从视频直播、全景VR到游戏互动，“云旅游”的形式不断更新迭代，与5G、VR、人工智能等技术的融合也愈加深入。利用新技术，打造“数字技术+云旅游”的创新产品，更好地衔接线上线下体验，或许正成为旅游业内各方转型突破的关键点。

资料来源：罗磊.在手机“修”长城、VR逛故宫 沉浸体验解锁文旅新场景［EB/OL］.［2022-11-08］. http://union.china.com.cn/csdt/txt/2022-11/08/content_42163296.html.

思政元素：文化自信　红色传承　守正创新

学有所悟：百年征途波澜壮阔，百年初心历久弥坚，铭记历史是为了更好地前行。中国共产党党史学习教育馆VR虚拟展馆为党员干部群众提供了一个学党史、悟思想的综合新平台，突破了时间、地域、场地的局限性，激励辖区广大党员群众听党话、感党恩、跟党走，立足岗位建功立业；故宫博物院作为我国最著名的博物院和世界顶级博物馆，是五千年中华优秀传统文化的守护者和传承者；故宫博物院等代表中华民族璀璨传统文化的博物馆通过科技创新的形式活化呈现，将文化遗产与科技创新奇妙地融合。真可谓，用科技诉说历史，用文化感召未来。

2.晕轮效应

晕轮效应指的是从对象的某种特征推及对象的整体特征，从而产生美化或丑化对象的印象。“晕轮效应”意指它像月晕一样，会在真实的现象面前产生一种假象：当人们隔着云雾看月时，由于光线的折射，人们会看到在月亮的外面有一个实际上并不存在的光环。

如果说首次效应是从时间上说的，由于前面的印象深刻，后面的印象成为前面印象的补充，那么，晕轮效应则是从内容上说的，由于对对象的部分特征印象深刻，这部分印象泛化为全部印象。因此从本质上说，这两种效应都带有强烈的主观色彩，常常是一叶障目、只见树木不见森林。所以，晕轮效应的主要特点是以点带面、以偏概全。

微课 2-2-2

知识课堂 2-2-2

（1）扫码学习“微课 2-2-2”；

（2）结合微课和自己的日常生活，列举出生活中巧妙运用“晕轮效应”的实例。

晕轮效应巧应用

在人际交往中，晕轮效应既能美化对象，也能丑化对象。如果一个人被标明是好人，他就被一种积极肯定的光环所笼罩，并被赋予一切好的品质，这就光环的作用；如果一个人被标明是坏人，他就被认为具有所有的坏的品质，亦称扫帚星作用。晕轮效应就像月晕一样，由于光环的虚幻印象，使人看不清对方的真实面目。

在消费过程中，有的商品由于其包装精美、价格偏高，人们就认为该商品的质量也会像精美的包装一样好，会和偏高的价格相一致；或者客人第一次到某饭店就餐时，碰到了一个态度傲慢的服务员，他就会想当然地认为饭店整体服务都不好。因此，从旅游企业角度讲，为了使旅游者对旅游企业产生一个好的印象，在提供旅游服务时，要避免由于晕轮效应使旅游者把某些劣质产品和低劣服务的印象扩大到企业的整个产品和服务中去。旅游业从业者一定要提供优质产品和优质服务，使人们同样通过晕轮效应把企业的整个产品和服务视为优质的。但要注意，绝不能利用晕轮效应来蒙骗和坑害旅游者。

3. 经验效应

在社会知觉中，人们经常受以前经验模式的影响，产生一种不自觉的心理活动的准备状态，在头脑中形成一定的思维定式，按照固定的思路去思考问题，这种现象称为经验效应。经验效应指的是个体凭借以往的经验进行认识、判断、决策、行动的心理活动方式。经验既是一种财富，也是一种包袱。一般来说，经验越丰富，认识就越深刻。但经验也有局限性的一面，不考虑时间、地点照搬套用，往往会在知觉事物时出现偏差。特别在当代旅游环境中，高科技的应用使得很多产品和服务与以往相比发生了巨大变化。在此情势下，如果人们仍用过去的经验来决策或处理问题，那将会一事无成。如果不及时充实经验、更新经验、发展经验，就会跟不上时代的步伐。如果死守过去的经验，不能正确知觉当前变化了的事物，很可能上当受骗或失去良机。

学以致用 2-2-4

某旅行社在招聘旅游产品策划员时提出“无产品设计经验者优先”的要求，请同学们思考招聘方目的何在。

4. 刻板印象

刻板印象指的是社会上部分人对某类事物或人所持的共同的、固定的、笼统的看法和印象。这种印象的形成不是一种个体现象，它反映的是群体的“共识”。刻板印象一方面有助于人们对众多人的特征做概括了解，因为每一类人都会有一些共同特征，运用这些共同特征去观察每一类人中的个别人，有时确实是知觉别人的一条有效途径。但是，另一方面，刻板印象有明显的局限性，能使对人的知觉产生偏差。例如，说到四川人做菜、吃菜，我们就会想到麻辣鲜香的口味，但实际上川菜可谓“一菜一格，百菜百味”，甚至代表川菜高超技艺的国宴名菜开水白菜就是不辣的，而且并不是所有的四川人都无辣不欢。我们应该认识到，每类人中的每个人的具体情况不尽相同，每类人的情况也会随着社会条件的变化而变化。“人心不同，各如其面”，刻板印象毕竟只是概括且笼统的看法，并不能完全代表活生生的个体，因而“以偏概全”的错误在所难免。由此，在旅游工作中，知觉来自不同国家和地区的游客时，除了要了解他们的共同特征之外，还应当注意不要受刻板印象的影响，要进行具体的观察和了解，并且注意纠正错误的、过时的旧观念。刻板印象对旅游者来说应是一种知人、识事、辨物的手段，有助于他在旅游活动中做出决策。对旅游业来说，它可以为我们知觉某一国家、地区的旅游者提供一个基本概况，有助于确定提供何种类型的产品和服务。

见多识广
2-2-3

性别与地域的刻板印象

四、旅游知觉中巧用错觉

知识课堂 2-2-3

（1）扫码学习“动画 2-2-1”。

（2）结合微课，请同学们查找旅游产品设计中错觉运用的典型案例。

动画 2-2-1

趣谈错觉

见多识广
2-2-4
错觉及种类

1.错觉概述

错觉是对客观事物的一种不正确的、歪曲的知觉。错觉发生在视觉、听觉等方面，以视错觉最为普遍。根据“见多识广2-2-4”，我们知道存在几何图形错觉、形重错觉、方位错觉、运动错觉、视听错觉、时间错觉等。关于时间错觉以及“等待时间的7项原则”，我们会在模块四的项目二“旅游产品的规范展示”中展开介绍。

错觉会扰乱人们正常的生活秩序，带来一定危害。但是如果掌握了错觉产生的规律，能恰当而正确地利用错觉，错觉也可为人们服务。“风声鹤唳，草木皆兵”道出了正确运用错觉的神奇力量。当前，错觉的规律在建筑、舞台美术、环境布置、商品装潢、绘画、摄影、魔术、服装设计等领域得到了广泛的应用。在旅游活动、旅游资源开发和旅游设施建设中也常常利用错觉，以增强旅游审美效果。

2.错觉的应用

（1）错觉在旅游景观建筑物中的应用

错觉广泛应用于旅游景观建筑物中，当需要建筑物具有宏伟高大的特点时，可以利用横竖错觉，大量使用贯通建筑物上下的垂直线条。横竖错觉是指两根同样长的线段，垂直的那根看起来远比水平的那根要长。横竖错觉在碑、塔建筑中运用得十分广泛。当房间面积较小、屋顶较低，使人感到压抑时，可以利用错觉营造宽阔、高敞的效果。

（2）错觉在园林艺术中的应用

错觉广泛应用于园林艺术之中，特别是中国的园林艺术常常利用人的错觉，起到渲染风光、突出景致的作用，以先藏后露、虚实相辅、大小相生、善用比例、注重烘托等艺术手法，营造“多方胜景，咫尺山林”的效果，使小园不觉其小，大园不觉其旷。园林中的高山、流水都是通过缩短视觉距离的办法，将旅游者的视线限制在很近的距离之内，往往会以水面和墙壁约束旅游者，使其没有后退的余地，而眼前只有假山、流水，没有其他参照物，这样，山就显得高了，水就显得长了。

（3）错觉在游乐项目中的应用

现代游乐设施十分注意利用人的错觉组织丰富有趣的节目，使旅游者感受到刺激并产生愉悦感。例如，利用声音联觉产生的方位错觉，如“动物音乐”使人感觉置身于森林之中；借助香氛渲染产生的场域错觉，如“花草香味”使人感觉置身于春天时节。

案例分享2-2-4　　裸眼3D：文旅+科技的沉浸式视觉享受

在眼球经济时代，人们对创意显示的需求越来越高，已不满足于平面二维显示，还希望能更真实地还原出现实世界的三维信息。作为一种不用佩戴任何设备就能看到鲜活立体影像的技术，目前裸眼3D技术的应用范围非常广泛，包括游戏、电影、广告等领域，在许多商圈中心、公园景点、展厅展馆都有所应用。

裸眼3D，通俗地讲，就是在不借助眼镜、头盔等外部设备的前提下，通过肉眼直观感受到立体的视觉效果。裸眼3D的成像原理来自人的双目视差，裸眼3D视觉效果不同于裸眼3D技术，它更多是利用视错觉形成的一种伪三维效果，而裸眼3D则是一种成像技术。

近年来，裸眼3D技术给旅游目的地带来了一场重要的革命：

（1）裸眼3D亮相“天府大地艺术季”。裸眼3D高科技视觉呈现“飞越天府成都美丽公园城市，畅游郫都魅力川西林盘”。沉浸式8K超大球幕将带你“漫游”蜀山之王贡嘎雪山、西岭雪山，“鸟瞰”世界双遗产乐山大佛—峨眉山、青城山—都江堰，“飞越”龙泉山脉丹景山、天府新区，“穿越”武侯祠、古蜀望丛祠，“漫步”锦城绿道。菁蓉湖畔“遥望”西岭千秋雪，“回归”郫都现代田园风光，“畅游”东林艺术村，深度体验川西林盘。

（2）中国亢谷：科幻文旅新征程。“星辰幻境·沉浸式山谷光影秀”位于重庆市亢谷4A风景区，坐落于大巴山南麓，是结合科幻场景与智能技术的沉浸式夜游项目。设计理念基于巴人文化底蕴，构建“科幻+夜游”新模式，在科幻视觉、艺术装置、动态机械、生物仿真、AI智造、场景舞美、裸眼3D艺术等领域实现跨界整合。

（3）三星堆3D裸眼还原文物：数字人讲解三星堆。利用裸眼3D混合现实技术，赋能文旅企业，让更多的文物“活”起来，一起打造文化遗产的“流动盛宴”。静态图的美学造诣展示结合设计图、现场效果图的动态对比，能够让观众充分感受到3D场景的视觉冲击力及转场变化带来的镜头魅力。如对青铜大面具的讲解，通过高精度数字复刻技术，针对面具的眉、眼、鼻、唇、耳等的线条和棱角，将它以真实尺寸1:1三维立体还原在了混合现实空间内，并让接入AI语言模型的数字人化身导游兼文物讲解员。基于“场随人动”机制，参观者可以自由漫步于青铜大面具四周，裸眼近距离观摩表面细节，品味其氤氲神秘和历史厚重。

娱乐化向来都是景区的流量密码，然而传统游玩、参观项目经过多年发展，已经逐渐失去新奇感。当下的旅游产业，多种前沿科技争奇斗艳，3D裸眼无疑是造就景区流量密码的重要科技手段之一。

资料来源：佚名．真正的视觉震撼！户外裸眼3D受追捧，代入感拉满［EB/OL］.［2023-03-11］. https://baijiahao.baidu.com/s?id=1772542410806941043&wfr=spider&for=pc；江毅，童芳，谢佼．新文物、新成果、新手段——探访三星堆博物馆新馆［EB/OL］.［2023-07-27］. https://baijiahao.baidu.com/s?id=1772542410806941043&wfr=spider&for=pc.

思考：通过对3D裸眼技术的了解，请同学们讨论该技术应用在旅游行业的优劣势。

（4）错觉在员工服饰中的应用

鲁迅先生曾经谈到服饰的错觉问题，他说：“人瘦不要穿黑衣服，人胖不要穿白鞋子，方格子的衣裳胖人不能穿，但比横格子的还好，横格子的衣服胖人穿上，就把胖更往两边裂着，更横宽了，胖子应穿竖条子的衣服，竖条子的衣服显得人长，横格子的衣服把人显得宽。”

一方面，旅游企业的服饰要体现企业文化；另一方面，员工服饰对自身也要有美化与修饰作用。此外，在为旅游消费者提供服装时，巧妙利用几何图形错觉，往往能取得极佳的服务效果。如T形身材的客人适合V领上衣，O形身材的客人可以通过H形剪裁体现利落感。享受到这样专业的推荐服务，客人大多都会满意而归。

错觉在旅游中的运用，会给游客带来新奇和惊喜，但也可能会对游客造成困扰和误导，甚至会对游客的安全造成威胁。因此，景区管理者应该加强对旅游景点中的视觉错觉的管理，以确保游客的安全。

案例分享2-2-5　　　　步步惊心的网红天梯，网红景区不是安全盲区

2020年，一个隐世的平阳南雁绝美景点——“会文谷天梯”在网上引起关注，梦幻又壮观的构图就像油画里的景色一般让人惊叹，采用视觉的借位错觉，人在照片中好似云端漫步。随后，青岛、四川、秦皇岛、威海等多地景区也出现了类似的天梯。但也有网友表示：每登上一个台阶，仿佛都能听见心跳的声音，站上去会瑟瑟发抖。

网红景区不是安全盲区。许多网红景点铆足了劲儿想新点子，期待“走红”、收割流量。但不少网红景点事故频发，给旅游安全蒙上了一层阴影，这种步步惊心、凌空踏步的天梯便是其中之一。景区为了吸引游客，想方设法提供新鲜刺激的体验，在短视频平台上进行营销宣传，出发点本没错，然而如果玩过了火，新鲜刺激变成了惊险吓人，对游客的生命安全造成威胁，那就南辕北辙了。对景区来说，要拉起“安全警戒线”。景区管理者应该肩负起保障游客安全的责任，最大限度地确保相关场地的基本安全，进行必要的安全提示、安全培训，配备安全保障设备等。

资料来源：编者根据网络资料整理。

思考：每个人都是自己安全的第一责任人，请同学们思考，站在游客的角度，如何增强风险防范意识。

任务二　旅游条件的知觉

旅游者的旅游活动由食、住、行、游、购、娱等行为组成，与这些行为有关的事物就是基本的旅游条件。可以说，旅游活动的时间、与旅游地之间的距离、旅游交通工具、旅游目的地等都是实现旅游活动的重要条件。

实践证明，旅游者对旅游条件的知觉印象，对具体的旅游决策、旅游行为、旅游收获评价等都有显著的影响。我们可以从旅游者对旅游条件的知觉推及对购买决策风险的知觉，循序渐进，深化对旅游者知觉的认识。

微课 2-2-3

基于知觉的旅游线路交通设计

知识课堂 2-2-4

（1）扫码学习“微课 2-2-3”。

（2）结合微课，阐述基于旅游时间与交通的知觉，自己收获的对旅游线路产品的开发启示。

一、对旅游时间的知觉

一定的闲暇时间是旅游活动顺利进行的基本保证。旅游行为发生在特定的情景之中，它与旅游动机密切相关。旅游者对旅游活动时间知觉的要求常因动机不同而有所不同。旅游活动对时间知觉总的要求是：旅途要快、游览要慢、一切活动要准时。

1. 节奏有序

“文武之道、一张一弛”。节奏，是大自然的根本规律之一，也是人类活动的时间规律之一。旅游者在旅游活动中要有节奏，概括成两句话：有张有弛，先张后弛。“有张有弛”是指旅游活动要张弛结合、劳逸相宜，不能过分紧张，也不能过分松弛。“先张后弛”是指在旅游活动的全过程中，起始阶段因为旅游者体力旺盛、精力充沛、求知欲望强，活动可安排得紧一点；结束阶段旅游者比较疲惫，活动宜安排松弛一点。

2.旅途要快

旅途要快，即要用较短的时间完成居住地与目的地之间的往返行程。旅游者外出旅游，总要设法缩短枯燥的途中时间，采用最有效、快捷的交通工具来节省时间。因为旅游者的旅游时间是固定不变的，缩短旅行时间意味着延长在旅游目的地逗留的时间。旅，只是条件；游，才是目的。旅游者希望有充足的时间观光游览，而在交通工具上的旅行是为实现这一目的的途径与方式。由于交通工具里的空间限制会造成人的生理疲惫与心理单调，为减轻这种不良感觉，导游常在旅途中做让旅游者感兴趣的讲解，安排唱歌、游戏等有趣的活动。对旅游时间的知觉也因旅游动机而异，如徒步旅行者、邮轮旅游者等更愿意把较长时间消耗在旅行途中，以更好地了解当地的风土人情或邮轮上的休闲生活。

3.游览要慢

在旅游目的地逗留的时间要充足，活动安排要松弛，能够保证旅游者尽兴地观赏游玩、从容地品评体味。游览景点是旅游的目的，而游览要有安逸轻松的心情，才能领略山川大河、风景名胜、历史古迹的美；若是走马观花、浮光掠影，不能从深处领略美的内涵，则不能尽兴开怀。旅游企业应尽量在食、住、行、游、购、娱等方面为客人提供优质服务，将单调的观光产品升级为集观光、休闲、度假于一体的多元化产品，尽量延长旅游者在旅游目的地的休闲时间，使游客流连忘返。

4.一切活动要准时

一切活动要准时，要兑现事先约定的服务时间承诺，交通工具准时出发、准点到达，各种服务规范要有时间制约。准时，保证旅游者按照计划安排时间和活动，旅行中由于各种原因一旦导致误时、误事，就会打乱旅游者的心理平衡，引起他们的强烈不安和反感，甚至要求旅游企业赔偿其损失。旅游企业要提供准时、及时、限时、守时、足时、省时、适时、延时的“八时”服务。

5.适度调控

时间，不仅包括物理时间、社会时间，还包括心理时间。旅游者的时间知觉是旅游者对时间这种客观事物的主观印象。人的时间知觉是相对的，心理时间是可以调控的，它会受到以下因素的影响（见表2-2-2）。这部分内容与时间错觉相关，模块四的项目二“旅游产品的规范展示”中有综合运用。

表2-2-2　影响心理时间的因素

影响因素	释义
活动内容	丰富多彩的活动内容使旅游者心情愉快，会觉得时间过得很快；相反，旅游活动贫乏寡味，旅游者就会心情落寞，觉得时间过得很慢
情绪态度	态度积极、情绪盎然会让人“短估”时间，感到时间过得快；相反，态度消极、情绪索然会让人“长估”时间，感到时间过得慢
期待	人在等待时，时间过得慢，等待对象来到了，时间又过得快了

二、对旅游空间距离的知觉

人们要去旅游，首先就要跨越从居住地到旅游区的距离，距离的远近也常是人们做出旅游决策的重要影响因素之一。旅游行为发生在特定的时间和空间之中，从居住地到旅游区的距离既可以用时间来度量，也可以用空间来度量。不论旅游者用什么标准来计算距离，具体的距离知觉都会影响旅游者的动机、态度决策以及随之而来的旅游行为。距离知觉对旅游行为的影响，主要表现为两个方面：

1. 对旅游行为的阻止作用

旅游是需要付出代价的消费行为，距离越远，要付出的金钱、时间、身体、生活舒适与方便甚至是情感等的代价就越大。阻止作用就是“距离摩擦力”，它会随着距离的增加而增大，抑制人们的旅游动机，阻止旅游行为的发生。

学以致用 2-2-5

请同学们从经济、时间、身体、便利、风俗、语言、安全等角度分析旅游距离知觉的阻止作用，并举例说明。

2. 对旅游行为的激励作用

从另外一个角度来看，距离越远的旅游目的地对人越有吸引力。“天那边”“在那遥远的地方”“天涯海角”等自古以来都是人们向往的地方。心理学研究发现，远距离的旅游地会使人产生好奇心。人类具有探索未知世界的意识和强烈的愿望，神秘感构成了远距离旅游区的独特吸引力，给人更多的新奇感和多样性的希望。这种神秘感产生的吸引力与阻力相对抗，当其远超距离摩擦力的阻止作用时，就会把人们吸引到遥远的地方去旅游。有关调查表明，距离遥远激发人们旅游行为的产生，尤以观光为目的的旅游作用最大。

案例分享 2-2-6　“机+酒”“去远方”不再是旅行标配

每到周末及小长假，就有许多年轻人在社交平台上晒出自己的个性化行程。与传统的旅游人群不同，他们中的不少人通过选择冷门目的地、打卡非旅游城市、“宅”式度假的方式，让自己的假期更加舒适。身边一样有风景，近处一样有诗。

• 年轻人为“体验”去旅行

文化艺术不仅能让年轻人专程“赴一座城”，也能让他们的周末生活充实而有内涵。每年的春、夏、秋三季，年轻人跟着“遍地开花”的音乐节走南闯北。马蜂窝旅行玩乐大数据显示，2022年跟着音乐节去旅行的群体中，“80后”和“90后”几乎平分秋色，“80后”占比42.82%，“90后”和“95后”共占比41.95%。在喜爱逛博物馆、看展览的人群中，“80后”占41.74%，稍胜一筹。

近年来，博物馆和艺术展凭借极具巧思的策展和文创产品，对年轻人的吸引力与日俱增。三星堆博物馆祈福主题盲盒、甘肃省博物馆“马踏飞燕”、艺术与生活碰撞而出的“三源里菜市场艺术展”，在年轻群体中叫好又叫座。携程平台数据显示，2022年国庆假期首日，不少年轻人选择去本地的展览馆、博物馆、音乐厅或是动植物园。在携程平台上，北京、上海、重庆、成都、广州等城市国庆首日的本地游景区门票预订较多，“90后”和“00后”的订单占比近半。

• 出行住宿选择空前多元

中国四通八达的高铁网络重新定义了城市周边游的概念，城市之间距离在缩短，游客旅行半径在延长。2022年，马蜂窝上“高铁游”相关内容量比上一年同期上涨28%，随着越来越多的目的地跨入高铁时代，“乘高铁换个城市过周末”已在年轻人中蔚然成风。

自驾游无疑是当下热度提升较快的出行方式，能够随时停下来欣赏美景，是年轻人旅途中的乐趣所在。马蜂窝客源地的统计数据显示，一线和新一线城市在自驾出游的客群中以60.7%的比例占据绝对主导地位，80.7%的自驾游用户选择1～8天的中短途自驾线路。几乎每位自驾爱好者都渴望体验的“318川藏线自驾”是2022年年轻人最喜爱的自驾路线，“甘南陇南环线自驾”“黔东南大环线”分列二、三名，每年只在限定时间开放的独库公路也跻身前五。

年轻人旅游消费观念的变化同样体现在住宿选择上，“特色”二字正是民宿让年轻人为之驻足的关键。马蜂窝调查资料显示，卫生安全始终是年轻人挑选民宿的首要考虑条件，周边风景和特色体验分别以53%和46.8%的占比位列二三位。节假日里找一处城郊民宿包院或者包栋和家人共享天伦，成为不少都市家庭新的过节方式。

随着“微度假”成为主流，周末对年轻人的意义也在不断被放大。马蜂窝调查数据显示，有超过80%的年轻人认为“现阶段，比起远行的不可控，安排好每一个周末更重要”，自在、和谐、有“社交感”，成为年轻人旅行的新刚需。2021年以来，年轻群体对“周末新玩法”的需求不断增加，各大旅行平台也纷纷将眼光放到这些更“小”颗粒度的旅行产品以及更具个性化的体验上。

资料来源：王真真．“机+酒”“去远方”不再是旅行标配［EB/OL］．［2022-12-12］．https://www.peopletrip.cn/tj/73730.jhtml

思考：近年来，“博物馆热”点燃文化自信之火，一场音乐节、一个艺术展、一座博物馆，都可以成为当代年轻人出门的理由。不少年轻人在博物馆中被文物背后的历史故事所触动，获得了穿越时空的文化体验和情感共鸣。四通八达的高铁，以“千里江陵一日还”的速度，令出游变得更快捷，诗与远方不再触不可及。那么，请同学们从本案例中找到旅游空间距离知觉对旅游行为的阻止与激励作用的体现。

对两个旅游环境大致相同而距离不同的旅游地来说，一方面，距离摩擦的因素会使人选择较近的旅游地；另一方面，遥远的旅游地所产生的朦胧感与神秘感又会与距离摩擦相抗衡，而产生一种异乎寻常的吸引力，促使一些人到较远的目的地旅游。总之，距离知觉对人的旅游行为既有阻止作用，也有激励作用，哪种作用更大则因人而异。作为旅游从业人员，首先应该做好旅游开发和建设工作，为市场提供高质量的旅游产品，树立良好的旅游形象。其次，要运用现代营销理念，充分利用各种营销手段，积极开展旅游宣传，给潜在旅游者留下深刻的印象，引导他们做出旅游决策。

三、对旅游交通的知觉

旅游交通作为旅游业三大支柱之一，在现代旅游业的发展中起着重要作用。旅游交通包括由客源地到旅游目的地的往返，以及在旅游目的地内的空间转移过程。旅游交通使客源地与目的地的空间相互作用成为可能，使每位旅游者都能“进得来、散得开、出得去”。旅游交通与整个交通体系联系在一起，是在客运交通基础上根据旅游需求发展起来的一种组织形式。旅游交通硬件由两部分组成，即旅游交通设施（如公路、高速公路、铁路、水道以及各种设施）和旅游交通工具。

现代旅游交通工具有飞机、大型旅游车（包括大巴、小车等）、游船（包括邮轮、游轮等）、火车（包括高铁、动车以及传统火车等）等。在旅游活动中，人们选择乘什么样的交通工具，同样受到知觉的影响（见表2-2-3）。

表2-2-3 主要交通工具知觉要求比较

交通工具的选择	知觉要求
飞机	快捷、安全、舒适、直达
旅游车	舒适、安全、宽敞、便捷
火车	安全、快捷、直达、便于游览
游船	舒适、娱乐性强

1.对飞机的知觉

飞机是适用于远程旅游（远距离的国内旅游和国际旅游）以及追求时效的商务旅游的交通工具。在经济条件许可的前提下，飞机是旅游者首选的交通工具，其优点是快速、方便，缺点是价格昂贵。飞机的知觉印象因素见表2-2-4。

表2-2-4 飞机的知觉印象因素

飞机的知觉印象因素	释义
安全	安全是首要因素
价格	对绝大多数尚未决定是否出游的人来说，大幅折扣机票会使他们动心
起飞与到达时间	现代人重视时间的价值，飞机起飞和到达的时间是否符合自己的需要，以便充分利用时间；是否按时抵达目的地，顺利完成旅游计划，获得预期的旅游享受
中途着陆次数的多少	旅游者对直达航班的印象最好，而对着陆次数多的航班印象就差一些。因为中途着陆次数多会延误飞行时间，而且飞机事故发生频率最高的时段就是起飞和降落时，这提高了旅途的危险性
软硬件服务标准与空中服务质量	机上服务的好坏、飞机机型新旧、驾驶员的技术水平以及机上休息娱乐等的质量会影响旅游者对该航班的选择

从上述因素可以看出，时间的价值对一个航空旅游者来说是非常重要的。事实上，这比飞机的类型和娱乐条件更为重要。航空旅游者希望在最合适的时刻起飞，并按时到达目的地，他们最喜欢直达班机。另外，机上服务员的态度也相当重要。相互竞争的航空公司除了航班时间上的不同以外，很难找出它们的区别。两者飞往同一个目的地，价格又接近，服务质量就显得重要了。航空旅游者非常重视热情、礼貌、友好的服务，因此，航空公司应竭力为乘客提供最好的服务。

2.对旅游车的知觉

汽车旅游的最大优点是方便、自由、灵活，可随时随地停留，任意选择旅游地点，实现“门到门”的运送，把旅游活动扩大到面；有的旅游车甚至可捎带简易炊具、卧具，解决食宿问题。汽车旅游的缺点是运载舒适度较差。旅游车是近距离旅游和旅游景区内的交通工具，包括私人小汽车、公共客运汽车和长途公共汽车。现代高速公路网的建立健全，使汽车旅游更加安全、快捷与便利。随着社会经济的发展，私家车数量猛增，带动了自驾旅游的发展。

人们外出旅游，在很大程度上是为了获得更多的知识和享受。因此旅游者十分重视对旅游车的选择。旅游者对旅游车的知觉印象受下列因素的影响：车况方面，如车的宽敞程度，有无空调，座椅是否舒适，减震系统能否消除颠簸之苦，车上空间是否拥挤，视听设备是否完备等；路况方面，是否有高速公路，路面是否平整，是否塞车等；综合服务方面，能否按时出发、准时抵达及导游工作质量等，以上均会影响旅游者的知觉印象。

3.对火车的知觉

火车是国内中、近距离旅游的主要交通工具之一，旅游者对火车的知觉印象取决于三个因素（见表2-2-5）。

表2-2-5　**火车的知觉印象因素**

火车的知觉印象因素	释义
运行速度	安全快速的直达列车最受欢迎，沿途不停站或停站次数越少越好
发车时间	旅游者希望发车时间符合自己的期望，保证不打乱自己的旅游计划。一般旅游者希望朝发午至，午发暮归，有利于最大限度地利用时间进行观光游览及购物娱乐等
舒适程度	旅游者希望车型新，设备齐全，车体外表美观，车内装饰高雅，卫生条件好，乘务员素质高。此外，行车时间有利于休息、娱乐和社交

高铁运载能力强，安全性高，运行准时，可沿途观赏风景，不会出现交通堵塞的情况且环境污染较少。从硬件看，高铁车型新、设备好，外观和内饰高雅漂亮，车内干净清洁、舒适度高。按照"零距离换乘"理念，打造现代化客运枢纽和旅客中转换乘中心，高铁车站与城市公交系统甚至机场融为一体，满足了旅客换乘便捷、候车舒适的需求。基于互联网信息技术的新一代铁路客票系统的研发使用，自助验证取票、智能验票进站、机器人问询、服务预约、联网订餐、高铁接续换乘、动车组选座等一批创新服务产品的推出，极大改善了游客出行的体验。

高铁运行速度快，产生了明显的"时空压缩效应"，让游客出行的空间距离增大，使得旅游资源吸引力的范围显著扩大。高铁促进了1小时交通圈的形成，为区域旅游发展按下了"快进键"，让游客出行获得感不断提升。

启智润心2-2-3　　搭乘"高铁快车"进入旅游新时代

近几年，高铁建设不仅改变了人们的生活方式和工作方式，还对旅游业做出了巨大贡献。高铁以速度快、舒适性强等运营优势，给人们带来了方便快捷的出行体验。随着高铁网络的不断完善，早上在郑州喝胡辣汤，中午就可抵达重庆涮火锅，这样的出游体验已成为现实。乘坐高铁周边短途游或将成为旅游大趋势。

（1）高铁延展旅游半径，助力旅游市场发展。如今的高铁将一个个大大小小的城市连成线织成网，畅通旅客的游玩之路，乘坐高铁"周末游""暑期游"逐渐成为多数旅客的出行选择。郑渝高铁、济郑高铁相继开通运营，京广高铁京武段实现时速350公里高标运营，大幅缩短了地域间的时空距离，特别是济郑高铁濮郑段开通运营，全国首个"米"字形高铁枢纽在郑州成形；高铁提速及路线延伸，进一步盘活了各地旅游资源，为激活旅游市场注入了强大动力。

（2）创新“高铁+”旅游产品，拓展旅游新业态。随着高铁与旅游的融合，涌现出一批“高铁+”模式的新产品，如高铁无轨站、城市候机楼、高铁+酒店、高铁+旅游景区、高铁+共享汽车等产品。此外，在旅游旺季和旅游热点地区开设旅游专线、红色旅游专列、新疆旅游专列、内蒙古草原旅游专列，极大地满足了旅客的出游意愿。以高铁为载体，将高铁站的交通功能与旅游休闲、商业商务功能衔接，满足旅客多样化、个性化、多层次出行需求，促进旅游服务升级，实现功能复合与多元共生。

（3）依托高铁综合优势，高铁旅游进入新时代。随着中国高铁里程规模不断扩大，高铁网络不断完善，覆盖范围不断延展。中国高速铁路总营业里程到2021年年底已达4万千米，“八纵八横”主骨架已基本成形。依托高铁的综合优势，沿线城市的交通可达性显著提升，沿线各地区之间要素交流的深度和广度不断增强，资源要素的集聚和扩散变得更为便捷，以交通为基础要素的旅游业进入了高铁旅游新时代。

资料来源：吴星霓．搭乘“高铁快车”进入旅游新时代［EB/OL］．［2022-07-14］．https://cn.chinadaily.com.cn/a/202207/14/WS62cfd489a3101c3ee7adf334.html.

思政元素：中国速度　科技兴国　以人为本

学有所悟：从“一条线”到“一张网”，从引进、消化、吸收再创新到自主创新，党的十八大以来，中国高铁不断以自主创新成就自我超越，为中国发展拓展更大的空间。中国高铁的发展，大大丰富了老百姓的“生活圈”“旅行圈”“朋友圈”，也助推我国经济高质量发展。

4.对游船的知觉

水运交通是既古老又现代的运输方式。目前，轮船作为交通工具逐渐失去其重要性，但在有些地区，水运是比较经济和快捷的交通方式，有些旅游项目甚至必须利用水运交通，如环渤海旅游、长江三峡游览、珠江夜游等。豪华远洋邮轮则是“浮动的休养地”“浮动的大饭店”“浮动的娱乐场所”，它为国际旅游提供了一种新型旅游模式。邮轮、游船舒适度好，船内旅游项目多，服务有特色，但受气候影响较大。选择邮轮与游船与其能够到达的港口城市或旅游景点的多少，航程的远近，停靠地观光娱乐项目的多少，客舱、餐厅、游艺厅的设施是否豪华舒适，娱乐活动是否丰富有趣，游玩是否令人愉快，购物是否方便有密切关系。

启智润心2-2-4　　三峡游迈向“绿色引擎”时代，“世纪绿洲”号游轮首航长江

2023年4月8日，长江上最新、最大的“世纪绿洲”号游轮成功首航。该船采用电力驱动，年减排1 000多吨，推动三峡旅游走上低碳环保的绿色发展之路。

“绿色心脏”让三峡游更环保

共抓大保护、不搞大开发，探索一条生态优先、绿色发展新路，是推动长江经济带发展的基本遵循。“绿色”是该船的最大特点。该船通过智能电站的联合调度，能及时把控全船用电需求，优化发电机组的电力供给，在满足船舶推进和其他用电需求的同时，降低能耗。

此外，该船还把绿色环保理念充分融入设计与施工环节，引进了大量的新技术、新工艺、新设备、新材料。全船以自然与绿色为灵感，绿色或深或浅地点缀着餐厅、大剧院、健身房、酒吧、俱乐部等游客所到之处，整艘巨轮像流动于绿水青山中的水上之城，游客旅居其上便能轻松探访大江两岸、中国腹地。

科技智能引领长江游轮新风向

除了“绿色”外，“科技智能”是“世纪绿洲”号游轮的又一个代名词。据介绍，该船设计之初，就充分考虑到了智能能效系统、智能岸电系统与电力推进系统的超前设计，用先进的智能化系统为游轮赋能。该船使用的智能能效系统，可以对船舶航行、耗能、装载状态在线智能监控，利用大数据分析和优化，为游轮航行安全、经济运营和航行管理等提供辅助决策，也为生态长江提供绿色智能保障。

文化植入让游轮添“文气”

“世纪绿洲”号游轮推动了“文化之舟”的打造，让船不仅成为旅居交通工具，更是流动中的文旅风景线。“世纪绿洲”号游轮与重庆中国三峡博物馆达成合作意向，在三峡游轮文化建设、游轮数字化博物馆建设、三峡文物保护和宣传等方面，深入推进文旅融合，除了不定期举办三峡文物保护展、三峡文化讲座等活动外，还把三峡沿江出土文物的授权仿制品作为展品置于游轮的内部空间，游客在观赏三峡美景时，可通过江上博物馆绿洲馆藏文物了解三峡、认识三峡和保护三峡。

此外，“世纪绿洲”号游轮还与重庆图书馆达成战略合作意向，打造了“江上图书馆”。在游轮上，阅读空间既有游轮舒适慢游的惬意感，又有随波而至的两岸风光带来的惊喜，让旅行与阅读达到完美结合。

资料来源：佚名．三峡游迈向“绿色引擎”时代，新一代绿色智能“世纪绿洲”号游轮首航［EB/OL］．［2023-04-08］．https://baijiahao.baidu.com/s?id=1762616852826720917&wfr=spider&for=pc.

思政元素：生态文明　科技创新　文化自信

学有所悟：“绿水青山就是金山银山”，旅游业是资源产业，生态环境与人文环境是旅游业赖以生存和发展的基础。旅游产品满足了当代旅游者和旅游地居民的各种需要，其实质是协调和平衡旅游与自然、文化和人类的生存环境之间的关系，从而实现经济持续性、社会持续性与环境持续性的统一。“世纪绿洲”号游轮正是在生态文明的倡导下，将绿色、科技与文化紧密融合，不仅有利于长江水资源等的生态保护，更提升了低碳环保的效益，各种革新不断增强游客的体验感与幸福感。

5.对特殊旅游交通工具的知觉

特殊旅游交通工具是在旅游目的地或规模较大的旅游景区内，为适应特殊的自然条件或文化氛围以及特殊的旅游需求而提供的交通服务，如索道、缆车、人力轿子、滑竿、竹筏、橡皮船、骆驼、雪橇等。景区内的电动游览车、马车，融交通和娱乐于一体；乘坐缆车既能避免上山、下山过度消耗体力，又能以另一种视角欣赏风景；还有一些民族地区的溜索，架在深山峡谷中，滑过时有惊无险，这些交通工具因其独特性而易引起游客的兴趣。

案例分享2-2-7　　银川水洞沟，七种交通工具穿越西北风光

一个景区竟然要乘7种不同的交通工具才能游览完？是的，这就是塞北江南，宁夏水洞沟景区。水洞沟是中国最早发掘的旧石器时代文化遗址，也是中国保存最完整的长城立体军事防御体系，是国家5A级旅游景区、国家重点文物保护单位、国家地质公园，被列为全国文物保护100处重大遗址之一，被誉为“中国史前考古的发祥地”“中西文化交流的历史见证”，还被《国家地理》和《中华遗产》杂志联合评选为中国“最具中华文明意义的百项考古发现之一”。

在水洞沟，你可以在高科技博物馆穿越到三万年前体验原始人的生产、生活；也可以在原始人家园体验“疯狂原始人”的野趣；还可以在地下一座杀机四伏、暗器密布的峡谷兵城——明代藏兵洞，体验明代地道战的惊险刺激；翻过长城，在辽阔旖旎的草原体验蒙古人野性豪放的生活，做一回纯正的蒙古人。在购买水洞沟门票的时候，还要买交通票，交通票共含4张小票，每一张都对应着一种交通工具，分别是拖拉机、汽船、骆驼车、马车，在景区里还有一段需要骑骆驼。下面来说这段奇妙的旅程：

- 张三小店—远古家园：可乘电瓶车或拖拉机到达远古家园。
- 野性草原：跨过明长城来到野性草原，也就从宁夏银川进入了内蒙古鄂尔多斯，可以体验骑马、骑骆驼、牦牛车、羊车、草原冲浪车等。
- 红山湖—沙枣湾：乘坐电瓶船穿过红山湖抵达沙枣湾，一边是巍巍长城的西北豪迈，另一边却是芦花荡漾的江南柔美。
- 萌宠乐园—红柳滩—大峡谷：交通工具在马车和竹筏中二选一，坐马车下车后还需乘坐骆驼车。
- 红山堡—南门：大巴或拖拉机二选一，估计大多数人还是选拖拉机一路烟尘，要多拉风有多拉风。
- 藏兵洞+红山堡：骆驼车。

整个景区游览一天，需不停更换交通工具，让旅游者更好地感受原始风情和塞北风光。

资料来源：佚名．每日一景|银川水洞沟［EB/OL］．［2021-01-04］．https://mp.weixin.qq.com/s/Ezm3LBDtEhxvi1Lfv6N7sQ；老唐带你去旅游．水洞沟 | 来这里一次体验各种交通工具［EB/OL］．［2021-01-04］．https://mp.weixin.qq.com/s/y-Rnjbe7wFdu2oE_zkul6Q.

思考：有人说“旅游交通工具应该是一款主题性旅游产品”，请同学们思考“交通+旅游”还有哪些产品设计的创新点。

四、对旅游目的地的知觉

对旅游目的地的知觉是指人们在前往某一旅游目的地之前对该目的地的知觉。一般情况下，人们对旅游目的地的知觉都不是以亲眼所见的实物为依据，而是以各种信息媒介所提供的信息为参考，并从自己的旅游需要角度出发，对旅游区做出综合的识别、理解和评价，最终形成自己的旅游区知觉印象。

旅游者对旅游区的知觉印象关键取决于以下几个方面：首先是旅游者原有的经历和价值观念；其次是旅游景区必须具备独特性、观赏性，相应项目必须重视参与性；再次是旅游设施必须安全、方便、舒适；最后是旅游服务必须礼貌、周到、诚实、公平。

案例分享2-2-8　　借助形象代言人，讲好旅游地故事

旅游形象是指旅游目的地的旅游活动、旅游产品及旅游服务等在游客心中形成的总体印象。在“粉丝经济”时代，旅游景区会借明星效应拍摄景区宣传片、MV、电视剧等吸引游客眼球，旅游形象代言人担负起旅游地品牌形象、信息传播的宣传职责，从引导游客消费到推销旅游产品，增强旅游目的地在旅游市场上的竞争力。

2003年，电视剧《似水年华》播出，使乌镇与刘若英结缘。此后，她四度为乌镇代言，从剧中的“英小姐”真正变成乌镇的“英小姐”，那句“来过，未曾离开”也成为乌镇的经典注解之一。江南乌镇，静美悠长，富有格调，满是江南人的情怀。刘若英一贯以娴静温婉的气质和形象为人们所知，与乌镇的景区气质非常相符。在刘若英与黄磊合作的《似水年华》中，古朴秀丽的乌镇有小桥流水、千年书院、原始的染坊，加上浪漫的爱情故事，令人对江南水乡乌镇充满神往。2019年，浙江乌镇景区发布刘若英代言新片，这是乌镇景区与刘若英的第四次合作。

旅游景区形象代言人作为促进旅游地信息传播与游客消费的主要动力因素，其媒介形象决定了人们对旅游地的直接印象，游客会在认知层面形成首因效应。选择一位好的景区形象代言人，可以利用晕轮效应树立旅游地的形象品牌，使人们从媒体那里更深入地了解景区。

资料来源：编者根据网络资料整理。

思考：通过阅读材料，请同学们分析旅游目的地选择形象代言人体现了什么心理定式，并总结选择形象代言人的标准是什么。

学以致用2-2-6

请同学们观看历年的乌镇宣传片，并在学习平台上分别描述每一部宣传片带给自己的知觉感受，并对比知觉感受的异同。

就旅游企业而言，为了使自己所经营的旅游目的地能在旅游者心中形成一个良好的知觉形象，必须通过广泛的调查研究，了解旅游目的地在旅游者心目中究竟是什么样的；不能想当然地认为它是一个什么样的旅游地，旅游者就会把它知觉为一个什么样的旅游地。在调查时，还要了解其他同类旅游目的地在旅游者心目中的形象，以及旅游者的决策标准。在此基础上，依据心理学所揭示的人的知觉规律，有针对性地开展主题鲜明、形式多样的宣传工作，使旅游者对旅游目的地的知觉更接近于其旅游决策标准。

五、购买决策的风险知觉

见多识广
2-2-5
顾客对服务质量的感知

随着旅游产品从卖方市场转向买方市场，旅游者面对的选择逐渐增多，如何利用有限的闲暇时间和可自由支配的收入获得最大的心理满足，是每个旅游者都会考虑的问题。旅游者可能会通过学习来购买优质的旅游产品，如选择他所熟悉的某一家旅行社来安排旅游行程。但由于旅游产品和旅游环境多变，即使是有经验的旅游者也会承担一定的风险，再加上旅游产品具有无形性，旅游者在选择时面临的不可知因素很多，可能会涉及消费非预期的旅游产品。例如，黄金周期间，旅游者兴致勃勃地参加旅游团去旅行，结果住宿条件很差、餐标明显下降、导游敷衍讲解，完全没有达到旅行社事先承诺的标准，让这次旅游的经历变成了一场噩梦。一般来说，在遇到比较难的决策，或决策将带来较大影响时，决策的风险也将随之而来。为此，旅游消费者必须采取各种措施，来减少或消除所遇到的风险。

1. 风险知觉的种类

实践证明，任何旅游决策都包含着风险和不可知因素。这些风险和不可知因素常常会带来预想不到的后果，令人很不愉快。旅游者常遇到的风险有功能风险、资金风险、社会风险、心理风险、安全风险、时间风险等（见表2-2-6）。

表2-2-6 风险知觉类型

风险知觉类型	释义
功能风险	功能风险涉及旅游产品的质量和服务的优劣问题。一般情况下，当购买的旅游产品和享受的各种服务不能满足旅游者的预期时，就存在着功能风险。例如，飞机出现故障或延误、导游讲解服务不到位、房间空调失灵等
资金风险	资金风险是指花费较多的金钱是否会买到较好的产品和享受到优质的服务。例如，花费双倍的车票钱乘坐的旅游列车，是否一定会像人们期望的那样比普通列车要好很多
社会风险	社会风险是指购买某种旅游产品或享受某种旅游服务是否会降低旅游者的自身形象。例如，旅游者之所以会购买名牌旅游产品或入住高级饭店，很可能是因为其具有较高的社会价值，能够提升旅游者自身的形象
心理风险	心理风险是指旅游产品或服务能否增强个人的幸福感和自尊心，或者反过来说，是否会导致个人的不满意和失望的情绪。人们旅游的主要目的之一是提高自我价值、放松身心、愉悦心情。所以，对旅游者来说，旅游活动中提供的产品或服务能否最大限度地满足他们的心理需求是十分重要的
安全风险	安全风险是指旅游者所购买的产品或服务是否会危害旅游者的健康和安全。旅游者在整个旅游活动中常常会担心是否存在这种风险。例如，餐厅的食品是否卫生、乘坐的飞机是否安全、某个旅游景点的设施是否安全牢固等
时间风险	时间风险是指能否在预定时间内完成旅游活动。时间是影响旅游活动的一个重要因素，如何保证在计划时间内完成旅游活动是衡量旅游组织成败的标准之一。如果在计划时间内未完成旅游活动，或者全部活动完成了而时间却超出预期，不但会引起旅游者的不满，甚至还会引发纠纷，给旅行社造成名誉上或者经济上的损失

启智润心2-2-5　　中国机长刘传健：34分钟紧急迫降救128人

2018年5月14日早上，从重庆飞往拉萨航线的9 800米高空上，平稳飞行中的A319客机突然传来一声巨响。副驾驶徐瑞辰抬头，竟看到始料不及的一幕，他沉稳的语气也有了一丝紧张："刘机长，前风挡玻璃出现裂纹了！"

机长刘传健不敢心存侥幸，立即接手驾驶飞机。万米高空之上，他做出了一个决定，立即调整航向，返回成都双流机场。然而两秒钟后，风挡玻璃加温机制出现故障，紧接着，右侧驾驶舱的玻璃突然炸裂，狂风灌入机舱，驾驶舱门被冲开，飞机开始剧烈摇晃。

巨大的颠簸摇醒了乘客，即使不了解情况，乘客们也意识到飞机出事了。恐惧笼罩在每个人的心头上，询问声、质疑声、哭喊声顿时响起，机舱内霎时变得混乱不堪。空姐们强压下心头的畏惧，在更大的颠簸到来之前，安抚旅客们的情绪，并教他们戴上氧气面罩。

生死一瞬之间，十几年的驾驶经验让机长刘传健强迫自己冷静下来，当他发现操纵杆还能用后，立即左手紧握操纵杆，尽力维持客机平衡。很快，刘传健的双手就被冻得又紫又僵。在这个性命垂危的时刻，他的心里只有一个念头：平安飞回去，把全部乘客安全带回去！

7点40分左右，经过与死神的殊死搏斗，刘传健驾驶着飞机出现在双流机场。控制台的工作人员惊喜地欢呼着，不敢相信眼前发生的奇迹。刘传健稳住心神，凭借着对飞机性能、技术等多方面的理解和掌握，成功在两分钟后安全着陆。

资料来源：编者根据网络资料整理。

思政元素：爱岗敬业 团队合作 敬畏生命 人民至上

学有所悟：这个案例说明每个人都要树立起责任意识，不管自己的工作是平凡还是伟大，都要踏踏实实、负责任地完成自己的工作。在平时的学习中打好基础，提升自己的专业本领，只有基础扎实才能在复杂情况下迅速地做出正确的决策，避免损失。同时，只有团结合作，树立合作意识才能更好更高效地完成工作。每一个生命都值得我们用心去爱护，每一份责任都值得我们用心去承担。

2.风险知觉产生的原因

不同旅游者对风险的知觉是不同的，除了受旅游者个人特点（如文化层次、智力水平、经济水平等）的影响之外，还要受旅游者购买的旅游产品或服务种类等客观因素的影响。虽然旅游者知觉到的风险并不等于实际存在的风险，但对旅游风险的知觉，会影响人们的旅游购买决策。风险知觉产生的原因见表2-2-7。

表2-2-7 风险知觉产生的原因

因素	释义
购买目标不明确	有些旅游者已经决定去旅游，却不知道去哪里旅游、乘坐什么交通工具、是随团去还是单独行动等
缺乏经验	一个很少外出旅游的人面对众多的选择常会感到不知如何是好
掌握信息不充分	缺少信息或相互矛盾的信息也会使旅游者知觉到风险
受相关群体的影响	个体的行为一旦与相关群体中其他成员的行为不一致，便会感受到来自相关群体的压力
旅游销售人员的业务水平低及态度差	旅游销售人员对旅游产品及相关信息了解不足，不能及时、确切地回答游客的提问或一问三不知，以及没有耐心、态度强硬等，都会使游客感知到风险的加大
对同一对象的态度矛盾	有些旅游目的地旅游者又想去，又怕去，瞻前顾后。比如，暑期博物馆爆火，大家都想去兵马俑参观，但实在是异常拥挤

学以致用 2-2-7

既然旅游者在决策过程中会知觉到各种风险，为了保证旅游活动更好地进行，请同学们站在游客的角度思考消除风险的方法，并结合“见多识广 2-2-6”，对所有的方法进行逻辑归类。

见多识广 2-2-6

消除风险的方法

总之，知觉是人们理解世界的过程，旅游消费者的知觉主要受刺激因素和个人因素的影响。在实际的旅游活动中，人们对时间、距离、交通、旅游目的地的知觉会对人们的旅游决策行为产生重要影响。学习是对影响旅游行为的许多关键心理因素有深刻作用的一个心理过程。旅游者要解决各种旅游问题，就要学习与旅游态度、动机、消费和减除疑虑相关的知识。关于学习与旅游消费行为，请大家在“见多识广 2-2-7”中拓展学习吧。

见多识广 2-2-7

学习与旅游消费行为

课后小练习

◎ 判一判（判断下列观点的正误并解释原因）

1. 知觉是指人脑对直接作用于感觉器官的事物的个别属性的反应。（　）

2. 我国古代“疑邻盗斧”的典故就是典型的晕轮效应。（　）

3. 旅游者对旅游交通的知觉要求可以概括为安全、迅速、舒适、方便八个字，其中最根本的心理需要是舒适。（　）

4. 旅游产品的知觉风险特别大，这是由其生产与消费的同步性所决定的。（　）

◎ 选一选（选出下列多选题中正确的选项）

1. 人们对旅游时间的知觉包括（　）。

A. 有节奏　B. 游宜速　C. 旅宜慢　D. 要准时

2. 旅游者对旅游区的知觉印象关键取决于（　）。

A. 旅游景区的独特性、观赏性　B. 旅游设施安全、方便、舒适

C. 旅游服务礼貌周到、诚实公平　D. 旅游者原有的经历和价值观念

3. 购买决策的风险知觉包括（　）。

A. 功能风险　B. 安全风险　C. 心理风险　D. 资金风险

◎ 想一想

影视的情感联结能为游客制造探索的惊喜，它是影响旅游者决策的重要部分，所以好的影视作品完全可以打造一个好的旅游产品。请分析热门影视 IP 下的文旅融合反映了什么心理定式。影视剧出圈以后，该地区旅游如何“蹭热度”？影视作品能否和旅游景区实现双向赋能，避免一夜爆火之后的“昙花一现”？如何做好后续工作，如何延长其生命周期并形成长尾的品牌效应？

收获与体会

项目三　旅游者需求与动机分析

◎ **课前小互动**

“象牙白齿双梳子，驼骨红纹小棹篦。”梳子自古以来就是人们必不可少的梳头与装饰工具，也是众多旅游景区常见的旅游商品。当一把常规牛角梳、一把按摩气垫梳、一把檀木雕刻梳摆在大家的面前时，大家会选择哪一把？原因是什么？

知识共探究

任务一　基于旅游需求的产品设计

一、旅游需求的内涵

“课前小互动”的选择与原因充分体现出旅游者的需求是产生旅游消费行为最主要的内在依据，是旅游消费行为的原动力和出发点。要了解旅游者的消费心理和行为，做好产品开发设计等，就必须先了解旅游者的需求。

1. 旅游需求的定义

需求是指人对某一目标的渴求或欲望，是当个体因缺失某种东西而失落，又期望得到这种东西时，两种状态对照而形成的一种心理现象。这种对照会破坏人们生理和心理的平衡，为了恢复平衡，人们就会产生某种需求以进行调节。

生理平衡被破坏，是生命体内部刺激引起失调，如口渴时就会产生想喝水的需求；心理平衡被破坏，是生命体外部刺激引起失调，如压抑时会产生发泄的需求。因此，需求就有生理需求和社会需求之分，同时也有物质需求和精神需求之分。

人的需求是随着人类社会历史的演进而发展的，旅游需求是人类社会发展到一定阶段的产物，是指人们在特定的社会环境和经济条件下为满足某种目的而进行游历、旅行的愿望和要求，是内在生理条件和外在社会经济条件对人共同刺激而最终产生的。

旅游业和为旅游本身而进行的旅行出现之前，外出旅行只是为了满足生理需求：游牧民族为寻找食物和水源而迁徙，普通平民为了躲避天灾或暴政而逃难。只有在人们能够把个人收入花在衣、食、住以外的方面，以及交通运输技术的发展使得人们能在短时间内进行远距离的旅行之后，旅游业才开始显现出蓬勃发展的势头。如今，成千上万的旅游者到遥远的异地去旅游，已经不再是为了满足生理需求，而是为了满足更深层次的心理需求。

案例分享 2-3-1　　疗愈心理的森林康养游

森林康养是利用特定的森林环境和森林产品，在森林中开展与森林相关的活动，以实现增进身心健康、预防和治疗疾病目标的替代治疗方法——在大自然中获得天然的镇静，让中枢神经不必在催眠状态下就能得到放松，这是任何咨询室都难以企及的。森林康养针对亚健康群体的治疗效果已经得到证实，大量精神压力所致的疾病，如焦虑症、抑郁症、强迫症、更年期综合征、酒精依赖和睡眠障碍等，经过一段时期的森林康养后，体能和社会功能具有显著的恢复。

在北京的百望山、西山等国家森林公园，以森林疗愈为主题服务孤独症家庭的活动每年都会举办好几场。在浓密的森林中，具备心理治疗资质的森林疗养师会带领孤独症患儿及其父母穿梭于林间，教授患儿路边的各种植物名称，唤醒他们对未知世界的好奇；也会以家庭为单位开展芳香疗愈、冥想等有益于缓解压力、放松身心的活动。同时，在森林中加入心理元素，对多数双相情感障碍恢复期患者来说也同样适用。经过一段时期的心理咨询（个体／团体）、心理陪伴和治疗后，对患者重新建立社交能力、重新树立自我意识都具有明显的效果。此外，在森林康养中加入国学、中医学等元素，在森林中学习品茶、下围棋、弹古琴等与森林主题相契合的内容，也能一边陶冶情操，一边在环境中获得治愈。

在森林中呼吸着高浓度的负氧离子，聆听着淙淙流水，汲取着大自然的赋能，对自我进行释放和解压。如果可以每周都“充电”一次的话，对再次进入工作状态下的亚健康人群来说应该是最佳的缓解方式。

资料来源：旅豆学堂．这个“森林康养”新模式，高级又吸睛！[EB/OL]．[2021-06-25]．https：//mp.weixin.qq.com/s/vVbPNrIO_12u11LGihLFjA.

思考：阅读以上材料，请同学们思考森林康养游的目标市场是什么，满足了目标人群怎样的需求。

2.旅游需求的特点

旅游是一种高层次的需求，是物质需求和精神需求的集合体，其特点主要表现为以下三个方面：

（1）多样性

第一，旅游者通过旅游满足个人的需求，其最终目的具有多样性。旅游者千差万别，基于职业、年龄、性别、个性、经验、环境等方面的差异，他们的旅游需求也是多种多样的。比如，探亲访友、商务会议、康体保健、休闲度假、游历修学、探险考察、宗教朝拜等，都可以成为综合性旅游需求。

见多识广 2-3-1

旅游者具体需求多样性的三个方面

第二，旅游者在旅游过程中的具体需求具有多样性。旅游者基于各种目的而外出旅游，在旅游过程中表现出的需求是多方面的、复杂的。对于他们在旅游活动中表现出的各种需求，我们大致可以将其分为自然性需求、社会性需求、精神性需求三个方面。

（2）层次性

美国著名心理学家马斯洛在其1943年所著的《调动人的积极性的理论》一书中，将需求划分为五个层次：生理需求、安全需求、社交需求、尊重需求和自我实现需求（见表2-3-1）。

表2-3-1　　马斯洛需求层次理论的五个层次

层次	释义
生理需求	饮食、睡眠等生理需求是人类最原始、最基本的需求
安全需求	包括对安全感、稳定性、秩序、受保护、自由以及避免恐惧和焦虑等的需求
社交需求	又叫归属和爱的需求，包括对交往、爱与情感、为一定群体所接纳等的需求
尊重需求	表现为自尊、威信、取得成就、受人欣赏等
自我实现需求	是人的最高需求，是使自身才能得到充分发挥，潜能得到最大限度显现，实现信仰和理想，成为自己愿意成为的人的需求

第一，各层次需求出现的顺序由低到高。

见多识广
2-3-2
马斯洛需求层次理论的发展

马斯洛认为，上述五种需求是按顺序逐级递升的，如图2-3-1所示。一般说来，只有当下一级需求得到满足或大部分满足之后，上一级的需求才会出现。也就是说，只有生理需求得到基本满足之后，才会产生安全需求；只有安全需求得到基本满足之后，才会产生社交需求。这与中国古代的“仓廪实而知礼节，衣食足而知荣辱”讲的是一个道理。但是，个体之间的差异很大，即使同一个人也会因不同情况而有不同的需求，有时即使较低层次的需求未被满足，较高层次的需求仍会存在。比如，有些爱好探险或极限运动的旅游者，明知道存在生命危险，还是热衷于此，乐此不疲。

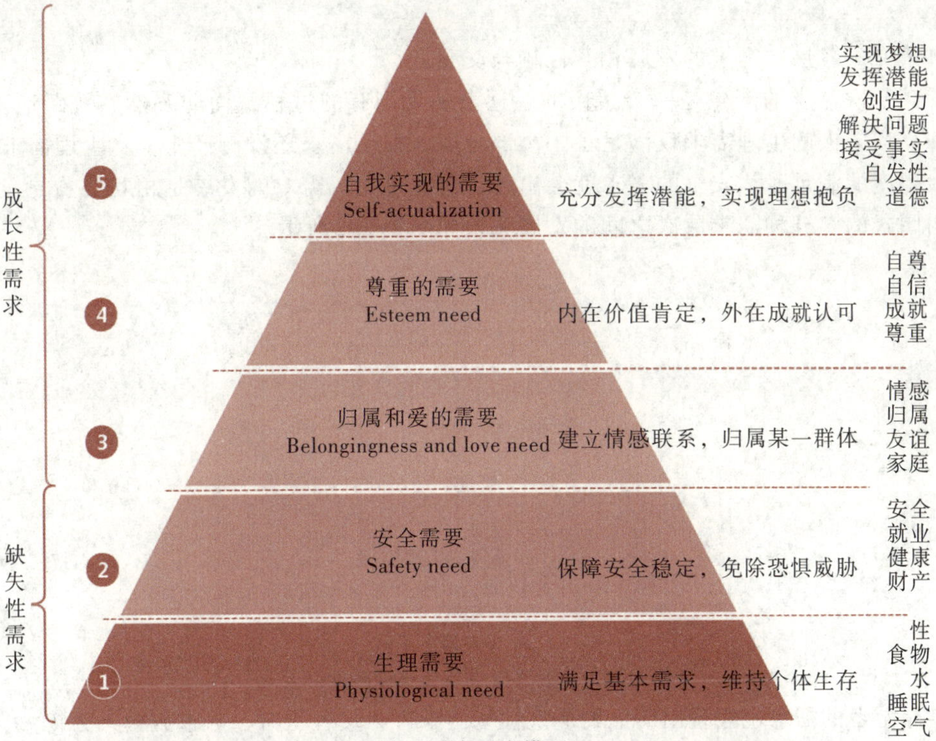

马斯洛：需求层次模型

见多识广
2-3-3
说说安全与安全感

图2-3-1　马斯洛需求层次图

见多识广
2-3-4

马斯洛安全感测试量表

学以致用2-3-1

请同学们分析安全与安全感的区别，并扫码“见多识广2-3-4”获取安全感测试量表，根据要求进行测试，分析自己的当下状态。

马斯洛认为，生理需求和安全需求属于低级需求、缺失性需求，社交需求、尊重需求、自我实现需求属于高级需求、成长性需求。

低级需求是个体在生活中因身体上或心理上的某种缺失而产生的需求，如因饥渴而求饮食，因恐惧而求安全。马斯洛认为，低级需求直接关系到个体的生存，当低级需求得不到满足时，将直接危及个体的生命。此外，低级需求有一个共同特征，那就是一旦需求获得满足，其需求强度就会降低，因为个体在某一特定时间内所需求的目的物是有限的。例如，无论个体饿到什么程度，吃了足够的食物之后，他的饥饿感很快就会解除。

高级需求则不同，它虽然以低级需求为基础，但同时它对低级需求有引导作用。高级需求不是维持个体生存所绝对必需的，但满足这种需求会促进人的健康成长。居于需求层次顶层的自我实现需求，对下面各层次的需求都具有潜在的影响力。与低级需求不同的是，高级需求不但不随其满足而减弱，反而因获得满足而增强。在高级需求下，个体所追求的目的物是无限的。

微课2-3-1

一把梳子背后的匠心

知识课堂2-3-1

（1）扫码学习“微课2-3-1”。

（2）结合微课思考，作为旅游商品的梳子如何能体现匠心之美？能满足游客的哪些需求？

第二，各层次需求的发展相互依赖与交叠。

高层次需求的产生是一个缓慢的、逐渐从无到有的过程，而非突然、跳跃地出现。例如，当某人的生理需求仅满足了一小部分时，安全需求还没有产生；当生理需求得到较大程度的满足时，安全的需求就会出现。由此可见，需求的发展是相互交叠的，而不是封闭式的。五种需求层次之间的发展关系如图2-3-2所示。

图2-3-2 五个需求层次之间的发展关系

旅游者的需求也表现出明显的层次性。旅游者为缓解压力、寻求放松，为扩大交际，为提高声望，为好奇和求知，为追求美好事物，为施展才华显示自己的价值而外出旅游，正是他们不同层次需求的表现。不同旅游者由于经济文化基础不同，主导需求也有层次差别，有的旅游者看重生理享受，有的看重安全，有的看重友谊和人际关系，有的看重自然，有的看重文化，有的看重名誉和面子，有的则通过旅游实现自己的人生价值。

第三，各层次需求的强烈程度因人因时而异

同一时期，个体可能同时存在多种需求，因为人的行为往往是受多种需求支配的。每一个时期总有一种需求占支配地位。满足较高层次需求的途径多于满足较低层次需求的途径。满足需求时不一定先从最低层次开始，有时可以从中层或高层开始；有时个体为了满足高层次的需求会牺牲低层次的需求。任何一种需求都不会因为被满足而消失，高层次需求发展时，低层次需求仍然存在。在许多情境中，各层次的需求相互依赖与重叠。

不同类型的人各层次需求的强烈程度如图2-3-3所示。

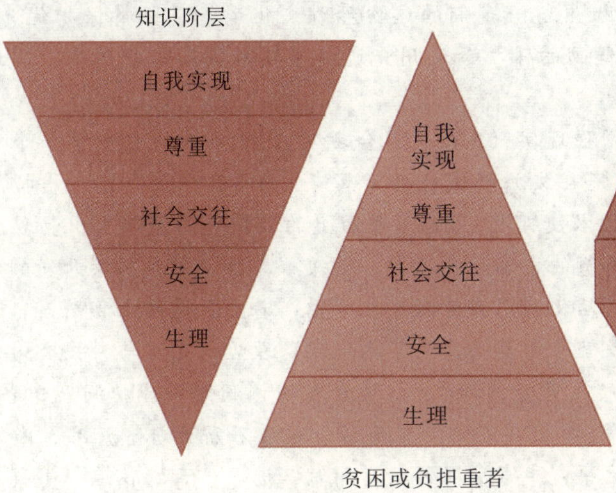

图2-3-3 不同类型的人各层次需求的强烈程度

知识课堂2-3-2

（1）请大家扫码学习“微课2-3-2”。

（2）结合微课及马斯洛需求层次理论，分析“云游敦煌”小程序、敦煌联名等满足了游客的哪些需求。

微课2-3-2

从敦煌现象看游客需求

学以致用2-3-2

请同学们打开微信小程序找到“云游敦煌”，我们来体验一下“敦煌诗巾”小程序，设计一条自己的专属丝巾。结束后，小组内部分享设计成果，并选择一幅作品作为代表，小组代表展示设计成果，解释自己的创作灵感，分享创作后的感受。

（3）发展性

人的需求是不断发展的，一种需求得到满足后，另一种需求就会出现，低层次的需求得到一定的满足后高层次的需求就会产生。旅游者的需求也是不断发展的。我国的旅游业作为社会文明的窗口行业，近些年突飞猛进地发展，旅游产品不断推陈出新。正如本模块中项目一提到的，“Z世代”青年在旅游消费多元化方面正发挥着越来越大的影响力，在一些细分领域已成为潮流的引领者，对旅游业供需结构的变革起着越来越大的作用。“Z世代”青年更加多元的消费需求正成为旅游供给“弹性化”“碎片化”“非标化”的重要推动力量。住宿领域的民宿、电竞酒店，休闲度假领域的深度游、“网红地打卡”等新消费潮流的兴起，都离不开“Z世代”的贡献。

多重生长环境的影响，塑造了“Z世代”线上高活跃度、追求情感维度的行为特征。生活的殷实及人生阶段特征的影响，使“Z世代”更加追求社交、尊重及自我实现的需求满足。作为可以“平视”世界的新时代青年，“Z世代”青年有着更强的文化自信，他们已经成为红色旅游产品的绝对消费主力；同时，他们“互联网原住民”的身份也在重塑红色旅游的产品创新趋势和产业格局。

启智润心 2-3-1　“数字敦煌”：把过去献给未来

“敦煌我一直是向往的，河西走廊我是希望走到的。”2019年8月19日，习近平总书记甘肃考察首站就来到敦煌，走进莫高窟，探寻古丝绸之路的奥秘。习近平总书记指出，要十分珍惜祖先留给我们的这份珍贵文化遗产，坚持保护优先的理念，加强石窟建筑、彩绘、壁画的保护，运用先进科学技术提高保护水平，将这一世界文化遗产代代相传。

虚拟现实（VR）、增强现实（AR）、混合现实（MR）共同构成了一个扩展现实（XR）世界。XR技术应用在文旅领域找到了落点，如VR全景导览、虚拟展厅、沉浸式旅游演艺等。这些技术使拥有1 600多年历史的敦煌莫高窟焕发出勃勃生机。

近年来，到莫高窟游览的游客逐年增加，为缓解文物保护和旅游开发的矛盾，敦煌研究院借助科技手段，活化利用海量数字化资源，着力打造网上莫高窟，让游客在云端就能触及莫高窟，欣赏千年莫高窟的艺术瑰宝。敦煌研究院与科技公司合作，借助增强现实技术推出了“飞天专线游”，让观众在实体洞窟和虚拟洞窟中穿梭游览，实现“窟内文物窟外看”；推出《“画”中有话　敦煌石窟百讲》产品，游客可以一边游览，一边收听壁画故事，丰富参观体验。同时，进入“云游敦煌”小程序，找到“数字藏经洞”，游客可以在引导语的指引下，用玩网络游戏的方式，沉浸式感受敦煌文化艺术的价值和魅力。超时空参与式博物馆“数字藏经洞”于2023年4月上线，运用高清数字照扫、游戏引擎物理渲染、全局动态光照等前沿科技，在“数字世界”生动再现百年前藏经洞的真实历史场景，开创了文物展示体验新范式，将“数字敦煌”的数字资产和敦煌学研究成果进行创造性转化，传播敦煌文化、讲好中国故事。同年9月推出“数字藏经洞”多语言版本，提供“寻境敦煌——莫高窟第285窟虚拟现实深度漫游”线上知识讲解互动及线下VR深度体验，该产品是在敦煌研究院“数字敦煌”已有的精细化数据的基础上，通过游戏技术中的数字照扫和三维重建，高清还原洞窟实景。用户不仅可以在线上深度浏览壁画故事，自由探索上百个洞窟知识点，还能在莫高窟线下景区内的数字敦煌沉浸馆，戴上VR眼镜，置身第285窟的实景中，360度自由探索。在现实世界里，为了避免人工光源对壁画的影响，参观洞窟时不能开灯，只能借助从洞窟门口射入的微弱自然光，还有讲解员手里的冷光源手电筒观看。而在线上，旅游者选择观赏模式就能欣赏到平时无法看到的明亮光照下的壁画，通过游戏引擎、高效3D等技术，将壁画故事转换成3D动画。

其实早在2017年，敦煌研究院就开始与腾讯展开合作，陆续启动了“数字丝路”计划、“敦煌数字供养人”公益计划，还先后上线了“敦煌智慧景区”“敦煌诗巾”等小程序，现在，它们都以子板块的形式出现在“云游敦煌”中。敦煌研究院开始探索和研究用数字技术保护莫高窟，最早可以追溯到20世纪80年代末，由于窟内彩塑和壁画都是由泥土、木材、麦草等材料制成的，随着时间的推移和游客的增多，莫高窟文物保护面临巨大压力。于是在昏暗的洞窟中，专业人员自制轨道、灯箱，分层、逐行拍摄壁画，然后利用计算机技术，将数量庞大的照片逐一比对、拼接和修正，为230余个洞窟建立了“数字档案”。如今，新一代的莫高窟人正接过老一辈的接力棒，在这里挥洒青春，将奋斗的年华镌刻在敦煌文物保护事业上，书写出崭新的篇章。

资料来源：佚名．聚焦敦煌文博会 | 耳目一新的文化体验 “数字藏经洞”多语言版本将上线［EB/OL］.［2023-09-08］. https://m.yunnan.cn/system/2023/09/08/032747733.shtml；佚名．总书记在这里说文化传承发展·甘肃敦煌［EB/OL］.［2023-09-07］. https://baijiahao.baidu.com/s?id=1776336190927079529&wfr=spider&for=pc.

思政元素：文化自信　创新传承　莫高精神

学有所悟：在党的二十大报告中，习近平总书记着眼于全面建设社会主义现代化国家、全面推进中华民族伟大复兴的战略全局，就“推进文化自信自强，铸就社会主义文化新辉煌”做出了系统的战略部署。中华人民共和国成立以来，一代又一代的敦煌人秉承“坚守大漠、甘于奉献、勇于担当、开拓进取”的莫高精神，在极其艰苦的物质生活条件下，在敦煌石窟资料整理和保护修复、敦煌文化艺术研究弘扬、文化旅游开发和遗址管理等方面做了大量工作，取得了不少重要研究成果。习近平总书记在敦煌莫高窟考察调研时指出，要加强敦煌学研究，广泛开展国际交流合作，充分展示我国敦煌文物保护和敦煌学研究的成果。

敦煌数字化赋能的历程，从给壁画拍照到开发莫高窟数字展示中心，再到上线“数字敦煌”资源库，及至虚拟现实与指尖“云游”，以保护文物为出发点，以游客体验为落脚点。数字化技术不仅让莫高窟“容颜永驻”，更揭开了她的神秘面纱，实现了世界文化遗产敦煌莫高窟“永久保存、永续利用”的目标。“数字档案”让不可移动的壁画精品可以越过山川海洋，抵达世界任何角落。互联网数字化现代化的展示手段，也为人们提供了了解敦煌的全新视角。而这时，我们最不能忘却的就是这群默默奉献的敦煌人。有了他们，莫高窟壁画、彩塑才实现了永久保存，我们的子孙后代才能领略其何等美轮美奂；有了他们，莫高窟实现了保护与利用的双赢，更多人才得以走进这座独一无二的世界文化艺术宝库。

二、旅游者的三求心理

尽管人们对旅游的理解各不相同，但是有一点是公认的，即旅游是一种“特殊的生活方式”，是一种 “不同于人们日常生活的生活方式”。具体而言，旅游是人们为了寻求补偿或者寻求解脱，到别处去过一种“日常生活之外的生活”。因此，研究人们为什么要旅游这一问题要从研究人们的日常生活开始，只有知道了人们在日常生活中“缺少了什么”，才能知道人们在旅游中“想要得到什么”。

1.旅游者的求补偿心理

一般观点认为，在现代人的日常生活中，人们日复一日地过着同样的生活，难免会感觉单调乏味，缺少新鲜感。激烈的竞争和高科技的迅猛发展使得人与人之间的空间距离感大为缩小，但与此同时心理距离却并未缩小，反而日益加大了，甚至一起聚会变成一帮人坐在一起刷手机。正如一句流行网络语“世界上最远的距离，就是我们坐在一起，而你在玩手机”。人们普遍感到缺乏“亲切感”。另外，在日常生活中，并不是每个人都能出类拔萃，都有足够的机会表现自我，这使得人们没有充分的自豪感。生活中新鲜感、亲切感、自豪感的缺失，自然而然就加剧了人们的精神紧张，加重了人们的疲惫感。

所以，求补偿的心理实际上是指旅游者希望通过旅游来寻求补偿，使自己在日常生活中所缺乏的那些满足感——新鲜感、亲切感、自豪感得到补偿。

学以致用 2-3-3

假设本次旅游团主体为45岁左右的家庭主妇。请大家依据旅游者的求补偿心理，分析她们可能出现的心理需求。

追求新鲜感是由人的本性决定的，人的本性就是要不断地寻找和开辟更加广阔的天地。著名心理学家弗洛姆指出，“一个人生理上和生物学上的需求得到了满足，但是他仍然不满意，他内心仍然不安宁”，因为他缺少了“一种能够使他变得主动的勃勃生机”。而旅游则正是这种可以为人们提供勃勃生机、让人们主动扩展和更新自己、探寻新鲜感的生活方式。

亲切感最重要的来源是人与人之间的真诚相爱，这种爱是广义上的“爱”，是以人与人之间的互相关心、互相理解和互相尊重为基础的。在现代社会，以市场准则为中心的价值判断标准很多时候与“爱”是互不相容的，激烈的市场竞争使人与人之间的关系变得冷漠无情。人们为了在竞争中获胜，彼此倾轧，因而克制和压抑了对真诚的爱的渴求。但是，这种埋藏于人们内心深处的广义的爱的需求是不可磨灭的，人们一有机会就要想方设法地寻求补偿。外出旅游就是基于人们这种寻求补偿的动机。

人的自豪感来源于他人的肯定或更高的自我评价，而在日常生活中，人们普遍受到各种限制，提高自我评价的欲望在很多人的生活中难以得到满足。因为在日常生活中人们不能充分地成为真正的自己、突出自己和表现自己。但在旅游时，人们可以摆脱某些常规的束缚，自由自在地、充分地成为自己、展示自己，获得自豪感的补偿。

见多识广
2-3-5

你会过分在意他人评价吗

旅游还为人们的充实、提高创造了条件。中国自古以来就有“读万卷书，行万里路”的古训。旅游使人们走出狭小的空间，“仰观宇宙之大，俯察品类之盛”，达到一种超凡脱俗的境界。这也是一种自豪感的补偿。

见多识广
2-3-6

幸福感的来源

2.旅游者的求解脱心理

现代生活崇尚高效率与快节奏，这固然有利于推动社会经济的发展，但由此导致的繁忙日常事务和复杂的人际关系却一直困扰着都市生活中的人们，使人们产生了高度的精神紧张，体力和脑力的使用严重失衡。

此外，许多心理学家认为现代文明越发展，越使人感到孤独无力，现代人与大自然、与他人、与自己之间的距离变得更远，产生了疏离感。现代人的日常生活呈现出一定程度的病态，其“病因”就在于失去了人与自然之间和人与人之间的和谐交流。人类最深切的需求就是克服分离，找回和谐。人们外出旅游正是为了回归自然、接近自然，追求心理的平衡与快乐。求解脱动机是指旅游者要借助旅游，从日常生活的精神紧张与孤独感中解脱出来。

案例分享2-3-2　莫干山治愈系民宿，寻找心灵的乌托邦

现代人处于纷杂忙乱的都市生活中，内心难免渴望自由和洒脱。历来以秀美自然风光闻名的莫干山，实属人们寻找已久的遁世之所。这座可以逃离都市纷杂的山野，就静卧在离上海不过3小时车程的德清县。春日采繁花，盛夏避酷暑，入秋赏落叶，严冬看飘雪，四季皆是好景。依山傍水，目之所及皆是一片清新绿色，在这里有不少隐居山林中的民宿，如居住在云端之上，宛如世外桃源。

在莫干山，整个人内心都平静了下来，这里就是心灵栖息的驿站。民宿的客房设计简约而绝不单调，造型别致，空间通透，在这里可以感受到来自大自然的轻柔呼吸。超大的观景阳台，游客可以俯瞰整个莫干山的浪漫景致。清晨起来就能大口呼吸清新的空气，疲惫已久的身体瞬间得到放松，整个人瞬间神清气爽。推开窗户，满眼青山，光是捧着一杯热茶，看着窗外的景色，就足以让人动容。在这里，没有工作和生活的压力，只有山水和休憩，只有一场与自然近距离接触的绮梦。

资料来源：南方民宿. 隐于莫干山山林中的5家神仙度假民宿，上海驱车不足3小时，与自然撞个满怀［EB/OL］.［2022-07-31］. https://mp.weixin.qq.com/s/6YaXtH1dPe8_CDB57IgtIw.

思考：在民宿产品设计中，除了得天独厚的自然环境和体贴入微的服务，还有哪些设计可以治愈旅游者的心灵，满足旅游者求解脱的需求？

3.旅游者的求平衡心理

旅游者的求平衡心理表现在以下三个方面：

首先是单一性和复杂性之间的平衡。人的需求既有复杂性，也有单一性。持单一性需求的观点认为，人们在生活中总是寻求平衡、和谐、可预见性和没有冲突，任何非单一性都会使人心理紧张。按照单一性理论，旅游者在旅游过程中会尽量寻找可提供标准化的旅游设施和服务。比如，选择一些著名的旅游点，选择知名度高并能提供标准化服务的宾馆饭店。

主张复杂性需求的观点认为，需求产生的实质是人们追求新奇、出乎意料、变化和不可预见性等。人们之所以追求复杂性的需求，是因为这些复杂性的东西本身能给人带来满足。追求复杂性需求的旅游者，希望得到与他在家所习惯的和他在以前旅游中所经历的不相同的体验。所以人们选择到从未去过的地方旅游，以满足复杂性需求。它要求旅游业的景观设计和服务形式不拘一格，不断推陈出新。

但对一般人来说，单一性过多固然会使人产生厌倦，但复杂性太多同样会使人过分紧张乃至恐惧，理想的方式是在单一性和复杂性两者之间找到平衡点。解决的办法是缺少哪一种需求，就弥补哪一种，以此来实现人们心理的平衡（如图2-3-4所示）。旅游者的求平衡心理是指旅游者要在变化与稳定、复杂与简单、新奇与熟悉、紧张与轻松等矛盾心理中寻求一种平衡。对绝大多数人来说，日常生活中单一性太强，熟悉的东西太多，新奇的东西太少，因此需要到旅游活动中去接触新鲜事物，以此来寻求平衡。而有些人的工作充满了复杂性，如一些公司、组织和政府部门的领导人，他们每天的工作都是完全不同的，每天都会遇到新的问题。对这些人来说，他们去旅游往往是为了过一段相对简单、稳定的生活，他们会让人事先安排好一切，无须自己作额外的考虑，只需简单地参与即可。

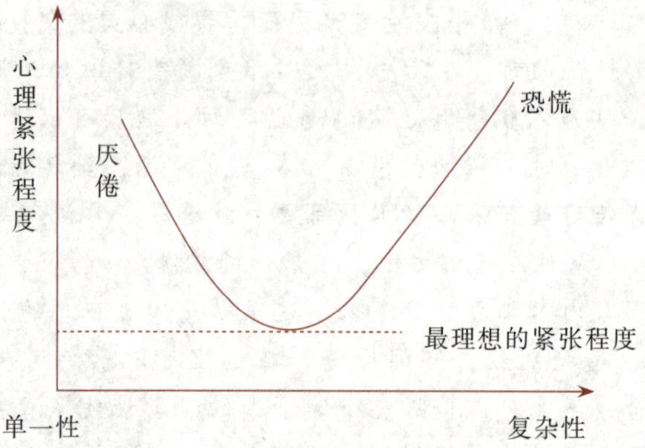

图2-3-4 旅游者的求平衡心理

其次是体力活动与脑力活动之间的平衡。日常生活和工作相当耗费脑力而平时又缺少运动的旅游者往往喜欢一些参与性、运动型的项目，而从事体力工作的旅游者则不然。

最后是旅游者在整个旅游过程中要保持必要的平衡。新奇的东西固然吸引人，但是并非越多越好，也不是越新奇越好，超过一定的限度，吸引可能就变成排斥。运动项目可能会受很多人喜欢，但是安排过量会严重消耗体力，影响旅游者的行程。因此，旅游经营者可以把一般的大众旅游产品设计为包含着变化与稳定、复杂与简单、新奇与熟悉、紧张与轻松、体力与脑力等对立面的“矛盾组合”，这样才能对旅游者产生强烈的吸引力。

见多识广 2-3-7

好服务是设计出来的

三、设计“旅游经历”产品

旅游是一种“花钱买经历”的特殊消费，旅游产品有其特殊性，它不是一种有形的“物”，而是一种无形的“经历”。旅游企业的产品设计是提供旅游吸引物和旅游服务，和旅游者一起来共同创造“旅游经历”。

动画 2-3-1

定制旅游

知识课堂2-3-3

（1）扫码学习“动画2-3-1”。

（2）结合微课，思考定制旅游的优势何在？满足了哪些游客的什么需求？定制旅游能完全取代传统旅游吗？

我们可以把要设计的旅游产品——“旅游经历”放在中间，围绕着这个中心从八个方面来进行思考（如图2-3-5所示）。

荣　誉	人际交往	故事传说
自我表现	旅游经历	享　受
知识技能	场　景	有形纪念品

图2-3-5 旅游经历产品设计

对“旅游经历”产品的设计有以下建议：

第一，需要在现有的场地上，设计一个独特的与外界环境形成强烈反差的场景，使旅游者一进入此地就觉得与别处不一样，感受到不同寻常的新鲜。

第二，要考虑旅游者的人际交往问题，要让旅游者经历轻松愉快的人际交往，营造一种轻松愉快的气氛，使旅游者获得亲切感。

第三，要让旅游者获得多感官的享受，让旅游者在视觉、听觉、嗅觉、味觉、触觉等方面都获得美妙的享受。

第四，要为旅游者提供一个表现自己的机会，让旅游者不仅仅是被动地接受旅游产品，而且有机会进行自我表现。

第五，要利用好现有的旅游吸引物，并在此基础上添加一些美丽动人的故事传说，使其显得更加丰富多彩。如果有可能的话，还要在现有的景观中挖掘出一些科技含量比较高的知识技能，使旅游者在游玩中也能够学有所获。

第六，要给旅游者一种荣誉、一种象征性的东西，增强旅游者的自豪感。

第七，提供一些可以带走的有形纪念品，让旅游经历这种无形产品有形化。旅游者凭借这些有形的纪念品可以回忆起旅游中的愉快经历，同时还能为旅游企业做宣传。

任务二　多元驱动的旅游动机

一、旅游动机的内涵

在本模块项目一“旅游消费行为心理分析”中，我们综合介绍了旅游者产生旅游行为的三大动因，其中旅游行为产生的内部动因就是个人动机。所谓动机，是指引起和维持个体的活动，并使活动朝向某一目标的心理过程或内部动力，体现着所需求的客观事物对人的活动的激励作用。

旅游动机产生于旅游需求与旅游目标相遇之时，它是引发、维持旅游者的旅游行为并使旅游行为朝向某一旅游目标的内在动力源泉。旅游（消费）动机受到具体的消费环境的影响，当旅游者产生旅游需求时，心理上会产生紧张或不安的状态，成为一种内在的驱动力，于是就产生了旅游动机。旅游动机激发旅游者的旅游行为，旅游者的旅游行为使旅游动机在旅游需求得到满足的过程中不断减弱，直至旅游行为结束，旅游者心理上的紧张也随之解除，然后又产生新的旅游需求及动机，引起又一个旅游行为。综上所述，旅游动机具有激活功能、指向功能和强化功能。旅游动机的过程如图2-3-6所示。

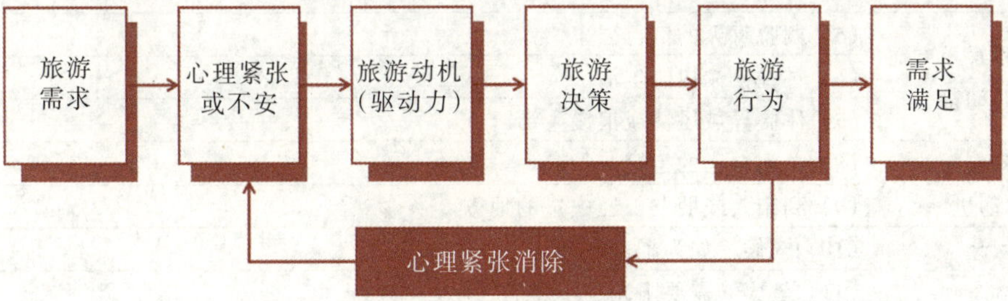

图2-3-6　旅游动机过程图

见多识广 2-3-8

旅游动机的特点

交互式课件 2-3-1

辨析旅游动机

二、旅游动机的分类

从现代旅游业五花八门的旅游产品中我们不难发现，旅游者的旅游动机也是多种多样的，不同的旅游者基于各自不同的动机出游，每一次的旅游活动都能让他们获得不同的生理和心理体验。受客观环境的影响，同一旅游者多次出游的动机也各不一样，具有很强的动态性。同时，很多旅游活动并非只涉及某一动机，常常是多种动机兼而有之。旅游动机呈现出明显的多元性。旅游动机来源于人的基本需求，基本需求的多样性决定了旅游动机的多样性。根据研究的角度及划分标准不同，旅游动机的分类也是多种多样的（如图2-3-7所示）。

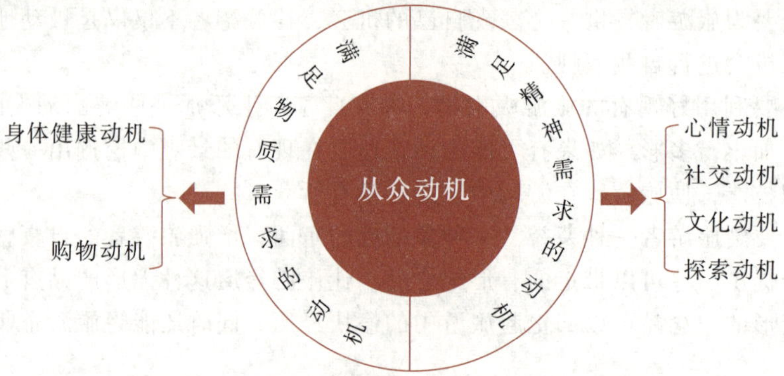

图2-3-7 旅游动机的分类及其相互关系示意图

国外学者对旅游动机的研究开始较早。1935年，德国的格吕克斯曼（R. Giucksmann）在其所著的《一般旅游论》一书中将旅游行为的动机分为心理的、精神的、身体的和经济的四大类。之后，很多学者进行过相关方面的研究，如美国学者约翰·托马斯（John A.Thomas）1964年提出的18种旅游动机就较有代表性（见表2-3-2）。日本学者田中喜一将旅游动机归为四类：心情的动机（思乡之心、社交之心、信仰之心），精神的动机（知识需求、见闻需求、欢乐需求），身体的动机（治疗需求、保养需求）和经济的动机（购物目的、商业目的）。美国学者罗伯特·麦金托什和沙西肯特·格普特在他们合著的《旅游的原理、体制和哲学》一书中，也将旅游动机分为四类：身体健康的动机、文化动机、交际动机、地位与声望的动机。

表2-3-2 约翰·托马斯列举的旅游动机

教育和文化方面的动机	（1）观察别的国家人民是怎样生活、工作和娱乐的
	（2）游览特别的风景名胜
	（3）了解新鲜事物
	（4）参加一些特殊活动
疗养和娱乐方面的动机	（5）摆脱每天的例行公事
	（6）过轻松愉快的生活
	（7）体验异域风情或浪漫生活
种族方面的动机	（8）访问自己的祖籍
	（9）到亲人或朋友曾经去过的地方
其他	（10）气候（如为了避寒）
	（11）健康（需要阳光、干燥的气候）
	（12）体育活动（游泳、滑冰、钓鱼或航海）
	（13）经济方面（低廉的费用）
	（14）冒险活动（到新地方去，接触新朋友，获得新经历）
	（15）获得一种胜人一筹的本事
	（16）适应性（不落人后）
	（17）考察历史（古代文明遗迹或近代历史）
	（18）了解世界的愿望

资料来源：托马斯. 是什么促使人们旅游［J］. 美国旅行代理商协会旅游新闻，1964（8）.

我们可以把常见的旅游动机归纳为以下几类：

1.休闲与健康的旅游动机

休闲、健康的旅游动机表现为在紧张、平淡的日常工作、生活之余，为了休闲放松、康体娱乐而进行的观光休闲、度假疗养等旅游活动。通过休闲来恢复和增进健康，通过游玩、娱乐暂时忘却烦恼，以保持心理平衡。

具有休闲、健康动机的旅游者，在旅游目的地和旅游活动项目的选择上，偏爱那些能够调节人们身心节律、增进身心健康、使人全身心投入的活动，如轻松愉快的参观游览、不太激烈的体育健身活动、各种休养治疗活动以及令人开怀的文化娱乐活动等。各种自然风光区、历史古迹、公园、海滨、温泉疗养区以及有较好的艺术活动传统的地区，常常是具有健康、娱乐动机的旅游者选择的对象。

2.探索与冒险的旅游动机

好奇和探索是人类基本的心理性内在驱动力，好奇心和探索的欲望是天生的。旅游活动具有新奇性、知识性，甚至一定程度的探险性，能够部分满足人们的这种需求。不同旅游者这一动机的强弱程度有明显的差别，有的在保障安全的情况下只求新鲜刺激，而有的则为满足探索欲甘冒生命危险，如珠穆朗玛峰登山探险旅游。

此外，文化的差异以及文化的异地传播，使人们产生了接触异域文化的动机，他们希望通过旅游去了解异域的名山大川、风土人情和文化艺术。也正是因为如此，每个旅游地的特色都会成为人们前往旅游探索的动机。

3.教育与文化的动机

旅游作为一种社会文化活动，具有对个体发展和社会发展产生各种影响和作用的功能。旅游活动在增进人们的知识、技能，保障人们的身心健康以及形成或改变人们的思想意识等方面具有教育功能，获取新知识、增长见识、丰富阅历是人们外出旅游的一个重要动机。“学生带着明确的研学目标参与各项研学活动，学习的动机就越发明显了。

4.乐趣与快乐的动机

愉悦快乐的感受是人人都向往的体验，也是促使人们进行旅游的一个重要动力。

5.精神审美的旅游动机

审美是一个从感官体验到精神共鸣甚至灵魂升华的过程。审美动机是指旅游者为满足自己的审美需求而外出旅游，这是一种高层次的精神方面的需求。当然，有的旅游者纯粹为了审美而游历，如我国古代徐霞客、李白等人的士人漫游；而有的人则只是其中夹杂着审美动机，如当代一般的观光旅游者。

具有这种动机的旅游者，其旅游活动多指向奇异美丽的自然界的景物，指向那些接触旅游地居民的活动，以及参观博物馆、展览馆、名胜古迹等专题旅游活动等。

6.社会交往的旅游动机

人们为了探亲访友、寻根问祖、结识新朋友而进行的旅游，就是社会交往动机的体现。社会交往的动机以加强沟通交流，发展人际关系、公共关系为目的。旅游者常常表现出对熟悉的事务的厌倦和反感，也偶有逃避现实的欲望。因此，具有社会交往动机的旅游者的特点是要求旅游过程中的人际关系友好、亲切、热情和得到关心。

7.宗教信仰的旅游动机

有些人为了宗教信仰参加宗教活动、从事宗教考察、观礼等而外出旅游。出自宗教信仰的动机主要是为了满足自己的精神需求，寻求精神上的慰藉和寄托。纯粹的宗教旅游又分为两种情况，一种是朝圣，如玄奘西天取经；一种是传教，如鉴真东渡。现代社会中，除以上两种情况外，其他夹杂宗教信仰动机的旅游活动也很多。

8.商务与公务的旅游动机

商务、公务的旅游动机是指人们为了各种商务、公务活动外出旅游。例如，有些人为了购买商品专程或绕道到某地旅游。另外，参加学术考察、交流，到异地洽谈业务、出差、经商等，都属于商务动机。此外，各种专业团、政府代表团以及为交易会、洽谈会等参与的旅游活动也都属于此类动机。

9.家庭责任的旅游动机

对很多成年人来说，整日忙于工作会使他们疏忽对家人以及亲朋好友的关心照顾，外出旅游对他们来说也是尽一份责任和义务，是为了让父母、妻子、儿女和其他亲人、好友得到放松、快乐。因此每到暑期，以家庭为单位的旅游团队大量增加。

启智润心 2-3-2　　开眼界 表孝心！带上父母去旅行渐成旅游新风尚

旅行作为一种生活方式，已经变得越来越普及，暑假不少家庭会老人孩子齐上阵来个休闲游。儿女趁着老人的身体还硬朗，带他们到处走走看看，是儿女应尽的孝顺本分。

“北京是咱们的首都，我就想去北京看看，看看天安门，看一次升国旗。”去一次北京是某女士母亲一直以来的愿望。“带老人和孩子看了天安门，去了颐和园、故宫、八达岭长城等，吃了北京烤鸭，我们走走停停，节奏放慢，慢慢品味老北京的独特韵味，父母直呼开心。”“我们这一辈人的父母大多是吃苦过来的，现在儿女大部分已经生活、事业双稳定，但父母却渐渐老去，带他们开开眼界、多陪陪他们，是对父母最好的报答。你养我长大，我陪你变老。”这是所有中年儿女共同的心声。

暑假期间，许多城市的旅行社纷纷推出适合老人、孩子的慢节奏休闲游，前来旅行社咨询的客户络绎不绝，假期里带上父母和孩子一起出行，正成为旅游新风尚。

资料来源：褚凤娜. 开眼界 表孝心！带上父母去旅行渐成暑假旅游新风尚［EB/OL］.［2021-07-19］. https://mp.weixin.qq.com/s/7p1WUFA-mNVU-cZ2FwA8sg.

思政元素：感恩情怀　孝敬父母

学有所悟：“百善孝为先”，有一种孝顺，叫带上父母去旅游。平时，年轻人虽然可以常回家看看，但是大多数时候来去匆匆。旅游不仅能带来另一种生活体验，更能提供一个高质量的陪伴与沟通机会，在这种陪伴与沟通中，两代人之间的情感联系会更紧密。时光丰盈了我们的人生，却也催老了父母的容颜。人生最大的悔恨莫过于子欲养而亲不待，我们为前途拼搏，为自己奋斗，也别忘了给父母的陪伴。

事实上，很多旅游者并非出于某一单纯动机出游，而是有两种或多种混合动机。按照这些动机在人们行为中的作用大小，可分为主导动机和辅助动机。如来华入境旅游，外国旅游者的主导动机是文化方面的动机（了解神秘的东方文化）；华侨、港澳台同胞的主导动机是交际方面的动机（探亲访友和寻根）；国内旅游者的长线旅游，主要出自文化方面的动机（风俗民情体验）；短线旅游主要出自健康动机（休闲度假）；商人、公务员等的旅游，主要出自业务方面的动机等。

三、激发旅游者旅游动机的方法

旅游行为的产生是内外因素共同作用的结果，内因是指旅游者自身的因素，旅游企业难以左右。旅游企业应从影响旅游者出游的外部因素着手，采取有效措施提高人们的旅游积极性，激发旅游者的兴趣，促使潜在旅游者的旅游动机转化为旅游行为。

激发旅游者的旅游动机，就是要调动旅游者旅游的积极性，刺激旅游者的兴趣与需求，促使潜在旅游者积极地参与到旅游活动中去。旅游动机的激发主要是改变外在客观条件，即提供旅游的外动力从而激发旅游者的内动力，如旅游资源开发、旅游产品设计、旅游优质服务、旅游营销规划等。

一个地区乃至一个国家赖以生存和发展的最基本的条件和基础就是旅游资源，旅游资源的价值决定其吸引力。对不同类型的旅游资源来说，其独特性越强，优势越明显。具体而言，旅游企业开发旅游资源时应注意以下问题：贯彻可持续发展原则与环境保护意识，保持自然旅游资源的“原生态”；以市场为导向，开发符合旅游者需求的旅游资源等。

启智润心 2-3-3　　**“两山”理念记心间，绿色发展向未来**

2023年8月15日，我国迎来首个全国生态日。这个首创性、标志性的纪念日，体现了新时代生态文明建设的重要地位，体现了全面推进美丽中国建设的决心。习近平总书记强调，要深入贯彻新时代中国特色社会主义生态文明思想，坚持以人民为中心，牢固树立和践行绿水青山就是金山银山的理念，把建设美丽中国摆在强国建设、民族复兴的突出位置，推动城乡人居环境明显改善、美丽中国建设取得显著成效，以高品质生态环境支撑高质量发展，加快推进人与自然和谐共生的现代化。习近平生态文明思想深刻揭示了人与自然和谐发展、全面推进生态文明建设的客观规律，为我们筑牢中国式现代化的生态根基提供了强大思想力量。

人不负青山，青山定不负人。党的十八大以来，在以习近平同志为核心的党中央的坚强领导下，我国生态文明建设取得了举世瞩目的成就。我国提前实现联合国提出的到2030年实现全球退化土地零增长目标，提前达到碳排放2020年比2005年下降40%~45%的目标；长江经济带在“共抓大保护、不搞大开发”的思路指引下，实现了生态优先下的绿色发展；毛乌素沙漠从“不毛之地”变为“塞上绿洲”，让周边村庄走上绿色脱贫之路；第一批国家公园正式设立，生物多样性保护力度不断加大……各地各部门全面落实“绿水青山就是金山银山”的理念，持续加大污染治理力度，扎实开展生态保护修复，不断拓宽绿水青山转化金山银山的路径，协同推进高水平保护和高质量发展，科学、合理、有效地将生态价值转化成经济发展动力，给子孙后代不断开拓出新的山清水秀的生态空间。

绿水青山是实现旅游愉悦的源泉，也是营造优美旅游环境的基础，人人都向往回归美好自然、领略美好资源、畅享美好生态、沉浸美好环境，因此要守住绿水青山。而旅游之于绿水青山，则是传播生态文明、讲好中国故事的重要路径。一言以蔽之，旅游业是绿水青山的“守望者”，绿水青山是旅游业的“聚宝盆”。

资料来源：秦汉．深刻把握“两山”理念的科学内涵和实践要求［EB/OL］．［2023-08-15］．http://theory.people.com.cn/n1/2023/0815/c40531-40056687.html；王锦涛，王珏．总书记在这里说文化传承发展·甘肃敦煌［EB/OL］．［2023-09-08］．http://news.hebei.com.cn/system/2023/09/08/101205242.shtml.

思政元素：生态文明　以民为本　可持续发展

学有所悟：党的二十大报告提出，“必须牢固树立和践行绿水青山就是金山银山的理念，站在人与自然和谐共生的高度谋划发展”。作为习近平生态文明思想的重要组成部分，“两山”理念是我们做好生态文明建设工作的根本遵循与行动指南。习近平总书记关于“绿水青山就是金山银山”的重要论断深刻揭示了发展与保护之间辩证统一、相辅相成的关系，即保护生态环境就是保护生产力，改善生态环境就是发展生产力。一方面，“两山”理念从发展视角和时代发展需求看待环境问题，致力于建设以产业生态化和生态产业化为特征的生态经济体系，推动传统产业高端化、智能化、绿色化，在改善环境的过程中促进经济高质量发展；另一方面，“两山”理念深切回应民众的实际诉求，体现了我们党以人民为中心的发展思想，推进生态惠民、生态利民、生态为民，提供更多优质生态产品，让人们在天蓝、地绿、水清的美丽中国中，切实感受发展带来的生态效益。

旅游资源、旅游产品要有吸引力，关键在于“特”，也就是“人无我有，人有我优，人优我精，人精我特”，要突出个性特征、追求新奇特点、坚持民族特色，“越是民族的，越是世界的”。由于各民族所处的生存环境不同，历史发展进程不同，社会经济状况有差异，因此各民族的生活习惯、风土人情、服饰装束、宗教信仰、民宅建筑等都各有差异，烙下了浓厚的民族文化内涵和鲜明的民族个性色彩的印记。保持某些旅游景观的传统格调，突出民族性，挖掘地方特色，有助于提高旅游资源的吸引力。

案例分享2-3-3　以“绣花”功夫还原原始风貌！阿者科村吃上了“旅游饭”

从红河哈尼族彝族自治州元阳县新街镇阿者科村内的青石板路上缓缓望去，一幅千年哈尼梯田环抱着百年古村落的优美画卷展现在眼前。古树掩映之下，错落有致的蘑菇房与大自然融为一体。云海沿着梯田升腾，村庄坐落于云端，宛若人间仙境。

阿者科村地处红河哈尼梯田世界文化景观核心区。2018年，元阳县政府和中山大学联合编制了“阿者科计划”，通过全体村民参与的“内源式村集体主导”发展模式，盘活了村庄资源、带动了群众增收、促进了梯田农耕文化传承发展，实现了在保护中发展、在发展中保护。阿者科乡村旅游由此热起来。

古寨：古老、自然、乡韵

在阿者科村，可以深层次体验哈尼梯田活态遗产、古老的村落和哈尼风情。当地抓好哈尼梯田遗产区森林、梯田水系治理等工作，大力实施荒山造林、封山育林、森林抚育等工程。

古寨村落乡韵悠远。以梯田、古村落保护为首要前提，设立传统民居保护基金，对传统民居进行集中修缮，实现挂牌保护。把传统村落保护、农田水利设施维护纳入遗产区村寨村规民约，以“绣花”功夫还原阿者科乡村原始风貌，恢复了传统的木刻分水法和“赶沟人”制度，实现生产、生活、生态相融合，使民居和村寨留住了原真，留住了特色，留住了乡愁。

文化：民族、农耕、沉浸

阿者科村完美传承了“哈尼基因”。利用宣传、教育、传承等手段大力弘扬民族文化，通过建设哈尼梯田文化传习馆、打造民族文化传承文艺队、培养非遗传承人等方式，实施哈尼古歌传承三年行动计划，重点挖掘了《哈尼古歌》《四季生产调》等一批文化精品。

农耕文化里感受乡愁。阿者科村在保持传统村落原真性和遗产完整性的基础上，推出“自然野趣、传统工艺、哈尼文化”3个主题活态文旅体验项目和19项精品活动，勾勒哈尼人民世代沿袭的“日出而作、日落而息”的生产生活画卷，满足了城市游客回归自然的本真需求，唤醒了其乡愁记忆。

文化体验是产品设计的核心，阿者科村打造以体验农耕文化为核心的“沉浸式”乡村旅游项目，将村内哈尼族传统生产生活，如纺织染布、插秧除草、捉鱼摸虾等，设计成自然野趣、传统工艺、哈尼文化等主题性体验活动，不断丰富文旅融合新业态，拓展消费渠道。

旅游：原生态、有序、新生机

阿者科村发展旅游有“四条底线”：不破坏传统村落格局、不引进社会资本、不租不售不破坏、不放任无序经营。通过“四条底线”，确保森林、村寨、梯田、水系“四素同构”生态系统的原真性、完整性和可持续性。元阳县坚持在不破坏、不改变原生态资源的前提下，将资源优势转化为经济优势，为村寨叠加了旅游收益，为村民的务农生计提供了重要补充，使得百年古村和千年梯田焕发出了新生机，让“绿水青山就是金山银山”成为现实。

资料来源：佚名．以“绣花”功夫还原原始风貌！阿者科村吃上了“旅游饭”[EB/OL]．[2023-08-23]．https://travel.sohu.com/a/714294044_100121976.

思考：阅读以上案例，请同学们指出阿者科村旅游资源、旅游产品的吸引力分别体现在哪里，并结合乡村振兴的战略背景，讨论传统少数民族村落保护如何与乡村旅游融合发展。

旅游宣传对激发旅游者的旅游动机起着决定性作用，有些景区山美水美人更美，可就是宣传不到位，不能形成旅游市场，以致大好的资源白白闲置。旅游企业要通过广播、电视、报刊、网络、新闻发布会、展览会等多种渠道对旅游景点、旅游线路、旅游设施、旅游节目以及旅游常识等进行长期连续的宣传推介，以激发众多潜在旅游者的旅游兴趣。同时，加大营销力度，推出各种价格优惠、促销活动，激发旅游者的消费动机。宣传推介要抓住三个要点：一要使人“动心”，二要使人“放心”，三要使人“省心”。其关键要动人心弦，打消顾虑，促使游客做出决策。旅游优质服务对旅游动机的激发，我们会在后面的模块展开介绍。

案例分享2-3-4　　张家界：无营销，不旅游

大地给了张家界一片森林，这座城市就从森林里生长出无尽创意。从20世纪90年代初举办首届国际森林保护节，到1999年“穿越天门 飞向21世纪”的创意营销，再到2010年借电影《阿凡达》营销造势，2021年“致居留游客”的一封信、“欠张家界一张门票”、“网游张家界”、“你莫走”山野歌谣，以及2023年一系列的“旅游+赛事”——“绝版山水 赛出精彩”，张家界的营销与活动策划创意都赚足了世人的眼球。

《阿凡达》事件可以说没有花一分钱，却取得了草船借箭、惊动世界的营销效果。2009年借势美国大片《阿凡达》宣传营销的案例，是张家界借势营销的典范。活动的“三部曲”都是从网络入手的：第一是“质疑”，指责电影导演詹姆斯·卡梅隆“张冠黄戴”，指出电影里的“哈里路亚山”原型并不是在黄山，而是在张家界，并动员大家跟帖、转帖，引起网民的关注；第二是“悬赏”，将盖有个人鲜红手印的“悬赏令”挂在网上，在全世界找与“哈里路亚山”相同的山；第三是“更名”，将电影里的“哈利路亚山”原型“乾坤柱”改名为“哈利路亚山”。随后张家界在网络上打出“潘多拉太远，张家界很近”这样一个充满情怀的宣传口号，继而推出“张家界阿凡达之旅”线路，将整个营销活动推向最高潮。此营销事件成功入选“中国最具影响力旅游营销事件”（2010—2011年）。

2023年，张家界武陵源区以首届中国（张家界）文旅融合发展大会暨首届张家界旅游发展大会为契机，按照“周周有活动、月月有赛事、季季有主题”思路，积极探索完善“旅游+赛事”事业发展工作机制和模式，引进更多体育休闲产业项目，实现文化、旅游、体育融合发展。张家界的地貌神奇风光通过这一项项集竞技性、时尚性和艺术性于一体的极限运动被展示给世界，为武陵源区经济社会高质量发展注入了新的生机和活力。

多年来，张家界的旅游营销以天马行空的创意，搅动一池春水。《“十四五”旅游业发展规划》提出，要建设世界级的旅游景区和度假区，张家界当仁不让，从世界旅游城市到城市旅游新世界，张家界5A旅游景区以创新思维，一直朝着高质量发展方向前进。

资料来源：吴双江．“营销”张家界：“活跃”且“不安分”［EB/OL］．［2022-11-23］．http://zx.zxy.hunanzx.gov.cn/szxapp/1/192/content_907343.html；佚名．张家界，从世界旅游城市到城市旅游新世界［EB/OL］．［2023-09-08］．https://baijiahao.baidu.com/s?id=1776433330153760648&wfr=spider&for=pc；朱付勇，邓道理，易鹏飞．“旅游+赛事”：绝版山水 赛出精彩［EB/OL］．［2023-08-28］．https://baijiahao.baidu.com/s?id=1775999223791019033&wfr=spider&for=pc.

思考：张家界的创新营销是如何激发旅游者的旅游动机的？

课后小练习

◎ 选一选（选出下列选择题中正确的选项）

1.旅游者具体需求的多样性体现在（　　）等方面。

A.旅游者的社会性需求　　B.旅游者的自然性需求

C.旅游者的精神性需求　　D.旅游者的生理性需求

2.游客的三求心理包括（　　）。

A.求解脱　　B.求尊重　　C.求平衡　　D.求补偿

3.旅游动机具有（　　）等特点。

A.对象性　　B.选择性　　C.相关性　　D.起伏性

4.旅游者到温泉、矿泉度假区进行“浴疗”，或者到沙滩、沙漠进行“沙疗”，主要是出于（　　）。

A.文化动机　　B.交际动机　　C.审美动机　　D.健康动机

◎ 想一想

1.请将马斯洛需求层次理论按照精神性价值需求与物质性价值需求进行分类，并解释分类理由。

2.依据马斯洛需求层次理论与三求心理，分析Z世代在旅游中可能出现的需求。

收获与体会

模块三
搭建“心”的桥梁——旅游服务的心理环境

学习导图

搭建“心”的桥梁

模块三　旅游服务的心理环境

- 项目一　旅游服务中的客我交往关系
  - 任务一　客我交往的心理特点与基本原则
  - 任务二　双重服务的内涵与心理服务特点
- 项目二　客我双方人格与态度分析
  - 任务一　人格特征与旅游行为
  - 任务二　人格结构与旅游行为
  - 任务三　态度偏好与旅游行为

思政浸润

★引导学生铸牢文旅服务者的角色意识，做中国优质高效文旅服务业的“螺丝钉”。

★引导学生从自身出发，带动游客积极参与建设和谐、公正、平等的服务环境，进而构建更加文明美好的社会。

★党的二十大报告将“加强家庭家教家风建设”作为“推进文化自信自强，铸就社会主义文化新辉煌”的重要内容。好家风，是精神的延续，是品质的传承。父母是孩子的第一任老师，家庭是梦想启航的地方。引导学生理解好家风的重要性，客观看待原生家庭影响，由衷感恩父母的养育与教导。

★引导学生重视品德的修炼、本领的锤炼，理解“和而不同”，重视团队协作，促进和睦相处、社会和谐。

★引导学生不断自我觉醒，意识到一代人有一代人的使命与担当，时代的接力棒已经到了新时代青年人的手上。新时代的青年大学生作为积极、有朝气的力量，理应肩负起时代重任，让青春在全面建设社会主义现代化国家的火热实践中绽放绚丽之花。

学习目标

知识目标

- 掌握客我交往的形式、特点与基本原则；掌握双重服务的内涵与心理服务的特点；掌握旅游心理服务的两大要诀。
- 理解人格的内涵；掌握旅游者性格分类，理解气质与性格的特点及关系；了解能力内涵与分类、旅游者人格类型分类；掌握弗洛伊德与PCA人格结构理论，理解埃里克森人格发展八阶段理论。
- 掌握旅游态度三成分模型与类型；了解旅游偏好形成及态度对游客决策的影响；掌握影响旅游态度改变的因素。

能力目标

- 能辨识旅游者的心理状态区域；能在服务中把“对”留给游客，做好旅游心理服务。
- 能初步认知自我气质与性格，分析自我能力特点；能初步分析游客的人格特点，并提供针对性接待服务；能确认不同旅游岗位所需的人格类型；能运用PCA人格结构理论影响游客决策。
- 能区分游客的态度；能采用多元途径改变游客的消极态度。

素养目标

- 养成细致观察习惯，提升主动服务意识，逐步完善为游客提供心理服务的基本素养。
- 养成自觉调整自我角色状态的习惯，提高灵活应变能力。
- 养成觉察自我状态的习惯，提升自省能力，稳定双胜心态。

项目一　旅游服务中的客我交往关系

◎ **课前小互动**

请同学们分别站在游客角度与旅游服务人员角度描述旅游时双方交流互动的过程，老师与其他同学倾听并记录，分享结束后，请倾听者陈述大家的描述有何异同。

知识共探究

任务一　客我交往的心理特点与基本原则

在旅游活动中，人们扮演着不同的社会角色，旅游服务人员扮演着“提供服务”的社会角色，旅游者扮演着“接受服务”的社会角色。人与人是平等的，而角色与角色不可能总是平起平坐。在客我交往中，只有从“人”和人所扮演的“社会角色”这两个方面去厘清关系，才能把客我关系理顺。作为一名旅游服务人员，只有尊重游客才能赢得他们对自己的尊重。

旅游活动中的人际交往大致有三种：第一种是服务人员与游客之间的交往，称为“客我交往”，这是旅游工作中人际交往最典型、最有价值的交往；第二种是游客之间的相互交往；第三种是服务人员之间的交往。在此主要探讨第一种情况，第二种情况由于较少出现不予讨论，第三种情况在后面模块介绍。

一、客我交往的形式与心理状态

客我交往是旅游服务人员与游客之间为了沟通思想、交流感情、表达意愿、解决在旅游活动中共同关心的某些问题，相互施加影响的各种过程。

交互式课件 3-1-1
旅游服务的心理环境

客我交往的形式分为直接交往和间接交往两种。直接交往是运用人类自然交际手段（语言、面部表情、身体语言），面对面地接触。间接交往是借助书面语言、大众传播媒介或通信技术手段接触。直接交往的优点是反馈迅速且清楚，间接交往的反馈比较困难。心理学家通常把直接交往称为“交往”，把间接交往称为“沟通”。

直接交往必须具备一定条件才有可能进行，交往双方的一方想发出某种信息，另一方想收到这种信息，交往双方都力争达到相互了解，各自支配着对方的反应。

旅游服务中两种交往形式同时存在，以直接交往为主。直接交往是影响服务效果的主要因素。甘朝有、齐善鸿合著的《旅游心理学》一书中，研究了怎样增进客我交往，通过客我交往使游客对旅游服务产生良好的回应，对客我交往心理状态的假设很有参考价值，在此加以转述。

甘朝有、齐善鸿将人的心理状态划分为两个维度：积极性和情绪性，并设定可测量人的积极性和情绪性的单位。积极性和情绪性高涨用正数表示，低落用负数表示。将这一假设画成坐标图，如图3-1-1所示。

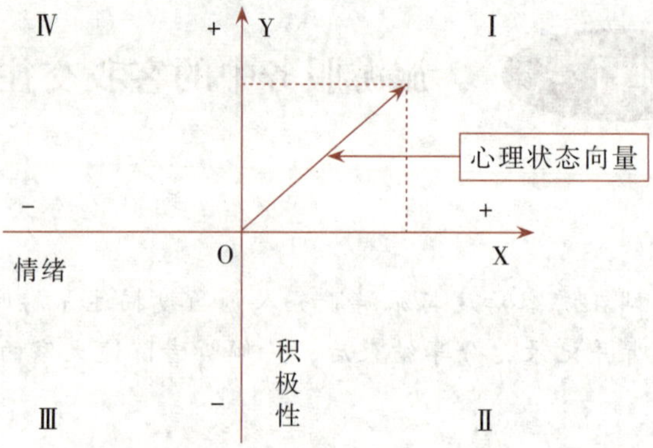

图3-1-1　心理状态图

其中，X轴代表情绪，Y轴代表积极性。每个人情绪和积极性的不同数值都能在图上找到，并合成一个交叉点，这个点表示人的心理状态。从图中可以看出，坐标系划分出的四个自然区域把人的心理状态分为四种类型。

心理状态释义见表3-1-1。

表3-1-1　心理状态释义

区域	状态
Ⅰ	◆表示人的情绪很好，积极性很高 ◆在这种状态下人显得轻松愉快，容易接纳他人
Ⅱ	◆表明人情绪很好，但积极性不高 ◆这时候人一般比较沉静，自得其乐，有种沉浸其中的感觉
Ⅲ	◆表明人情绪不好，积极性也不高 ◆这时人看起来意志消沉、心灰意懒
Ⅳ	◆表明人情绪不好但积极性却很高 ◆此人可能刚遭遇挫折，心情焦虑愤懑无从发泄，此时易寻衅滋事，与他人发生冲突

从客我交往角度看，只有客我双方心理状态向量的合力落在Ⅰ区才是最佳结果。服务人员要把自己的心理状态点调整到Ⅰ区，依据游客的情况采取相应的服务行为，以期双方的交往产生好的结果。

学以致用3-1-1

请同学们依据心理状态图分析下面案例中的男游客处于什么心理状态区域，理由是什么？对本案例进行服务情景的角色扮演，扮演者体会当下心理状态中的情绪感受、外在表现，结束后分享自己的心得。

烈日炎炎，一名中年男游客怒气冲冲地来到大堂经理的桌前说道："什么破酒店，还五星级！大热天，空调一阵热一阵冷，叫人怎么住！要你们来人维修，半天不见人，要换房间，服务员一直不给答复。你们到底什么意思！"此时在前台登记入住的客人停止了登记，围过来看热闹。

一般而言，处于Ⅰ区的游客最易于交往，其和同样处于Ⅰ区的服务人员交往的结果往往都是好的。如果游客处在Ⅱ区，服务员就大有用武之地了，要想办法感染和影响游客，提高游客的积极性，从而促进消费。如果游客心理状态处在Ⅲ区，那么交往难度很大。此时游客情绪和积极性都处于低谷，服务人员要想把这两方面都扭转过来是很难的。在这种情况下要首先设法调动游客的情绪，然后再调动其积极性。游客心理状态处于Ⅳ区是最危险的，这类游客情绪很坏，但积极性却很高。他们可能憋了一肚子火在伺机发泄，正在寻找攻击目标。服务人员要根据经验应迅速判断出这类“危险”的游客，提供迅速而谨慎的服务，以避免冲突。总之，服务人员要“火眼金睛”，能在短时间内了解游客的情绪状态，并立刻反映在自己的服务行动上，从而达到较好的服务效果。

二、旅游服务中客我交往的特点

1.短暂且不稳定性

旅游交通与市场经济的迅猛发展，使注重高效率的旅游者往返于各地，形成了旅游服务交往频率高、时间短的局面，客我之间接触的时间有限，旅游接待双方的个人关系是短暂的，双方都立足于眼前各种需求的满足，客我交往短暂性特点比较突出。

一般来说，旅游服务工作结束，双方的人际关系也就结束了。对同一服务对象，不同性格、能力的服务人员，其服务的表现方式是不完全一样的；对同一质量的服务，旅游者因社会地位、经济利益、文化背景、经验、情绪等的影响，评价也会有所不同。大多数情况是“1+1=0”，即一般的旅游者接受服务人员的服务，结果是没有冲突，也没有美好的回忆。

慢游型旅游者在某一旅游目的地沉浸体验当地文化和生活方式，与当地人互动，品尝当地美食，参观当地的历史和文化景点，以自己喜好为导向，自由安排行程。在这类旅游方式出现之后，客我交往的短暂性就不是绝对的。比如，《去有风的地方》中许红豆独自前往大理云苗村的“有风小院”休息调整，与在那里创业的年轻人和当地人结下深厚情谊，还用她多年的酒店从业经验，帮助当地提升员工服务意识，为发展云苗村的文化旅游事业助力。虽然这是影视剧，但故事背景取材于真实生活。

案例分享3-1-1　“慢游”探索旅游新方式和生活态度

随着人们生活水平的提高和旅游观念的转变，“慢游”正成为一种越来越受欢迎的旅游方式。“慢游”是指旅游者以获得身心愉悦、回归本性和满足精神需求为目的，避开旅游高峰、放慢旅行节奏、长时间停留、前往有限目的地的休闲旅游方式。相较于传统的“快节奏”旅游，“慢游”更加注重深度体验和个性化需求，呈现出休闲式、兴趣主导式的特点。缓行、静赏、参与、闲聊、慢餐、酣睡、乐购、养生、修学、感悟是“慢游”的十大主张。“慢游”倡导绿色环保的出行方式，并注重目的地生态环境和原生态体验。

在“慢游”中，旅行者可以自己喜好为导向，自由安排行程，避免被景点打卡和攻略束缚。他们可以放慢脚步，感受当地文化氛围，与居民互动交流，品尝当地美食，领略不同民俗风情。“慢游”不是简单停留在一个地方，而是通过跨越多个城市和地区的旅行方式，收集广泛的文化信息，开阔自己的眼界。这种自由度和舒适感让“慢游”成为一种放松身心的方式。

除了传统的旅游目的地，“慢游”在逐渐涉及一些不太为人所知的小城镇和农村地区，这些地方保留了更多的传统文化和历史遗迹，可以让旅游者深入了解当地文化和风土人情。“慢游”促进了一些地方的经济发展和旅游业的繁荣，带动当地居民的收入增加和生活水平的提高。

资料来源：千品科技．“慢游”探索旅游新方式和生活态度［EB/OL］．［2023-07-19］．https://baijiahao.baidu.com/s?id=1771815510650821174&wfr=spider&for=pc；陕西万事盛．慢旅游——新型游玩模式［EB/OL］．［2022-06-22］．https://baijiahao.baidu.com/s?id=1736303334016854786&wfr=spider&for=pc.

思考：阅读并查找相关材料，请同学们思考“慢游”的旅游方式如何延长“客我交往”关系？

2.公务性

在一般情况下，服务人员与游客的接触只限于游客需要服务的时间和地点，否则就是一种打扰游客的行为。客我之间的接触只限于公务而不涉及个人关系。客我之间若发生公务以外的往来，可能会损害旅游企业声誉，一般说来是不可取的。

3.非平等性

客我之间的接触通常是一种非平等性的接触过程，在这种接触中，只有游客对服务人员提出要求，不存在相反过程。非平等性接触也表示服务人员要服从和满足游客的意愿。

从旅游接待者的角度来看，由于其处于服务者的地位，容易把角色的不平等上升为人格上的不平等，从而产生抵触情绪，表现为对游客态度冷漠、缺乏耐心甚至言行粗暴。由于接待的游客众多，接待内容千篇一律，也易使旅游接待人员产生习以为常的疲惫心理。因此，应加强对旅游接待人员正确的角色意识教育，并对其不断进行激励。但如果因为角色的非平等性导致对服务人员的伤害，旅游企业要坚决维护员工的正当权益，保护好员工。

4.个体与群体的兼顾性

在旅游接待双方的交往中，旅游服务人员要接待个性心理相异、具有不同的消费动机的个体旅游者。服务人员要依据个体旅游者的消费特征为他们提供旅游服务。但旅游活动是复杂和特殊的，在这一活动过程中，同一阶层、同一文化背景、同一职业的人往往构成同质的旅游团队，在消费过程中会出现从众、模仿、暗示、对比、感染等群体消费特征。因此，旅游接待人员在接待过程中必须注意个体与群体的兼顾性。

5.营利性

旅游服务具有营利性，是指旅游接待人员以良好的服务态度、服务语言、服务技能、服务项目，满足旅游者的需要，由此可以给旅游企业带来相应的经济利益。旅游者以被服务者的身份，以金钱为代价享受服务。因此，旅游接待人员同旅游者的交往不同于一般的人际交往。

6.主观性

一般来说，旅游者认为旅游接待人员的服务是自己以付出金钱为代价换来的，是理所当然的。他们从自己的主观愿望出发，根据已有的经验进行主观假设，容易对旅游接待人员的服务产生过高的要求。而旅游接待人员在为旅游者提供服务时也会从自身经验出发，脱离旅游者的实际情况。这就要求旅游接待双方应尽可能多地了解和掌握彼此的信息，以避免要求的片面性和不切实际地提供服务。

启智润心 3-1-1　　**游客维权应理性**

在旅游途中合法权益受到侵害时，可先与旅行社、导游协商，要求其按照合同约定的行程时间、景点、游览项目、服务标准做出调整，继续履约，如果协商后仍不能达成一致，可以通过拍照、录音等方式保留相关证据，并及时向当地相关部门投诉，维护自身合法权益。2018年，长沙市旅游质量监督管理所发布了全国首部《旅游投诉维权指南》动漫宣传片，并发布旅游维权案例，提醒游客遭遇侵权时，维权要理性，采取极端方式“过度”维权可能违法。

过度维权常见的表现形式包括谩骂有关责任人或与旅游者直接联系的导游、领队甚至对其围攻、撕扯、推搡等；损坏公共财物，如肆意踩踏机场座椅等；占用旅游设施和公共空间；恶意诉讼、以诉讼相威胁、要求超额赔偿等。如果过度维权，使正常的社会秩序和他人利益受到损害，违背了维权的本质和目的，不仅可能丧失合理合法维权的机会，使过度行为本身成为关注焦点，还会激化交通运输企业、旅行社、游客等各方之间的矛盾，迫使相关方面产生连锁反应，多方投入，以不得已的手段解决纠纷。过度维权行为反映了旅游者维权意识的提高，但也折射出旅游者的法律意识需要加强。

旅游者在旅游出行过程中，要自觉维护公共秩序，注意文明礼貌用语；尊重当地文化习俗和宗教信仰；讲究社会公德，爱护公共设施，特别要注意保护文物古迹，不要乱刻乱画，不得攀爬触摸文物；在外就餐不要大声喧哗，自觉反对铺张浪费。旅行过程中要理性购物，不要被商家口头宣传和低价促销等所诱惑，要选择正规场所购物，仔细查看商品厂名厂址、生产日期、保质期、合格证等信息，不听信“限量、绝版”等夸大宣传，不轻信“包治百病”等价格昂贵的“特效药物”，做到理性消费，这样才不容易让自己的权益受到侵害。

资料来源：祁晓燕．文明旅游　理性消费　依法维权［EB/OL］．［2023-07-13］．https://finance.sina.com.cn/jjxw/2023-07-13/doc-imzanizc8998939.shtml；张洋子．旅游维权勿过度　有理才能占上风［EB/OL］．［2018-12-18］．https://baijiahao.baidu.com/s? id=1620173835715166293&wfr=spider&for=pc.

思政元素：民主法治　文明旅游　诚信交往

学有所悟：过度维权的主要原因是经营者和旅游者之间缺乏充分沟通和相互理解，导致纠纷升级。经营者应该为旅游者解决问题，寻求合理解决办法，不要在语言上激怒旅游者。而旅游者也应该从自身损失出发，避免提出过高的赔偿要求。依法维权本来是合理的，但如果采用了过激行为，最后可能应该得到的损失赔偿没得到。依法维权不能以牺牲他人利益为代价，要在合理合法的范围。旅游是发现美、体验美的过程，游客是美景的观赏者，也是文明的使者，若外出旅游时发生冲突，要保持理性，多换位思考。旅游者有权维护自身合法利益，也要注意维权的方式和尺度。

三、旅游服务中客我交往的基本原则

1.牢记“角色意识”

在社会生活中，人们是通过扮演一定的社会角色来进行交往的。社会角色是指某个人在社会的某一组织或群体中的“身份”，而旅游活动中社会角色有“总经理”“部门经理”“导游员”“游客”等。

（1）“人”与“人”和“角色”与“角色”的双重交往

人际交往是通过“人”与“人”和“角色”与“角色”的双重交往来实现的，旅游活动中的交往也不例外。例如，王太太参加了一个旅游团，张小姐是这个旅游团的导游。王太太是人，张小姐也是人，可以说王太太与张小姐是“人”与“人”的交往；与此同时，王太太还是一位旅游者，张小姐还是一位导游，她们的交往还是“旅游者”这种社会角色与“导游”这种社会角色的交往。

人们对不同的社会角色有着不同的角色期待，社会角色之间的交往有着各种成文或不成文的规定和原则。一般说来，按照这些规定和原则进行交往就能顺利交往下去。但是，扮演着种种社会角色的人是具有不同个性的人，每个人都有其不同于他人的特点。社会角色要受扮演它的人的影响，人也会受他扮演的社会角色的影响。同一种社会角色可以由不同的人来扮演，同一个人也总是要在不同的场合扮演不同的社会角色。所以，我们在与各种各样的社会角色进行交往的同时，也是在与扮演这些社会角色的各种各样的人进行交往；或者反过来说，我们在与各种具体的人进行交往的同时，也是在与这些人所扮演的社会角色进行交往。

（2）人的个性与角色的“非个性”

世界上的人是千差万别的，每个人都有自己的个性。社会角色是“非个性”的，社会角色的“非个性”表现在当不同的、各有其个性的人去扮演同一种社会角色的时候，其行为要受到所扮演的社会角色的制约。

比如在戏剧舞台上，虽然有一千个演员就有一千个“林黛玉”，但“林黛玉”这个角色有一种大致固定的模式，无论演员如何有个性，总不能把“林黛玉”演成“王熙凤”。在社会生活大舞台上，无论你是一个多么有个性的人，当你扮演着某种社会角色时，都必须按照这种社会角色的角色规范去演。比如，你演的是总经理，别人就会按照总经理这种社会角色的角色规范来要求你；你演的是导游，别人就会按照导游这种社会角色的角色规范来要求你。总之，演什么角色就要像什么角色，要受到相应的限制，必须在符合这种角色要求的前提下去展示和表现自己的个性。

学以致用 3-1-2

假设小陈是一家旅行社的导游员，请同学们为他进行角色画像，列举出他可能的社会角色。

（3）“进入”“某种角色”和“退出”“某种角色”

每个人在社会生活的大舞台上都要扮演各种各样的社会角色，所以就有一个“进入”“某种角色”和“退出”“某种角色”的问题。

有的人在应该“进入”“某种角色”时进不去。之所以进不去，是因为他不愿意接受这种角色的制约。比如有的服务人员受不了服务工作的各项规章制度的限制，不能进入服务员角色，而有的人是在应该“退出”“某种角色”时退不出。之所以退不出，是因为他带着某种身份来与别人交往的感觉太好了，沉浸在这种角色中不能自拔。该“进入”“角色”时进不去，该“退出”“角色”时退不出，人际交往就不能顺利进行。

(4)“人”与“人”平等和“角色”与“角色”的不平等

在一些酒店服务人员中流传着这样一个顺口溜：“客人坐着你站着，客人吃着你看着，客人玩着你干着！”这个顺口溜明显带着“情绪色彩”，反映出一些服务人员没有明确自己的角色职责，没有摆对角色位置。“服务人员”和“客人”这两种“角色”不可能平起平坐，但不是说扮演这两种角色的“人”有“高低贵贱”之分。当人们扮演着不同的“社会角色”进行交往时，常常会因为双方有着不同的权利和义务而不能平起平坐，这就造成了人际交往的复杂性。

如果交往的双方都能对人际交往的复杂性有一个正确的认识，交往就会进行得比较顺利。比如，服务人员与客人的交往中，服务人员应该这样想：“虽然他也是人，我也是人，但是此时此地，我是酒店服务员，而他是酒店的客人，作为酒店服务员就应该恭恭敬敬地为客人服务，而不能去同客人‘争平等’。”而客人则应该这样想：“虽然我是客人，他是服务员，但服务员也是人。是人，就应该互相尊重。服务员应该尊重客人，客人也应该尊重服务员。”

见多识广
3-1-1

牢记“客人是服务的对象”

从旅游服务工作的实际出发，服务人员在与客人的交往中只能坚持“从我做起”而不能要求客人“提高了素质再来”。作为一名服务人员，不能因为自己扮演了提供服务者的角色就认为自己在人际交往中处于不平等的地位，因此而感到自卑；也不能为了显示自己的高人一等或遭受委屈，就故意用傲慢、生硬的态度去对待自己的服务对象。我们应该牢记“角色意识”，坚持“从我做起”，以自己对客人的尊重来赢得客人对自己的尊重。从心理学角度看，人与人之间的平等是由人与人之间的互相尊重来体现的，而不是由不分场合的平起平坐来体现的。

启智润心 3-1-2　　做中国优质高效文旅服务业的“螺丝钉”

现代化的服务业是现代化产业体系的重要支撑，高素质人才是服务业发展的根本。2022年，吴巧凌被评为全国特级导游。她19岁拿到双语导游证书，29岁免试通过高级导游评定，47岁取得香港理工大学博士学位，49岁获评全国特级导游，职业生涯中多次获得省市级行业荣誉，3次获得部委表彰。吴巧凌取得这些荣誉并不容易，背后支撑她的是对旅游行业的热爱及几十年如一日的严格自我要求。

吴巧凌觉得导游应该是个靠知识和文化生存的职业，成为学者型导游是她一直追求的目标。吴巧凌从一线导游成长为会议、奖励、高级定制细分市场广受认可的目的地管理专家，靠的是肯付出、能沉下去，且对自己的职业抱有敬畏之心。在同事们的眼中，吴巧凌是文化和旅游融合的早期实践者。她在福建省旅游公司工作期间，主导设计开发的“唐诗之路”主题线路、福建茶文化、朱熹理学旅游、福建海上陶瓷之路等至今仍是福建省内经典的文化和旅游线路。借调到香港中国旅行社工作之后，她带领团队设计了“漫步读中环”“维港书香”“悠游北角”“香江霓裳”等“人文香港”系列产品，为香港文化和旅游发展做出了贡献。

“螺丝钉虽小，其作用是不可估量的。我愿永远做一个螺丝钉。”这是雷锋日记中的一句话。吴巧凌表示她将继续做好旅游行业的“螺丝钉”。

总之，做中国文旅服务行业的螺丝钉意味着扮演好自己的角色，发挥自己的专业技能和团队合作精神，为游客提供高质量的旅游体验和文化享受，推动整个行业的持续发展。

资料来源：张宇．初心不改　旅游业“值得”［EB/OL］．［2022-06-16］．http://www.ctnews.com.cn/paper/content/202206/16/content_72017.html；刘奕，夏杰长．全面深入学习宣传贯彻党的二十大精神 | 中国式现代化视域下的服务业新体系［EB/OL］．［2023-08-16］．https://mp.weixin.qq.com/s?__biz=MzI2MzMyNDY2Mg==&mid=2247684996&idx=1&sn=964c8f8b585d03b18c2f59b2a36ea7c4&chksm=eab1c51dddc64c0bdc31c65365633e09966a2de4d91a4f90b634156454e02b2d5e4c309d2a29&scene=27.

思政元素：爱岗敬业　责任担当　螺丝钉精神

学有所悟：党的二十大报告强调，“构建优质高效的服务业新体系，推动现代服务业同先进制造业、现代农业深度融合”。发展优质高效、现代化的服务业，既是产业链增值的迫切需要，也是满足人民不断升级的高品质、多样化需求的必然要求。“螺丝钉精神”就是立足本职、在平凡的工作中创造出不平凡业绩，归根结底是全心全意为人民服务的精神。以党的二十大精神为指引，文旅业开启蓬勃发展新局面，每位文旅人应学思践悟党的二十大精神，主动担当作为，富于创造、勇于担当、埋头苦干，为文旅业新篇章贡献自己的力量。

2. 坚持“双胜原则”

以“双胜”为目标是旅游工作者在客我交往中必须坚持的一项基本原则。旅游人际交往中的“双胜原则”就是旅游工作者应该让自己与客人都成为胜利者。

（1）“双胜”的内涵

假设客我之间的交往可能有四种不同的结局：第一种结局是“我胜你败”“我得意，你受气”；第二种结局是“你胜我败”“你得意，我受气”；第三种结局是“两败俱伤”“我有气，你有气”；第四种结局是“双胜无败”“我满意，你满意”。实际上，客我交往的最终结局并不存在所谓“我胜你败”或者“你胜我败”的情况，要么是“双胜”，要么是“双败”。显然，只有“双胜无败”才是最好的结局。

就旅游工作者在工作和日常生活中某一次与人交往的结局来看，可以对“双胜”进行这样的解释：第一，双方都得到了自己想要得到的东西就是“双胜”；第二，虽然并没有得到自己想要得到的东西，但双方都得到了自己最想得到的部分，这也是“双胜”；第三，即使没有得到自己最想得到的东西，只要双方都得到了自己应该得到的东西，而且觉得合情合理，这也是“双胜”；第四，“尊重”是客我都想得到，也都应该得到的，只要双方都得到了应有的尊重，即使未能解决某些具体问题，也应该说有了一个符合“双胜”要求的结局。

当人们作为特定的社会角色进行交往时，以“双胜”为目标可以理解为“让你得到你应该得到的东西，我也得到我应该得到的东西”。旅游工作者要在客我交往中争取双方都“有所得”的结局，就必须清醒地意识到，在这种特定的角色关系中，客人应该得到的是什么、自己应该得到的是什么，做到心中有数。在彼此有分歧、有矛盾时，也一定要克制那种让自己“大赢特赢”，让对方“一无所获”的冲动；即使对方真的不对，也要给对方“留面子”，不能让对方觉得“丢脸”。

（2）从“双胜原则”理解“客人总是对的”

见多识广
3-1-2
坚持“双胜原则”的必要性

为了实现优质服务，旅游企业提出了“客人总是对的”的口号，要求旅游服务人员无论客人“对”还是“不对”，都要把“对”让给客人，这样，客人胜利了，服务人员也因为成功地扮演了自己的社会角色而成了胜利者，这就符合“双胜”的结局。但是，以“双胜”为目标并不是不分是非。需要强调的是，不应该把“分清是非”变成“争输赢”。

首先，我们必须明白，“客人总是对的”不是对事实的判断。在旅游服务人员与客人之间出现是非问题时，可能是旅游服务人员不对，也可能是客人不对。不能武断地判定谁是谁非。“客人总是对的”这句话并不是对客我交往中客观存在的事实做出的一种判断，而是对旅游服务人员提出的一项要求。这项要求可以粗浅地理解为即使真的是客人不对，也绝不要说客人“不对”，要把“对”让给客人。

其次，我们还需要明确，“分清是非”不等于“争输赢”。对于客我之间的是非问题，首先要看它是“大是大非”还是“小是小非”。如果是“小是小非”，那就不要去和客人计较。对于旅游服务人员来说，为了一点小事情去和客人计较，惹得客人不高兴，是得不偿失的，在这种情况下，把“对”让给客人是明智的。如果遇到必须分清“大是大非”的问题，那就一定要记住：“分清是非”并不等于“争输赢”。“分清是非”与“争输赢”的区别在于：“分清是非”只是要弄清楚“什么是对的，什么是错的”，“争输赢”则是一定要争一个“谁是对的，谁是错的”。

为了不使“分清是非”变成“争输赢”，服务人员就要善于既不明确地说客人“不对”，又在事实上把是非分清。例如，某项规定是所有的客人都必须遵守的，有一位客人却硬是不肯按规定办事，这当然是不对的。然而，作为旅游服务人员，应该做的是想方设法使这位客人也能像其他客人一样按规定办事，而不是想方设法去迫使这位客人“认错”。只要这位客人也能像其他客人一样按规定办事，那就说明“该不该按规定办事”这一“是非”已经分清了，没有必要再去批评他原来不肯按规定办事是如何的“不对”。当一个人想要改变自己的行为时，“下台阶”的办法是很多的，并不是非要认错不可。如果在事实上是非已经分清，服务人员还非要对客人说“是你不对，而不是我不对”，一定要争一个“我对，你不对”的结局，那就是把“分清是非”变成了“争输赢”，就违背了“双胜原则”。

总之，在不能断定客人是不是“不对”的时候，还是应该先假定客人是“对的”。因为客人是来接受服务的，不是来“接受批评”的。客人不喜欢被说“不对”，更不喜欢被逼迫承认自己“不对”，有的客人甚至会认为说他们“不对”就是对他们的贬低。所以，处理客我关系的信条是“客人总是对的”。

见多识广
3-1-3
客我交往中“自我保护”的正确途径

当然，个别客人的确素质不够高，不懂得尊重服务人员，但是如果他的言行还没有“出格”“离谱”到我们可以不再把他当作“客人”来接待的程度，那他就还是旅游企业的“客人”，旅游服务人员就还得为他服务。那么，在这种“提供服务者”与“接受服务者”的关系中，作为服务人员，我们究竟应该怎样来保护自己，请大家从“见多识广3-1-3”中寻找灵感吧。

任务二 双重服务的内涵与心理服务特点

一、人际交往的双重性

人际交往存在双重性，一方面，人与人打交道是为了办成某件事情，解决某个问题，属于“功能”范畴；另一方面，人与人走到一起，双方的交往是愉快的、美好的、值得回忆的经历，还是痛苦的、难过的、不堪回首的经历，这些则属于“心理”感受。因此，人际交往既有“功能方面”，也有“心理方面”。

人们之所以要与他人交往，既是为了获得功能上的满足，也是为了获得心理上的满足。所谓获得功能上的满足，一般是指把事情办成功，或者是指使问题得到解决；而获得心理上的满足，虽然有时只是为了避免孤寂，但更多的是指得到他人对自己的关心、理解和尊重。

从心理学角度，可以把服务看作一种特殊的人际交往。服务发生于人与人之间的交往之中，是通过人际交往来实现的。当然，服务与一般的人际交往有所不同，交往的双方所扮演的社会角色不一样，一方是提供服务者，而另一方是接受服务者。既然人际交往有其“功能方面”和“心理方面”的两重性，那么，客我服务也必然具有“功能方面”和“心理方面”的两重性。

二、旅游服务的双重性

旅游者作为旅游企业的客人，他们在与旅游服务人员的交往中希望得到什么呢？客人不仅期待着旅游服务人员帮助他们解决种种实际问题，还期待着旅游服务人员成为他们的“知心人”：帮助他们消除种种不愉快的感受，获得各种愉快的感受，留下美好回忆。旅游工作者一方面要为客人提供优质的功能服务，另一方面还要为客人提供优质的心理服务，所以旅游服务包含双重服务：一是功能服务（或称机能性服务），是指以各种“硬件”设施为手段和载体帮助客人解决食、宿、行、游、购、娱等方面的种种实际问题，提供能使客人感到安全、方便和舒适的服务。二是心理服务（或称情绪性服务），是旅游工作者在为旅游者解决实际问题的同时，在客我交往中让旅游者在心理上得到满足，或者即使不能为旅游者解决“实际”问题，也能让旅游者在心理上得到满足，让客人在旅游中获得轻松愉快的经历，特别是要让他们经历轻松愉快的人际交往，从中获得亲切感和自豪感。旅游双重服务如图3-1-2所示。

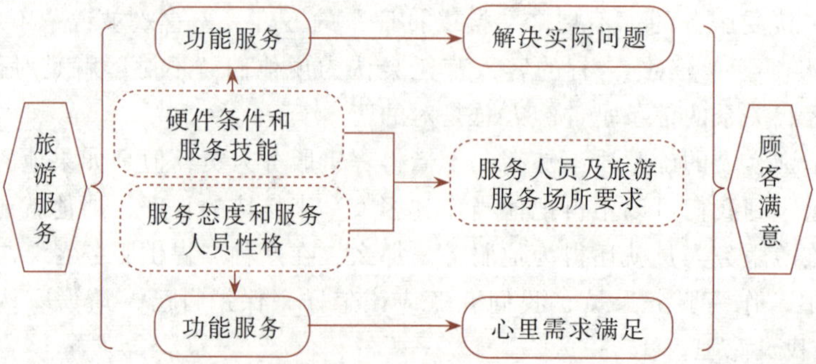

图3-1-2 旅游双重服务

有的理论将两者分别称为机能性服务与情绪性服务，比如服务人员面带微笑为客人送上茶水，“为客人送茶水”可看作机能性服务，而“面带微笑”可看作情绪性服务。需要注意的是，心理服务是根据每个人的主观判断来认定的，能否感觉到心理服务以及对心理服务的评价如何，因人而异。

要实现优质服务，就要在为客人解决种种实际问题的同时，让客人得到心理上的满足。即使不能完全按照客人的要求解决他们的实际问题，也要在客我交往中让客人得到心理上的满足。功能服务的质量往往受到旅游企业具备的种种物质条件的制约，同时也取决于旅游服务人员掌握的知识与技能；心理服务的质量主要取决于服务人员是否具有爱心、工作热情和一定的表现能力，以及能否善解人意。

学以致用3-1-3

请同学们从双重服务的角度来分析“只干服务工作”和“把服务工作干好”的区别，并举例说明。

三、旅游心理服务的特点

在不同的行业中，功能服务和心理服务所占的比重有所不同，旅游行业的心理服务所占的比重比较高。从心理学角度来研究旅游服务，重点就是研究其中的心理服务。与功能服务相比，心理服务具有以下特点：

1.旅游心理服务兼有感召功能和逐客功能

感召功能是指良好的服务态度对游客产生的吸引力，逐客功能是指低劣的服务态度给游客造成的心理反感和心理威慑。

在旅游活动中，常见到以下情况：有些游客对某些景点非常感兴趣，有些游客非常愿意选住某一酒店，有些游客特别喜欢接受某一旅行社的服务。是景点别致，还是酒店豪华，或者是旅行社有强大的接待队伍？景点别致、酒店豪华、接待队伍强大是一部分原因，此外游客还会被景点、酒店、旅行社服务人员的工作热情主动、服务周到、肯为游客排忧解难等良好服务态度所吸引。可见，为游客提供优秀的心理服务犹如黏合剂，会使游客和旅游工作者更加亲密；它又像催化剂一样，能促使游客加快实现由消费动机向消费行为的转化；它还像磁石吸铁一样，吸引游客再次惠顾，为企业塑造良好的形象，赢得游客好评。在实际旅游活动中，还可以看到另外一种情况：旅游工作者表情木然、举止粗鲁，甚至不能对游客一视同仁，服务态度低劣，这会使得游客不满意。

2.旅游心理服务贯穿整个旅游过程

旅游服务是通过旅行社、交通运输、住宿、餐饮、零售和娱乐等服务环节来实现的，是游客花费一定的时间、金钱和精力获得的一段经历。从这个角度来说旅游服务实际上就是通过旅游工作人员与游客的交往，为游客创造一段美好经历的过程。旅游心理服务作为旅游服务的一部分，也必然存在于与游客交往的过程中，影响着游客的感受。

当游客刚刚接触旅行社时，旅行社的门市服务人员需要运用沟通技巧，热情地为游客提供咨询服务，细致耐心地解答游客提出的问题。踏上旅程后，要把游客安全放在第一位，保证饮食、住宿安全卫生；游客还希望导游和司机等各方面协调好，能够保证他们旅途快乐，安全往返；在旅游景区，游客希望通过导游的讲解，激发他们先睹为快的强烈兴趣，消除他们对陌生环境的紧张感。在游览的过程中，导游的解说应该既符合历史事实，又生动有趣，时刻关注游客的情绪，使每个游客都保持积极的状态；当游客抵达酒店后，导游和领队要快速办理入住登记手续，酒店服务员应该尽可能帮助游客解决问题；在游客用餐的过程中，餐厅提供的菜肴应该可口、卫生，餐厅的服务员应快速地提供服务，不让游客长时间等待。在旅游的终结阶段，游客希望购买旅游地物美价廉的纪念品，导游应该给游客留有足够的时间，在离开旅游地之前尽量满足游客所提的要求。

由此可见，旅游心理服务贯穿于整个旅游过程，旅游工作者的服务需要适应游客不断变化的心理需求，为旅游业拓展更大的发展空间。

3.旅游心理服务体现在短暂且细致的工作之中

旅游活动本身是一种短期的空间活动。随着交通工具的迅速发展，出现了旅游服务交往频率高、时间短的局面，旅游服务的暂时性特点愈加突出。由于逗留时间的减少，旅游工作者与游客之间接触的时间变短，这就要求旅游工作者调节自己的情绪，在对客服务中正确判断游客的心情和处境，并做出正确反应。

例如，正值盛夏，导游在带团过程中始终提醒司机在游客上车之前就将空调打开，在游客上车的一瞬间，游客就会感觉非常舒适。这种客我交往的过程，可能很短暂，但是游客却能够感受到旅游工作者对他们细致入微的关怀。

4.旅游心理服务具有共性特点

客人对不同的旅游企业会提出不同的服务要求，但是心理服务具有共性，不管是为客人提供哪种服务的旅游从业人员，都应该为客人提供心理服务。旅游心理服务包括以下方面：以“柔性”的态度去对待客人，使人倍感亲切；以客人乐于接受的方式，巧妙地扬客人之长，隐客人之短，保护客人的自尊心，增加客人的自豪感。

5.旅游心理服务对物质条件依赖较少

旅游功能性服务质量会受到旅游企业所具备的各种物质条件的制约，旅游心理服务则不同。物质条件稍差的旅游企业完全可以在为客人提供心理服务方面，赶上甚至超过那些物质条件更好的旅游企业。物质条件好的旅游企业也不会因为物质条件好，就自然而然地更有人情味。

案例分享3-1-2　“胖东来”的极致服务

提到极致服务，就不得不提“胖东来”。于东来是“胖东来”的创始人，1966年出生于河南许昌一个普通的农村家庭。1995年，于东来下岗后与亲戚合资成立“望月楼胖子店”，这就是“胖东来”的前身。从这个小店成立伊始，于东来就践行着“用真品，换真心”的承诺。1997年，“胖子店”正式更名为“胖东来烟酒有限公司”，陆续在许昌多地开设分店，并于1999年将“超市量贩”的概念带入河南许昌。目前，“胖东来”在河南许昌、新乡等地已经开设超过30家分店，营业额突破70亿元大关。

本着照顾好每一位顾客，服务好每一位顾客的宗旨，“胖东来”在售前、售中、售后各个阶段都用极致的服务、良好的消费者体验占领消费者的心智，让“胖东来”成为当地商超的代名词。“胖东来”做到了从消费者进门开始到结账离店的端到端服务。在售前阶段，“胖东来”在门店中提供适应不同人群的购物车。老年人购物车带有休息板凳，方便老年人在购物途中坐下休息，还在把手处配备了放大镜，方便老年人阅读商品信息。在售中阶段，“胖东来”门店在商品的陈列、摆放和备注上下足了功夫。“胖东来”在每个货架区域内都对商品进行分类分级，并在显眼处标识出商品的说明和对比等，如商品产地、特点、保质期和储存方法等，甚至对水果标注出甜度等信息，供消费者参考。售后服务不是服务终点，而是服务的起点。在售后阶段，“胖东来”严格执行“不满意就退货”的售后原则，提升消费者满意度。“胖东来”在门店内按商品大类成立对应的售后服务中心，一方面减少消费者等待时间；另一方面可以按品类为消费者提供更专业的售后服务。

用专业匹配顾客的需求，“只买对的，不买贵的”“建议理性购买合理消费”，想办法为顾客省钱是胖东来的经营原则。胖东来创始人认为，胖东来不是一家卖场，而是一个倡导爱、自由和利他的地方。无论是顾客、员工、同行还是供货商都能在这里感受到人性的真实之美和爱的力量。

资料来源：冯思源，杨青鸟．从“胖东来”商超现象看如何用极致服务占领用户心智［EB/OL］.［2022-11-10］. https://mp.weixin.qq.com/s/Omp4JT3qBplIH8bVrJHsWw.

思考：阅读并查找相关材料，从“心理服务”的角度讨论“胖东来”经营成功的因素。

6.旅游心理服务对旅游服务人员提出更高要求

旅游心理服务质量主要取决于旅游工作人员是否遵守职业道德，是否具备相应的知识技能水平，是否能够掌握良好的沟通技巧，在对游客的服务过程中是否能够正确处理“客我关系”。那些富有爱心、善解人意而又善于“表现”的旅游服务人员，才能为客人提供真正“打动人心”的心理服务。实践证明，要成为一名优秀的旅游服务人员，有爱心和善解人意固然非常重要，但没有把一片好心恰到好处地表现出来的“表现技能”也是绝对不行的。旅游服务人员与客人的交往一般都是“短”而“浅”的，客人要从旅游服务人员处得到的是“溢于言表”的友好。

旅游工作人员要具有高效率业务操作能力，能够快速正确完成每一个工作环节，减少游客的等待时间，让游客在行程中尽量情绪稳定。旅游心理服务流程是全面、完整的服务流程，具有全流程心理服务意识才能在出现问题时及时解决问题。一方面，敏锐观察能通过游客的言行举止推测其心理活动，以便准确地判断游客的需要和意图，提供使其心满意足的服务；另一方面，保持注意力集中可以提高抗干扰能力，迅速观察到某些游客的情绪变化，及时采取措施。

见多识广
3-1-4
从赫茨伯格的双因素理论到心理服务的双因素

四、旅游心理服务的要诀

1.旅游心理服务的要诀之一——对客服务中的自我情绪调整

想要让客人高高兴兴，旅游服务人员自己先要高高兴兴。“高高兴兴地为客人服务”应该是旅游企业对服务人员的一个最基本的要求。对于面对面地为客人服务的工作人员来说，这是一个“说起来容易，做起来难”和“再难也一定要这样去做”的要求。

当一个人和别人在一起的时候，他的情绪状态就不再纯粹是他“个人的事情”了，他的喜怒哀乐会感染别人进而产生一种“社会效果”。人与人之间的情绪感染有时候是很强大的，甚至是不可抗拒的。

学以致用3-1-4

请同学们设想如果自己是客人的话希望接受什么样情绪状态的员工提供服务。

“将心比心”，想一想自己喜欢和什么样的人待在一起，就不难理解旅游服务人员应该怎样去为客人服务了。

客人看到服务人员高高兴兴地迎接他，即使没有做别的事，服务人员就已经在为客人提供心理服务了；相反，如果客人看到服务人员一脸不高兴，即使什么话没说，客人也已经被服务人员“得罪”了。

服务人员的不高兴很可能与客人无关，但是客人只会想一个问题：“为什么你一见了我就这么不高兴？”客人的结论大多是服务人员不欢迎他，不愿意为他服务。

人们在情绪发生变化的时候，一般都是在想那些引起这种变化的人和事，而很少想到“我的情绪发生了什么样的变化”和“这种变化会对周围的人产生什么样的影响”。例如，一个被别人欺骗的人，满脑子想的都是“这家伙，我怎么早没有把他看穿”；一个“倒霉”的人，满脑子想的都是“真倒霉，怎么坏事全让我赶上了”。这似乎是一件“很自然”的事，但要成为一名为客人提供心理服务的旅游工作者，就必须对自己的“情绪变化”及其“社会影响”有高度的自觉，不能“陷”在自己的情绪里而忘掉了自己的职责。

为了及时了解自己处于何种情绪状态，我们需要把七色情绪谱牢记在心（见表3-1-2），并经常对照检查。

表3-1-2 七色情绪谱

情绪	表现
“红色”	非常兴奋
“橙色”	快乐
“黄色”	明快、愉快
“绿色”	安静、沉着
“蓝色”	忧郁、悲伤
“紫色”	焦虑、不满
“黑色”	沮丧、颓废

旅游服务人员在工作中的情绪状态应该处于“绿色”到“橙色”之间。接待客人时应该以“黄色”（明快、愉快）为情绪的“基调”，这样可以给客人一个精神饱满、工作熟练、态度和善的良好印象。情绪变化的幅度不能太大，向上不应该比“橙色”（快乐）更高，向下则不应该比“绿色”（安静、沉着）更低。旅游服务人员要掌握好“黄色”（明快、愉快）与“橙色”（快乐）的区别，先以“黄色”为基调，看出客人特别高兴时再变“黄色”为“橙色”；在遇到问题、麻烦的时候，应该使自己处于“绿色”即“安静、沉着”的状态，这样才能避免忙中出错。“蓝色”“紫色”“黑色”显然都是在工作中不应有的不良情绪状态。处于“红色”即“非常兴奋”的状态容易使人忘乎所以，失去控制，所以“红色”不是在工作中应有的情绪状态。

当然，我们除了记住七色情绪谱，明确知道自己在工作中“应该”处于什么样的情绪状态之外，还必须学会进行自我调节，使自己处于“应该”的情绪状态。此外，在模块六中我们会展开介绍更多情绪察觉与状态调整的内容。

2.旅游心理服务的要诀之二——让客人觉得你和蔼可亲

旅游服务人员在客我交往中，要为客人提供心理服务，在其心目中树立一个富有人情味、和蔼可亲的形象，应做到态度谦恭、有效运用有声语言与无声语言、具有敏锐的洞察力等。下面做简单描述，具体内容在模块五中展开介绍。

（1）对客人态度谦恭

谦恭是一种良好的行为方式，是指对客人的感受反应非常灵敏，避免言行上的冒犯。谦恭的行为方式作为一种后天的条件反射可以通过一些方法进行训练。

学以致用 3-1-5

首先请同学们思考，以下五个情境中服务人员应该如何对客人采取谦恭的行为方式；得出结论后，请同学们分组模拟下述情景。客我双方扮演者应尽量沉浸于角色心境，尤其是服务人员要注重心理服务的具体实施。模拟结束后，小组互评，老师点评总结。

情境如下：

◆情境1：客人们排队等着餐位，并且不断问服务人员：“我们还需要等多久？”服务人员应说：“________。”

◆情境2：餐桌服务很忙碌，客人虽然没有抱怨，但是还需要等一段时间才能用餐。

服务人员应走过来对客人说：“________。”

◆情境3：客人发现自己的手表丢了，找到客房部经理说：“有人拿了我的手表，你怎么处理这件事情？”

客房部经理应该说：“________。”

◆情境4：情境3里的手表未能找到。

保安部人员应该说：“________。”

客人仔细查找自己的行李之后，找到了手表，顿时感到十分尴尬。保安部人员应说：“________。”

◆情境5：晚到的客人发现酒店因为超额预订，没有保留自己预订的客房。值班经理应该说：“________。”

（2）有效运用有声语言与无声语言

旅游服务人员必须有一定的“表现力”，善于通过自己的有声语言与无声语言表现出对客人的一片好心。

（3）具有敏锐的洞察力

旅游服务人员必须善于通过观察面部表情的变化来体察客人的不同情绪（见表3-1-3），并及时做出恰当的反应。

3.旅游心理服务的要诀之三——做客人的一面“镜子”

（1）人际交往中的“镜子”作用

人的自我评价与别人对自己的评价是紧密相联的。如果一个人经常从别人那里获得肯定的评价，他就会感到自豪；相反，如果经常从别人那里获得否定的评价，他就会感到自卑。总之，人们会重视自己在别人心目中的形象，而且会从别人对自己的反应来判断自我形象。也就是说，人们总是把别人当作自己的一面“镜子”来看待。在人际交往中，人们彼此之间都起“镜子”的作用。

表3-1-3　**面部表情与情绪**

面部各部分	情绪				
	喜悦	愤怒	悲哀	恐怖	嫌恶
额与眉	平静	眉尾向上扬 呈倒“八”字形 眉间有皱纹	眉毛向下斜 呈“八”字形	眉毛向上扬起 前额出现皱纹	眉毛稍微扬起 呈现皱纹
眼睛	下眼睑向上扬起 眼周出现皱纹	睁得很大	部分或全部闭合	睁得很大	稍微缩小 眼球不停活动
鼻	正常	鼻孔扩大	鼻孔缩小	鼻孔扩大	出现皱纹 鼻孔扩大
嘴巴	开口 上齿露出	开口 下齿露出	开口	开口 咧开更大	稍微向上倾
唇	唇角上扬 向两边咧开	唇角下垂 下唇缩紧	唇角下垂 下唇抖动	唇角稍微 向下垂	唇角下垂
下颌	下垂	用力向前突出	下垂	固定	下垂

见多识广
3-1-5
如何看待他人对自己的评价

旅游服务人员在为客人提供服务时，必须考虑到自己就是客人的一面“镜子”，客人会从服务人员这面“镜子”中看到他们的形象。服务人员应该恰当地做一面发扬客人之长处、隐藏客人之短处的“镜子”，让客人在“镜子”中看到自己的美好形象。

（2）“扬客人之长”和“隐客人之短”

所谓长处和短处，是指在相貌、衣着、言谈举止、知识经验、身份地位等方面的优势和劣势。“扬客人之长”包括赞扬客人的长处和给提供客人表现长处的机会，使其得到心理上的满足。服务人员应该有这样一个认知：如果你能够让客人对他自己更加满意，他就一定会对你非常满意。但要注意不能为了扬某些客人之长而使其他的客人受到伤害。“隐客人之短”包括两个方面：一方面，服务人员不能对客人的短处感兴趣，不能嘲笑客人的短处，不能在客人面前显示自己的“优越”感；另一方面，服务人员应该在众人面前维护客人的“脸面”，在客人面临窘境时，及时帮助客人。

一般说来，客我交往中最敏感的问题是与客人的自尊心有关的问题。因此，服务人员应该牢记：绝不要去损伤客人的自尊心。如果服务人员能够恰当地做客人的一面“镜子”，就能够让客人对自己更加满意。

案例分享3-1-3　　服务要恰如其分地“扬客人之长”和“隐客人之短”

一次，有位姓张的客人在离开某饭店时把一条浴巾放入行李箱内打算带走，客房服务员发现后报告了大堂副理。按饭店规定，损失一条浴巾要向客人索赔50元。

大堂副理在大堂找到了刚结完账的客人，礼貌地请他到一个不引人注意的地方，对他说：“张先生，服务员在检查房间时发现您的房间少了一条浴巾。”客人有些紧张，但为了维护自己的面子，拒不承认自己带走了浴巾。大堂副理为了照顾客人的面子，对客人说：“请您回忆一下在您住店期间是否有亲朋好友来过房间，将浴巾顺便带走了。”客人不耐烦地说：“我住店期间根本就没有亲朋好友来过。”

这时大堂副理又给客人一个台阶下，他对客人说：“您回忆一下是否把浴巾拿出过浴室，用完放在房间的什么地方了？”可是客人没有理解，说：“没有。”大堂副理只好做进一步暗示：“以前我们也发生过类似情况，一些客人以为浴巾不见了，但他们后来回忆起来是放在床上，被毯子盖住了。您是否能上楼看看，浴巾可能压在毯子下。”这次客人理解了大堂副理的用意，赶忙拎起行李箱上楼回到房间。

过了一会儿，客人回到大堂，见到恭候他的大堂副理，故作生气地说：“你们服务员查房不仔细，浴巾明明在沙发后面！”大堂副理不露声色，很有礼貌地说：“对不起，张先生，打扰您了，谢谢您的合作。”为了使客人尽快从尴尬中解脱出来，大堂副理又很真诚地说了一句：“欢迎您再次光临本饭店。”同时热情地和他握手。

案例中的大堂副理在得知客人准备擅自将饭店的东西带走时，非常巧妙地做到了“隐客人之短”，既保全了客人的面子、表现了对客人的尊重，又维护了饭店的利益。

资料来源：吕勤，沈苑．旅游心理学［M］．3版．北京：中国人民大学出版社，2019．

思考：当客人表现出不恰当的行为时，旅游服务人员应怎样为客人“隐其短”，让客人对自己的服务更加满意？

课后小练习

◎ 判一判（判断下列观点的正误并解释原因）

1.情绪很好，但积极性不高的客人的心理状态属于心理状态图的Ⅱ区。（ ）

2.人与人是平等的，所以角色与角色也是平起平坐的。（ ）

3.旅游服务的客我交往具有兼顾性、对等性、营利性、主观性等特点。（ ）

4.物质条件稍差的旅游企业在为客人提供心理服务方面也比较差，所以应该避免选择物质条件不好的旅游企业。（ ）

5.做客人的一面“好镜子”，是要求服务人员满足客人的自尊心而不是虚荣心。（ ）

◎ 选一选（选出下列单选题中正确的选项）

1.希望客人觉得你和蔼可亲，应避免（ ）。

A.对客人态度谦恭　B.有效运用有声与无声语言

C.发挥敏锐的洞察力　D.彰显个性

2.当观察到一位客人眉毛耷拉、张着嘴、唇角下垂、下唇抖动时，可以判断出他很可能处于（ ）情绪中。

A.愤怒　B.恐慌　C.悲哀　D.寂寞

3.当客人表现为安静、沉着时，说明他现在很可能处于（ ）情绪中。

A.蓝色　B.紫色　C.绿色　D.黄色

◎ 想一想

请同学们阅读以下的实习服务案例，根据旅游服务中客我交往的基本原则，思考下列问题：第一，如果自己是这位实习生，会怎么看待该事件；第二，如果自己是实习生管理者，该如何引导和解决问题；第三，如果自己是旅游院校实习指导教师，在得知情况后，该如何处理该事件以及类似事情？

某职业院校旅游专业的三年级学生小谢在旅游景区实习期间遭遇了让她深感委屈的事情。一个周日的下午，两位中年女性来到景区特产商品部出售黑芝麻粉的柜台前，希望购买现场打磨的黑芝麻粉。小谢按客人的要求进行打磨，不巧在打磨过程中机器出现了故障。这时，两位客人提出没有时间继续等待，需要立即退货。根据企业的规定，实习学生没有权力退货，退货事宜必须找商品部主管。小谢立即在对讲机中将事情告知正在人事部办事的主管。在等待主管到来的几分钟时间内，客人变得异常不冷静，对小谢同学说了很多过激的语言，并且在主管到达的时候随手抓了一把黑芝麻粉扔到小谢的脸上。小谢忍住眼泪没有与客人理论。这时主管将客人拉开，为客人办理了退货手续并向客人诚恳道歉。企业领导对小谢进行了安慰，并针对小谢当时的表现在企业员工中进行了表扬。事情发生后，同在一个景区实习的其他同学异常气愤，纷纷为小谢同学打抱不平，指责企业不为实习生做主，任由游客欺侮学生。

收获与体会

项目二　客我双方人格与态度分析

◎课前小互动

请同学们扫码学习“交互式课件3-2-1”，并就“认识自我很重要，但更重要的是我想成为怎样的人”。展开思考，发表看法。

任务一　人格特征与旅游行为

一、人格概述

1. 人格的内涵

人格具有多重含义，在伦理道德层面、法律层面、心理学层面等的解释各有不同。从心理学角度来解读人格，要从人格的英文单词personality说起，它起源于希腊文persona，这个词的原意是脸谱、面具的意思，古时候在戏剧舞台上扮演某一个角色的人物使用的面具，就叫personal。所以，心理学中人格指一个人区别于他人的所有稳定的、自成体系的个人行为特征，它既是一定倾向性的心理特征的综合，又是人的各种个性的集中体现，所以人格在众多心理学著作中也往往被称为个性。

交互式课件 3-2-1
人格特征与旅游服务

“人心不同，各如其面”，每个人都有与别人不同的心理世界，每个人都有自己的独特个性，包括个性心理特征和个性心理倾向。个性心理特征主要包括气质、性格和能力等；个性心理倾向是个人对客观事物的意识倾向性，包括兴趣、态度、需求、动机、理想、信念和价值观等。两者在某个人身上独特且稳定地有机结合，就形成这个人不同于其他人的人格或个性。人格形成和发展主要受到先天遗传因素、后天环境因素、社会实践情况等影响。

见多识广 3-2-1
人格的形成与发展

学以致用3-2-1

阅读“见多识广3-2-1”，请同学们发表对于“幸福的人用童年治愈一生，不幸的人用一生治愈童年”“你的失败，原生家庭拒绝背锅”这两个观点的看法。

2. 人格特征

（1）气质概述

①气质的定义。生活中常说某个人“气质”好，这里的“气质”，与心理学中所说的人的“气质”是不一样的。生活中所说的“气质”，主要指“修养”“做派”“风度”等。例如，要赞美一个喜欢的演员时，我们常听到的赞美之词就是“某某很有气质”。而心理学的“气质”是指一个人表现在心理活动方面的特征，是人的典型的、稳定的心理特点，也被称为“脾气”或“性情”，是人的高级神经活动类型在行为中的表现。

②气质的类型。从古至今，有关气质的理论有很多，比如气质体液说、气质高级活动神经类型说、气质血型说等。巴甫洛夫提出的高级神经活动类型说使气质理论建立在较为科学的基础上。巴甫洛夫通过实验研究，发现神经系统具有强度（指神经细

胞在工作中是否经得起较强的刺激，并能持久地工作）、平衡性（指兴奋和抑制的力量的对比程度）和灵活性（指兴奋和抑制互相转变、相互替代的速度）三个基本特征。它们在条件反射形成或改变时表现出来，产生各自的神经活动类型，其中四种典型的神经活动类型分别是强而不平衡型、强且平衡灵活型、强且平衡不灵活型、弱型。

• 强而不平衡型是兴奋占优势，条件反射形成比消退来得更快，易兴奋、易怒而难以抑制，又叫“兴奋型”。

• 强且平衡灵活型是条件反射形成或改变都较迅速，而且动作灵敏，又叫“活泼型”。

见多识广 3-2-2

其他气质类型说

• 强且平衡不灵活型是条件反射容易形成而难以改变，安静、坚定、有自制力，又叫“安静型”。

• 弱型是兴奋与抑制都很弱，感受性强，难以承受强刺激，胆小且神经质，又叫“抑制型”。

胆汁质、多血质、黏液质、抑郁质四种类型的划分与巴甫洛夫对神经活动类型的划分相符，也较切合实际（见表3-2-1）。

表3-2-1 **根据神经类型划分的气质类型对应关系及其特点**

神经类型	气质类型	特点
强—不平衡（兴奋型）	胆汁质	直率、热情、精力旺盛、脾气急躁，情绪兴奋性高，容易冲动，反应迅速，心境变化剧烈，具有外倾性
强—平衡—灵活（活泼型）	多血质	活泼、好动、敏感、反应迅速，喜欢与人交往，注意力容易转移，兴趣和情绪容易变换，具有外倾性
强—平衡—不灵活（安静型）	黏液质	安静、稳重、反应缓慢、沉默寡言，情绪不易外露，注意力稳定并难以转移，善于忍耐，具有内倾性
弱（抑制型）	抑郁质	情绪体验深刻、孤僻，行动迟缓且不强烈，具有很高的感受性，善于发现细节，具有内倾性

在日常生活中，并不是所有的人都可以按照这四种类型来划分，只有很少数的人是上述四种类型的典型代表人物，而大多数人属于混合型或中间类型。

见多识广 3-2-3

气质类型及特征的补充说明

学以致用 3-2-2

请同学们从古典名著中寻找到典型的四大气质类型的代表人物，并进行详细分析。

③气质的特点与运用。气质具有先天性、稳定性、可塑性与两重性等特点。气质的特点与解读见表3-2-2。

气质与职业活动的关系表现在两个方面：一方面个人的气质特点要适应职业活动的客观要求，另一方面在选拔人才和安排工作时应考虑个人的气质特点。

表 3-2-2　　气质的特点与解读

特点	内容
先天性	气质在很大程度上受到神经系统的影响，每个人在刚出生时往往就会表现出显著的气质特点。在医院的育婴房里，我们会发现有的婴儿哭闹不停，有的安安静静，有的手脚动个不停，有的则懒洋洋……每个婴儿的气质特点各不相同
稳定性	“江山易改本性难移”，由于气质与人的生理和遗传有关，因此具有稳定性的特点。例如，一个不喜欢别人逗他玩的婴儿，长大后往往也会比较孤僻、不合群
可塑性	虽然气质具有一定的稳定性，确实难“移”，但不是不能“移”。经过生活环境影响和教育塑造，人的气质可能得到一定程度的改造。例如，一个入学时比较腼腆的学生，在担任学生会干部的过程中组织各类活动、接触各种师生，在毕业时已经变得比较开朗大方了。此外，一个人随着年龄的增长，气质也会有所变化。总体说来，青少年时期很多人都表现出多血质和胆汁质的特征，就是平常人们所说的“血气方刚”。壮年以后阅历渐深，更多的人表现出多血质和黏液质的特征。到了年老时期很多人则表现出近乎黏液质和抑郁质的特征
两重性	气质类型无所谓好坏，任何气质类型都有积极表现和消极表现两个方面。例如，胆汁质气质的积极方面是热情、爽朗、富有进取心；消极方面是急躁、暴躁、粗心、易感情用事。多血质气质的积极方面是情感丰富、活泼、机敏、有同情心；消极方面是情感易变、轻浮、不踏实、对困难的坚持性较差。黏液质气质的积极方面是沉着、冷静、坚毅；消极方面是冷淡、固执、办事拖拉、呆板。抑郁质气质的积极方面是情感深刻而稳定、细心、守纪律；消极方面是多疑、怯懦、缺乏自信心、易疲劳

此外，不同的气质类型确实会影响人工作的方法和对他人的态度（见表 3-2-3）。我们应该以积极的态度来看待自己和别人的气质，努力发挥自己气质中积极的一面，克服消极的一面。作为旅游服务人员，正确认识自己的气质，可以有意识地进行调节和控制，以便扬长避短，适应旅游工作的需要；了解旅游者的气质类型，可以提供适当的服务，满足其不同的要求。

见多识广
3-2-4
气质与职业活动

表 3-2-3　　不同气质类型旅游者的表现与接待方式

类型	表现	接待方式
胆汁质	急躁，在候车、办手续、进餐、结账时，时间稍长就不耐烦，显得心急火燎。对人热情，容易兴奋激动，说话大声，爱打手势，而且直率不分场合。走路、做事手脚较重，大大咧咧，爱显示自己的长处，乐于助人，有冒险精神，喜欢富有刺激性的活动。不善于克制自己，有了问题会大声吵闹，遇到麻烦易发火动怒，一旦被激怒就难以平静。常丢三落四	◆避免与他们发生争执、冲突，出现矛盾应主动回避、忍让，不要激怒他们。 ◆服务速度要快，开房、送餐、结账等要高效率，不要拖拉。 ◆主动提醒他们别忘了东西
多血质	活泼大方，面部表情丰富，爱说爱笑，爱热闹，喜欢参加新颖、热烈、花样多的活动，不喜寂寞和孤独。富有同情心，热情，喜交际，常主动与服务员攀谈，拉家常，建立友谊。对各种新闻都感兴趣，容易谅解别人	◆要诚恳对待他们的热情，不要冷落他们。 ◆多介绍、安排新颖有趣、富有刺激性的活动。 ◆服务速度快，多变花样，避免呆板啰唆

续表

类型	表现	接待方式
黏液质	不容易受感动，面部表情不丰富，常给人一种捉摸不透、难以接近的感觉。表面温和而稳重，不苟言笑，说话做事慢腾腾。喜欢清静，恋旧，不喜欢经常变花样。喜欢参加节奏轻松的活动，喜欢故地重游，买东西认牌子。保守，对新的活动项目、新情况接受较慢。有事与他们商量，他们会考虑很久，显得很谨慎	◆安排住房要僻静，不要过多打扰。 ◆有事通知，须直截了当，但语速要慢，不要滔滔不绝。 ◆凡事不要过多催促，允许他们考虑。 ◆活动项目不要安排得太紧凑，内容不要太繁杂
抑郁质	喜欢独处，不喜欢在大庭广众之下大声言笑，在公众场合总是在不显眼的地方安静待着，不愿成为大家注意的目标，腼腆而羞怯。不爱凑热闹，不爱参加过于热烈和有竞争性的活动。说话做事都很斯文，步履轻缓，显得很柔弱。不爱主动与人交谈，有什么想法和意见也不愿说出来。自尊心特别强，爱因小事而怄气，为人处世疑心较重	◆不与他们开玩笑，不在他们面前说无关的事，以免引起误会。 ◆说话态度温和诚恳，切勿命令指责。 ◆有事应与他们商量，要把话说清楚，说话慢一点，以免引起他们的猜忌和不安。 ◆安排住房应清静而不冷清，随时关照但不打扰他们

（2）性格概述

①性格的定义。性格是人对现实的稳定态度和习惯化行为的一种心理特征，人的性格主要通过后天的长期生活实践形成，是现实社会关系在头脑中的反映，相比气质和能力，相对稳定。

人的性格不是天生的，天生的遗传因素只能给人的性格形成提供一个自然前提，一个人具有什么样的性格是由他所生活的家庭环境条件、所接受的教育和所从事的社会实践等因素决定的。一个人所生活的家庭环境条件是性格形成的基础，学校的教育、教学对人的性格形成起着主导作用，而社会实践在性格形成与发展中是一个起决定性作用的因素。一个人的性格特点，是他生活经历的反映和记录。

②性格的类型。性格是人在社会环境中后天逐渐形成的，受人的价值观、人生观、世界观的影响，所以不同于气质，性格有好坏之分，并体现出一定的道德性。热爱祖国、助人为乐、公而忘私、廉洁奉公、舍己救人等体现了好的性格品质；冷酷无情、自私自利、萎靡不振、虚伪狡诈、恃强凌弱、唯利是图等都是不良的性格品质。

心理学家为了便于掌握纷繁复杂的性格特征，从不同角度出发，在千差万别的性格差异中寻找共性，归纳出不同的性格类型。如英国心理学家培因和法国心理学家里波按心理机能将性格分为理智型、情绪型、意志型和混合型；瑞士心理学家荣格按心理活动的倾向性将性格分为内倾型、外倾型和内外平衡型；美国心理学家魏特金按照个体活动的独立性特点将性格划分为独立型、顺从型和反抗型等。

见多识广
3-2-5

有趣的九宫图性格测试

以上介绍的各种性格类型的划分简单明了，便于利用它来了解人，但过于简单化、绝对化，忽视了人的多样性、复杂性和发展变化的特点。在现实生活中，不少人的性格属于混合型，按照上述划分方法难以准确地将这些人的性格归入某种类型。不过，性格类型的划分对了解旅游者的旅游行为还是有重要价值的。

③性格对旅游倾向的影响。按照性格机能类型不同，旅游者可分为理智型、情绪型

和意志型三类，见表3-2-4。

表3-2-4　**旅游者性格的机能类型分类**

旅游者类型	基本特征
理智型游客	◆有良好的修养、层次较高。 ◆能根据个人的身体、经济、时间等条件来安排旅游计划，考虑仔细、周密，具有科学性。当计划与实际情况发生冲突时，他们能及时修改计划，表现出很大的灵活性。 ◆在情绪上他们表现平稳，高兴时不狂放，遇挫折不沮丧，能够理智地处理好与其他游客及旅游服务人员之间发生的问题。遇事爱思考，讲道理，对是非好坏观点鲜明。表现自信，但有时会因固执己见而显得迂腐或偏激。 ◆会较多地选择能够增长见识和具有审美意义的社会文化对象或奇特的自然现象作为旅游对象，而不愿意选择单纯的娱乐或休闲性的旅游活动
情绪型游客	◆情绪起伏较大、喜欢感情用事，情绪活动一经引起就比较强烈。 ◆全部活动都被情绪所支配，容易激动，情绪活动发生较快，不易控制。旅游计划、行为完全受其情绪的控制，因而有时显得比较幼稚，缺乏科学性、合理性。 ◆感情外露，高兴时大喊大叫，不满时则牢骚满腹。在旅游中为了满足个人感情的需要，常常进行超过自身条件的消费，乐于参加自费旅游项目。 ◆喜欢具备多样性、趣味性的活动内容和活动方式，喜欢参加能为自己带来欢乐、具有浪漫色彩的旅游活动，不太喜欢单纯的度假和专项旅游
意志型游客	◆有执着追求。 ◆制订好旅游计划以后，便积极行动，按计划行事。执行计划时如遇到困难，也不肯后退，而是迎着困难上，想办法实现自己预定的目标。做事目标明确，善于自我控制，一旦做出决定，不轻易改变。 ◆对目标明确、需要付出艰辛努力并能够发挥个人能力等具有挑战性的旅游活动感兴趣，对漫无目标、轻而易举就能完成的旅游活动没有多大兴趣

按照性格的倾向类型不同，旅游者可以分为内向型和外向型两类，见表3-2-5。

表3-2-5　**旅游者性格倾向类型分类**

旅游者类型	基本特征
内向型游客	◆感情从不外露，旅游时比较谨慎，遇事比较小心。 ◆对外部的各种刺激反应不强烈，但较敏感。 ◆适应环境的能力较差，不喜欢与其他游客交往，很少与别人一起行动、交谈，情绪上常常表现为郁郁寡欢。 ◆喜欢去熟悉的目的地旅行，乐于选择正规的旅游设施和较小活动量的旅游项目。喜欢日光浴和其他熟悉的、具有家庭气氛的娱乐活动，并且喜欢自己开车前往旅游景点，事先准备好齐全的旅行用品，希望全部旅游日程能事先安排好。 ◆这类旅游者表现出严格的计划性，希望所有活动都在计划之中
外向型游客	◆性格外露，开朗、大方、热情。 ◆在旅游活动中表现活泼、积极，行为上无拘无束，不拘小节。 ◆喜欢主动与其他游客交往，能很快适应旅游环境的迅速变化。 ◆乐于去未开发地区旅游，希望旅游能带来新鲜的经历和喜悦的感受。喜欢较大活动量的旅游项目和一般的旅游设施，不喜欢专门吸引旅游者的商店。喜欢乘飞机去旅游目的地，乐于接触不熟悉的人和事，对陌生的文化有强烈的兴趣。对旅游日程和内容只愿意做一般的安排，乐于留有余地，表现出较大的灵活性。 ◆这类旅游者认为在旅游过程中应随时接触新的、难以预料的事物，这样才能在陌生而复杂的地方获得旅游乐趣和旅游享受

按照性格独立类型的不同，旅游者可以分为独立型和顺从型两类，见表3-2-6。

表3-2-6　　旅游者性格独立类型分类

旅游者类型	基本特征
独立型游客	◆这类游客有自己的主张和观点，能完全通过独立思考去处理旅游过程中的各种事情。 ◆在旅游地点、项目的选择上，以及旅游购物等方面，一般不受别人的影响。 ◆善于独立思考，遇事镇静，出现意外事件也不慌张。 ◆这类旅游者喜欢自助型或自助团体型的旅游方式，喜欢不受约束地支配自己的旅游时间。若参加团体旅游，也只希望旅行社安排吃、住、行以及重要和大众化的旅游活动，其他旅游活动则自己安排
顺从型游客	◆这类游客缺乏主见，独立性较差，更愿意接受随团旅游、依靠旅游服务人员引导，也喜欢模仿其他游客的做法。 ◆易受暗示，经常受别人的影响。依赖性强，喜欢随大流。 ◆出现意外事情时最容易惊慌失措。 ◆这类旅游者喜欢参加团体旅游或旅行社组织的、有计划和陪同的团体旅游

（3）气质与性格的综合说明

微课 3-2-1

原来如此——气质与性格的解疑

知识课堂3-2-1

（1）扫码学习“微课3-2-1”；

（2）结合微课思考拥有怎样的气质与性格的人更胜任旅游服务工作，并举出具体旅游服务岗位来说明。

由于性格与气质相互制约、相互影响，因而，在实际生活中，人们经常把两者混淆，把气质特征说成性格或把性格特征说成气质。例如，有人常说某人的性格活泼好动，某人的性子太急或太慢，其实讲的是气质。性格与气质是既有区别又有联系的两种不同的个性心理特征。性格与气质的关系见表3-2-7。

表3-2-7　　性格与气质的关系

关系		气质	性格
区别	起源	高级神经类型（先天性）	社会环境（社会性）
	可塑性	变化慢，可塑性小	变化稍快，可塑性大
	评价	无好坏	有好坏
联系		影响性格的表现方式 影响性格形成与发展的速度和难易程度	可掩盖或改变气质，使之符合社会要求

①气质与性格的区别。气质更多受个体高级神经活动类型的制约，主要是先天的；而性格更多受社会生活条件的制约，主要是后天的。气质可塑性小，变化慢；性格可塑性大，环境对性格的塑造作用较为明显。气质是表现在人的情绪和行为活动中的动力特征（即强度、速度等），无好坏之分，气质不影响活动，但可以影响活动的效率；性格是指行为的内容，表现为个体与社会环境的关系，在社会评价上有好坏之分，所以性格影响活动。

启智润心 3-2-1　　践行党的二十大精神　传承好家风

家风是指家庭或家族世代相传的风尚、生活作风，家风是一个家庭的精神内核。家风又称门风，是给家中后人树立的价值准则。好的家风就像指路明灯，指引我们的前进方向，照亮我们人生的长路。

在生活中有些人因为错位的亲情观、不正的家风滑入罪恶的深渊。父母对子女的爱，超出了一定的界限便是溺爱。

每个人要从自身做起，从小家开始，践行好家训，弘扬好家风，弘扬社会正能量，树立家国情怀，以好家风促进好民风，进一步促进和谐家庭、和谐社会建设。

资料来源：佚名. 传承好家风，献礼党的二十大［EB/OL］.［2022-04-21］. https://zhuanlan.zhihu.com/p/501944895；佚名. 践行党的二十大，传承好家风［EB/OL］.［2023-03-28］. https://baijiahao.baidu.com/s?id=1761578666514141061&wfr=spider&for=pc.

思政元素：家国情怀，忠孝礼义，清正家风

学有所悟：党的二十大报告中强调“加强家庭家教家风建设”。好家风，是精神的延续，是品质的传承。我们要注重家风建设，只有每一个家庭都做好家风建设的表率，把修身、齐家落到实处，社会才更和谐。

②气质与性格的联系。气质与性格的联系是密切而又复杂的。相同气质类型的人可能性格特征不同；性格特征相似的人可能气质类型不同。气质与性格的联系见表3-2-8。

表3-2-8　　**气质与性格的三种联系**

联系	基本特征
气质影响性格的表现特点	气质使性格具有独特的色彩。同是勤劳的性格特征，多血质的人表现为精神饱满、精力充沛，黏液质的人表现为踏实肯干、认真仔细；同是友善的性格特征，胆汁质的人表现为热情豪爽，抑郁质的人表现为温柔
气质会影响性格形成与发展的速度	当某种气质与性格有较大的一致性时，就有助于性格的形成与发展，相反会有碍于性格的形成与发展。如胆汁质的人容易形成勇敢、果断、主动的性格特征，而黏液质的人就较难形成此类性格特征
性格可以在一定程度上掩盖和改造气质	性格对气质有重要的调节作用，在一定程度上可掩盖和改造气质，使气质服从生活实践的要求。如飞行员必须具有冷静沉着、机智勇敢等性格特征，在严格的军事训练中，这些性格的形成就会掩盖或改造胆汁质者易冲动、急躁的气质特征

动画 3-2-1
多元智能

（4）能力概述

知识课堂 3-2-2

（1）扫码学习“动画3-2-1”；

（2）结合动画与量表，完成“多元智能”个人测试，并分析自我情况。

见多识广 3-2-6
多元智能测评简易量表及统计表

能力是直接影响活动效率，使活动顺利完成的必备的人格特征。认识能力、活动能力、特殊能力分析见表3-2-9。人的能力既有先天具有的，又有后天在生活、工作等实践中积累和发展起来的。对于旅游工作人员，需要具有观察能力、记忆能力、调节情绪的能力。

表 3-2-9 **三种能力分析**

联系	基本特征
认识能力	人认识客观事物，运用知识解决实际问题的能力。它包括观察力、注意力、想象力、思维力、记忆力等
活动能力	人们完成某种活动的能力。它包括组织能力、计划能力、适应能力和操作能力等
特殊能力	人们从事专门活动时所必需的能力。如鉴赏力、定向力、运算力、色彩辨别力等

二、人格类型与旅游行为

旅游者的气质、性格、能力等人格特征，构成旅游行为的重要心理基础。人格类型是根据不同个性特征和行为特征进行的分类。在心理学的研究范畴，人格类型的划分因标准不同而多种多样。

1.人格类型的心理学划分

见多识广
3-2-7
人格类型的心理学划分详解

从心理学划分人格类型包括内倾型与外倾型、男性气质与女性气质、内控型与外控型、自卑型与自尊型等。

理解人格类型的心理学划分，需要注意以下几点：

第一，从内倾型与外倾型来看，应基于旅游工作岗位的具体特点选择不同人格的员工。例如，导游、餐厅服务员、公关或营销等需要与游客直接接触的工作人员应偏向外倾型；而客房服务员、收银员等可选择内倾型。

第二，随着社会发展，男性与女性的气质已不能通过性别简单区分。旅游行业的HR不能武断依靠性别这一生物特性来判断其人格类型。

第三，内控型的人坚定地认为自己是命运的主宰，独立性强，更容易成为优秀的旅游工作者。其在工作中有自信心，有主动性，使客我交往能顺利进行；在遇到问题时，能从自身找原因，不相互推诿、抱怨，不指责客人。这都使其更有可能出色地完成工作。

第四，拥有适度的自卑感和自尊感对旅游服务工作者来说十分重要，不卑不亢是做好服务工作的心理条件。

2.旅游者的人格类型划分

旅游心理学家对旅游者的人格类型进行了多种分类，比如从目标角度来划分的精确型旅游者与随性型旅游者，根据生活方式划分的清静安宁型生活方式的旅游者、追新猎奇型生活方式的旅游者、活跃交际型生活方式的旅游者，从倾向角度来划分的神经质旅游者、依赖性旅游者、使人难堪旅游者和正常旅游者等。

（1）精确型旅游者与随性型旅游者

精确型旅游者做事喜欢有计划，一切都要在掌握之中，他们不喜欢去不熟悉、没把握的地方旅行，行程一定要事先全部安排好才出门，不喜欢有太多消耗体力的活动。随性型旅游者恰恰相反，越是随机随性的旅游他们越满意。精确型与随性型旅游者的表现见表 3-2-10。

表 3-2-10　　精确型与随性型旅游者的表现

类型	主要性格	偏爱的旅游景点	旅游交通工具	理想的目标	学习的途径
精确型	沉稳、被动、深思熟虑	故宫等固定传统的旅游目的地	汽车、游览车、邮轮、飞机等	松弛身心、适度刺激、纪念品	博物馆、导游、旅游指南
随性型	喜好交际、好奇、富有冒险精神	热衷露营，未开发的旅游目的地	自行车、步行等	激发活力、刺激、成长	接触当地风俗、随机随性交谈

案例分享 3-2-1　　旅行，说走就走，还是精心策划?

为什么"说走就走"这么令人心驰神往？也许是难得体验的任性，也许是不用赶时间的自由自在。说走就走的行程更能体会到异客他乡的陌生感，随遇而安会有新鲜感。

有人认为，能抽出时间去旅行本就不易，特别是携家带口的亲子游，更需要做好规划，倘若没有足够的规划，不了解当地特色的旅游项目，到最后往往乘兴而去，败兴而归。没有对目的地的历史人文等了解，便只是走马观花。而有了规划，就不会错过精彩的景点。提前规划还有一个重要的好处，那就是更加经济。提前买好机票订好宾馆，一般会比一时兴起立刻出发的票价便宜。

细心规划的旅程对旅游最大的好处是在出发前，你的大脑已经在目的地提前游玩过一遍了，更会明确在这趟旅行中能看到什么样的风景。无论什么样的旅行，最重要的是人身和财产安全，只有时刻确保自身安全，才是对自己和家人负责。

资料来源：Journey and Harvest. 旅行要说走就走还是提前规划？[EB/OL]. [2023-03-21]. https://mp.weixin.qq.com/s/09c1SYiilxecCDL1G7JJGQ；零点陆一捌. 旅行，该说走就走，还是详尽规划再出发？[EB/OL]. [2019-03-31]. https://www.jianshu.com/p/8b0e5f63df76.

思考：阅读并查找相关材料，请同学们思考精确型旅游者和随兴型旅游者在旅游过程中可能会遇到什么问题。

（2）不同生活方式的旅游者

生活方式，即一个人的个性特征，主要是指一个人的兴趣、爱好、看法和价值观念等。一个人的生活方式与其旅游行为有密切的关系。清静安宁的人一般不喜欢外出旅游，他们即使旅游，也是去那些幽静的度假区，或从事一些比较休闲的旅游活动；喜欢交际的人往往兴趣广泛，对旅游也很感兴趣，他们通常喜欢那些参与性较强的旅游活动；对历史感兴趣的人对文化旅游有浓厚的兴趣。不同生活方式的旅游者表现见表 3-2-11。

表 3-2-11　　不同生活方式的旅游者表现

类型	基本特征	喜好特色	对客宣传重点
清静安宁型生活方式旅游者	这类旅游者中老年人居多，大都具有较高的文化水平和修养，有相对稳定的职业和较为丰厚的经济收入，有较高的社会地位和美满幸福的家庭。他们富有见解、注重实际、珍惜自己的健康和生命，凡事小心谨慎、脚踏实地。他们家庭观念深厚，把孩子视为生活中最重要的组成部分	喜欢环境优美、幽雅宁静的自然山水、田园春色、湖泊海滨，不喜欢喧闹的城市、拥挤的人流。他们喜欢参与垂钓、野营、度假、日光浴、海水浴等轻松而愉快的活动，不喜欢竞技、滑雪、跑马等剧烈运动	强调身心健康，突出清洁和宁静，体现自然和放松，紧扣孩子和家庭

续表

类型	基本特征	喜好特色	对客宣传重点
追新猎奇型生活方式旅游者	以年轻人居多，他们视野开阔、精力充沛、思路清晰、追求时髦，有知识、有思想、理想色彩浓郁，喜欢冒险和刺激，对于新奇的事物特别感兴趣	他们旅游生活的准则就是追求新鲜和神秘的经历和体验。喜欢远距离旅游，去人迹罕至没有完全开发的旅游景点。在旅游活动内容上，喜欢探险、登山、竞技等刺激性活动，喜欢单独出游或者少数几个人结伴而游	强调经历和体验，突出新奇和刺激，紧扣理想和时髦
活跃交际型生活方式旅游者	以政治家、社会活动家、商人、艺术工作者居多。他们关心政治，积极参加各种社会活动，喜欢结识新朋友，善于交际，对各种应酬活动乐此不疲。这种类型的人性格外向、充满自信、永不满足、不知疲倦、富有理想、容易接受新鲜事物	旅游成为他们到处游说和集会的舞台，高谈阔论中希冀别人把他当作中心人物。把旅游作为加强交往、联络感情、增进友谊、扩大影响、提高地位、促进事业成功的手段	强调交际和应酬，突出地位和名誉，体现自信和理想，紧扣活跃和成就
学习成长型生活方式旅游者	以人生目标明确、追求精神成长者居多，热衷自我充实、自我提高、自我完善的过程，喜欢展示和表现自己的才能与价值，享受发现带来的喜悦和新鲜感。如果已为人父母，他们把自己的家庭和孩子看成生活中最重要的部分，认为帮助和教育孩子是家长的主要责任。因此他们认为假期应该是为孩子安排的，并且认为全家能在一起度假的家庭是幸福的家庭	他们会认为旅游的目的在于扩大视野、学习知识、挑战自己、追求健康，旅游度假应该过得有教育意义，能够增长见识，是了解他人、了解异地习俗和文化的良机，是使自己和家人了解产生过一定历史影响的人物和事件的良机，对旅游服务的设施和食宿条件要求不高	突出旅游所能提供的受教育、长知识的机会，并强调全家可以在一起度假。旅游活动的安排留给个人较大的空间和灵活性

启智润心 3-2-2　　亲子旅行，讲究文化含量

2023年暑期亲子游、研学游等持续走俏，从“课本游”“文化主题游”到“考古游”“研学+动物园”，亲子游呈现出对高品质文化内容和体验的强烈需求。

博物馆研学游，“知行合一”在路上

研学游在全国各地掀起热潮，大批研学团涌入博物馆、科技馆、知名学府和历史文化景区。研学课程不等于旅游产品，它有具体目标，需要配备丰富的教具。如何避免打卡式旅游，让博物馆研学“研之有物”？研学导师在其带队的青少年研学活动中要注重教育属性的表达，通过参观、比较、归纳总结等方式，用高阶的学习方法让孩子们收获更多。以参观三星堆博物馆为例，研学团队会针对其中某个专题深挖知识点，对出土的文字符号、青铜人像的外貌变化、古蜀人的建筑变迁等进行主题讲解。在博物馆里配置耳麦、准备有趣的教具，以及在参观途中提出开放式问题等都可以有效提升研学游的品质。通过研学游，孩子们的知识获取有了更直观有趣的途径，在真实的环境中触摸历史和自然，能体现教育的“知行合一”。

“课本游”方兴未艾

“课本游”等特色旅游产品是广受欢迎的亲子游产品之一。“课本游”将文化、历史、地理和文旅消费有机串联融合，为实现旅游形式创新、文旅消费升级提供了新的选择。中国社科院旅游研究中心特约研究员吴若山在接受媒体采访时称，“课本游”走红的背后，是青少年日渐增强的文化自信，更体现了行业主体的供给创新。

资料来源：佚名.以党的二十大精神为指引，开创文化传承发展新局面［EB/OL］.［2022-11-28］. https://baijiahao.baidu.com/s?id=1750690291264386515&wfr=spider&for=pc；佚名.博物馆研学游“知行合一”在路上［EB/OL］.［2023-08-26］. https://mp.weixin.qq.com/s/V5zoIcx-6aV6EofIk7_JsA；智慧研学家. 如何让青少年在研学旅行中获得更多文化滋养？［EB/OL］.［2023-09-18］. https://mp.weixin.qq.com/s/TQi6_WoI_rDlCzmkPUz2wQ.

思政元素：文化自信　知行合一　实践创新

学有所悟：党的二十大报告指出，“推进文化自信自强，铸就社会主义文化新辉煌”“不断提升国家文化软实力和中华文化影响力”。旅游活动策划要适应当下旅游市场对文化的需求，激活文化因子，实现文化与旅游的深度融合，在文旅深度融合发展的大潮中，充分挖掘文化催生新动能，不断创造新模式、壮大新业态，放大文化的倍增效应。

中华民族自古就把旅游和读书结合在一起，崇尚“读万卷书，行万里路”，这是唤醒文化自信，培养青少年保护和传承传统文化的责任感、使命感的最佳方式。

任务二　人格结构与旅游行为

一、人格结构理论

1.弗洛伊德的人格理论

弗洛伊德的精神分析理论包括人格结构和人格发展两大主题，自创建以来在全世界影响广泛。

（1）人格结构

弗洛伊德将人格的结构划分为本我、自我和超我，三者彼此交互作用从而构成人格整体。

①本我（潜意识最深层）是最原始的部分，包含推动个人行为的原始动力。外在或内在的刺激增加个人的紧张和不安感，为了减低紧张感，本我要求立即满足需求以发泄原始的冲动。

②自我是个体在与环境的接触中由本我发展而来的人格部分。在本我阶段，个体的原始冲动需求想获得满足，就必须与周围的现实世界接触，从而使自我适应现实环境。例如，因为饥饿而使本我有原始的求食冲动，但是哪里有食物以及如何取得食物等现实问题，必须靠自我与现实接触介于本我与超我之间的一个体系才能解决。

自我的主要功能有以下几方面：一是获得基本需要的满足以维持个体的生存；二是调节本我的原始需要以符合现实环境的条件；三是管制不为超我所接受的冲动；四是调节并解决本我与超我之间的冲突。由此可见，自我是人格结构中的主要部分。

③超我是同本我相对的。这个体系是一个人的意识，它使社会规则成为自我的一部

分（尤其是来自父母的影响），并且阻止本我去寻找自我满足。超我是在人格结构中居于管制地位的最高部分，是个人在社会化的过程中将社会规范、道德标准、价值判断等内化之后形成的结果。

本我寻求快乐，自我考虑现实环境的限制，超我则明察是非善恶。所以，超我是本我与自我的监督者，它的主要功能如下：管制社会所不接受的原始冲动；诱导自我使其以合乎社会规范的目标代替较低的现实目标；使个人有完美的人格。弗洛伊德人格结构如图3-2-1所示。

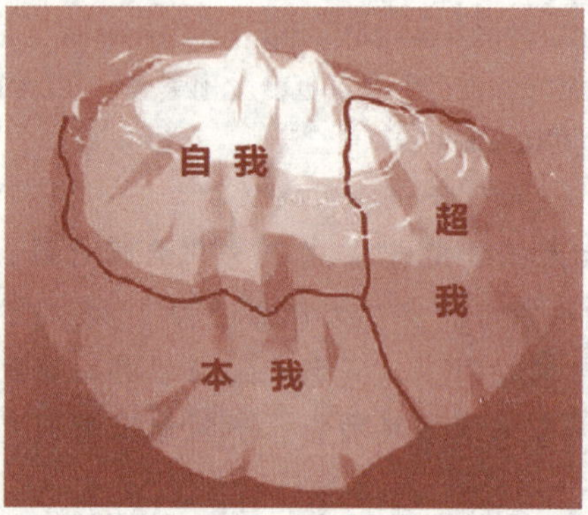

图3-2-1　弗洛伊德人格结构

本我、自我、超我三者不是完全独立的，彼此交互作用构成人格整体。一个正常的人，其人格中的三部分经常是平衡而和谐的。

微课3-2-2

揭开自我的面纱

知识课堂3-2-3

（1）扫码学习“微课3-2-2”；

（2）结合微课，画出有关自我的心理学知识点思维导图，并谈谈自己对自我的认知。

启智润心3-2-3　　**青年的使命与担当**

在电视剧《觉醒年代》中，当时的青年身处在多数国民仍然蒙昧的昏暗时代，熏陶在多种交锋的思想里，他们也曾迷茫和彷徨，可是他们在民族危亡但也暗藏磅礴力量的年代里，依然探索着救亡图存之道。青年就该有青年的样子，他们开启了“觉醒时代”，找到自己的毕生信仰，带领国民走出“迷雾”，一步步走向民族独立，走向民族复兴。

一代代的中国青年前仆后继，做时代的开拓者、奋进者，才造就了今天美好的中国。新时代的青年应肩负起时代重任，为把中国建设成现代化强国、实现中华民族伟大复兴而奋斗。

资料来源：邓希泉. 一脉相承！百年来中国青年的抱负与使命［EB/OL］.［2022-05-19］. https: //mp.weixin.qq.com/s/Fc4scB_rslYmMEq601Yo6A；正能量好青年. 百年未有之大变局下的青年使命担当［EB/OL］.［2021-03-11］. https: //mp.weixin.qq.com/s/kK8oS4apMDSdrUTujcF8aA.

思政元素：铭记历史　家国情怀　砥砺奋斗　责任担当

学有所悟：一代人有一代人的使命，一代人有一代人的担当，时代的接力棒已经到了新时代青年的手上。新时代的青年应凭借自己的思想观念、文化修养、创造能力成为国家发展的主力军。

（2）人格发展

弗洛伊德精神分析理论关于人格发展有两个前提：第一，强调发展，认为成人的人格是由婴幼儿时期的各种经验塑造而成；第二，人格是一生下来就有的，并随着个体心理的发展而发展。

弗洛伊德按照“力比多”（力比多是弗洛伊德理论中的一个十分重要的概述，用以专门表述本能）投放的主要部位不同，将儿童的人格发展分为五个时期（见表3-2-12）。

表3-2-12　人格发展的基本描述

名称	时间	基本描述
口唇期	婴儿出生后第一年	口唇刺激（吸吮、吃手指、咬东西等）是愉快的来源
肛门期	儿童从一岁到三岁	幼儿排泄粪便解除内急压力得到快感经验，对肛门的活动产生满足
性器期	儿童四五岁	开始产生恋母（男孩）或恋父（女孩）情结，与此同时，他们惧怕双亲中的同性
潜伏期	儿童六岁开始	其兴趣不再限于自己的身体，而是注意周围环境中的事物
青春期	十二岁以后	开始对异性产生兴趣，喜欢参加两性组成的活动，而且在心理上逐渐发展形成与性别关联的职业计划、婚姻理想等

其中值得一提的是，如果儿童人格发展的某个阶段未能顺利发展，可能影响以后的发展并产生滞留现象。例如，若滞留现象出现在口唇期，长大后可能保留一种“口唇性格”，在人格上常偏向悲观、依赖、退缩、猜忌、苛求甚至对人仇视等；肛门期如果对儿童进行卫生训练过分严格，儿童在情绪上受到威胁恐吓时，可能导致其将来性格冷酷无情、顽固、吝啬、暴躁。这种现象是由于肛门期不能顺利发展所产生的滞留作用影响而形成，弗洛伊德称之为“肛门性格”。

2.埃里克·伯恩的新人格理论

埃里克·伯恩在《人们玩的游戏》一书中，提出了一种新的人格结构理论。该理论把人格分成三个部分，或者说人格是由三种自我状态构成的，它们分别是“父母自我状态”“成人自我状态”“儿童自我状态”。

这三种自我状态大致与弗洛伊德的超我、自我和本我相对应，并以英文中父母、成人及儿童的第一个字母P、A、C命名。每一种自我状态是思想、情感和行为的独立来源。在任何特定的情况下，个性或自我状态的任何一个组成部分，都对一个人的行为起指导作用。三种“自我”状态的解读见表3-2-13。

表3-2-13　三种“自我”状态的解读

类型	内容	涉及旅游者的类型
儿童自我（感情自我）	•个体首先形成的自我状态就是儿童自我状态，由自然产生的情感、思想和行为构成，也包括个体用以适应情绪所需要的知识，是“不动脑筋、只动感情”的“情绪自我”。 •不会根据社会的、他人的利益和自己的长远利益来考虑“合理不合理”“应该不应该”的问题，只考虑自己“喜欢不喜欢”“高兴不高兴”的问题	儿童自我状态可分为许多子型，其中“撒泼型”“依赖型”“服从型”在旅游团中作用明显

续表

类型	内容	涉及旅游者的类型
父母自我 （权威自我）	• 个体形成的第二种自我状态就是父母自我状态，它是行为、态度的来源，是“既不动脑筋又不动感情”的专门教导约束他人的“权威自我”，是一个“照章办事”的行为决策者。 • 只讲“应该不应该”的规矩，不考虑“高兴不高兴”情感	父母自我状态可分为许多子型，其中“命令型”和“安抚型”对旅游团的社会交往影响较大。前者为严父式的批评、命令；后者为慈母式的同情、安慰
成人自我 （理智自我）	• 个体形成的第三种自我状态是成人自我状态，指导理性思维和客观的信息加工的个性部分，是面对现实冷静理智地动脑筋的“理智自我”。 • 人的行为因“喜欢”而出现，是受“感情”支配；因服从他人“要求”而做，则是受“权威”支配；独立思考后认为自己“应该”做，是受“理智”支配，成人自我正是如此	“成人式”交往是最有效的社会交往。旅游服务人员主动交往时应该首先采用“成人式”交往与服务对象交往

见多识广 3-2-8

PCA人格理论拓展

每一种人格状态都有消极和积极的一面，很难绝对说哪种好，哪种不好。但是在一个心理健康的人身上，这三种自我状态应该处在协调、平衡的关系中。

如果一个人的行为长期由某一种自我状态支配，很少甚至不出现其他自我状态，那么他的人格就出现了问题，也就是心理不健康的表现。人格的三种自我状态必须相互平衡、协调，当它们共同有机地承担起支配行为的职责时，这个人才是正常的、健康的。当然，某一种自我状态占优势的情况也是正常的。

知识课堂 3-2-4

微课 3-2-3

人格结构与心理成熟

（1）扫码学习“微课 3-2-3”；

（2）请大家思考，自己的三种自我状态是否均衡？如果不均衡，那么自己处于哪种自我状态较多？

3.埃里克森的人格发展八阶段理论

埃里克森是新精神分析学派的代表人物，他提出“人格发展八阶段理论”，主张人的一生可分为既连续又各不相同的八个阶段，这八个阶段的顺序是由遗传决定的，但是每一阶段能否顺利度过却是由环境决定的，所以这个理论也可称为心理社会阶段理论。

埃里克森认为，每一个阶段都是不可忽视的，都有其特定的发展任务。每个阶段的发展任务完成得成功与否，会使人格品质出现成功与不成功两种情况，成为积极或消极的人格品质。只有各个阶段都保持向积极品质发展，才能逐渐形成健全的人格，否则就会产生心理社会危机，出现情绪障碍，形成不健全的人格。

知识课堂 3-2-5

微课 3-2-4

埃里克森的人格发展八阶段理论

（1）扫码学习“微课 3-2-4”；

（2）请大家思考埃里克森的人格发展八阶段理论对于不同年龄段的教育有什么意义？

二、PCA人格理论与旅游行为

PCA人格理论在旅游服务中极具应用价值，具体到旅游服务过程中，针对三种自我状态不同的旅游行为表现，要分情况实施服务方法。对“父母自我状态”的旅游者，要用“儿童自我状态”先接受下来，避其锋芒，使客人的自尊心得到满足，而后再设法调动客人的“成人自我状态”并晓之以理；对“儿童自我状态”的旅游者，要用“父母自我状态”的慈爱一面，展现出宽容、忍让的态度，先予以缓和、消气，而后再唤起“成人自我状态”，进行平等、理性的交往。

总之，一方面我们需要清楚自己的PCA分布形态，另一方面觉察对方状态，引导对方进入或保持“成人自我状态”，使双方达成“成人式”交往。

此外，旅游者在做旅游决策时也会受到三个自我的共同影响与作用，旅游决策是三个自我协调后的结果。

1.PCA人格理论与旅游决策行为的关系

（1）“儿童自我”——提出外出旅游的要求

潜在旅游者的“儿童自我”很容易被旅游所带来的快乐吸引，产生瞬时性决策。娱乐性的旅游动机存在于“儿童自我”状态之中，如碧海蓝天、观光旅游、探险旅游等。在现实生活中一个人离家外出旅游的时候，孩子似的兴奋状态会在他的人格中占据主导地位，其很多行为表现得像个孩子，可以说，快乐和好奇心支配着旅游者的行为。

（2）“父母自我”——对“儿童自我”提出的旅游要求往往持保留态度

“父母自我”方面的动机主要表现在教育、家庭团聚、工作之余消除疲劳、地位和声望提高等。一个人的“父母自我”更容易对其“儿童自我状态”追求快乐的期望给予指责和批评，或持保留态度，或者不表明态度。对于旅游这样无法产生实际效应的活动，多数情况下“父母自我”都会持反对态度。因此，一个人的“儿童自我”状态的要求与“父母自我”状态的希望和要求可能不完全一致。

（3）“成人自我”——扮演平衡者的角色

“成人自我”在“儿童自我”和“父母自我”中扮演平衡者的角色，一方面要满足和取悦“儿童自我”，另一方面设法适应“父母自我”，在双方都能接受的情况下做出明智而合理的旅游决策，使旅游活动成为现实。“成人自我”负责收集旅游需要的真实、可靠的信息，力图做出合理的决策。

2.现实应用策略

一个人的“儿童自我”要求与“父母自我”的希望和要求可能不完全一致。要从旅游营销的角度对人的三种自我状态同时做工作，激发“儿童自我”的动机，说服“父母自我”，让其“成人自我”做出有利于旅游的决策。

（1）让“儿童自我”动心

可以通过广告和宣传，促进“儿童自我”的“我要去”旅游动机产生：印刷精美的旅游宣传册，生动、形象的旅游电视广告展播，精彩的活动和特色，都可以实现这一目标。

案例分享3-2-2　　文化出圈，这很深圳

2023年4月27日，深圳设计周开幕式首发了2023深圳城市视觉大片《敢闯敢试》。这部只有2分58秒的城市形象视觉片带来意外惊喜，不仅燃爆全场，而且迅速“出圈”燃爆全网、刷屏朋友圈，成为国内城市宣传片创作的一个现象级作品。许多人看完后有想来深圳感受“未来”世界的冲动！

这部被网友称为“最震撼的城市宣传片”以科幻手法、数字视觉技术，讲述了一个奔赴星辰大海和未知世界，不畏艰险、勇毅前行、探索永无止境的城市意象。在眼花缭乱的各式“夸赞”中，有一个说法看似简洁却很精准：“很深圳”。“很深圳”，简单的3个字，深刻揭示了深圳的文化供给与城市气质同向而行相互成就的深层逻辑。视频不但让人感受到深圳这座科技之城的魅力，也阐释和弘扬了敢闯敢试、敢为人先、埋头苦干的特区精神，展现了深圳科技之城、创新之城、未来之城、梦想之城的城市气质。

截至目前，深圳共有国家高新技术企业1.86万家，全社会研发投入占地区生产总值比重达5.46%，创新能力居国家创新型城市首位。科技创新是深圳吸引高质量人才的法宝。

《敢闯敢试》这部创新的形象宣传片摈弃了以往城市形象片拍摄山川河流与文旅风情的普通模式，转而采用数字视觉技术制作，与深圳的城市精神一脉相承。这部形象宣传片传达出来科幻气息，能很好地激发观众“儿童自我”的状态。

资料来源：佚名.文化出圈，这很深圳！[EB/OL].[2023-05-18]. https://mp.weixin.qq.com/s/uP_pZ2fyW4aQCSsCfe7egQ；深圳微时光.五一看了这两部大片，我更想来深圳了[EB/OL].[2023-05-01]. https://mp.weixin.qq.com/s/enqGn-rVRaqTo7YKj_aPwQ.

思考：请同学课外观看完整的宣传片，结合案例资料，思考宣传片中激发促进“儿童自我”状态产生旅游动机的元素还有哪些？

（2）劝说“父母自我”放心

避免“严父自我”的批评，引导“慈母自我”的关怀，鼓励其同意“儿童自我”的要求，最有效的办法是打动“父母自我”中本来就存在的一些合理安排空闲时间的动机。如提供一些有价值、有教育意义并能联络感情、消除疲劳、提高威望的旅游活动项目和内容。现实生活中，父母都很重视孩子的学习和教育，因而与此有关的活动会很有吸引力。研学旅游大受欢迎，其最根本的原因就在于其教育意义胜过游玩意义。

（3）设法让“成人自我”觉得省心

“成人自我”状态一般对如何到达旅游地、住在何处等问题关注比较多，负责收集旅游所需要的真实、可靠的信息。旅游公司应该做更多有关旅游交通、住宿等方面的宣传，以引起旅游者对交通工具、住宿条件等的兴趣，在推介时应进行理性说服，给予其足够的信息参考，使成人自我状态得出“可以”“还合适”等结论。

任务三　态度偏好与旅游行为

交互式课件 3-2-2

态度偏好与旅游行为

一、旅游态度概述

1.旅游态度的基本概念

态度是社会心理学中突出、不可忽视的概念之一，同样，在解释旅游行为时，旅游态度也是旅游心理学不可或缺的概念。对旅游活动的不同看法构成了人们的旅游态度。旅游态度是人们对旅游做出行为反应的心理倾向，是行为反应的心理准备状态，它虽然不是旅游行为反应本身，也不是旅游行为反应的现实，但却包含和预示着人们做出的旅游行为反应的潜在可能性。

旅游者对每一个旅游景点，对旅游活动中接触的人、事和物，以及对开展旅游活动的所必需的各种条件，都会产生不同的具体态度，从而决定了旅游者对旅游对象和旅游条件做出什么样的选择，这就是旅游资源开发者和旅游经营者关心人们的旅游态度的根本原因，也是旅游服务心理学必须探寻旅游态度的缘由。

案例分享3-2-3　　把握态度的价值，泉州西街是怎么做的

作为海上丝绸之路的起点，泉州拥有众多历史文化遗产。泉州西街曾是唐宋早期泉州的政治、经济、文化、宗教中心，是泉州古城内现有保留最为真实、完整的历史街区。由于时间久远，泉州西街出现了街区结构老化的情况，但在升级改造后保留了改造前的老生活，颇为难得。

下面来看看泉州西街是如何进行品质升级的：

第一，修旧如旧，保存原有生活与烟火气。泉州西街在规划设计时，坚持“留人留形留乡愁，见人见物见生活”的理念。整个西街历史文化街区分为近代风貌商住区、绅士文化特色居住区、传统商业体验区、开元寺宗教文化展示区、市井文化体验区、古驿馆特色文化接待区、闽南生态文化展示区，保护修复历史遗存，将原本的生活街区保存。

第二，增加文化表达形式，促进文化传承与传播。到访游客可以亲自参与并感受“泉南佛国”的魅力。新春佳节期间，泉州举办唤醒闽南语记忆展览、本土创客对古城情意的分享会等，让市民与游客深度体验西街文化。

第三，引入新业态，同时管控街区商业种类，维护古街区文化形象。为做好泉州西街经营业态管理工作，进一步提升古城的文化旅游形象，《泉州西街（钟楼至新华路）经营业态管理实施方案（试行）》正式出炉。从制度上为西街的商业业态做出具体规定，在服务游客、丰富产品业态的基础上，避免过度商业化或者成为千篇一律的小吃一条街。鼓励经营泉州特色文化创意产品、地方特色小吃、特产等，不支持经营化妆品、酒吧、玉石、珠宝等与古街区形象不符的业态。

第四，拥抱分享经济，制造打卡胜地，吸引年轻人目光。灯光的运用、牌匾的设计、建筑的风格、新潮的店铺等特色形象都能吸引年轻人拍照打卡后上传到社交平台。

城市复古街的改造要突出地方特色，注重人居环境改善，更多采用微改造这种“绣花”功夫，注重文明传承、文化延续，让城市留下记忆，让人们记住乡愁。

资料来源：S.H. 打破同质化困境！泉州西街做了这四件事［EB/OL］.［2021-08-08］. https://mp.weixin.qq.com/s/9jmGymxVX5UCpSa_8-3I8w.

思考：阅读并查找相关资料，思考仿古景区如何告别“千街一面”，让旅游者形成积极旅游态度。

旅游态度由认知、情感和意向构成（如图3-2-2所示），如外国人认为中国既有优美的自然风光，又有丰富的文化历史古迹，而且开展了富有情趣的旅游活动（这是认知成分），因此会觉得很有意思从而喜欢中国的旅游活动（这是情感成分），愿意并决心争取到中国来旅游（这是意向成分）。

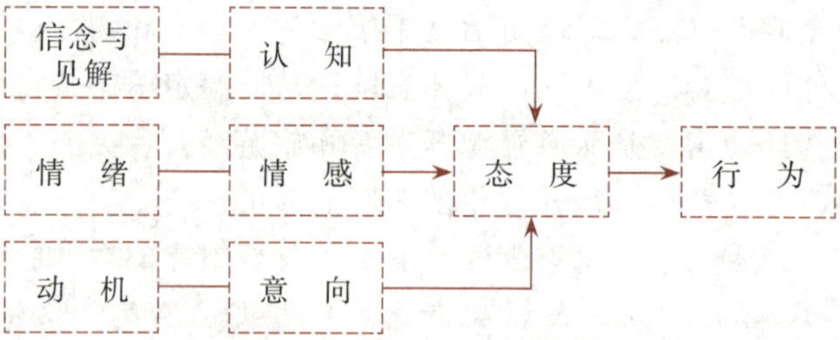

图3-2-2 旅游态度三成分模型

对旅游者态度的研究有利于我们更深入理解其旅游行为，选择适当的旅游服务。但态度是种心理体验，不能直接被观察到，只能通过人们的语言、表情、动作等进行判断。

态度是一种内在的心理结构。可以根据个体的态度推测其行为。但是态度和行为不是一一对应的关系。行为除了态度之外，还受到其他因素，如社会规范、习惯、对行为后果的预期、价值观念的影响，特别是受到环境的影响。

见多识广
3-2-9
旅游态度的形成阶段

2.旅游态度的类型

旅游态度分为五种类型：第一种是积极态度，主动积极投身旅游活动，乐于购买消费旅游产品；第二种是中立态度，对旅游活动抱着无所谓、可有可无的态度；第三种是否定态度，出于种种原因，对旅游活动采取否定、拒绝的态度；第四种是旅游偏爱，是建立在极端肯定基础上的针对态度对象的行为倾向；第五种是旅游偏见，对旅游对象持有的缺乏事实依据的不正确态度。

二、态度偏好与旅游决策

1.旅游偏好与态度

旅游偏好是指人们趋向于某一旅游目标的心理倾向，与旅游行为有着直接关系。研究表明，态度至少有两个特征对偏好的形成具有影响，见表3-2-14。

表3-2-14 态度特征对偏好形成的影响

特征	影响
态度的强度	人们对某一对象的态度强度与态度对象的突出属性有关，态度对象的突出属性与人们旅游的需要有关，即与他们期望通过旅游获得的主要收获有关
态度的复杂性	态度的复杂性是指人们对态度对象所掌握的信息量和信息种类的多少，反映了人们对态度对象的认知水平。人们对态度对象掌握的信息量和信息种类越多，所形成的态度就越复杂

2.旅游偏好的形成

人们在形成旅游态度的过程中，首先要权衡和评价旅游对象能否使其有所收获。人们如果经过分析、评价认为各种收获都能满足需求，就会对旅游对象产生偏好。

从图3-2-3中我们可以看到，旅游者在选择旅游目的地时，会考虑各旅游目的地能获得哪些利益。旅游者对某一旅游目的地是否形成偏好态度，取决于旅游目的地的吸引力。

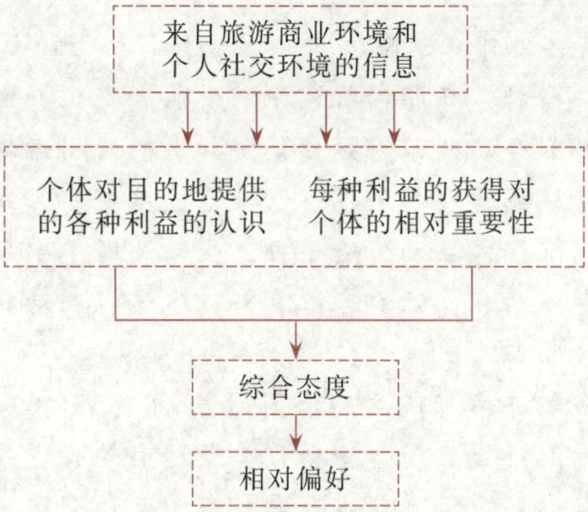

图 3-2-3　相对偏好形成图

旅游吸引力可用下列公式表示：

旅游地吸引力 = 个体获得利益的相对重要性 × 个体感觉到的目的地提供利益的能力

启智润心 3-2-4　　赣州方特东方欲晓主题公园，打造高科技沉浸式红色旅游体验

江西赣州方特东方欲晓是一座以红色文化为主题的大型高科技主题公园。公园以百余年来中华民族的奋斗历程为背景，精心策划了六大历史主题区域，包含十余项方特打造的室内大型高科技主题项目和二十余项室外游乐项目，以及数百项特色休闲景观和主题餐厅、商店等。主题公园运用前沿高科技打造了一系列沉浸式、强互动的红色主题项目和特色景观，演绎中华民族寻求国家独立和民族复兴的近现代历史，为游客带来前所未有的“红色旅游新体验”。

在这座红色文化高科技主题公园里，有AR全息技术结合真人表演演绎女性先烈舍身殉国的《巾帼》、反映英雄先辈艰辛抗战的《突围》、讴歌中国共产党带领中华民族从苦难走向辉煌的《东方欲晓》。主题公园还以AR全息技术再现“万园之园”《圆明园》，让人们牢记自立自强才不会被动挨打。而在动感轨道船游览项目《致远　致远》中，游客乘坐运载船“穿越”时空，目睹名舰“致远号”的传奇，巨幕与船行水面虚实景结合，逼真的数字特效都让百余年前的甲午海战和民族英雄重现眼前。采用巨幕和千人无轨旋转平台打造的《岁月如歌》，通过全新的舞台表演形式，以每十年为一个节点，生动再现了我国翻天覆地的发展变化，中华人民共和国成立、恢复高考、香港回归、北京奥运会开幕等历史片段的演绎引发老中青三代人的共鸣，让观众倍感亲切。

赣州方特东方欲晓融智慧景区、数字光影、夜游经济于一体，依托华强方特自主开发的“方特旅游”App，让游客能够线上购票、线上导览、云排队、自助订餐，解决了高峰期热门项目排队难、就餐难问题，方便游客打卡喜爱的项目，提升游览体验感。

资料来源：方特东方欲晓. 赣州方特东方欲晓，给您不一样的红色之旅！[EB/OL]. [2023-07-06]. https://mp.weixin.qq.com/s/SQCuT6QuyoXSfp5nqZfIIg；方特东方欲晓. 赣州方特东方欲晓：“文化+科技”打造红色旅游新体验 [EB/OL]. [2023-04-04]. https://baijiahao.baidu.com/s?id=1762255733948345086&wfr=spider&for=pc.

思政元素：爱国情怀　守正创新

学有所悟："文化+科技"正推动红色旅游发生新变化，由华强方特文化科技集团自主设计和研发，并联合赣州旅游投资集团打造的赣州方特东方欲晓主题乐园结合数字技术，打破了传统图片实物展览、遗址遗迹参观的方式，把脍炙人口的红色经典和英雄事迹打造成沉浸式互动体验项目，生动演绎了中华民族百余年来寻求国家独立和民族复兴的奋斗历程，让游客以参与、体验、互动的方式沉浸式感受历史变迁和红色文化。

穿越百年，赣州方特东方欲晓主题乐园通过AR、VR、高清巨幕、球幕等特种电影新技术创造出大量沉浸式互动体验项目，通过实景与虚景相结合，书写出了一幅红色主题的历史画卷，实现游客与主题内容间的互动交互，全方位感受和体验红色文化，重温那段让人热血沸腾的岁月。许多游客表示，当现代的高科技还原出先辈们的血泪史，这种突破传统的沉浸式红色文化体验，有强烈的视觉冲击和心灵震撼，能唤起红色记忆，增强了红色文化的表现力、吸引力、感染力，更容易对红色历史产生情感共鸣，深刻体会到中华民族百年征程的不易。

3. 旅游偏好影响旅游决策

态度虽然只能间接预示人们的旅游决策和行为，但却能直接体现人们的旅游偏好，旅游偏好与旅游决策之间联系紧密。

态度一般通过简化人们对复杂信息刺激的反应和决策制定的过程来服务于人类的需求。通过这种方式，消费者的态度很可能控制其购买决策行为。因此，我们可以说，服务或产品的良好形象的形成在很大程度上依赖消费者态度的形成或态度的改变。态度与旅游决策过程如图3-2-4所示。

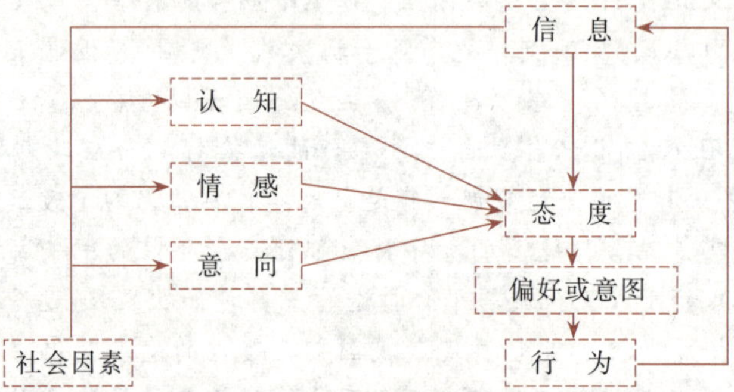

图3-2-4　态度与旅游决策过程

在旅游决策过程中，旅游者的态度一旦形成，就会导致某种偏好，进而影响人们的旅游决策。当然，某种偏好能否导致某种行为，还取决于各种社会因素的影响。

三、态度改变与旅游行为

旅游态度对旅游行为有影响，旅游活动的组织者和经营者都希望有更多的人对自己开展的活动抱有积极的态度。但是，现实生活中人们不可能都对旅游都抱有积极的态度，更不会对某种特定内容的旅游活动普遍抱有积极态度。旅游活动的组织者和经营者希望那些对旅游存在消极态度的人改变态度，以利于旅游事业的发展。那么。人们的旅游态度能否改变？影响态度改变的因素有哪些？通过什么途径，采取什么方法能够比较有效地改变人们的旅游态度？下面我们就围绕态度改变的有关问题进行讨论。

1.旅游态度改变的可能性

旅游态度是对旅游对象和旅游条件的主观反映，是后天形成的，而不是先天具有的。旅游态度的形成、存在，依赖一定的条件，这些条件的性质发生变化，就会引起态度的变化。例如，从主观心理因素看，人们兴趣和需要的变化，可以引起态度的变化。从态度的构成成分看，如果能引起态度主体认识上的变化或情感上的变化，也有改变态度的可能性。只要采取措施使影响态度改变的因素发生变化，就可以起到改变态度的作用。

2.影响旅游态度改变的因素

影响旅游态度改变的因素包括态度特征、个性特征、环境特征三方面，见表 3-2-15。

表 3-2-15　影响旅游态度改变的因素

特征分类	子元素	内容
态度特征	一致性	认知成分、情感成分、意向成分一致性越强，态度越不容易改变
	强度	极端性质的态度、幼年时形成的态度、一贯如此的态度不易改变
	复杂性	态度依赖的事实越多、掌握态度对象的信息量越多、态度形成的因素越复杂，态度越不容易改变
	价值性	能满足人们较多需求的态度，对人的价值意义很大、影响很深的态度很难改变
	改变幅度	与原来的态度差距太大，不仅难以改变，有时反而会促使其更加坚持原来的态度甚至产生对立的情绪
个性特征	需求兴趣	能最大程度满足的需求容易改变态度，需求改变兴趣也会随之改变
	性格特点	依赖性强、暗示性高或比较随和的人，容易相信权威、崇拜他人，容易改变态度；反之，独立性强、自信心强的人，不容易被他人说服而改变态度
	智力水平	智力水平较高的人，具有较强的思维判断能力，态度不易受他人左右；反之，智力水平低的人，难以判断是非，常常人云亦云，态度容易改变
	自尊心	自尊心强的人，心理防卫能力较强，不容易接受他人的劝告，因而态度改变也比较难；反之，自尊心弱的人则敏感易变
环境特征	团队期望	人的态度与其所属团体的要求一致，个人对所属团体的认同感强烈，态度不容易改变；反之，则易改变
	团队压力	团队规范严密、团队舆论强大，团队成员的态度不易改变
	个人地位	处于领导地位的人态度不易改变；相反，处于被领导地位的人，态度易改变

3.改变旅游者态度的策略

旅游者的态度是旅游者在旅游活动中形成的对旅游商品或服务的肯定或否定的心理倾向。对旅游商品或服务持积极肯定的态度会推动旅游者完成旅游活动，而消极否定的态度则对旅游活动起反作用。要促进旅游者产生旅游行为，完成旅游活动，就必须把旅游者的消极态度转变为积极态度，把否定态度变为肯定态度。

见多识广
3-2-10
霍夫兰态度改变说服模型

总的来说，旅游者的态度受主客观因素的影响，通过适当的途径，采取正确的方法，可以有效改变旅游消费者的消费偏见，改变旅游者的消极态度。改变态度的方法如下：

（1）更新旅游产品，提高旅游产品质量

旅游产品是旅游者在旅游过程中所购买的各种物质产品和服务的总和。从某种意义上讲，更新旅游产品是改变旅游者态度最基本的方法。只有不断更新旅游产品，提高旅游产品质量，才能长期占有稳定的市场，保持源源不断的客源。

VR全景
3-2-1
长隆欢乐世界

更新旅游产品要在硬件、软件两方面做文章。硬件上，设计建造旅游新景区，开发新项目，改进和更新设施设备，或者对原有的硬件进行包装。软件上，提高员工的服务意识和服务技巧。此外，在价格、服务时间和地点、企业的形象设计等方面做调整和改进，给人以面目一新的感觉。

案例分享3-2-4　　长隆，勇创中国自己的世界级主题乐园

长隆集团1989年始创于广州，是一家集主题公园、度假酒店、文化演艺、商务会展、餐饮休闲于一体的文化旅游集团。多年来，长隆以缔造幸福快乐为使命，积极进取，不断创新，作为中国旅游行业龙头，长隆集团已建成并开放两大旅游度假区，即广州长隆度假区和珠海横琴长隆度假区。长隆集团第三个度假区——清远长隆正在建设，定位主题为森林综合体，将形成一个“大自然、大生态、大种群、大乐园”的超级旅游目的地。长隆集团以“世界眼光”和“敢为天下先”的高度和气魄，不断引领行业之先，积极布局和拓展市场，全力打造中国的民族文化旅游品牌。

珠海横琴长隆国际海洋度假区地处与澳门近在咫尺的横琴粤澳深度合作区，由长隆海洋王国、长隆宇宙飞船、长隆横琴国际马戏城、长隆剧院、长隆横琴湾酒店、长隆飞船酒店、长隆企鹅酒店、长隆马戏酒店和长隆迎海酒店公寓组成，形成了集主题公园、度假酒店、文化演艺、商务会展、餐饮休闲于一体的超大型海洋主题旅游矩阵。在长隆集团，几乎每一个项目每年都会有大的创新和调整，在产业链扩张上，“创新”和“与时俱进”已成为其发展中不可或缺的DNA。

2023年，珠海长隆又有大操作：全球最大、投资500亿元的航母级乐园——长隆宇宙飞船。该乐园外形犹如一艘来自未来的外星巨舰，分为10大主题体验游览区、游览路线总长度约5千米，将展示大约300种、超过10万尾各类海洋珍稀动物，每天可接待超过5万名游客参观游览。据珠海长隆官网介绍，长隆宇宙飞船是以维护宇宙生态平衡为目标，用“生命、科学、科普、生态”的宇宙观，让宇宙中各种神奇的生态环境得以在“长隆宇宙飞船”中继续繁衍发展，是集地球上美丽生态景观和外太空奇妙场景展示、珍稀海洋生物展览、环保科普教育、大型演艺节目和互动游乐设施、特色餐饮与主题商店等综合性功能于一体的大型室内主题乐园。

多年来，长隆通过对人们休闲消费心理的精准捕捉以及社会潮流和趋势的把握，向沉浸式体验、情感共鸣性和互动性的全新旅游产品转变，结合中国文化打造世界级原创IP。技术高起点与体验个性点成为长隆创新发展的主要路径。

资料来源：佚名.关于长隆［EB/OL］.［2023-09-01］. https://www.chimelong.com/group/about/；佚名.珠海长隆又有大操作！全球ZUI大，投资500亿航母级乐园，向宇宙出发，乐享科普探索之旅，长隆飞船酒店精彩启航！［EB/OL］.［2023-07-04］. https://travel.sohu.com/a/694330877_121117474；佚名.长隆30年文旅融合渐入佳境，自主创新迈向世界级［EB/OL］.［2019-08-28］. https://mp.weixin.qq.com/s/Sx5tem-kycwCVI69QoS90A.

思考：阅读并查找相关材料，请同学们讨论广州长隆集团品牌成功之道。

（2）重视旅游宣传，传播新知识

态度的形成依赖旅游者对态度对象的认识。通过旅游宣传，向旅游者传送新的知识和新的信息，有助于其旅游态度的改变。

理智和情感两个因素对改变态度的作用并不是完全相互排斥的，两者适当结合，对促使人们改变态度会产生很好的效果。人们常说的“动之以情，晓之以理”就是具体的运用。在传播新知识时，首先利用情绪因素引起人们对材料和观点的兴趣，然后利用充分的论据进行说理论证，对态度的改变或形成会有较好效果。

在旅游宣传的过程中，要注意以下几个方面的问题：

第一，诉诸感情。“酒香不怕巷子深”的观念已经过时了，网络时代“酒香更要勤吆喝”。“吆喝”即“夸”的艺术：一要使人动心，“动人心弦”，令人向往；二要使人放心，打消顾虑，解开疑团；三要使人省心，方便易行。

第二，信息真实。宣传信息越是真实可靠越有吸引力，而旅游者一旦发现有假冒伪劣的虚假信息就会产生排斥心理。

第三，正负传播。对于某个具体的宣传材料来说，有正反两方面的信息，是单方面宣传还是两方面宣传，要具体情况具体分析。从宣传目的来看，欲产生立竿见影的效果，应提供正面信息，而想长时间树立观念，则应提供正反两方面的信息。从客观情况来看，如果不知道反面信息，最好只提供正面信息，有利于形成并加强态度；如果本来就知道反面信息，就应该主动提供正反两方面的信息，并同时强调正面信息，削弱或否定反面信息的真实性与可信性。如果一开始就对正面信息持肯定态度，最好不提供反面信息，这有助于加深和巩固态度；如果对正面信息持怀疑或反对的态度，则应该同时提供正反两方面信息，有助于削弱防卫心理，消除怀疑，改变否定态度。从文化水平来看，受教育程度高的人分析、判断问题的能力较强，应该向他们提供正反两方面的信息；而对受教育程度较低的人，则最好只提供正面信息。从年龄经验来看，应向少年儿童、缺乏经验者宣传正面信息；对富有人生经验的旅游者则应提供正反两方面的信息。

第四，形式多样。利用各种媒介做广告，参加交易会、举办展览会，印发精美宣传册子，还可用各种高科技手段进行推广。总之，要通过生动、形象的宣传活动以“新”和“奇”来吸引旅游者，同时以各种承诺打消旅游者的疑虑。

（3）巧妙运用一些具体策略

可以利用“权威效应”“登门槛效应”“自己人效应”，要注意“超限逆反效应”，进行“强迫接触”“角色扮演”等。

（4）运用团队力量，亲身体验尝试

人际关系及个人与群体的关系在个人的态度改变方面发挥着重要的作用。利用人际关系及个人与群体的关系来改变人们的态度是一个有效的途径。

见多识广
3-2-11
巧妙策略
大揭秘

大量的社会心理学实验研究证明，如果人们从属于一定的群体，群体的规范会在其成员身上产生明显的参照效应，使人们在各种内外因素的作用下，倾向于选择与群体一致的态度与行为。因此，在对旅游产品进行宣传时，可通过加强群体的影响来改变个人对旅游产品的认知。

就旅游产品而言，旅游者潜在的态度改变中最重要的因素是旅游体验本身。因此，要改变对旅游活动持消极态度的对象可以组织一次旅游活动，邀请他们来参加，让其亲身体验一下旅游活动带来的乐趣。

课后小练习

◎ 填一填

根据表 3-2-16 的描述，填写出左边的自我状态类型，并判断右边是否存在描述失误的地方。

表 3-2-16　**不同类型自我状态的表现**

自我状态	语言表现	语调	非语言表现
	我想要，我要，我不知道，我不管，我猜，当我长大时，好得多，好极了	激动，热情，高尖的嗓门，尖声嚷嚷，欢乐，愤怒，悲哀，恐惧	喜悦，笑声，咯咯笑，可爱的表情，眼泪，颤抖的嘴唇，噘嘴，发脾气，逗趣，咬指甲，扭身子撒娇
	为什么，什么，哪里，什么时候，谁，有多少，怎么样，有可能，我认为，依我看，我明白了，我看	不假思索	皱眉头，指手画脚，摇头，惊愕的表情，跺脚，搓手，叹气，拍拍别人的头，死板
	按理，应该，永远，不要，别，让我告诉你应该怎样做，真蠢，真讨厌，真可笑，别再这样做了！你又想干什么！我跟你说了多少遍了？请你千万记住，好孩子，好宝贝，真可怜	高声＝批评 低声＝抚慰	舒适自如，不热情，不激动，漠然

◎ 想一想

见多识广
3-2-12
气质测试量表

1. 请大家扫码完成气质测试量表（见多识广 3-2-12），解读自我的气质类型，如有疑问，及时反馈，教师视情况组织讨论或私人沟通。

2. 结合所学，解释图 3-2-5 对自我成长的意义与价值。

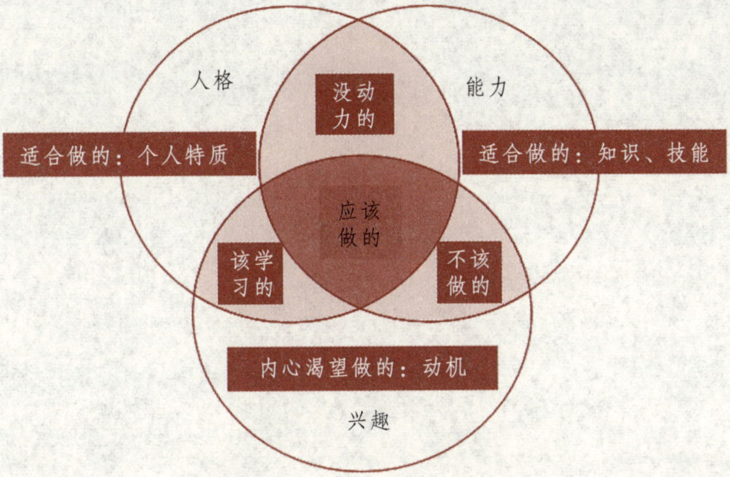

图 3-2-5　自我成长的意义与价值

收获与体会

____

____

____

模块四
用“心”做好服务——旅游营销中的心理服务

学习导图

用“心”做好服务

- 项目一　服务场景的心理暗示
  - 任务一　服务场景的构成
  - 任务二　智能化服务场景与游客心理
- 项目二　旅游产品的规范展示
  - 任务一　旅行社门市接待服务
  - 任务二　产品展示的心理服务

模块四　旅游营销中的心理服务

思政浸润

★党的二十大报告指出，“教育、科技、人才是全面建设社会主义现代化国家的基础性、战略性支撑”。引导学生从各类文旅企业、文明古城的科技化、智慧化发展的经典案例中认识到，在国家战略、数智技术、消费升级和转型发展等因素推动下，文旅行业已经成为数字技术的重要应用领域。感恩时代机遇，中国文旅企业应主动承担使命，在“两山理论”和“敬重自然、敬畏历史、敬仰文化、敬奉市场”的指导下，发挥自身优势，努力成为“创造美好体验产品的高科技文旅综合性企业”，助力中国智造、中国创造。

★引导学生从优秀的一线文旅工作者身上看到爱岗敬业、精益求精、游客至上的职业精神，在同辈激励中收获工作的灵感、从业的信心、努力的方向、成长的鼓励。

★引导学生关注文旅管理部门与时俱进的政策法规与管理方针，在对客服务中始终坚守立场、遵纪守法、诚信服务，自觉维护旅游市场秩序与安全。

学习目标

知识目标

•了解服务场景的划分，掌握服务前后台环境区别，理解主要服务环境元素对心理的影响；理解服务项目的心理功能与设置原则；理解智能化服务设施及项目与游客心理的关系。

•理解线上与线下旅行社接待异同；掌握线下门市接待流程与服务重点；掌握游客购买决策过程与特点及交易促成技巧；掌握游客等候心理特点与应对策略，及不同个性的游客接待技巧。

能力目标

•能运用颜色、灯光、音乐、气味、摆设、氛围等多维元素改善服务前台环境；能合理地运用智能化服务设施满足游客的多元需求；能根据游客心理接受程度有效地设计智能化服务项目。

•能顺利完成线下常规的游客门市接待过程，在客我互动中赢得好评；能合理引导游客购买合适的旅游产品，针对不同的情况促成交易；能采用多种策略缓解游客等候时的不佳心理状态，改善等候体验；能针对不同个性的游客进行门市接待服务。

素养目标

•养成修饰自我形象的习惯，提升审美品鉴能力，打造综合性的专业化职业形象。

•养成加强语言修养的习惯，提高语言表达能力，改善沟通协调方式，处理好客我人际关系。

•养成关注新闻时事的习惯，提高自身素养，适应科技未来。

项目一　服务场景的心理暗示

◎**课前小互动**

温故而知新，请同学们回忆所学的心理学知识点，思考哪些是运用在旅游营销环节中，并与“服务场景的心理暗示”相关的，举例说明并发表看法。

知识共探究

任务一　服务场景的构成

一、服务场景的划分

每一个旅游消费者享受服务的过程都是在某个特定场景下发生的。在这些不同的服务场景里，存在着许多具有差异的构成因素，如服务环境、服务项目、提供服务所依赖的硬件设施、与游客交流接触的服务技术等。这些因素的区别带给旅游消费者不同的服务体验，进而产生迥异的体验心理，这些不同的心理感知又帮助旅游消费者形成关于服务及旅游企业本身的印象。

知识课堂 4-1-1

（1）扫码学习“微课 4-1-1”。

（2）结合微课，请同学们总结旅游服务环境中的哪些因素会对游客产生心理影响。

微课 4-1-1

服务场景与游客心理

服务环境是服务者提供服务和游客进行服务体验的物质环境，是服务产品的生产场所同时也是游客的消费场所。用一条“可见部分线”，可以将服务环境分为游客可视区和游客不可视区。与此相对应，在服务“可见部分线”之上是服务的前台环境，“可见部分线”之下是服务的后台环境。前台环境既是游客消费区又是服务提供区，后台环境则为纯粹的服务工作区（如图 4-1-1 所示）。

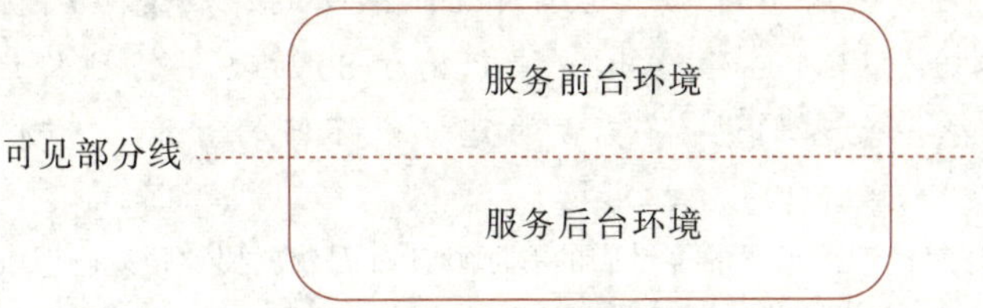

图 4-1-1　服务环境的前后台划分

服务环境对服务提供者和消费者都会产生极大的影响。服务前台环境是包括外观、装修、风格、摆设在内的消费者的“可视环境”，在这里营造服务氛围，可影响消费者的服务体验和心理感受，从而影响消费者对服务的最终评价。同时前台服务环境还是服务的生产场所，其功能性设计的合理性会对服务者的工作效率、工作态度产生一定的影响。服务后台环境是纯粹的工作场地，其设计的科学性会对后台工作人员的生产效率和工作心理产生积极作用。可以说服务前台环境为游客的整个服务体验设定了基调，当游客对某一旅游企业缺乏了解时，服务环境能帮助游客判断其该旅游企业的水平。

二、服务环境的心理影响

服务可视环境也可称为服务物质情境，它包括装饰颜色、灯光设计、背景音乐、环境气味、整体氛围、建筑物外观、有形产品的陈设等。联系旅游者的知觉分析，物质情境是一种得到广泛认可的情境影响。

1.装饰颜色

服务可视环境的颜色需要与服务可视环境的文化、主题、性能等相关。比如，虽然传统意义的酒店客房不适宜使用黄色、红色等能吸引人注意和兴趣的颜色，宜用较柔和的颜色，如蓝色、绿色等有助于睡眠，但有些卡通主题的酒店客房的装修往往采用卡通人物图案和绚丽多彩的色调，以符合主题特色文化。

案例分享4-1-1　　这家烧烤店的设计，看着就"很好吃"

现在城市里的烧烤店有很多，但是能把烧烤做成一个含有怀旧风和文化内涵的餐饮品牌的却是少之又少，深圳“天台上见”是成功的。

“天台上见”以本土文化习俗与现代消费的结合为设计主题，围绕独具年代特色的霓虹灯、原木、砖头等来展开设计，整个布置像摩登的20世纪80年代，浓浓的复古风情让人眼前一亮。在墙面设计上，采用了传统文化元素和带有江湖色彩的常用话语。在色彩组合的设计上，主要运用了红色、绿色和灰黑。墙面上大量地使用了棕黄色墙漆，搭配少量的绿色、红色、蓝色、黄色做点缀。红色和黄色彰显着烧烤店红红火火，而绿色和蓝色又为火热的空间带来了一丝清凉的视觉感受，此番色彩搭配与墙面形成鲜明对比，使得整个空间活泼起来而不失韵味。在墙面装饰上用到的材质主要是木竹和铁艺，木竹是古代就有的材质，铁艺是现代的代表，这两种材质的组合搭配是古代与现代的交融，是自然与工业的碰撞，在公共空间中使用，又能体现出空间艺术感。在餐厅装饰运用一些生活中的小物件，如旧海报、空的可乐瓶、衣架、旧布条等勾起人们深处的记忆：下课一起回家，拿着早餐剩下的钱，叫上邻居家的小孩，蹦跳着唱着歌，一起去烧烤摊买烤串的情景。这就是“天台上见”带来的生活气，让顾客一进店门就能感受到这股复古风潮，为客户带来全新的视觉冲击体验，同时也营造出一种专属于80后童年的独特记忆，引起共鸣，增强他们的体验感。食客们说：“复古的霓虹，怀旧的音乐，感觉自己瞬间梦回80年代！”

资料来源：华空间设计．火爆的烧烤店的餐厅设计，看着就要“很好吃”［EB/OL］．［2020-02-19］．https://baijiahao.baidu.com/s?id=1658964746823754683&wfr=spider&for=pc.

思考：查阅相关材料，请思考色彩与情绪之间有什么联系。

交互式课件
4-1-1
色彩心理学初探

2.灯光设计

说到灯光设计，就不得不提到杭州西湖上最早的“灯光秀展示”——“三潭印月”，借助烛光、月光，把诗情画意展示得淋漓尽致，更把其创造者苏轼对明月的情结充分呈现。

随着夜经济的崛起，城市灯光设计成为夜间“标配”，夜间旅游的蓬勃发展也凸显了灯光设计的重要性，景区亮化成为吸引游客的一项重要手段，能够为游客提供视觉享受和夜间游览的机会，比如珠江夜游中观赏璀璨的“小蛮腰—广州塔”。

首先，灯光设计的基础是安全性和引导性的功能照明，节能环保也是夜间亮化的重要考虑因素。在亮化设计中，应选择节能环保的照明设备，减少能源的消耗和环境的污染。

其次，灯光与文化相结合塑造旅游企业特质，用照明体现文化的外显形式，让灯光符合旅游的需求特征。文旅景区照明主要以功能照明与氛围灯光结合地域文化来打造，文旅景区照明应结合当地文化、地域特征、景观特点、建筑特色等进行科学的规划，让景观区灯光与文化背景、自然景观、建筑风格巧妙结合起来。比如，灯光亮化与主题公园、景区的结合，可以创造出独特的娱乐体验。通过光影秀和灯光装置，可以打造各种奇幻、浪漫或互动性的景观，比如互动钢琴、七彩华尔兹等，带给游客美好的画面感，让游客重新体验童年的乐趣，提升游客的体验感和参与度；灯光亮化与文化遗产保护展示相结合，通过照明和投影技术，可以实现对古建筑、雕塑和艺术品的精细化保护和展示，深挖历史文化精髓，实现建筑艺术与灯光亮化艺术、传统与现代的完美融合，夜游龙门石窟、夜上黄鹤楼等都是经典之选。

见多识广
4-1-1
探寻“三潭印月”

如果一个景点有强烈画面感，有颜值高的光影项目能让游客拍出“大电影”的效果，那么这个景点就能脱颖而出，吸引游客观光打卡。

启智润心 4-1-1　西安大唐不夜城：炫彩灯光演绎大唐盛世，文化创新续写盛世繁华

文化和旅游部产业发展司在2023年全国暑期文化和旅游消费季主场活动上发布了20个沉浸式文旅新业态示范案例，这些案例植根中华文化、场景丰富多样、技术深度应用、实现双效统一，代表沉浸式业态发展的最新成果，西安大唐不夜城正是其中之一。

作为西安文化地标之一的大唐不夜城，位于西安市大雁塔脚下，南北总长2 100米，东西宽500米。漫步大唐不夜城步行街区，仿唐建筑飞檐斗拱、层楼叠榭；华灯初上后灯火璀璨、游人如织。大唐不夜城步行街以盛唐文化为底蕴，融入商业、休闲、娱乐、体验等多种功能元素，构建沉浸式的夜间场景，将“盛唐文化”和“西安夜游文化”进行现代化演绎。街区融合大型购物广场与文化艺术展区，为游客提供文旅消费体验，全面涵盖唐食荟萃、百艺文创、沉浸式演艺、综合商业等多种业态，并形成集观光游憩、文化休闲、特色餐饮、购物娱乐等多位一体的文旅融合新业态发展模式，拓宽了旅游产业链条。

街区常年不间断开展多组音乐表演、彩车巡游、秦腔小舞台等，“不倒翁小姐姐”“诗仙李白”等表演先后爆火出圈，新推出的“盛唐密盒”演出将传统演艺模式从“台下观看”切换为“沉浸互动体验”，以全新形式焕活传统文化，受到全国各地游客喜爱。国际一流团队创排《再回长安》《大雁塔水舞光影秀》两大演艺；推出《戏演壁画》《霓裳羽衣》等多组沉浸式互动演出，生动演绎西安深厚文化底蕴与城市故事。

2023年，街区打造了全球首个基于唐朝历史文化背景的元宇宙项目《大唐·开元》，推进文旅产业数字化，积极探索“文旅元宇宙”新模式。以科技赋能，结合传统手段和现代科技手段，推出“盛唐幻境”AR游，升级“簋唐楼”“机空间”等文化科技沉浸式体验空间，建立智慧文旅新场景，此类创新打破了传统文旅行业的定义与标准，推动文旅产品升级和消费升级同步高品质发展。

近年来，街区深入探索沉浸式文旅融合新产品，整合各类资源，把无形的文化融入有形的体验，重点瞄准“文化IP＋旅游”，通过“商业+”“活动+”“演艺+”“智慧+”等形式，打造全域、全业、全季的文旅经济模式，已成为西安“夜游经济”主阵地和文化旅游标志性名片。

当夜幕降临，整个不夜城灯火辉煌，流光溢彩。灯光照亮了大唐的辉煌历史，也展现了当代盛世繁华。

资料来源：青大文旅高研院．沉浸式文旅示范案例之《西安大唐不夜城》[EB/OL]．[2023-08-07]．https://mp.weixin.qq.com/s?__biz=MzU0Mzc0MzQ1Mw==&mid=2247522754&idx=2&sn=95dd5901161cf8228beb16356c49e8bc&chksm=fb041570cc739c669e2dd904dc0a68e9338106884e377203e2f110d3777fcaf1896b38b46e3e&scene=27.

思政元素：文化自信　民族自豪　文化传承　科技创新

学有所悟：大唐不夜城以灯光为媒，以文化为底蕴，以科技为手段，将传统与时尚碰撞，展示了古老与现代相得益彰的形象风采，让海内外游客感受到西安独特的城市魅力。古有大唐盛世，今有大国风范，延绵传承的中华文化在华夏大地上谱写着绚烂篇章。

3. 背景音乐

研究表明音乐影响游客的情绪，而情绪又会影响游客的消费行为。酒店公共区域的背景音乐宜为慢节奏的欢快音乐，酒店餐厅的背景音乐应与餐厅的主题相协调，如在西餐厅安排小提琴手现场演奏悦耳动听的轻音乐，就能达到渲染浪漫温馨氛围的效果，在景区快捷餐厅播放快节奏音乐可以加快游客的进餐速度，以达到提高座位周转率的目的。主题音乐也是旅游企业品牌听觉识别系统的组成部分。当您到广州长隆欢乐世界旅行，靠近检票大门，欢快的音乐就会钻入您的耳朵，进入园区畅享体验项目，无处不在的“美丽长隆欢迎你，长隆欢迎你”旋律会伴随您整个游玩过程。此外，广州长隆动物园、长隆欢乐世界、珠海长隆海洋王国等分园区虽然都属于长隆集团，但因主题各异，园区播放音乐各有不同，特色鲜明。

案例分享 4-1-2　　让音乐为餐饮代言

胡桃里是一处将音乐、美食、美酒、表演融于一体，具有文化氛围且提供高性价比酒水美食的丰富夜生活场所。立体灵活的空间体验、高品质美酒餐饮、陪伴式音乐表演、国际艺术流派精彩演绎，吸引了大量音乐、艺术、美食、美酒爱好者慕名而来。

胡桃里用自己特别而时尚的玩法，3年间在全国260个城市开店388家，到一个城市引爆一个城市的火热，重新定义了餐厅。胡桃里的火爆，让人们看到了音乐+餐厅+咖啡模式的前景，让人们认识到了音乐餐厅的魅力。中午11点到凌晨3点的15小时营业时间，餐厅的菜、酒吧的歌、咖啡馆的舒适在这里发生了完美的化学反应，浓烈的娱乐文化氛围刺激着人们的感官。

胡桃里模式的核心优势是音乐资源、艺人资源。音乐是胡桃里的灵魂和品牌基因，其背靠的合纵文化集团，是中国最大的综合音乐实体之一。1 800名签约艺人分属各类流派，加上现场刻意营造的音乐氛围，胡桃里给顾客营造了一场真正的视听盛宴。餐饮+娱乐文化，也是胡桃里不断提升品牌溢价能力的利器。一般的音乐餐厅和酒馆，只是请一位驻场歌手来唱歌而已，而胡桃里将音乐属性融入自己的品牌和文化之中，场外的音符亮灯、吉他与黑胶碟式的签到簿、黑白键的钢琴地贴、各式音符挂饰等等，各种音乐元素充斥其间。让人们无时无刻不处在胡桃里营造的音乐氛围中。有人喜欢独坐在胡桃里感受现场音乐的魅力，有人则更喜欢胡桃里由音乐延伸出的派对文化，一群好友围成一圈，由美食、美酒与音乐发酵而出的气氛令人心迷。在总经理詹宗德看来，每个城市都存在着热爱音乐、热爱文艺的群体，都希望有一个空间来释放这种情怀，此前一直没有一个合理方式来激活这群人，而胡桃里正是一个合理的途径。

胡桃里的诞生颠覆了餐饮行业商业模式，开创“中国音乐酒馆”品类先河。多年来，胡桃里紧跟市场节奏，不断打磨、创新激发城市活力，赋能夜间经济，打造健康夜生活标杆，传播“晚餐就开始的夜生活”理念，聚焦热爱文艺生活方式的城市人群，以陪伴式音乐现场为核心，用更丰富层次赋予餐饮美好的定义。

资料来源：胡桃里．品牌实力再获行业认可！胡桃里荣获“2022最具行业影响力品牌”奖项［EB/OL］．［2023-06-20］．https://mp.weixin.qq.com/s/3n04zE58t6XTAFae6kOq4w；佚名．3年300家店，风靡全国，“国内最大音乐餐厅”是怎么炼成的？［EB/OL］．［2018-08-11］．https://zhuanlan.zhihu.com/p/41789984.

思考：餐厅、酒店以及旅游景区应该如何选择合适的音乐？

4.环境气味

模块二中我们分享了“嗅觉‘造金’，酒店香氛的新战事”，酒店公共区域舒适宜人的香气不仅可以改善客人情绪，与消费者的美好记忆产生情感关联，提升其对品牌的好感度，同时，这些标志性、易分辨的气味也形成了高辨识度的酒店品牌嗅觉识别系统。

无独有偶，喜茶等新兴茶饮企业门店也都注重营造自己的特有气味，尤其是炎炎夏日，推门而进，凉爽又清新的独有的淡淡茶香扑面而来，令人心旷神怡，印象深刻，仿佛置身初春时期薄雾飘散的天然茶园中，品上一杯香郁沁脾的新茶。

如果暂时无法借助气味建立嗅觉识别系统，那么首先应保证气味洁净，清新自然的气味是客人在消费时应有的权利，清洁卫生的公共环境会给客人留下良好的印象。对于封闭的空间，比如酒店客房、景区小剧院等要经常通风并定期大清洁，新装修的房间应该尽快去除异味及甲醛等有害气体，保障游客身体健康。

值得注意的是公共区域及服务区域清新自然的气味并不是简单的香味，虽然香味是人们普遍接受的气味，但对香味的偏爱是非常个性化的，使某位客人愉悦的香味对其他客人来说也许会令其厌恶，一些游客反感酒店精心添加到空气中的香味，一些游客则会担心过敏。所以，选用香氛也是一门学问，几年来兴起芳疗师、调香师等职业，在模块六中，我们会结合香薰减压来展开介绍。

案例分享4-1-3　　让气味成为餐厅隐形的迎宾员

除了用眼睛看，嘴巴尝，“气味营销”也已经成了众多餐饮店“引流”的关键因素。它看不见，摸不着，却非常有效，这就是食物原生气味的魅力。某食品曾在杂志内页上做过一次广告，那页广告纸经摩擦后会散发蛋糕的香甜味道，不仅增加了读者参与度，还有80%的读者当即表示真的很想吃。

餐厅可根据自己的品牌特色来寻找属于自己的气味，比如面包店的奶香、川菜馆的麻辣香，或是特殊的调料味。曾有消费者说自己“忘不了豪客来的黑胡椒味”，这也是独属于品牌的气味。餐饮界最轰动的气味营销当属乐凯撒了，其榴莲味的电梯和报纸一问世便成为备受关注的话题，它甚至推出了榴莲味香水，不吃榴莲的人都禁不住诱惑去品尝。老母鸡炖汤是再普通不过的一道菜，但有酒店把它放在大堂里炖煮，满屋的香气吸引着每一位进店的游客，使这道普通的老母鸡炖汤成为必点。上海老字号立丰食品协同梯影传媒打造了一支有味道的电梯广告。随着屏幕里菜饭的烹饪，立丰香肠的香气也会在电梯内升腾，让人忍不住垂涎。一个陪伴上海人近百年的品牌，通过融入新科技的气味营销，不仅用亲切又熟悉的味道勾起了几代人的回忆，也勾起了游客的食欲和购买欲。

甚至，城市营销也玩起气味营销。以“臭”传千里，闻名街头巷尾的臭豆腐，是属于长沙的经典味道。在长沙市天心区太平街，打造了一座“臭豆腐博物馆”。博物馆特别设置了一个人头形状的互动板块，展出了由200余种天然草药材集合调制成的臭豆腐卤水。游客可以在经过时将头钻进“闻臭大鼻头”的鼻腔模型中，鼓风机会将卤水的味道吹进鼻腔。相信你只要深吸一口气，便再也忘不掉臭豆腐和长沙这座城。

闻得到的广告让人对美食有了更生动的想象和欲望；用一个味道串联起对一座城市的记忆是有趣且浪漫的事情……看不见摸不着的气味营销细致入微地洞察了消费者的隐性需要，作为一个很好的营销手段，既能引流，又能带动回头客，成为让消费者习惯的购物点，不断赋能品牌形象的打造与提升。

资料来源：首席广告官．气味营销，鼻子这门生意［EB/OL］．［2023-02-26］．https://mp.weixin.qq.com/s/cmAjA7wujVr2aqtafqevxg；草田营销．用气味来营销，这个思路应该get到［EB/OL］．［2018-11-09］．http://www.szctch.com/news-6/44.html．

思考：查阅相关材料，思考气味营销还可以使用在旅游景区哪些产品上。

5.整体氛围

氛围主要指旅游企业内部的情感格调对旅游消费者产生的微妙影响。我们以饭店为例，图4-1-2描述了饭店游客三种情绪状态（愉悦、激奋、自在）与做出一定行为的明确意向之间的关系，愉悦感是指宾客在饭店内感觉舒适、高兴、惬意或满意；激奋感是指宾客在饭店内感觉兴奋、刺激、激动和活跃；自在感是指宾客在饭店内感到不受约束和能够自我支配。愉悦的、激奋的与自在的感知状况可能影响饭店游客下述行为：喜欢到该店入住；乐意花费时间搜寻饭店内其他服务与产品的信息；倾向于花费比原来计划更多的钱；很可能再次入住该店。

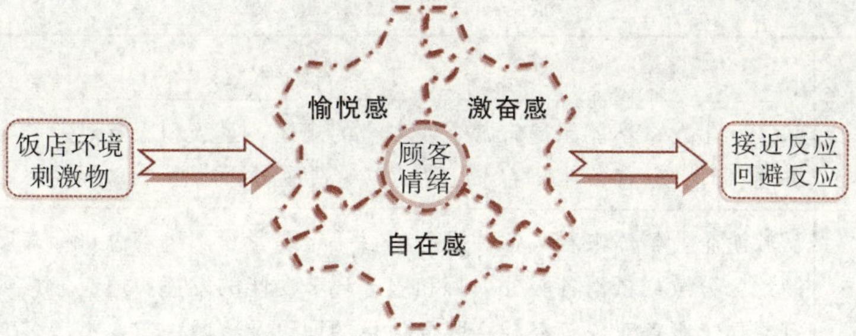

图4-1-2　饭店氛围影响模型

学以致用4-1-1

请大家分组完成下面的讨论任务：第一，商讨筹划一家自营旅行社，确定名称、企业文化、品牌定位、主体客群、经营范畴、门市地理位置等；第二，根据前面的讨论，初步确定旅行社门市拥有的全部有形产品陈设；第三，思考“为何有些小型旅行社的前台或展览区会摆放各类土特产、地方性特色商品等”。

服务环境对旅游服务人员和游客都会产生极大的影响。当我们走进一家旅行社，外观有品位、装修有格调、设备完善、空气清新、资料丰富，这样的“可视环境”令游客感受舒适，为整个服务体验设定了满意的基调，合理的功能性设计也会改善服务人员的工作效率和工作态度。此外，线上旅行社网站的界面设置美观度、导航便利度、海报醒目度等也会对在线查找旅游资讯的人员形成心理影响，大家可以在“旅游电子商务”的相关教材中获取更多相关知识。

三、服务项目的心理功能和策略设置

见多识广
4-1-2

旅行社的品牌形象与接待环境对游客的影响

1.服务项目的心理功能

作为满足旅游者消费需求的旅游服务项目，一般都具有提供便利、刺激消费欲望、满足精神享受的心理功能。

便利功能是指游客消费有关服务项目时产生的省时、省力、方便、获益的心理感受。在旅游服务方面，旅游业特别强调高效率，争取更多的游客是旅游业存在和发展的重要条件。旅游项目想要争取游客，就要将新颖、别致、科学性、趣味性、多样性、适应性等特色融为一体，使旅游服务项目具有独特的魅力，能诱发游客的各种消费欲望。游客服务项目以其独特的构成，不仅使人们通过对某种服务项目的实践，领略和欣赏某种经历，促进全身心的感官开放，而且还能获得日常家居或工作环境无法达到的美感和颇有所得的良好感受。

2.服务项目的设置要求

由于旅游企业的等级标准不同，地理位置不一，接待的服务对象差异性大，旅游业在设置服务项目时一定要遵循务实、灵活和实惠的原则，否则旅游项目很难发挥其应有的作用。服务项目的设置原则见表4-1-1。

3.规范化服务项目和个性化服务项目

随着我国旅游业日益发展成熟，旅游企业已形成了提供一定规范服务项目的固定模式，如酒店为满足游客“安全、卫生、舒适”的基本要求，提供总台接待、总台寄存、客房铺床等服务项目。

表4-1-1 服务项目的设置原则

原则	实质内涵
务实性	从实际出发，不能超越旅游企业本身的规模、等级和服务对象的实际。在设置服务项目时，只有条件具备才设置，以免造成资源浪费
灵活性	从旅游企业整体来看，各种服务项目一定要紧紧围绕着总目标来设置，不要彼此制约，分散或抵消各服务项目和服务环节功能的发挥。还应注意到旅游业季节性较明显，服务对象较复杂，服务项目的增设及删减一定要灵活多变，使服务项目充分地发挥出应有的功能
实惠性	服务项目要符合游客的支付能力和消费水平，使游客通过消费和使用获得充实感。如果服务项目收费较高，使游客感到可望而不可即，就会冲淡游客的兴趣，减弱游客对服务项目的趋向力或中止享用此项服务

当前的人类社会已从“温饱经济”进入“体验经济”时代，享受高品质的服务成为这个时代的鲜明消费特征。人们的需求从过去的依靠物质性消费实现吃饱穿暖转向更高层次的满足个人心理需要的无形服务体验。人们消费某个服务产品，除了要获得某项服务所能带来的显性利益（通常是生理性或功能性的），还要从中体验到一种感受，来满足个人的心理需要，如社会地位的体现、好奇心的满足、兴趣爱好的实现、心理上的“安全感”等。人们在消费时有一种强烈的“突出自我”的愿望，希望自己被服务组织当作一个单独具有个性特点的“某某人”，而不是“游客之一”。

不同的服务项目对上述的游客最终感受有不同程度、不同性质的影响，从这个意义上来看，可以把服务项目分为合格项目和魅力项目（如图4-1-3所示）。

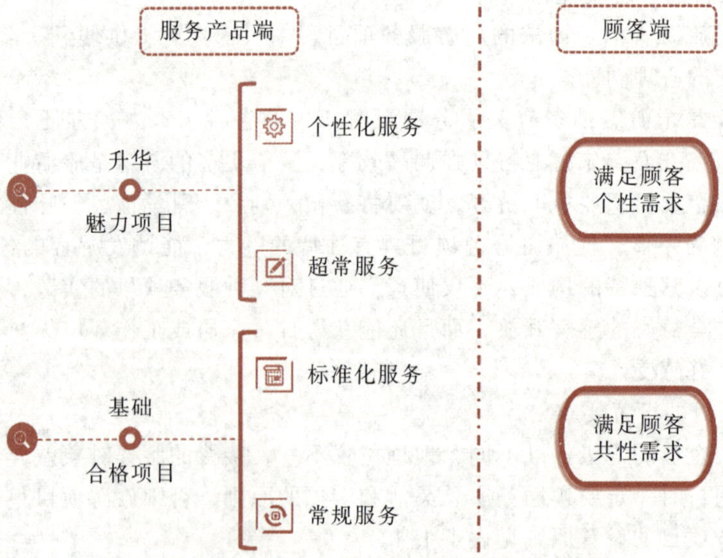

图4-1-3 合格项目、魅力项目与游客需求关系图

在竞争激烈的旅游服务市场，仅仅凭标准化的“常规”产品只能令游客“没有不满意”，而不能促使游客做出消费决策。个性化的服务弥补了标准化的服务项目的不足，吸引了游客的注意力，巩固了游客的忠诚度。

案例分享4-1-4　　“博物馆+酒店”，新体验，新探索

博物馆和酒店，听起来似乎是不搭界的两件事，组合在一起却能带给客人独特的体验。“博物馆+酒店”集艺术、文化与休闲、旅居、商务、娱乐的生活需求于一体，以其独特的文化氛围，成为主题酒店建筑中独具魅力的艺术酒店。

目前国内拥有博物馆的酒店屈指可数，聚焦酒店住宿业细分主题的博物馆尚属空白。广州花园酒店博物馆是国内首个以住宿业为主题的专业博物馆，以“与民族同根、与开放同频、与老城同脉、与行业同辉、与品味同质、与世界同步、与时代同行、与受众同感”的“八个同”为建馆理念和展陈主线，旨在延展花园品牌价值内涵，传承住宿业历史文明，展示千年商都发展变迁。通过讲述花园故事、酒店故事、广州故事和中国故事，打造首家文旅融合、主客共享、跨界对话、突破传统博物馆边界的酒店住宿业博物馆。

花园酒店博物馆总建筑面积约1 600平方米，设6个常设展厅、1个专业展演厅、1个360°环幕沉浸式多媒体厅、互动文创、轻餐饮等配套设施，集展览展示、收藏研究、公共教育及文创生活体验于一体。在展览方面，花园酒店博物馆常设展内容分为“古老行业，居停之道”“千年商都，商埠商住”“经济发展，酒店兴盛”“对外开放，酒店同频”“经典非凡，花园酒店”“景观之上，品质生活”六个单元和360°环幕多媒体体验区，文案内容超过55 000字、珍贵历史图片资料480多项，设计多个场景还原、10余处多媒体互动、沉浸式大型环幕等多样化展示手段，全面展示酒店业的外延与内涵。常设展不仅涵盖酒店与历史，还立足于酒店与城市、酒店与商圈、酒店与建筑、酒店与未来等专题性视角，聚焦千年商都、海上丝绸之路发祥地——广州的住宿业与城市更新发展。在馆藏方面，一共考据征集藏品800余件，在馆现场展示展品350余件。由中国改革开放总设计师邓小平题写的店名“花园酒店”成为意义非凡的镇馆之宝。

1985年开业至今的广州花园酒店，保留了38年来人们对于广州的记忆。作为中国三家白金五星酒店中的唯一民族品牌，花园酒店被誉为改革开放的标志之一。花园酒店沉淀的独一无二的历史与文化元素，留下了一个大时代的深刻印记。广州花园酒店与中国改革开放四十年来的发展成就息息相关，与中国住宿业的传承与创新息息相通，与广州商都的文化、花城的文明一脉相连，这些历史、文化与使命，成为了花园酒店博物馆的建馆初衷。

资料来源：佚名．“博物馆+酒店”的文商旅融合新探索［EB/OL］．［2022-05-18］．https://baijiahao.baidu.com/s?id=1733164807038149982&wfr=spider&for=pc；岭南控股．花园酒店博物馆丨时空之上，穿越千年的旅居大观［EB/OL］．［2021-12-29］．https://mp.weixin.qq.com/s/i5p0Gy_7K09H6uMcsJUQLQ.

思考：阅读并查找相关材料，请同学们讨论“博物馆+酒店”体验独特之处在于哪里。

在实际服务项目设置中，必须明确规范化服务是服务保障，是“源”，个性化、情感化服务是服务价值，是“流”，而优质服务就是二者的有机结合（如图4-1-4所示）。

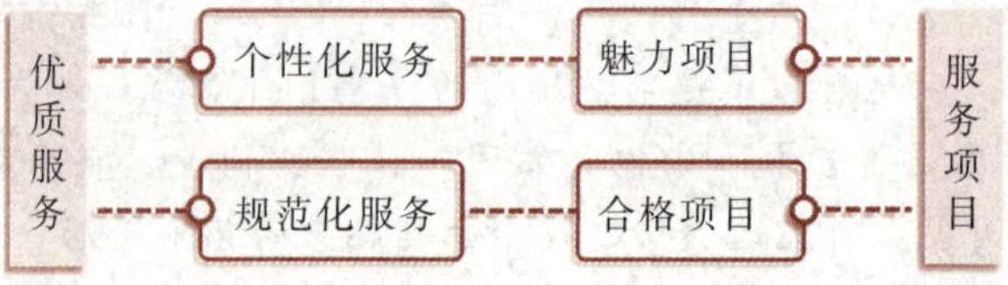

图 4-1-4　个性化服务、规范化服务与优质服务

任务二　智能化服务场景与游客心理

一、服务技术含量的心理影响力

知识经济时代的到来在很大程度上改变人们的生产方式和生活方式，旅游企业信息化管理、旅游企业服务技术的信息化等日益受到关注。越来越多的旅游企业不仅配备科技含量高的服务设施，更是采用智能化信息系统来管理游客交流界面，用信息技术来辅助核心服务。

1.智能化服务设施与游客心理

古语有言“工欲善其事，必先利其器。”要搞好服务质量，赢得消费者的青睐，完善的经营设施是必不可少的。在激烈的市场竞争环境中，以及游客需求日益提升的背景下，旅游企业要吸引游客的注意力，让游客产生良好的第一印象，进而产生游客忠诚，完善的经营设施仅仅是基础，只有采用高技术含量的设施设备才更能满足游客对便利、快捷、安全的旅游服务的需求。

以智慧酒店为例，酒店使用智能照明系统，利用物联网设备的传感器数据和其他信息进行灯光控制，并结合场景需求关闭或打开酒店各处的照明设施，显著地降低能源消耗和成本，优化能源使用效率。酒店大堂设置自助智能终端，客人可以通过自助终端来办理入住和退房、预订餐饮、查询酒店信息等。客房是智慧酒店最核心的地方，也是最具代表性的地方，智能家居产品在这里的应用越来越广泛，如智能门锁、智能马桶等。在客房内外，客人可以通过手机 App 控制灯光、窗帘、空调、电视等，客房内部使用手机 App 与语音均可以实现个性化定制操作，还可以通过手机预约叫醒服务。此外，客房内还有智能安防系统，安装红外探测器和门磁探测器等设备。在住宿体验上，5G 网络能与 4K/8K、VR/AR、云技术、AI 等技术及设备相结合，给客人提供超高清观影、云电脑、云游戏、VR 划船健身、个性化推送等丰富体验，满足商务办公、工作会议、娱乐休闲等不同场景需求。机器人技术在酒店业的应用正变得越来越普遍。机器人管家使用统一的算法模型，通过编程，它可以执行各种任务，简化人员的工作，满足客人的需求。机器人管家会做好礼宾服务，向客人打招呼，能做出“微笑”等表情，在礼宾部完成行李寄存的工作，提供信息查询、目的地指引、机器人送货等服务，在客房还未准备好时跳舞招待客人；在餐厅制作菜肴，进行餐厅传菜、客房送餐等；帮助处理客房服务、播放音乐等，还可以上下电梯，为客人进行客房送物等，多方位增强交互体验和服务质量。

启智润心 4-1-2　　**高科技战略助企业再树里程碑**

当今世界，科技的进步难以想象，中国科技创新已进入井喷时代，一批重大科技成果密集涌现，中国高铁、5G等科技水平已领先全球。科技的进步正不断冲击着各行各业，并给人类社会生活带来深刻变革。

碧桂园旗下千玺机器人餐饮集团打造的Foodom机器人中餐厅旗舰店在广州珠江新城花城汇广场正式开业，机器人“掌勺”烹饪美味佳肴，火候和口味均恰到好处，为人们带来全新的体验。餐厅外，煎炸机器人、甜品机器人、汉堡机器人挥舞着机器臂，展现高效出餐的速度。汉堡从下单到出品只需90秒；煎鱼饼最快可在40秒内制作完成。餐厅内，炒锅机器人负责炒菜，从投料、烹饪到清洗，全流程无人化操作，32口炒锅可同时不间断制作，提高了出菜的速度。菜品出炉后，地面送餐机器人、一代云轨机器人负责端菜。炒锅机器人炒好的菜通过餐厅上方的云轨平台送达顾客处。

这家机器人中餐厅主打顺德菜。中国烹饪大师、顺德名厨林潮带与10名厨一起参与了菜品研制，机器人成为了他们的“徒弟”。厨师们将菜品制作的油温、下菜顺序、收汁工艺、翻炒方式与时间等要素输入机器人电脑，通过成百上千次的实验、品尝、调校、提升，机器人最终精准地掌握了厨师的技艺。

资料来源：佚名. 全世界最先进的机器人餐厅在广州开业！碧桂园挺进智慧餐饮行业［EB/OL］.［2020-01-13］. https://baijiahao.baidu.com/s?id=1655604272829538668&wfr=spider&for=pc；叶芝婷. 连煲仔饭都会做?！这家主打顺德菜的中餐厅，竟是机器人在做菜！［EB/OL］.［2020-01-13］. https://mp.weixin.qq.com/s/0ndA5efzuiyzmqkyUH7-dA.

思政元素：科技强国　大国工匠　守正创新　文化自信

学有所悟：党的二十大报告指出，“教育、科技、人才是全面建设社会主义现代化国家的基础性、战略性支撑。必须坚持科技是第一生产力、人才是第一资源、创新是第一动力，深入实施科教兴国战略、人才强国战略、创新驱动发展战略，开辟发展新领域新赛道，不断塑造发展新动能新优势”。科技是推动人类社会进步的原动力，感恩时代机遇，中国企业更应主动承担使命，发挥自身优势，努力成为“为全世界创造美好生活产品的高科技综合性企业”，助力中国智造、中国创造。

以旅游景区为例，许多景区已经引入人脸识别系统，实现“刷脸入园”。首先，景区人脸入园系统最大的便利之处，就是不需要游客逐一排队购票和验票，方便快捷，节省排队时间。游客只需在景区官网或者App上提交本人的人脸信息，完成云端实名认证和订票。抵达景区入口时，站在识别器前笑一下，系统自动完成比对，验证通过就可以直接进入景区。整个过程快速简单，再也不用排长龙或担心门票丢失。其次，精准识别，安全管理有保障。景区人脸识别系统通过扫描人脸数千个特征点，精确识别个人身份。它可防止票务被盗用或倒卖，保障入园安全。同时，系统还可以配合黑名单，拒绝不良人员入内，为游客创造一个安全舒适的游览环境。景区管理员也可以随时查看实时客流和游客位置，进行有效的流量调控和救援配合。再次，无感支付，景区二消更便捷。很多景区打通了景区人脸识别系统和支付系统，实现“刷脸就可以购物”的无感支付。游客在园内消费时，不需要携带现金和银行卡，只需人脸验证确认，系统就可以直接在云端完成支付。这样既安全又快速，让游客可以尽情享受游玩乐趣。在观光车乘车点大规模安装人脸识别设备，可实现“刷脸乘车”。游客完成首次人脸注册与绑定后，即可实现全程“刷脸”通行，简化景区内各景点、乘车处检票流程，节省游客观光时间，提高通行效率。最后，无障碍游览使老弱病残游客及家属也能放心尽兴游览。景区人脸识别系统使游客入园时无须手持纸票，这样可以特别方便一些行动不便的老人、儿童、残障人士实现自助式云端购票和验票。他们也可以像普通游客一样，自主顺畅地游览景区，无须他人搀扶和照看，真正地享受到无障碍出行带来的便利与乐趣。景区应用人脸识别系统，有效解决了传统购票时耗时耗力的痛点，为游客提供了一个简单快捷、安全可靠的入园方式，也让景区管理更智能化。景区人脸入园系统的应用，能使游客在景区内得到更丰富便捷的服务体验，实现智慧化和个性化的游览需求。人脸识别系统与当地公安系统连接，未来可以为游客寻人、寻物等突发事件和紧急事件提供基础数据保障，提高游客在旅游时的个人安全保障。

案例分享4-1-5　　智慧海洋馆景区打造智慧景区新模式

智慧海洋馆已经不是一个新鲜的名词，上海海昌海洋公园积极响应国家加快智慧景区建设号召，开拓餐饮机器人应用新场景，将智慧餐饮作为智慧景区建设的重要一环，运用科技力量为景区服务升级赋能。上海海昌海洋公园装扮成“AI机器人王国”，安排16个餐饮机器人集合在三个主题区，为游客带来充满科技感、沉浸感的全新餐饮体验。色彩缤纷的“萌乐多”系列以科技手段复刻童年味道，深得小朋友喜爱：外表Q萌的冰淇淋机器人，冷饮制作过程直观有趣；18种花式棉花糖机器人，拿上一串瞬间成为吸睛“神器”；鲜果制作的多种口味冰糖葫芦，自动售卖自带炫酷声光；煲仔饭机器人有36个煲头，每小时可制餐100份；汉堡机器人从肉饼煎制、面包烘烤到打包出餐全部流水线式制作，最快10秒一个；智能面馆从面粉和面到一碗热气腾腾的牛肉面，仅需1分钟。品尝过这些主食，还可以到咖啡主题区来一杯香醇的机器人咖啡。四款功能丰富的咖啡设备中，双臂拉花机器人最为吸引眼球：双机械臂轻松完成打奶泡、拉花等高精度操作，完美复刻人手动作，百秒立享花式咖啡。所有设备均可实现24小时无人化运营，加上全程可视化、全封闭的新鲜现制过程，随时为广大游客带来快捷、卫生、富有科技感的餐饮体验。除了机器人美食，海洋公园还在海兽探秘馆首次引入了导览机器人。名为“魔豆”的机器人讲解员可引导游客参观，自动导览、定点讲解海洋动物知识，并进行互动交流，将海洋馆变成了“自然+科技”的科普小课堂。

随着人工智能、大数据、物联网等技术发展，游客体验会更加震撼、更加沉浸化，为游客体验、园区管理带来更多想象空间。如何利用新技术提高游客服务体验和园区管理效率，已成为旅游行业普遍思考和践行的重要课题。

资料来源：佚名．16款千玺机器人登陆上海海昌海洋公园，这个暑假好吃又好玩［EB/OL］．［2021-07-01］．https://baijiahao.baidu.com/s?id=1704059215807948935&wfr=spider&for=pc；佚名．划重点！关于文化和旅游，“十四五”规划纲要做出这些安排［EB/OL］．［2021-03-14］．https://m.thepaper.cn/baijiahao_11706898.

思考：有人说，智慧旅游时代老年人旅游难。请同学们阅读并查找相关材料，思考智慧旅游如何提高适老化程度。

传统的旅游导览方式通常依赖于纸质地图、人工导游讲解或语音讲解器等，人工导游讲解的设备由最初的大喇叭发展为随身麦克风、无线麦克风、远程麦克风等。传统景区人工讲解或语言讲解器是游踪化、系统化的，但有些游客只想知道自己感兴趣的内容，希望可以选择性地了解和观赏，于是扫码讲解成了这种导览模式的优质选择。扫码讲解系统采用二维码技术，游客在景区使用智能手机扫描景点中设置的二维码标签，手机上就会呈现该景点或展品的详细讲解内容，以图片、文字、多语种语音或视频等形式展现。景点讲解信息一次录入后可长期使用，可实时更新，非常方便快捷。如今，景区导览迎宾讲解机器人成为AI智慧景区新典范，专业、有趣、富有科技感的形象使游客的整个参观过程轻松愉快，在增强游客的游览体验感的同时提升景区的管理效率，为景区增添了科技感和现代化元素，促进景区品牌塑造。以博物馆展厅为例，在入口处，导览机器人能够主动迎接参观者，提供便民导览服务；在展厅中，能够解答观展常见问题，随时提供咨询服务；在讲解时，能够设定多条特色观展路线，引领游客参观并讲解重点展品，提供特色讲解服务，增加游客与展品的互动；在移动讲解服务方面，导览机器人完成讲解服务后可自动返回接待点，重点展品支持单独引领讲解。AR技术应用到景区，让用户在现实世界中体验虚拟世界的乐趣。比如游客可以在使用“美团乐园”App时，通过扫描景区内的AR标识或图像触发虚拟元素出现，与角色互动、拍照留念。

2.智能化服务项目与游客心理

将科学技术融入服务项目及提供过程，是行业发展的必然趋势，是服务组织追求卓越的必要途径。越来越多的旅游企业采用先进的智能化管理系统来管理企业内部各部门，并加强内部沟通，同时完善客我互动服务交流界面，提供具有革命性变化的旅游服务项目。游客通过享受和体验这些服务项目，更加满足自身求新、求异的需求。

以智慧酒店为例，以顾客需求为中心，以顾客体验为导向，运用“互联网+”思维模式，通过物联网、大数据等技术手段，建成无人化服务系统、智能客房及客控系统及智慧酒店管理系统三大系统。从前台到客房的所有环节都能实现无接触服务，通过人脸识别、语音识别、自动感应等技术，顾客无须触碰任何设备，即可完成入住、退房、查房、客房清洁等操作。在“微课4-1-1　服务场景与游客心理”中，我们已经感受到酒店行业新物种——阿里未来酒店“FlyZoo Hotel”全球第一家支持全场景刷脸入住酒店的魅力。在入住期间的所有流程采用无人化操作，从入住登记、客房体验到一键退房等步骤均采用人工智能和人脸识别技术。高度智能化服务系统住客通过智能语音实现对窗帘、灯具、电视等设备的控制，天猫精灵将代替所有的客服人员，当顾客进入酒店之后，只要刷脸就可以开启吃喝玩乐的模式，顾客还能通过“天猫精灵”直接呼叫酒店服务，如查询早餐时间、呼叫酒店用车以及酒店客房服务等。无独有偶，深圳乐易住无人智慧酒店将手机解锁方式应用到酒店场景中，通过感知互联和智能响应，即自助机人脸识别、雷达传感器、门锁、显示屏、监控等设备采集信息，再配合运营管理系统完成以前需要人工操作的工作，从预订到退房整个住宿流程实现“无人值守+全智能感应+机器人服务”。乐易住利用科技赋能酒店行业，为用户带来更安全、便捷、智能、私密的服务体验。乐易住小体量、密集式的布局，去前厅化、去人工化、服务众包的形式，打造了以酒店为场景，构筑物联网场景下的体验式消费生态，有效解决传统酒店体验同质化、投资成本及运营成本过高的行业痛点。

智慧酒店将信息技术与酒店管理系统相结合，使酒店管理变得更加智能。在信息技术方面，酒店通过互联网完成预订和支付；在管理系统方面，酒店通过物联网对酒店的能耗进行监测和控制，实现节能降耗；在智能化方面，酒店通过智能化系统对客房的设备进行维护和保养；在服务方面，智慧酒店利用互联网技术实现客户服务和管理，利用大数据分析顾客的消费习惯，结合地理位置信息，为客户提供更加人性化、智能化、科技化的服务。酒店之间通过网络进行合作，共同建立酒店联盟和大数据平台，顾客可以在该平台上查询附近的酒店价格、预订房间和支付房费，平台也可以利用大数据痕迹分析顾客喜好和行为。

启智润心 4-1-3　　龙虎山坚持科技创新，推动智慧景区数字化升级

近几年，龙虎山抓住城市发展的契机，借力强政、兴业、惠民的内在需求，抢占市场先机，充分发挥基础资源、物联网技术等网络通信技术优势，坚持以科技创新促进景区管理和服务进步。

作为全国5A级景区，龙虎山一直致力于为广大游客提供最便捷、最舒适、最有人文情怀，最智能的旅游服务体验。从保障景区安全、优化景区工作效率、提升景区服务能力、创新旅游沉浸体验等业务需求出发，龙虎山智慧景区推出了诚信量贩旅游平台、人脸识别门禁系统、AR识景智慧导览、VR全景、无人驾驶观光车、5G+智慧竹筏、北斗+指挥调度、智慧龙虎山大数据平台、5G+VR热气球体验等“九大特色智慧旅游项目”，在服务上完善游前、游中、游后的闭环，丰富旅游产品，创新游客体验。

大数据、人工智能、互联网等技术在龙虎山景区管理、服务、营销等方面发挥的效益逐步显现，不光是体现在龙虎山景区遗产资源保护水平和数字化展示水平明显提升，更是在景区实现了看得见、联得上、呼得应、调得动的现代化管理模式，使游客旅游体验更加舒适、便捷，使景区管理和服务更加全面、精细。

在智慧建设方面，为提升龙虎山智慧管理基础设施和公共服务水平，同时加强文化安全设施建设，补齐基层、基础、基本公共文化服务短板，满足各子系统对龙虎山信息化管理防护平台的不同功能需求，从游客管理系统、应急指挥管理系统、智慧服务方面和智慧体验方面，对智慧龙虎山建设项目进行提升，拟构建“1个统一的龙虎山信息化基础设施+1个龙虎山指挥中心+N个龙虎山智慧管理系统”的架构，为龙虎山文物及自然资源提供高效的管理防护，为游客提供安全、便捷、高效的智能化服务。

在未来的智慧景区建设工作中，龙虎山景区预计将新建指挥调度中心、沉浸式展厅、综合管理平台、综合指挥调度系统、智慧运营管理系统、数据可视化、AR智能导览等16个智能化系统。对现有的智能视频系统、智慧停车系统、信息发布系统、一机游、官网、电商网等6个智能化系统进行升级改造。将现有竹筏调度系统、车辆调度系统、电子票务系统、分销系统、酒店管理系统和省市旅游平台及相关旅游数据的平台进行对接，实现数据互通。

资料来源：佚名. 龙虎山坚持科技创新，推动智慧景区数字化升级［EB/OL］.［2022-06-16］. https://baijiahao.baidu.com/s? id=1735778118513145102&wfr=spider&for=pc.

思政元素：科技创新　游客为本　行业自信

学有所悟：《中华人民共和国国民经济和社会发展第十四个五年规划和2035年远景目标》中明确指出：“坚持以文塑旅、以旅彰文，打造独具魅力的中华文化旅游体验。深入发展大众旅游、智慧旅游，创新旅游产品体系，改善旅游消费体验。加强区域旅游品牌和服务整合，建设一批富有文化底蕴的世界级旅游景区和度假区，打造一批文化特色鲜明的国家级旅游休闲城市和街区。”

科技创新是现代化发展的第一生产力。龙虎山智慧旅游建设遵循先进性、创新性、融合性、开放性原则，推动景区转型发展，实现改善游客体验、推动产业经济发展、产业集群化发展、树立景区品牌，成就旅游目的地新生态、新场景、新入口。

新一轮消费升级带来了设计美感、情感共鸣等方面的价值认同，以及基于互联网生态的新的消费观和体验观。一方面文化日益体验化，即文化的价值实现一定是通过场景体验达到的。硬性的宣教起隔阂，软性的产品达共识，文化要用场景体验来凝练人性共情、建立情感纽带、实现价值传播。旅游演艺产品、主题景区等都是产品化体验的载体和形式。另一方面体验日益科技化，文旅体验场景和载体可以有多种形式，其中最主要的路径是用科技手段来塑造和提升品质。文旅体验场景的成功三要素包括感官刺激、沉浸梦想、内心触动。通过植入声光电技术，以感官刺激抓眼球、获流量，以全息、AR/VR/MR等技术营造沉浸式场景，最后以文化内容打动人心。前两个要素是吸引旅游消费者的入口，但激情来得快去得也快，一定要有触动内心的文化内涵来支持和配合，三要素的效能发挥都需要引入现代科技力量。

启智润心 4-1-4　　中国首部大型行浸式山水夜游

行浸式夜游是一种全新的旅游体验方式，也是当下最受欢迎的夜间游玩方式之一。

中国首部大型行浸式山水夜游项目华影夜游，以文化为魂、以山水为骨，充分汲取巴山厚重的历史文化精髓。华影夜游把非物质文化遗产《巴山背二歌》作为演出视觉核心概念，探寻神秘巴人文化，在米仓古道和神奇大巴山里讲述一段穿越历史空间的动人故事。华影夜游项目策划依托山水自然空间，借助巴山特殊介质，应用裸眼3D、3D全息成像、雾气成像、水特效等大量高科技光影技术，将巴人文化与山水自然深度融合，实现了多个全国首创，将山水活化，将文化再现，并转化为游客切身体验的效果。

华影夜游项目首创“空气成像”，将光雾山变幻无穷的天然团雾作为投影成像载体；首创“绝壁再现”，在300米悬崖绝壁上再现千年米仓文化和《巴山背二歌》文化遗产，崖壁立体影像为全国规模最大华影夜游还首创“栈道秘境”和“丛林秘境”，夜游栈道长达500余米，突破实景演出观看方式，让游客行走并沉浸在剧情体验中。此外，华影夜游创意策划通过“神秘的巴人奇境”“萧何月下追韩信”“巴山夜雨涨秋池”等历史人文场景，引领游客走进一个又一个的“神奇梦境”，让游客沉浸于如诗如画的美景和如梦如幻的夜色中。

行浸式山水夜游打破常规演出观演关系，突破剧场建设载体，在山水、古建、小镇空间里，以实景为舞台，通过声光电和舞美置景，全以息影像实现虚拟与现实交互，使本地文化再现还原。游客移步换景，如梦如幻地行浸在历史长河里，一步踏千年，实现景区文化活化，让中国故事不止于讲，而是行浸其中，打动游客留宿，实现夜经济裂变。

资料来源：华影文旅集团．行浸式演出夜游［EB/OL］．［2023-10-05］．http://www.huayingwenlv.com/Content/fwnr01.html；华影文旅集团．《梦境光雾山》——华影夜游“梦境”系列作品［EB/OL］．［2023-10-05］．http://www.huayingwenlv.com/Case/anli33.html.

思政元素：文化自信　科技创新　生态文明

学有所悟：在国家战略、数智技术、消费升级和转型发展等因素的推动下，文旅行业已经成为数字技术的重要应用领域，沉浸式新业态、新空间和新模式不断涌现。本着牢固树立“绿水青山就是金山银山”和“敬重自然、敬畏历史、敬仰文化、敬奉市场”的创作理念，华影夜游项目着力打造巴中城市新名片，以科技为突破口，推动文旅深度融合，为广大游客提供了一场梦境般奇幻的行浸式夜游体验。

文旅行业是典型的应用创新、集成创新的行业，是通过外部生产力创新，引致行业内部生产关系创新的典型。文旅服务项目的创新发展，就是以科技创新打通发现、创造价值的环节和应用、体验价值的环节。我国旅游行业以“大有文章可做”的信心和决心，推动旅游成为名副其实的“幸福产业”，成为小康社会标配、美好生活必备，推动我国成为世界主要的旅游接待国和重要的旅游目的地。国家队对文化和旅游工作做出的重要部署，充分体现了以习近平同志为核心的党中央对文化建设和旅游发展的高度重视。

旅行社在旅游产业链中承担核心重要角色，在智慧旅游建设推动的背景下，“智能+”成为旅行社精细化运营、信息化流程管理、行业优化升级的方向。目前“智能+”已经覆盖旅行社的组团、地接等多个场景，加强信息联动共享，提升运营能效。在组团服务场景中，以旅行社门店、在线旅游平台、组团社为运行流程核心，从线上线下渠道挖掘消费者需求，基于用户数据进行数字化智能用户运营，组合丰富多样的产品形态、完善服务流程来迎合用户需求，同时与地接社保持紧密联系，提供产品研发支撑。在地接服务场景中，以地接社为运行流程核心，通过物联网、智能硬件、智能管理系统，构建资源调度管理环境，连接组团社与供应商，需求端供给端数据实时采集，助力订单流程优化、资源跟踪管理。“智能+”旅行社应用场景及运行流程如图4-1-5所示。

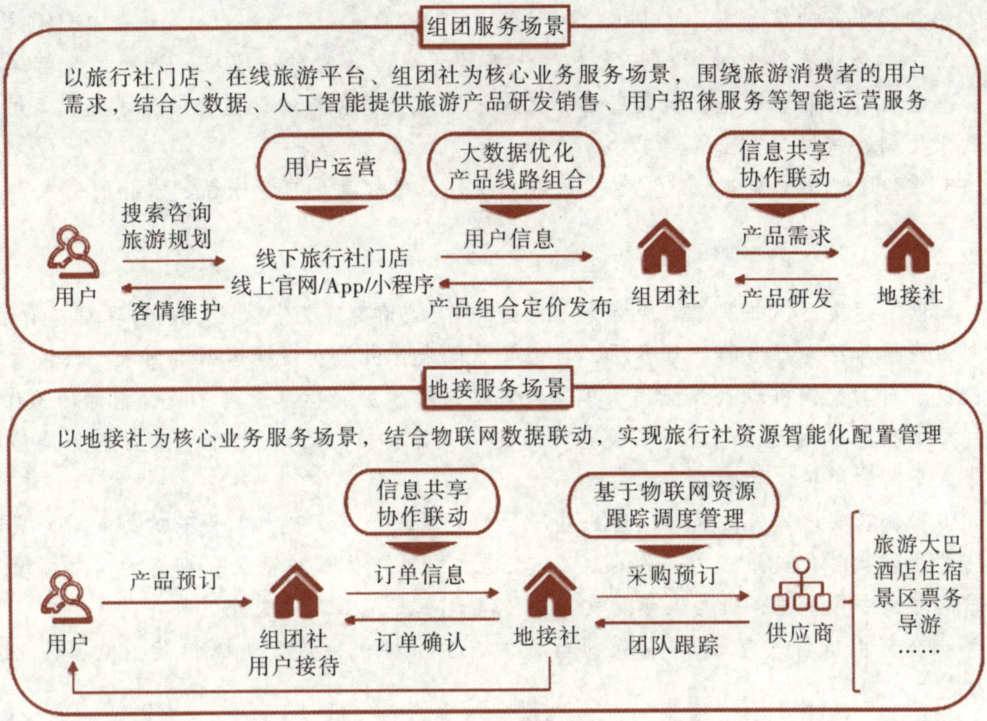

图 4-1-5　“智能+”旅行社应用场景及运行流程

学以致用 4-1-2

科技融入服务的过程是社会发展的必然趋势，但若人工智能取代全部人工服务，你觉得可行吗？请同学们围绕该主题进行正反辩论，各抒己见。

科技以多种方式提高旅游企业的服务质量，在确立旅游企业竞争地位中起着关键作用。但过多将关注焦点集中在高科技、信息化上，会误入歧途。因为许多问题只需要“低”技术就可以解决，并且过于复杂的技术服务会给一些不善于使用智能设施的游客带来障碍。因此，旅游企业在设置智能化设施、设备时应充分考虑游客的需求，洞悉游客心理接受能力，增加技术的含金量。

现代科学技术的迅猛发展，使人们的生活更加方便。但如果失去了高科技与深厚感情的平衡，就会产生令人烦恼的不协调现象。社会上的高科技产品越多，就越是需要创造有深厚感情的服务环境，用人的柔性来平衡技术的刚性。在高科技的社会中，人们更多地与冰冷的、刚性的机器设备打交道，而与活生生的、柔性的人打交道的机会相对减少。人们只需要坐在电视机或者电脑前就可以环游世界，但这终究不能取代现实的旅游活动。正如模块二中游客的“三求心理”所述，现实的旅游活动可以使得人们通过人性化的接触来获得亲切感，这一点是任何媒体所不具备的。

课后小练习

◎ 判一判（判断下列观点的正误并解释原因）

1. 由于旅游企业的等级标准不同，地理位置不一，接待的服务对象差异性大，旅游业在设置服务项目时一定要遵循务实、灵活和实惠的原则。因此，优质服务是个性化服

务与精细化服务的结合。 （ ）

2. 旅游企业要吸引游客的注意力，让游客产生良好的第一印象，进而产生游客忠诚，完善良好的经营设施仅仅是基础，只有采用高技术含量的设施、设备才更能满足游客的求便利、快捷、安全等需求。 （ ）

3. 游客通过享受和体验这些智能化服务项目，更加满足自身求新、求异的需求。

（ ）

◎ 想一想

阅读下述案例，并就旅游服务中“以情补智”“情智交汇”发表自己的理解与看法。

海底捞斥巨资打造的智慧餐厅，自试营业以来吸引了众多顾客慕名而来。机械臂智能配菜、自动配锅机流水线配锅、机器人自动送餐和后厨信息管理系统，前厅的360度环绕立体投影、六大主题场景切换，运用这些“黑科技”，海底捞智慧餐厅希望能给顾客带来全新的用餐体验。

但据食客实地体验后反馈，有一些不尽如人意的地方。比如，漫长的排队时间里用无聊的小游戏替代美甲、擦鞋服务，“海底捞式服务”体验被削弱；拥挤的用餐环境和昏暗的灯光令人不适；机器人满场卖萌，传菜大多靠人工。海底捞的服务员也坦言，上菜并非全部由机器人完成，“传菜机器人的速度不够快，依靠人工传菜才能保证上菜速度”。

总的来说，海底捞的智能化尝试是符合餐饮业未来发展的趋势的。打造智慧餐厅的核心是希望通过新技术的运用提高食品安全水平，降低食品安全风险，同时优化人员配置，降低门店管理成本。这样的初衷无可厚非，但却被消费者察觉到服务体验下降，所幸海底捞并未忽视在智能时代“以情补智”，为顾客提供情感服务的重要性。海底捞表示，“智慧餐厅为顾客提供服务、与顾客交流的仍是服务人员，且服务员给顾客的热情与有温度的关怀是不会被机器人取代的，也不会随着自动化设备的运用而有太大变化。”情感服务在人身上的体现，就是海底捞始终不变的人工温情服务。情感服务在小机器人身上也可以表现出来，比如小机器人遇到拦路的顾客会停下来卖个萌，“请让一下，我要生气了！”“请让一下，人家一直要干活的，不然就失业了！”餐品送达后，小机器人会提醒，“XXX号桌，您的餐点到了，取餐后，不要忘了触摸我的头部或点击屏幕确认哦。”然后自行原路返回后厨。这样拟人的共情回复，让顾客也有了有趣的智能情感体验，甚至让有些顾客有了下次被它们再次“亲手”服务的期待。

可见，旅游服务企业需要在科技和体验的双轮驱动下全面升级服务，为顾客提供更优质的服务产品和舒适的服务体验。

收获与体会

____

____

____

项目二　旅游产品的规范展示

◎课前小互动

请问大家进行旅游线路产品咨询时愿意选择线上旅行社还是线下旅行社？请大家给出选择的理由，各抒己见。

知识共探究

任务一　旅行社门市接待服务

一、线上与线下旅行社接待异同

无论是线上旅行社的客服还是线下旅行社门市的接待员都有其规定的接待咨询流程，其中对线路熟悉的程度、旅游产品的卖点、对客服务的艺术、产品推介的技巧、合同签订的规范等要求是一致的。不过在实际运用中，度假旅游的在线预订平台，自身并不生产线路，只是售卖传统旅行社批发商或者地接社的产品，其客单价较高，旅游消费者对服务的要求也会相应提高。旅游产品较高的客单价在一定程度上决定了服务的全面性。与机票、酒店等低客单价不同，旅游度假产品（尤其是出境游产品）需要大量的咨询、沟通和服务环节，旅游电商目前仅靠客服接待无法满足旅游消费者的需求。线上旅行社对人工咨询服务的投入远低于线下旅行社门市，大多数情况下游客只能通过图文、视频的线路介绍了解旅游产品，在线预订平台的客服只能做比较基础的解释，处理一些预订过程中的问题，对线路本身熟悉程度一般。因此，由于前期对产品细节沟通不足，旅游消费者只了解到了线路好的一面，却不能够很清楚认识线路在体验上不好的部分。

知识课堂 4-2-1

（1）扫码学习“微课 4-2-1”。

（2）结合微课画出“旅行社门市接待流程图”，并标注每个环节的重点与难点。

微课 4-2-1

旅行社门市接待流程与心理服务技巧

传统旅行社门市的人际沟通有具体的策略，在面对面沟通时，服务人员可以根据游客的现场反应指出这条旅游产品可能会遇到一些不可抗力的因素，如果在出游过程中有照顾不周请游客多担待，这样的人情交流是在不断降低、安抚游客的出游心理预期。

但是，面对同一条线路，旅游消费者对线上平台的心理预期高于线下，互联网用户在消费理念上更加开放和精明。而且线上预订平台对品牌和服务质量的美化宣传，让在线消费者购买旅游产品的时候对性价比有更高的预期。可事实上，无论通过线上还是线下购买的旅游产品并没有本质的区别，只不过预订方式更加便捷。抽样调研显示在线购买旅游线路产品的投诉率超过线下旅行社门市的两倍，在线旅游更需提升沟通服务。

二、旅行社门市接待流程与服务重点

旅行社门市是旅游者与旅行社第一次面对面“亲密接触”的地方，是旅行社给旅游者留下“第一印象”的地方。在上一个项目中，我们从旅行社门市的服务场景构成了解其对游客的心理影响，本项目则侧重从旅行社门市接待流程来探讨心理服务，接待人员态度的热情程度、业务的精通程度、办事的效率等都会对游客心理产生影响。

学以致用4-2-1

请同学们结合“微课4-2-1　旅行社门市接待流程与心理服务技巧”将旅行社门市接待员的工作按照“接待前”“接待中”“接待后”进行划分与确定。

1.旅行社门市常规接待流程

旅行社门市常规接待流程如图4-2-1所示。

图4-2-1　旅行社门市常规接待流程

见多识广
4-2-1

门市接待员的形象打造与接待服务技巧

接待前，旅行社门市接待员需要做好门市环境准备、自身形象准备、产品知识准备、服务心理准备、销售技巧准备等，比如每个旅行社都有自己经典与热门的旅游线路产品，接待员必须对线路的主题、线路设计的理念、产品组合的内涵与价值、线路的行程安排、线路时令价格等了如指掌，才能灵活应对游客的问题。因此新入职员工的系统培训是必不可少的。接待后的游客出行跟踪、游客售后服务、游客满意调查、游客关系维护等也是建立良好且稳定的客我关系所必备的。想要筑牢客户关系管理系统，承上启下的旅行社门市常规接待步骤是重中之重，旅行社门市接待员需要分析游客的动机、出示旅游产品、引导游客购买，分别从“问候接待”“氛围营造”“发掘需求”“产品介绍”“处理疑义”五个环节展开。

2.旅游线路产品的展示方法

从销售心理学的角度来说，游客的消费行为一般分为四个阶段：注意阶段、产生兴趣、产生欲望、行动阶段。一般而言，旅行社门市接待员要热情接待前来咨询的游客，与其进行初步的沟通后，应尽快展示旅游产品，通过对旅游产品的介绍和与旅游消费者的商谈，引起其兴趣，并激发他们的购买欲望，进一步发掘其深层次的旅游动机和需求，促成旅游消费者购买。因此旅行社门市服务接待员在展示和说明旅游线路产品时灵活运用的方法就格外重要。

（1）示范法

示范法就是展示旅游产品。门市接待员通过展示旅游产品，使客人对产品的特点有一个直观具体的了解，避免对产品产生疑义，增加对产品的兴趣。

旅游产品的销售具有局限性，在旅行社的门市销售过程中，无法将旅游产品全部直观地展示给游客。只能通过旅行社门市接待员的语言描述将旅游产品全面地介绍给前来咨询的游客，而每个旅游产品的特点，也只能由旅行社门市接待员运用专业的知识为游客做详细讲解和说明。但是不论如何描述，语言和文字的说明都不能把旅游目的地的风光特点、文化风貌及活动内容直观清晰地展现在游客面前，这时就需要展示与之相对应的图片或影像资料来辅助说明，让游客更好地了解旅游产品。

在销售过程中，通过对比语言文字说明与图片影像展示的效果可以发现，图片影像展示能在一瞬间让人直观了解旅游产品，而其中又以具有文字信息的插图或在语言说明同时进行照片展示最具说服力，它能够使游客直接确认旅游产品信息。游客在接受语言信息的同时，图像映入眼帘，对产品的印象也就被清晰地认定下来。

总之，在门市销售过程中，可以通过语言描述、文字说明、图片展现、影像播放等方式来展示旅游产品，门市服务员和游客之间的沟通绝大部分是语言沟通。语言介绍可以起到决定性作用，清晰的产品描述是沟通游客的桥梁，突出产品的特点是打动游客的关键，因此服务员具备的专业知识和生动的语言描述是门市销售的必要条件；图片和影像资料可以将旅游目的地直观地展示给游客，说服力较强，所以门市摆放精美的宣传单页是重要的锦上添花的促销手段。

（2）感知法

感知法就是尽可能地让游客想象、感受、体验旅游产品。门市接待员可以通过网络信息、旅游论坛中的评论，以及当地风光景色的影音资料让游客实际感知旅游产品，以消除他们的疑虑。研究旅游消费者购买过程中的心理活动可知，他们往往更关注别人对其中意产品的评价，所以门市接待员应尽量搜集网络、新媒体、报刊等对旅游景点的正面评价，并恰当地提供给游客，使其产生对旅游产品的良性感知，这是一种很好的促销方式。

从心理学的角度来分析，绝大部分游客认为值得去的地方，其他游客也会认为值得一去；另外，游客在做出最终购买决定之前，更在乎第三方对该旅游产品的评价（游客对旅游产品的直接感受为第一方评价，旅行社门市销售人员对旅游产品的介绍为第二方评价，除以上两者之外的评价为第三方评价）。

（3）多种类展示法

门市接待员在为游客提供咨询服务的时候，可根据游客的意向展示符合其要求的不同类型的旅游产品，从而确定客人的购买范围。多种类出示法适用于游客对具体购买某种旅游产品还不确定时，根据游客的初步意向为其展示多种适合的旅游产品。展示多种类旅游产品，不但可以使游客对其进行比较，而且可以帮助门市接待员确定游客的最终选择。

值得注意的是门市接待员可展示几种行程相似或价格相近的旅游产品供游客选择，但是这并不是说展示的旅游产品越多越好，要根据游客的实际需要进行展示。

（4）说明旅游产品

说明旅游产品是指在展示旅游产品的同时应向游客提供与旅游产品相关的信息，供游客参考。门市接待员应实事求是地说明和介绍旅游产品，并列举旅游产品的特色。

总之，展示旅游产品是门市销售的一个重要环节。门市接待员在展示旅游产品的过程中不但要体现出专业的知识和敬业的精神，更需要细心观察游客的心理需求和旅游动机，恰到好处地为其进行介绍和说明。门市接待员只有为前来咨询的游客耐心、专业、细致地做好参谋工作，才能赢得他们的信任。

3.旅行社门市接待中客我互动过程

首先，旅行社门市接待员要热情接待游客，依据咨询意见展示相关线路产品供其选择，发掘其购买需求和兴趣。游客走进旅行社门市，向旅行社的门市接待员咨询旅游问题时，肯定会留心四周的环境，会注意接待员的体态、姿势、谈吐、衣着打扮、面部表情等“外部特征”，有时仅仅是接待员的一个眼神就可能让游客决定是否继续咨询。当有游客来门市咨询时，门市接待员应立即放下手头工作，起身站立迎接，并使用标准规范的问候语，引领游客入座并简单地介绍自己，以方便后续提供服务，此时还可以根据不同季节准备热饮或者冷饮。

在微课情境中，接待员听到游客说还不确定去哪里旅游，所以采用了多种类出示法，展示了3种行程相似或价格相近的旅游产品，并帮助游客比较。接待员提供的选择一定不能太多太杂，游客会选择困难，造成成交率不高。

其次，旅行社门市接待员要确认游客的购买需求和兴趣，详细展示旅游产品。微课中的门市接待员在讲解目标产品的过程中，要始终注意分析游客对此产品的关注点和兴趣点，并且充分发挥自己的专业知识为顾客详细说明旅游产品，通过示范法有针对性地介绍旅游产品，展示旅游产品的精美图片和宣传单页。这是进一步激发游客旅游兴趣，打消游客疑虑的好方法。运用感知法通过生动的故事对旅游景点展开详细讲解，可促成游客购买。

最后，旅行社门市接待员合理解释产品内涵和报价，促成游客的购买。在旅游产品的价格解释阶段，应关注两点：第一，旅游产品是多种单项产品的组合，其价格也是受各种单项产品价格影响的结果。尤其是出境旅游，门市接待员要耐心解释产品的价格和所包含的活动项目、服务内容，以及汇率变化情况等。第二，在这一阶段门市接待员的价格处理技巧值得借鉴。价格谈判是门市接待销售的最后阶段，门市接待员通过上面的两个过程拉近了与游客的距离，刺激了游客的购买欲望，让其产生认同感，最后进行价格谈判，达到了成功销售的目的。门市接待员在处理价格争议时不应选择降价推销，而应说明该产品的特点和优势，通过和其他旅游产品的价格进行对比，告诉游客购买该旅游产品是物有所值。最后，帮助游客做出正确购买决定。

微课中的门市接待员的整个服务流程是值得借鉴的，特别是其表现出来的专业知识和敬业精神：门市接待员应始终树立“以游客为中心”的服务观念，细心体察高年龄段女性游客的旅游需求和旅游动机，恰到好处地介绍、推荐适合游客的行程，并耐心帮助她们细致地参谋，运用正确的服务技巧和销售技巧，最终赢得游客的信任与好评。在全过程中，门市接待员对客户利益优先原理（即“FAB法则”）运用自如，此原理也称为属性、作用、益处的法则，是从顾客角度出发，通过介绍产品的属性、产品的作用和产品能够给予购买者的利益来打动顾客的一种营销方法，可以运用到旅游业的各类产品推介中，比如引导游客选择景区、饭店、旅游纪念品等，我们将在模块五中详细展开介绍。

见多识广 4-2-2

旅游定制师

学以致用 4-2-2

请同学们依据“见多识广 4-2-2”中对旅游定制师的介绍，以小组为单位进行交叉服务情景模拟，每个小组同学合理分工，分别扮演游客与旅游定制师，接受服务与为他组服务。服务模拟结束后，旅游定制师返回自己小组，与小组成员一起总结游客的需求并设计线路主题，现场陈述设计创意给“游客”及全班同学，大家进行“游客满意度”模拟评分。

随着旅游定制产品越来越火爆，开设该业务的旅行社的旅游定制师也需要通过面对面接待游客来获取游客个性化需求。许多OTA巨头也开启线上定制产品，比如携程定制旅行为游客提供各种旅行方式，包括独立包团、中高端定制旅游、个性旅游定制服务等，旅游定制专家根据游客需求灵活组合旅行要素，策划个性旅行方案，定制管家式服务，可以根据人数、价位、目的地、出发日期、行程天数等需求定制合适的包团旅游方案，高效、便捷地解决旅游人数多、旅游产品选择困难的问题。

三、线上与线下旅行社接待中的诚信服务

无论线上还是线下旅行社在咨询接待、合同签订等各环节均要做到诚信服务、遵纪守法。线上与线下的旅行社接待员务必为旅游者提供质量价值相符的旅游产品，真实介绍产品信息，不能为了业绩而隐瞒或误导游客；线上与线下的旅游定制师应根据旅游者的需求和实际情况，提供符合旅游者要求的旅游产品和服务；线上与线下的旅行社必须使用规范的旅游合同，明确产品价格、服务标准等重要事项，并在合同中注明违约责任和解决争议的方式。一切服务要有理有据，保存好服务过程记录，避免后期投诉的责任纠纷。旅行社要信守合同约定，履行服务承诺，自觉维护旅游市场秩序；旅行社门市接待员需时刻跟踪游客的出行情况，随时准备为游客处理突发情况，线上旅游产品的售后服务则更需专人稳妥跟进。

启智润心 4-2-1　　《旅游电子合同管理与服务规范》解读

2023年10月，文化和旅游部批准发布了旅游电子合同领域的行业标准《旅游电子合同管理与服务规范》（以下简称“标准”），将于2023年12月9日起实施。

伴随网络信息技术的普及应用，通过电子方式签署旅游合同已经成为旅游企业和旅游者的主要选择。旅游电子合同作为保障服务质量和规范经营行为的重要载体，其合法性、便捷性、高效性优势日益凸显，与市场秩序和旅游者权益紧密相关。近年来，党中央、国务院高度重视电子合同应用推广工作，《国务院办公厅关于进一步优化营商环境降低市场主体制度性交易成本的意见》（国办发〔2022〕30号）指出，推广和扩大电子营业执照、电子合同、电子签章等应用。同时，《“十四五”旅游业发展规划》（国发〔2021〕32号）提出，加强全国旅游监管服务平台的数据归集、信息整合，推进旅游数据规范化、标准化建设。

在实践应用中，业内多家在线电子合同平台企业陆续开展了旅游电子合同业务应用探索，虽然在一段时间内对引导旅游行业规范经营和服务质量提升发挥了积极作用，但由于各地区、各企业的标准、规范、内容、功能不尽相同，导致在数据对接、信息共享、归集管理各方面无法发挥电子合同的优势效能，进而在市场范围内缺乏足够的覆盖面和影响力。统一和规范与行业发展、市场需求相适应的旅游电子合同标准，是贯彻落实党中央、国务院关于推广电子合同要求的重要抓手，也是提升监管效能、优化营商环境的基本前提。为此，文化和旅游部组织开展了《旅游电子合同管理与服务规范》研究和起草工作，制定和实施旅游行业电子合同标准。

该标准坚持科学性、全面性和规范性原则，充分支撑行政部门、经营主体、从业人员、旅游者等多方应用需要，聚焦旅游电子合同的适用范围、基本要素、操作规范、载体要求、安全保密等方面进行规范和统一。其主要内容如下：一是明确旅游电子合同适用范围及基本要求；二是划定旅游电子合同基本要素；三是规范旅游电子合同签订规范及渠道；四是提出电子合同数据应用查证和安全保密要求。

旅游产业链长、旅游活动复杂，这使旅游合同呈现多样化特征。标准的制定和实施是围绕旅游电子合同内容、签订渠道及应用规范进行的集成和统一，对推动旅游企业转型升级、保障旅游者合法权益、优化市场经营秩序、推动市场高质量发展具有积极作用。

资料来源：佚名.《旅游电子合同管理与服务规范》解读［EB/OL］.［2023-10-11］. https://mp.weixin.qq.com/s/9ahBrWYKlYOvEYfvgLePww.

思政元素：制度自信　以民为本　守正创新

学有所悟：当代旅游需求多样化，政府与时俱进出台相应的政策，适应人民群众日益品质化、多样化、个性化的旅游需求，着力推动文化和旅游深度融合，为提升旅游产品和服务质量提供政策保障。密集出台的政策，充分体现了党中央、国务院及地方政府推动旅游业高质量发展的决心。

任务二　产品展示的心理服务

一、合理引导游客购买旅游线路产品

案例分享4-2-1　　如何合理引导游客购买旅游线路产品

一位游客前来旅行社门市咨询：

游客："今年中秋加国庆黄金周足足有8天，我们全家想利用假期出去远途旅游，有什么好线路推荐吗？"

门市接待员："当然有，我们新推出了一个海南双飞，很不错，价格又低。"

游客："海南？我们已经去过了，不太想再去。"

门市接待员："那您要不去新疆吧，我们有新疆一周游，这个季节去新疆也很不错。"

游客："新疆好远，一周时间太长了，路上累，回来也累。小朋友没时间写作业了。"

门市接待员："这样，推荐您去杭州吧，'上有天堂下有苏杭'，本身文化底蕴深厚，风景美如画，何况今年刚好举办亚运会，城市风貌更加优越。"

游客："你们有宣传单页吗？我再想想。"

门市接待员没说什么，而游客拿着宣传单页，离开了旅行社门市。

资料来源：编者根据网络资料整理。

思考：在接待前来咨询游客的过程中，应该如何合理且正确地引导游客购买旅游线路产品呢？

在上述案例中旅行社门市接待员的销售实际上是无效的，因为他只是希望自己"卖

出”线路，并没有站在游客的角度去努力挖掘游客的需求，仅仅是“我有什么，我就卖什么”。其实，当游客前来咨询旅游产品，向门市接待员发出购买信息时，其购买决策过程已经开始；门市接待员开始和游客接触，就参与到游客的购买决策中。我们学习了“旅游消费的决策过程”中各个阶段的内容，认识了自身状况、感知、态度、学习、动机等影响游客做出购买决策的内部因素，以及角色与家庭、参照群体、文化与亚文化、社会阶层等影响游客做出购买决策的外部因素。接下来我们总结游客购买决策过程的特点，学习旅行社门市接待员促成交易的技巧，在现实情境中帮助游客做出正确的购买决策，引导游客购买旅游产品。

1.旅游购买决策的过程与特点

游客购买决策的过程首先产生于游客的需求和旅游动机，游客在这一阶段中确认要不要旅游这个基本问题。一旦“需要旅游”这个决策做出后，接下来就是要考虑去哪里旅游。在这个阶段游客会搜索旅游信息，比较不同的旅游产品，然后对其感兴趣的旅游产品进行分析查询，以辅助其选择评估；然后游客会根据其评估结果来决定最终的购买行动；最后，在旅游过程中以及旅游结束后对这次购买活动进行评价。习惯上将个体游客的购买过程分为5个明显不同的阶段，如图4-2-2所示。但是有些游客并不一定会严格按照这5个阶段来购买旅游产品，有时可能会跳过一个甚至几个阶段。

图4-2-2　游客购买决策过程

（1）旅游需求与旅游意识形成阶段

在这个阶段，由于外部环境的刺激，潜在的游客开始产生旅游动机。例如，每年春季，天气转暖，人们会产生去郊外踏青的旅游动机。潜在游客旅游动机的大小取决于其对旅游期望的强烈程度。一旦这些潜在的游客拥有可利用的旅游机会（足够的时间和足够的可支配收入），便开始寻找方法来满足自己的旅游需求。当潜在的游客渴望旅游时，需求就出现了。此时，人们通常的做法是选择一个知名的旅游代理商进行咨询，或者直接做出旅游决策。

（2）旅游信息的搜寻阶段

在此阶段，潜在游客的购买需求来自对旅游产品或旅游目的地的感知形象，旅游感知形象的建立来自于游客所获取的信息。游客会根据自身的旅游条件广泛地搜集信息，例如，停留的时间、旅行的距离、旅游的费用、旅游中间商以及旅游过程中的服务环节、目的地的游览景点和风险因素等。

潜在游客对于信息的搜寻主要来自于两个方面：一是对原有信息进行回忆，这种信息来自于以前购买旅游产品的经验；二是来自于游客亲属朋友告知的信息，商业推销（广告、销售员直接推销、商业展览）和公共媒体的报道。但是后两者的信息来源只能起到告知作用，通常游客亲属朋友的告知是最有效的，因为这类信息更真实。

（3）旅游方案的评估阶段

在这个阶段，游客会依据自身的旅游经验和不同渠道搜集到的信息，形成认定标准，按这个标准对旅游目的地和旅游产品的价格进行比较。

通常，游客会选择不同旅行社的产品或服务进行比较。当然，游客对不同旅游产品的评价标准也不相同，这是因为他们对不同的产品的需求不同。例如，对于酒店来说，游客看重是卫生、安全、便利、费用、舒适。这时大多数游客会参考其他人的旅游经验和旅游感知，对其选定的旅游产品进行评价。值得注意的是，游客在评估旅游方案时，对旅游中间商的评估是非常重要的，游客看重旅行社的规模、信誉、口碑以及对此类旅游产品经营时间的长短。

（4）购买旅游产品的决策阶段

在这个阶段，游客的决策就是方案评价的结果。在最后的决策阶段还会有其他的因素影响旅游活动决策，不过这些因素通常是未预料到的情况。例如由于临时工作取消旅游活动。

旅游产品是指旅游经营者凭借旅游景点和旅游设施，向游客提供的用于满足其旅游活动需求的全部服务。这些服务在被购买之前，游客是不可能切实感知的。有时游客的购买意图和购买行为之间存在时滞，诸如出国旅游等消费较高的支出项目更是如此。其实游客自身的感觉比事实更重要，游客感觉好的旅游产品才是好的产品。旅行社门市接待员在这一阶段要让游客确信，我们所推荐的产品是符合游客需要的好产品，尽量消除游客的顾虑。

（5）旅游消费与评价旅游产品阶段

在这一阶段，游客对其购买的旅游产品的评价，是由他们对产品的期望与实际的差距来决定的，差距越大，不满程度越高。

游客对旅游产品的期望值通常与旅游产品的价格有关，价格越高游客的期望值就越高。例如，一个出国游客会期望得到优质的服务及美好的旅游经历，这是因为他付出了比国内旅游更高的价格。旅游产品要物有所值，不仅体现在旅游功能性服务的质量，更表现在旅游过程中旅游服务经营者提供的旅游心理服务的质量。

整个游客购买决策过程的特点，我们在模块二“复杂的旅游消费决策过程”中已经初步提及，具体来说包括：

首先，购买决策过程的参与性高。游客认为旅游产品是一种高风险的产品，需要多方咨询，参考多方面的意见，这是购买决策过程中一种司空见惯的现象。例如，全家外出旅游的决定，可能首先由子女提出旅游要求，同事推荐旅游目的地和旅行社，父亲去旅行社咨询，母亲决定购买。另外，对于个人来说，购买旅游产品可能会影响日常生活计划，也有可能影响到家庭成员或者亲密朋友的经济预算和时间安排，因此，需要大家协商和妥协，这也意味着决策过程需要较长的时间。

其次，游客认为购买旅游产品存在风险。旅游产品具有服务性和无形性特点，购买之前看不到、摸不着，不能体验和试用，因此游客担心购买的旅游产品和服务不像预期那样的令人满意，更怕有不可预知的因素影响旅游活动的完成。对于游客来说，旅游消费是存在风险的，且风险主要表现在签约容易履约难、行程和费用不透明、自身利益难以保障、投诉效果不佳等。由此可见，游客在旅游产品的购买过程中，对于旅游产品存在恐惧和怀疑的心理，担心旅游带来不愉快的体验。因此，旅行社门市接待员在面对心存疑虑的游客时，在言谈举止方面要能体现出专业的素质和修养。良好的个人素质和专业的工作态度是对旅游产品最好正面宣传，还要突出旅行社的正面形象，通过口碑和旅行社自身的品牌历史证明产品的质量从而降低游客的疑虑。接待员还要对低于市场价格的旅游产品做出合理的解释和说明。游客对于旅游消费的风险判断，主要依靠对旅游中间商（旅行社、交通运输企业、酒店、饭店、景点管理企业等，在旅游消费决策阶段主要指旅行社）的评估。游客看重旅行社的规模、信誉、口碑和经营此类旅游产品时间的长短；游客对旅游中间商的评估在于旅游企业本身正规化程度和管理水平。要注意，旅行社的品牌和口碑才是对旅游产品质量的最好保证，否则即便旅游门市人员具备高超的销售技巧，也不能让游客成功购买旅游产品。

再次，游客需要搜集更多的信息。在游客购买决策的过程中，信息搜寻是第二个步骤。游客在做出购买决策前，为了降低旅游购买的风险，会搜索大量的信息，从多方面来评价旅游产品，还会向其他个人、组织以及媒体等进行咨询。一般来说，随着购买风险的增加，潜在游客会扩大信息的搜寻范围。例如，由于境外旅游的价格高，游客会主动了解旅游目的地的物价水平、地理气候、语言文化、社会环境等方面的信息，甚至为查找信息所花费的时间和精力比旅游所投入的还要多，而在城市周边进行微旅游就不太可能付出这样大的努力。因此，旅游门市接待员需要向游客传递专业、丰富、可靠的旅游信息，使游客获取知识，强化旅游动机和欲望，增进感情，这也是获得旅游咨询者信任的关键。

最后，游客的购买决策易受到情绪因素的影响而改变。旅游门市接待员要有耐心，要通过良好的服务和介绍让游客的咨询过程变得简单愉悦。哪怕他们不断犹豫、不断更改要求，门市接待员也要不厌其烦，越是犹豫不决、反复更改的游客，越证明其旅游动机强烈。旅行社门市接待员在接待游客咨询的过程中，要通过自身的专业知识帮助游客打消疑虑，协助游客做出正确的购买决定。

2.旅行社门市接待员促成交易的技巧

游客对旅游产品的咨询就是发出购买信号的第一步。游客通过门市接待员对旅游产品的介绍和说明，进入“购买决策”的阶段，在这个时候游客会犹豫不决，如果不及时进入“促成交易”的阶段，就会像足球运动员把球踢到门前而没有射门一样，前面付出的努力将付诸东流。也就是说，促成交易就如同足球场上的临门一脚，直接关系到旅游购买的成功与否。因此，旅行社门市接待员不但要具备丰富的专业的知识，更要运用销售的技巧，使游客做出正确的购买决定。

知识课堂 4-2-2

动画 4-2-1

选择障碍症

（1）扫码学习“动画 4-2-1”。

（2）结合动画与自己的日常生活，自己存在选择障碍的情况吗？未来，你会如何调整？

（1）面对犹豫不决游客的决策助力法

遇到游客犹豫不定时，旅行社门市服务人员切记不能失去耐心，帮助游客做决定是很高级的一种促销技巧。门市服务人员首先要明确，游客愿意付出金钱购买到满意的产品，但是他们在决定的时候，会害怕做出错误的决定。游客有可能在交款时表现出犹豫，希望可以“再考虑考虑”或者“回家再商量商量”，这样的话语对销售过程极具破坏性，因为游客离开门市后，其购买欲望会慢慢减弱，甚至取消出游计划。

（2）面对选择困难游客的“二选一”法则

“二选一”法则是指门市服务人员以游客购买为前提，询问游客所需要的是什么特色服务或者什么细节的产品，根据游客的回答提供两种产品，让其选择一个。这样，游客就不会将考虑的重点放在是否需要购买上，而是关注选择哪一个。对于有选择困难的游客来说，过多选择会妨碍其做出判断。

（3）限制购买数量或者限制购买时间

数量有限或限期购买是销售行业经常采用的促销方式，当门市服务人员明确且诚恳地告知游客产品数量有限或购买时间有限制后，游客就会产生紧迫感。门市服务人员可以通过富于情感的语言加强促销力度，进一步提升游客的购买急迫感，从而促成交易。

（4）强化“今天买、现在买”的意识

门市服务人员一定要有这样一种意识：在销售过程中，引导游客相信，此时（今天）就是最好的购买机会，促成游客今天购买。在门市实际工作中，我们注意到，当旅游咨询者说“我再考虑考虑”时，门市服务人员的回答通常有以下几种：

门市接待员1：“那您先考虑一下，有意向的话您随时来电话。”

门市接待员2：“那我们先添加下微信，我们可以在微信上继续后续的咨询，希望您能选到中意的线路。这几张单页，您可以先带回去，跟家里人商量下、考虑下。”

门市接待员3：“我知道您很看重这次旅游，我很想知道您还有哪些疑虑？因为我怕我有解释和服务不周到的地方。您考虑的是我们的服务还是……”

面对不同的回答，游客的反应是不一样的。第一个回答的结果就是游客和你说声“再见”就离开了。门市服务人员要记住，游客离开后就没有客我的连接，就不一定会是你的游客。而利用后两种回答与其建立进一步沟通，销售成功的机会更大。

学以致用 4-2-3

请同学们根据以上所学，结合案例分享中的门市接待情景，分组重新设计客我互动的服务过程，并进行组内角色分配。现场角色扮演展示结束后，选出最佳优化小组。

二、解决游客等候的心理服务

在旅游企业的服务现场，顾客等待的现象似乎处处可见，比如，游客在旅行社门市等候接待，客人在酒店前台等待入住或退房、在餐厅等待上菜、等电梯、等电话等等。对于顾客来说，等待意味着在一段时间放弃做其他的事情，使人厌烦、焦虑甚至恼怒。对于旅游企业来说，过长时间的等待——或者是预计较长时间的等待——都会导致顾客流失。

根据模块二的游客知觉，我们知道时间不仅有物理时间、社会时间，还有心理时间。人的时间知觉是相对的，心理时间与物理时间往往表现不一致。例如，人们常说“欢娱嫌夜短，寂寞恨更长”“快乐时光终觉短”等，都是时间错觉的表现。影响时间知觉的因素有三个方面：第一是活动内容，旅游活动内容丰富多彩，旅游者心情愉快，就会觉得时间过得很快；相反，旅游活动贫乏寡味，旅游者就会心情落寞，觉得时间过得很慢。第二是情绪态度。旅游者态度积极、情绪盎然时会对时间“短估”，感到时间过得快；相反，旅游者态度消极、情绪索然时会对时间“长估”，感到时间过得慢。第三是期待，人在等待时，会感觉时间过得慢；等待对象来到后，则感觉时间过得快。

见多识广 4-2-3

排队等待中的顾客心理及其应对策略

在游客等候问题上，无论是亲自排队还是等待接通电话，等待行为对于顾客来说都有着与事实不相称的高度影响，等待能够破坏一次实际上十分完美的服务过程。因此，如果旅游企业的一项服务要求它的顾客等待时，管理者应想方设法缩短让顾客等待的时间，或者至少使等待变得容易忍受，最好是变得令人愉快或能满足人们此刻的某种需求。而让这些目的实现的基础是建立服务等候区域。这个区域能够为服务“预热”，是顾客保持良好心情进入体验状态的必经区域，直接提升顾客随后的服务体验效果。

顾客在等候区域对时间的感知与实际时间是有差异的，这与等候区域设施设备的布置密切相关。如果能为顾客提供舒适的环境，并安排某种活动“占据”这个等候时段，顾客的“心理等候时间”就会大大少于实际等候时间，甚至有时顾客会感到“怎么不知不觉就轮到我了？”如果不能达到这一要求，顾客就会感到焦躁不安，感到“度日如年”，心理等候时间会大大地长于实际等候的时间。

案例分享4-2-2　　让排队变成一种乐趣

顾客大排长队对餐厅来说固然是好事，但是也会因为排队时间过长而造成餐厅客源流失。既然排队无可避免，不如用好的管理让顾客安心接受。

（1）合理规划设置等位就餐区。等位区应该和就餐区隔离开来，等位区设置首先不能影响顾客用餐环境，否则就相当于是在“赶客”，另外不能打乱餐厅整体的人流动线，否则会给服务员传菜和顾客走动造成障碍，还影响翻台率。

（2）免费的茶点可以短暂消除饥饿感。这在当下火爆的餐厅（如海底捞、蛙遇等）较为常见，一点点小零食并不足以影响餐厅的利润，但可能留住更多的客人。想象一下，当客人又渴又饿地走到店门口，一个服务员走出来，左手拿着瓜子、糖果，右手端着饮品、水果。俗话说：吃人家的嘴短，拿人家的手软。客人怎么好意思离开这家店呢？

（3）增值服务让顾客享受排队。想要消除消费者在排队时的烦躁情绪，可以通过一些增值服务来转移顾客注意力。海底捞在等位区引入免费美甲、擦鞋、小游戏等服务，很快就能打发时间；有的餐厅在等位区放置微信照片打印机，吸引不少年轻顾客参观使用，既转移了等位焦躁的情绪，也能留住顾客；也可在等位区放置一些杂志、画报、报纸等供消费者打发时间的读物；有些亲子餐厅在等位区设置火车跑道玩具、跳舞人偶玩具等；也有餐厅将等位区设置成微型电影院，专门播放时下最流行的电影。

（4）等位中融入餐厅文化与顾客互动。将餐厅文化融入活动，在等位中与顾客互动，既能减弱顾客等位的焦虑，又很好地宣传了餐厅，可谓一举两得。例如在鼎泰丰，顾客在等位期间可以通过橱窗看到员工现场制作黄金18褶小笼包，这样的“表演秀”能在很大程度上减少顾客等位时的无所事事之感；在四川火锅店见到的“变脸”表演是川味文化代表；云海肴的一些餐厅在等餐区安排云南特色表演，身着民族服装的姑娘小伙子跳着民族舞与等位区的顾客互动，顾客很愿意拍照留念，现场还有云南文化讲解环节。这些都会让等位时间变得很快。互动中顾客拍照发布在社交软件上，对于餐厅来说又是二次宣传。

（5）融入科技感的等待。作为服务标杆的海底捞，在部分门店接入AR游戏，等位的顾客可体验到现场各类的精品游戏，有适合大人玩的格斗类游戏，也有适合小孩子玩的益智类游戏，让所有等位的朋友享受全新的消遣娱乐活动。使用在线提示等位软件进行“云排队”，可以节省许多时间，还可以让客人预先做出安排，在即将到号的时候，由短信或微信进行提醒，合理又贴心。

（6）让顾客的等待变得有价值。有些餐厅推出等位有折扣或是等位送小菜活动，根据等位时间长短赠送价值不等的菜品，等位时间越久，消费者在餐厅上获得的利益就越多。餐厅让出一些优惠给顾客，顾客会觉得自己的等待变得更有价值，于是愿意等待并觉得值得。

资料来源：餐饮装修设计师．没有顾客爱等位子，如何让顾客等得心甘情愿？[EB/OL]．[2023-03-29]．https://mp.weixin.qq.com/s/p2VH_QrVjOnIlSrtWxXu0g；勺子课堂．哪些等位的增值服务让顾客心甘情愿排队？[EB/OL]．[2017-08-26]．https://mp.weixin.qq.com/s/PvoqLKvLMWl-FUQn6AuIqiA

思考：阅读并查找相关材料，旅游景区为了使排队等候服务的游客更有耐心，可以采取什么措施？

学以致用 4-2-4

请同学们根据以上所学，结合“微课 4-1-1 服务场景与游客心理”，分组讨论旅行社门市接待中解决游客等候的服务策略。

三、基于游客个性的门市接待心理服务

在旅行社门市接待过程中，门市接待员面对的游客往往具有鲜明的个性特征，应该采取灵活的接待技巧来为这些游客提供服务，表 4-2-1 呈现了不同个性游客的表现特征，也提出了相应服务建议。

表 4-2-1　针对不同个性游客的门市接待服务技巧

游客类型	表现特征	应对策略
挑剔型	一直试图寻找产品的缺陷，总是不同意报价	对被指出的缺陷不予反驳，对正确指责表示适当的肯定，在价格上用旅游产品的独特价值和服务质量来表明物有所值
犹豫型	对产品或服务都满意，可说到价格时就犹豫不决，但也可能并不是因为价格问题	一定要了解旅游者真实的动机；对拿不定主意的消费者，帮助其选择旅游产品并做出购买决策，可运用物质奖励刺激
分析型	在购买旅游产品时喜欢列出数据、事实和详细的解说，做决定时富有条理性，不慌不忙	通过自己的专业知识，向游客介绍更多的旅游线路的信息，帮助游客更详细了解旅游产品
精明型	对旅游活动或服务内容有深度认识，具有价格谈判能力	运用专业知识解释游客提出的问题，对游客的博学要巧妙地恭维，对他的判断和讨价能力予以赞赏
条理型	做事缓慢，权衡接待人员提出的每一句话	放缓讲话的速度，说明旅游产品的节奏和游客保持一致，尽量顺着游客的思路分析，找出其对旅游产品最在意的问题
感情型	对个人感情看得极重，依照自身的感觉来决定是否认可产品	热情主动地与游客沟通，和游客逐渐熟识，以自己的人格魅力吸引游客

续表

游客类型	表现特征	应对策略
果断型	自信、大胆，知道自己要购买怎样的产品	不需要做太长的线路解说，对必要的细节进行说明，严格忠于产品事实
冲动型	这类游客很容易做出购买决策	门市接待员可以直接进入购买程序，不要绕圈子，直接推荐旅游产品
影响型	热情洋溢，富有魅力，他们非常乐观，对人非常信任，与人谈话总是带有微笑	态度要友好、热情，令人感觉精力充沛、有说服力，介绍旅游产品时关注游客的兴趣，给游客留出充分的交谈时间
狂妄自大型	看不起他人，总希望获得别人格外的注意和尊重	首先让游客自吹自傲，然后抓住机会展开有效沟通，在关键时候借势发挥专业知识的优势，满足游客的虚荣心，销售就成功了
依赖型	在做出购买决定时需要有别人的帮助，他的行为常会受到其他人舆论的影响	态度要充满自信，给游客强有力的正面暗示；切实根据游客需求推荐旅游产品，并展示其他游客的好评
自我为中心型	具有优越感，认为自己什么都懂，不愿意听别人的意见，不容他人的反对，做出购买决策时比较急躁	让游客畅所欲言，了解他的购买动机，提供适合的旅游产品，耐心解答游客的疑问
胆怯型	这类游客对自己的能力缺乏认识，低估自己，对不熟悉的人有一种“畏惧”心理，只要给予关怀照顾，他就会放得开	真诚付出，引导游客；帮助游客克服购买恐惧心理，鼓励游客，慢慢使其放松；通过旁敲侧击的方式探得对方的喜好
健谈型	这类游客表现欲极强，凡事喜欢自作主张	不要让夸夸其谈的游客将对话引入与服务无关的话题中，要抓住一切机会将谈话引入正题，并且要适当聆听、适当恭维
沉默型	这类游客不轻易发表自己的观点，也不轻易批驳服务人员的建议	对待这样的游客要更具耐性，尽量提问让游客回答，从而捕捉对方的真实意图，认真观察通过游客的表情和举动，判断游客对旅游产品的感觉或循循善诱让对方主动说出购买动机
友善型	性格随和，对自己以外的人和事没有过高的要求，具备理解、宽容、真诚、这样的游客容易成为企业的忠诚客户	不能因为对方宽容而放松产品推介说明，游客做出购买决定首要的前提是旅游产品符合需求，并且得到足够的信息进行对比和判断
理智型	对自己需要的旅游产品一清二楚，在购买前做足准备，对适合的旅游产品了解充分	介绍旅游产品时少用或不用手势，语调要有所控制，说明内容要直接而简洁，讲话要考虑他们的需要，这是最容易一次达成购买协议的游客
稳定型	有耐心、随和，有逻辑性和条理性，他们讨厌变化，比较忠诚，乐于为他人服务	创造安静销售的环境；语调应温和、镇定、平静，音量要低；语速要慢，显得略有所思，行动要有节奏
要求型	这类游客爱好溢于言表，对自己很在意，购买商品时，一般挑最好的。他们愿意与了解他们且坚强自信的人打交道	口齿清楚，讲话直接、自信、节奏要快，要有准备、安排有序，针对旅游产品的主要问题提供事实依据和逻辑性

课后小练习

◎ 判一判（判断下列观点的正误并解释原因）

1.旅行社门市接待一般包括问候接待、发掘需求、介绍产品、处理疑问等步骤。（　）

2.当游客犹豫不决，对出行目的地毫无主见时，门市接待员应该采用示范法与感知法来出示和说明旅游产品。（　）

3.当游客说“再考虑考虑”或者“回家和家人商量商量”时，要尊重游客的选择，礼貌送别。（　）

◎ 想一想

1.请结合旅行社门市常规接待步骤，思考“OTA咨询客服的接待步骤”有哪些？又有哪些接待的重点与难点？

2.游客购买决策过程包括需求确认、信息搜寻、方案评估、决定购买、购买后评估等，那么门市接待员能通过自己的服务影响哪些阶段？如何进行正面积极的心理服务影响？

◎ 做一做

请同学们以小组为单位，从“针对不同个性游客的门市接待服务技巧”列表中选择游客类别与服务策略，进行情景模拟，扮演者沉浸角色，观察者注意判断服务流程的稳妥程度，最后小组讨论情景模拟成果，并提交书面分析报告。

收获与体会

____

____

____

模块五
用“心”创新服务——旅游行程中的心理服务

学习导图

用“心”创新服务

模块五　旅游行程中的心理服务

- 项目一　客我交往，找准时机
  - 任务一　导游带团中的心理服务与技巧
  - 任务二　旅游食宿中的心理服务与技巧
  - 任务三　旅游购物中的心理服务与技巧
- 项目二　言行一致，全面沟通
  - 任务一　旅游服务沟通模式
  - 任务二　旅游群体沟通策略
- 项目三　转危为机，处理投诉
  - 任务一　旅游者投诉心理
  - 任务二　投诉处理策略

思政浸润

★ 习近平总书记指出：“要在全社会弘扬精益求精的工匠精神，激励广大青年走技能成才、技能报国之路。”引导学生在企业专家身上、经典服务案例中看到服务工匠的优质、周到、体贴、极致的对客服务状态，引导学生树立清晰的职业目标，干一行爱一行，钻一行精一行，立志做钻研服务艺术的行业工匠，成就难以被替代的自己。

★ 引导学生明确一切对客服务都必须在遵纪守法的前提下提供，依法服务、诚信服务、文明服务是所有旅游服务流程实施的基础，旅游服务者做好自我监督的同时，也要引导游客文明旅行，做有社会责任感的旅游从业者。

学习目标

知识目标

- 理解游客对导游服务、食宿服务、购物服务的心理需求，掌握导游带团、旅游食宿、旅游购物的心理服务技巧。
- 掌握旅游服务全面沟通模式；理解“双胜八法”、以游客为中心、基于信息接受方式的沟通模式，掌握“两步反应”服务沟通模式；了解旅游团队性质，掌握团队基本沟通策略，能识别旅游团队“中心人物”，能解决骚动与“亚群体对抗”。
- 掌握游客投诉心理诉求、不同游客投诉类型的应对策略、不同原因投诉的服务心理与应对技巧。

能力目标

- 能为游客提供较好的导游、食宿、购物的心理服务。
- 能根据具体情况运用合适的服务沟通策略加强客我有效沟通；能处理好与旅游团队“中心人物”的关系，发挥其积极作用，预防和平息旅游团队骚动、“亚群体对抗”等情况。
- 能正确看待游客投诉，能根据游客投诉心理、投诉类型、投诉原因，正确运用投诉处理方法解决投诉及预防投诉。

素养目标

- 养成对客服务的专业意识，形成首问负责的服务自觉性。
- 养成团队合作精神，全面提升沟通协调能力，树立风险防范意识，构建和谐的客我人际关系。
- 养成独立思考、深入思考的习惯，提升主动分析问题、解决问题的能力。

项目一　客我交往，找准时机

◎课前小互动

请同学们回忆自己印象最深刻的一次旅行，站在游客的角度自由表达自己对本次旅行中导游服务、餐饮服务、住宿服务、购物服务等方面的看法。分享者讲述时，老师与其他同学认真倾听，并给予适度回应。

知识共探究

任务一　导游带团中的心理服务与技巧

一、旅游者共同的基本心理特点

旅游者怎样才能“游”好？旅游者到达陌生的旅游目的地后，如何选择最佳的旅游路线？如何从最佳的角度、在最佳的时间去欣赏美丽的景观？如何更好地了解当地的名胜古迹、风俗民情、神话传说及风味特产？如何解决交通、食宿、沟通等问题？此时，如果有为旅游者设立的组织机构——旅行社及由旅行社提供的导游服务，这些问题就会迎刃而解。

旅游者虽然包括各种不同类型的人，他们各有不同的心理特征，而且在旅游活动的不同阶段、不同情景下会有不同的表现，但作为旅游者，他们也有共同的心理特点。为了做好旅游服务，导游员首先必须分析、了解旅游者的共同心理特点。

1.美好期望心理

旅游者所选定的旅游活动，都是其认为有特点、有价值、有意义的，往往在想象中把它们理想化。他们期望观赏美丽的景点、接触当地友好的居民，希望旅途顺利、愉快，因此，情绪上较兴奋，好奇心强，对各种事物都表现出较高的兴趣。他们希望能观赏到各种新鲜事物，并能得到详尽的介绍，以增加理解，使好奇心得到满足。对旅游活动的美好期望，是旅游者重要的心理特点之一。

2.安全保障心理

旅游是人们所期望的有益于身心健康的活动，因此，旅游者希望旅游顺利、安全。人们在日常生活中都有寻求安全的心理，但安全对旅游者来说更具有特殊意义。在旅游过程中，由于旅游者处于人地生疏的环境、面对许多个人不可控的因素，他们对安全的需要就变得更突出、更重要。旅游者的安全涉及各个方面，如交通的安全、身体健康的保障、财物的安全、活动计划的顺利实现等。其中，人身安全是他们关注的中心，他们希望在旅游过程中绝对不要发生人身伤害，食宿行等一定要安全。

3.被接纳与受尊重的心理

旅游者来自于不同的地区甚至不同的国家，他们希望所到之处的居民、服务人员对他们友好、热情，对他们的习惯、信仰等理解和尊重。

4.舒适与享受心理

旅游者的旅游动机是有差别的，他们有的是为了满足休息娱乐，有的是为了探奇求知，有的是为了交往，或者以某种需求为主兼有其他需求。但是，他们都是暂时摆脱日常环境和事务去寻求新的经历，都有希望在旅游中得到享受的共同心理特点，因此，旅游者要求交通、住宿条件舒适，饮食美味可口，服务周到体贴，处处方便。此外，旅游者不断地参加各种活动，包括从一个旅游地转到另一个旅游地，会产生身体和心理方面的疲劳，为了保证旅游活动有效地连续进行，他们需要充足的休息来减轻疲劳，以保持良好的身心状态。

5.纪念心理

旅游活动是人们一种有意义的特殊经历，旅游者希望以某种方式表达对自己旅游活动的纪念，如在旅游景点拍照，或购买有特色的工艺品、日用品等，这也是各类旅游者的共同心理特点。

以上心理特点是各种类型的旅游者所共同具有的，旅游服务人员应该结合自己的工作，尽量满足旅游者的心理需求，提高旅游活动的效果。

二、导游员应有的正确认知

1.导游员对旅游团队的正确认知

旅游团队是导游员完成“生产任务”的一个平台，“带团”就是导游员的基本功。这时，导游员的服务对象实际上有两个：一个是旅游者个体，一个是旅游者群体。导游员不仅要向旅游者个体提供完善的“功能服务”和“心理服务”，还要向旅游团队这个群体提供“功能服务”和“心理服务”。作为一本旅游服务心理的教材，我们主要关注如何为旅游个体与团队提供“心理服务”。旅游团队的“心理服务”是建立在为旅游者个体“心理服务”的基础之上，但是，它又与对旅游者个体“心理服务”有所不同。

首先，旅游者个体的需求不等于旅游团队的需求。比如，一位素食主义的旅游者要吃素，但是他不能要求旅游团队一起吃素。同样，旅游团队的需求也不等于某一个旅游者的需求。比如，旅游团队计划安排每天八点出发，就可能有违于某些旅游者九点才起床的生活习惯。这种旅游团队与旅游者个体之间的差异自然要求旅游者个体应当服从旅游团队的需要。这种群体与个体的差异会渗透在人与人的交往中，渗透在旅游团队的活动中，也或多或少地会在旅游者与导游员的交往中反映出来。

其次，旅游团队内的人际矛盾主要是旅游者之间的矛盾。在旅游团队中，一般只有一位导游员，或地陪、全陪各一位（大型团队可能需要更多），旅游者占旅游团队中的绝大多数。旅游团队内的人际矛盾很少发生在旅游者与导游员和其他服务人员之间，大多数人际矛盾是由旅游者之间的差异引起的。这些矛盾不仅会影响当事人的情绪和行为，还会影响旅游团队内的氛围，严重时甚至会影响旅游团队的旅游计划。

最后，旅游团队的群体心理活动有其独特的表现。目前来看，严重影响旅游团队人际氛围和旅游计划的群体现象主要有“旅游团队中心人物”现象、“旅游团队骚动”现象和“旅游团队亚群体及其对抗”现象。这些现象有的是发生在旅游者与导游员之间的，如“旅游团队中心人物”现象；有的则是群体心理活动发展后涉及旅游工作者的，如“旅游团队骚动”现象；有的是发生在旅游者之间的，如“旅游团队亚群体及其对抗”现象。解决这些群体的问题不同于解决旅游者个体的问题，它要求导游员有更高的服务技能和处理人际问题的能力。我们会在本模块的项目二中重点介绍旅游群体的沟通策略。

2.导游员对自我定位的正确认知

（1）如何成为旅游的“灵魂”

旅游是一项综合性的社会活动，旅游服务需要不同的旅游企业、各个相关部门和企业的服务人员的共同合作才能实现。我们说导游员是旅游的“灵魂”，是因为导游员与这些合作单位没有行政隶属关系，但是，导游员的合作性工作使所有服务方一起为旅游者提供完美的服务。虽然旅游活动中的许多服务并不是由导游员亲自提供的，但合作方提供的服务是否到位、能否令旅游者满意，都依赖于导游员的合作和引导。许多旅游服务的缺陷的弥补、旅游者对服务的不当认识的纠正，也都依赖于导游员的沟通和劝说。具体包括：

第一，促进合作方与旅游者之间的沟通，引导合作方提供符合合同要求的服务。旅行社的产品是把合作单位企业的产品整合在一起。旅游者在向旅行社购买“包团旅游”产品，就是同时购买了与旅行社合作的饭店、餐厅、景点、旅游车等企业单位的子产品，但是，旅游者并没有向这些产品的所有者直接购买，而是统一向旅行社购买，旅行社必须给旅游者兑现承诺。因此，导游员作为“企业代表”，有义务检查和监督合作方是否提供了符合旅游合同标准的产品，有责任保证和实现旅行社对旅游者的承诺。

第二，把其他旅游工作者的心理服务引导到旅游者面前。许多旅游工作者与旅游者相处的时间十分短暂，他们对旅游者个性、情绪的了解远不如导游员，因而，他们向旅游者提供的心理服务常常不够及时和到位，有的时候甚至会造成误解。这时就需要导游员对旅游者与那些旅游工作者之间的沟通进行及时、准确的引导，让双方明白对方的良好愿望。

案例分享5-1-1　　用真诚为游客服务

导游小林的团队下一站目的地是H地。由于旅游线路比较特殊，鸡蛋成为旅途主要的“荤菜”材料，游客连吃几天，都吃腻了。为了让游客吃得舒心，小林不得不从“心理服务”上做功夫。

小林告诉了餐厅这批游客是湘籍，餐厅第一餐就用当地的名辣椒“小红袍”做了湘菜“辣椒炒鸡蛋”。独特的辣椒风味和家乡菜烹饪方法结合在一起，让游客胃口大开，吃到与之前几天不一样的鸡蛋味，多了几分家乡的味道，游客个个连声称赞。小林接着请出了大厨和餐厅经理，让他们来到游客中间接受游客的谢意。小林还向游客介绍，大厨是得知游客是湘籍后，专门打长途电话向朋友请教，以便做出具有湘味特色家乡菜，游客听后十分感动。小林又请餐厅经理向游客介绍了当地的气候、地理和食材情况，请游客对今后用餐提建议和需求，尽量让游客吃得满意。

这样一来，游客了解了餐厅的实际困难，又看到了餐厅的努力，纷纷表示十分体谅，即使是重复菜肴也没有关系！由于餐厅与游客的相互交流，游客体谅餐厅的“巧妇难为无米之炊”，而餐厅也努力改变菜式，将当地风格与湘菜风格相结合。三天下来，游客吃得津津有味，在后续行程里也一直念念不忘。旅行结束前，游客陆先生说：“这次行程虽然远离家乡，但是H地的几顿饭让我重温了家乡梦。”

资料来源：编者根据网络资料整理。

思考：真诚的服务最能打动人。请同学们思考，案例中导游小林抓住了游客哪些心理特点来进行“心理服务”。

有些导游员片面地理解导游的“灵魂”作用，只注重各个岗位的功能服务，忽视了心理服务；有些导游员错误地将合作方的失误扩大，或者公开暴露在旅游者面前；更有些导游员错误地把导游岗位的“灵魂”作用看成对其他服务人员的人格主宰，对服务技能不高、经验不足的服务人员冷嘲热讽，有时以企业代表的角色威胁合作企业及服务人员，迫使他们认可自己的“灵魂”地位。这些做法不仅有损导游员所在旅行社在合作方眼中的形象，更是严重破坏了包括导游在内的整个旅游服务商在旅游者眼中的形象。

（2）如何成为旅游的“专家”

我们知道，同样的话从不同身份的人口中说出来，其作用以及对听众的影响完全不同。比如，一位旅游者说旅行社的某一行为是违约行为，可能许多人会不以为意；如果这个旅游者亮出自己的律师身份后再说，恐怕包括旅行社员工在内的许多人就会相信。

在旅游活动中，导游员应成为旅游团队的中心人物，有时要对旅游者的矛盾进行调解，有时要对突发事件做出妥善的处理，有时要劝说旅游者放弃不切实际的想法，有时要挽回旅游者有违旅游合同的行为……所有这些都需要导游员对旅游者施加有力的影响。导游员要在与旅游者的交往中处于主导地位，就需要树立起自己的“专家”形象，这需要导游员（特别是全陪导游员）从以下六个方面去努力。

第一，严格遵守导游规程，这是构成“专家形象”的第一要素。导游规程是导游工作的首要规范。严格遵守导游规程会给客人留下你受过严格训练的良好第一印象。

第二，熟知团队的旅游计划。如果作为全陪，导游连游客最关心的旅游计划都不熟悉，游客就会认为你不认真不负责。如果客人问起“我们什么时候飞北京”等问题，如果全陪导游回答不上来，或要拿出游计划来看了才能回答，客人就会认为导游“不负责”或者“是个新手”。导游应在出团前将旅游计划牢记于心，这在今后若干天的行程中将会得到丰厚的回报。当导游不用看计划书，仅凭记忆就能如数家珍地解说旅游行程时，客人必定会想：“我们真幸运，遇上了一个‘专家’全陪！”

第三，高度重视并精心安排对全团旅游者的第一次正式讲话。导游员不仅要重视与客人初次见面时的仪表和行为举止，给客人留下优秀的“第一印象”，更要重视对客人的第一次正式讲话。这是因为，你所作的有关旅游计划、风土人情、时间安排和注意事项的第一次正式讲话，会产生一种相当巨大的“晕轮效应”。如果客人通过你的第一次正式讲话认定你是个“专家”，以后的事情就好办了；相反，如果一开始就认定你“不怎么样”，以后的事情就难办了。

第四，把“全程陪同”的幕后工作适度公开。客人除了对导游员的服务十分关注之外，对导游服务工作的具体操作过程也很有兴趣。适当地公开一些本来在“幕后”的工作，既能满足客人的好奇心，又能使他们认为导游员很专业。这一点对全陪导游来说尤为重要。地陪要做景观讲解，很容易给客人留下专业印象。全陪则不容易给客人留下责任重大、服务能力强的印象，因为他们不知道导游的具体工作职责。在没有突发事件的情况下，全陪导游的服务工作比较缺乏外显性，多在幕后进行，而这些幕后工作恰恰是专业性很强的工作。所以，适当公开幕后工作会起到很好的作用。公开幕后工作的注意事项与途径见表5-1-1。

表5-1-1 公开幕后工作的注意事项与途径

注意事项	途径
不能泄露旅行社的商业秘密	在与客人的交谈中不经意地流露
不能伤害其他旅游企业和合作单位	在谢绝客人的邀请时所做的说明
要让客人觉得全陪所做的事情是他们自己做不来的	服务人员之间商讨有关问题时有意不避开客人（最好把声音略微降低）

第五是及时掌握旅游目的地的最新情况。旅游目的地情况受多种因素制约，经常会出现制订旅游计划时无法预见的变化。导游员对这些变化要心中有数，准确掌握旅游目的地情况，及时了解在什么地点、什么时间、什么方面发生变化，对于变化要有预案，能妥善处理并做出解释。

第六，在“突发事件”中巧用“否定后肯定效应”展现自己。有些“突发事件”是旅游途中所发生的不可抗拒的、不可预见的，而且会严重影响旅游活动，比如，飞机航班改变等。“突发事件”对导游员的形象会产生重大影响，许多游客会根据表面现象对导游员做出“否定性评价”。但此时恰好为那些既有责任心又有功底的导游员提供了一个舞台，使他们能够比在正常情况下更有效地向游客展示自己的服务技能。例如，一位“专家型”导游员，他所掌握的旅游目的地的社情、民情以及当地社会资源的分布等专业知识在平时很难向旅游者展示，但是，在遇到突发事件时就有机会被旅游者所看到和承认，从而使他得到更高的评价。

启智润心 5-1-1　　这样的导游，难以被替代！

“兵马俑都是单眼皮吗？兵马俑是如何制作的？兵马俑又是如何修复的？”“兵马俑的眼角纹、掌纹、脚底板的纹路，不单单是外表，而是古代人向我们传递出的一种精神，叫作‘大国工匠’和‘文化自信’！”既有丰富、深厚的历史知识，又有风趣、诙谐的个性化表达，这让一名西安导游迅速出圈。懂得换位思考，善于站在游客的角度来答疑解惑，让这位导游的讲解，既具有历史的厚重感，又不失灵动与活泼，网友直呼这是“专家型导游”。这位导游叫王钰，毕业于旅游管理专业，“当时纯粹觉得有意思”。这件“有意思”的事也成了她热爱的事业。王钰最喜欢的学习方式是看“百家讲坛”。“可能很多人把导游当成一份工作，但我是真正喜欢这个职业，我能从工作中获取自我价值。”她每天通过多种渠道学习专业知识，看大量的书籍、纪录片以及历史资料，最终她成为导游群体中“颜色不一样的烟火”。

在许多人的印象中，导游是一份没有多少含金量的工作；千篇一律的解说、乏善可陈的知识。在陈词滥调里打转的导游难以满足游客对历史的兴趣和对中华优秀传统文化的热爱，难以满足游客更高层次的精神文化诉求。随着精神文化需求的快速增长，许多游客不再满足于走马观花、一知半解地“到此一游”。这就使能够提供专业的历史文化讲解服务的“专家型导游”供不应求。“专家型导游”之所以受到青睐，就在于他们不再是“传声筒”，而是在解说过程中融入了自身的思考与感悟，对中华优秀传统文化进行了创造性转化和发展。

资料来源：额济纳旗文化旅游广电局. 这样的导游，难以被替代！［EB/OL］.［2023-09-11］. https://mp.weixin.qq.com/s/0BOTdEEDh2JAF04JmITIHw；从“协助型导游”到“专家型导游”：几乎每天看史书纪录片学习［EB/OL］.［2023-09-03］. https://baijiahao.baidu.com/s?id=1775964838782610558&wfr=spider&for=pc.

思政元素：爱岗敬业　服务工匠　文化自信

学有所悟：随着旅游业转型和消费升级，文化旅游、研学旅游等细分市场逐步成熟，愿意为知识买单的消费者越来越多。导游不能停留于线路向导、食宿安排等“辅助型导游”阶段，而是要成为具备专业知识、能给游客提供良好的文化体验和专业服务的“专家型导游”。在社会分工越来越专业化、精细化的今天，干一行爱一行，钻一行精一行，方能成为难以被替代的自己。

“专家型导游”不仅能够为游客提供更高品质、更个性化的解说服务，也可以为自身提供价值实现的通道。看似不起眼的导游并非没有成长空间，“专家型导游”不仅通过努力学习和坚持思考丰富了自身的精神世界，也在市场中得到了更多的回报。这对于改变导游生存环境、收入结构、职业地位具有重要意义。导游群体主动积极地提升自身的专业素质，为客人提供更好的服务，形成良性循环，对旅游市场环境净化也会起到一定的推动作用。

三、导游服务的心理策略

1.迎接的心理服务

在人际交往中，给人留下的第一印象是至关重要的。如果一个人在初次见面时给人留下了良好的印象，可以使人们对他以后一系列行为的评判和解释偏向正面。

导游人员在接团时留给游客的首次印象，常常会左右游客在以后旅游活动中的判断和认识。美好的第一印象将为导游以后工作的顺利展开铺平道路。因此，导游从机场、车站第一次接触游客起就必须注意，自己的形象要优美、大方，态度要热情友好充满自信，办事要稳重干练。不仅要注意外表的形象和态度对游客心理的影响，而且要以周密的工作安排、良好的工作效率给游客留下美好的第一印象。从机场到酒店的交通工具、行李运送、住房安排、餐饮食物到书面的导游材料，都要做好妥善的安排，迅速满足游客的需求，增强游客的安全感和信任感，这是导游服务工作成功的良好开端，也会为以后接待服务工作中遇到问题时成功圆满地处理问题，奠定一定的感情基础。

导游人员的第一次“亮相”是在致欢迎词的时候，只有在这时，游客才会静下心来，“掂一掂导游员的分量”。他们会用审视的目光观察导游员的衣着装束和举止风度；

用心倾听导游员讲话的声音、语调、用词是否得体，态度是否真诚……然后通过分析思考对导游员做出初步的结论。譬如，对导游人员的衣着装扮，如果导游太注重修饰自己，游客可能会想：“光顾修饰自己的人怎么会想着别人、照顾别人？”但是，如果导游衣冠不整，游客又会想：“连自己都照料不好的人又怎能照顾好客人？”因此，导游人员应特别注意致欢迎词这一环节的言行举止，力求在游客心中留下良好的第一印象。

2.游览中的整体心理服务

（1）调整游客的情绪

游客在旅游过程中，会随着自己的需要是否得到满足而产生不同的情感体验。如果他们的需要得到满足，就会产生愉快、满意、欢喜等肯定的、积极的情感；反之则会产生烦恼、不满、懊恼甚至愤怒等否定的、消极的情感。导游人员要善于从游客的言行举止和表情变化去了解他们的情绪，发现游客出现消极或否定的情绪后，应及时找出原因并采取相应的措施来消除负面情绪或进行调整。

（2）激发游客的游兴

导游服务要取得良好的效果，需要导游人员在游览过程中激发游客的兴趣，使游客自始至终沉浸在兴奋、愉悦的氛围之中。兴趣是人们力求认识某种事物或活动的倾向，这种倾向一经产生，就会出现积极主动、专注投入、聚精会神等心理状态，形成良好的游览心境。

导游人员可以通过突出游览对象本身的直观形象来激发游客的兴趣，使游客认识到游览对象的美感；也可以通过讲解历史故事激发游客对名胜古迹和民间艺术的探索欲；通过朗诵名诗佳句激起游客漫游名山大川的豪情；通过提出生动有趣的问题引起游客的思考和探讨。这样营造出的融洽、愉快的氛围可使游客的游兴更加浓烈。导游人员还可以组织丰富多彩的文娱活动，动员全团游客共同营造愉快氛围。有时受客观条件或游客体力等的限制，游客难以看到景点的全貌，留下不少的缺憾，导游就可以通过影像给游客留下完整的、美好的印象。

（3）突出心理服务的要领

通过前面的学习，我们已经明白“要做游客的好镜子”“扬游客之长，避其之短”，所以提供导游心理服务时，务必尊重游客、微笑面对、使用柔性语言（具体会在本模块项目二中展开介绍）。导游要与游客建立“伙伴关系”。一方面，导游人员可通过诚恳的态度、热情周到的服务与游客建立合乎道德的、正常理性的情感关系。当然，这种关系应是面对每一位游客的，不能厚此薄彼。另一方面，导游人员在与游客交往时还应把握正确的心理状态，尊重游客，与游客保持平行性交往，力戒交锋式交往。

其实，每位游客都既希望导游人员一视同仁，公平相待，又希望能给予自己一些特别的关照。因此，导游人员要把规范化服务和个性化服务完美结合起来。提供个性化服务做起来并不容易，关键在于导游人员要将游客“放在心中”，眼中“有活儿”，把握时机主动服务。个性化服务要求导游人员了解游客，用主动热情的服务尽力满足其合理要求。

见多识广
5-1-1
不同旅游者的心理特征

3.针对旅游者在不同游览阶段的心理服务

要掌握旅游服务的主动权，就必须对旅游者在旅游活动全过程各个不同阶段中的心理和行为有所了解。游客在游览的前期、中期、后期有不同的心理需求与特征，导游要据此给出针对性的服务。

不同旅游时期游客的心理需求与服务技巧如图5-1-1所示。

旅游初期：求安全心理，求新心理，兴奋激动，情绪高涨	旅游➤技巧	消除不安全感，合理安排旅游活动，满足求新心理
旅游中期：懒散心态，求全心理，群体心理	旅游➤技巧	精力高度集中，要有较强的组织能力和独立处理问题能力
旅游后期：忙于个人事务，心理波动较大	旅游➤技巧	留出足够的时间，耐心解答问题，尽量满足要求

图5-1-1 不同旅游时期游客的心理需求与服务技巧

见多识广 5-1-2

旅游者的交通心理需求及相应服务技巧

微课 5-1-1

不同旅游时期游客的心理需求与服务技巧

知识课堂5-1-1

（1）扫码学习“微课5-1-1”。

（2）结合“微课5-1-1”与图5-1-1思考，哪个时期的游客最容易出现团队沟通的问题，原因是什么？

任务二 旅游食宿中的心理服务与技巧

食住行游购娱，这样的排序在一定程度上说明旅行中的进餐与住宿在游客心中的重要性。客房是酒店的主体部分，也是游客在酒店生活的主要场所。对客人来说，客房就是“家外之家”。他们期望有一个舒适的、符合自己生活习惯的住宿环境，并能接受到各种热情周到的服务。接待游客的旅游酒店一般都设有餐厅以满足住宿者进餐的需求。那么，怎样才能吸引游客高兴地走进餐厅，而又满意地离去呢？我们一起来探讨旅游食宿中的心理服务与技巧。

一、旅游餐饮中的心理服务与技巧

1.游客对餐饮服务的心理需求

（1）特色风味

游客希望餐厅提供的菜品能够符合他们对特色风味的要求。特色风味是用餐者所品尝到的口味、嗅味和质地等的综合感觉。客人对风味的期望和要求各不相同，有的喜爱清凉爽口，有的愿意色浓味香，有的倾向于原汁原味。

（2）形象美观

客人希望他所选择的餐厅在环境氛围、餐厅服务员、菜肴器皿等方面都具有美感：餐厅装修和谐美观，在视觉、听觉、味觉等方面都令人舒适；餐厅的服务人员精神饱满，服饰干净整洁，服务操作规范得体，热情有礼；食物色香味俱全。

（3）安全卫生

每一位客人都非常在意餐厅的安全卫生情况，包括环境、菜品、餐具、人员等。游客一般都要求：餐厅环境干净、舒适，餐台干净；食物新鲜、干净、符合卫生要求；酒水饮料符合卫生标准；餐具、茶具、酒具都经过消毒；服务员的个人卫生符合标准、服务动作符合规范，食品生产过程符合卫生标准；不发生意外和事故，如汤汁滴到客人的衣物上、食物烫伤客人、破损的餐具划伤客人、地面太滑引起客人摔倒，甚至发生食物中毒等。这些都是客人的正常诉求。

（4）快捷公平

游客对快捷公平的心理需求表现在：一进餐厅就有座位，服务员迅速斟茶倒水，递上菜单；上菜快速；如果需要赶时间，服务员能给予优先照顾；账单准确无误。快捷公平意味着减少等候的时间，且先到达的客人能先用餐。

（5）尊重求知

常言道“宁喝顺心汤，不吃受气饭”。餐厅是公共场合，客人为获得地位感和满足感，求尊重的心理非常明显。客人希望得到服务员热情问候、主动接待，希望被引领到恰当位置，自己的习俗能得到尊重，常客甚至期待自己的个性化口味能被记住并满足。

客人在餐厅用餐，是了解和体验餐饮文化的过程，因此，客人希望了解餐厅的文化、主题活动、设计理念、菜肴文化、酒水知识等。

启智润心 5-1-2　　“舌尖上的冬奥”　暖心美食为中国文化代言

美食不会说话，但它们传递出来的友好和热情，是如此坦然、如此真诚。2022年北京冬奥会，除了体育精神，中国美食同样不可辜负。

冬奥期间，不少外国运动员和工作人员迷上了冬奥村的美食：饺子、豆包、麻辣烫、烤鸭、宫保鸡丁……对于运动员来说，比赛固然重要，打卡美食也是必备体验。紧张的竞技之余，许多外国运动员都沉浸式体验冬奥村的美食，并分享到各社交平台，称赞中方周到贴心的服务。美国单板滑雪名将、三届冬奥会冠军肖恩·怀特在视频中惊叹“糖醋里脊、宫保鸡丁、担担面……真是太棒了！”马耳他唯一参赛运动员珍妮丝·斯皮泰里比赛前拿出半个豆包对着镜头认真地吃了起来……生动有趣的镜头下，中国美食不仅赏心悦目，也将博大精深的中华传统饮食文化展现得淋漓尽致，成为中国文化从冬奥走向世界的生动代言。

打造舌尖上的冬奥，重在充分做好服务保障。冬奥餐饮团队从2018年6月就开始制作菜单，设置了世界餐台、亚洲餐台、中餐餐台等12种特色餐台。比赛期间一共为选手们准备了678道菜品，每日可供应200道，且会保持轮换，很多餐台还是24小时全时段供应。在最大程度上满足各国运动员的不同生活饮食习惯，不仅满足了不同口味，还满足了不同宗教的特定饮食需求。

食物在这里被赋予了特殊的意义，无论是对于中国运动员还是对于来自异国他乡的运动员，食物都是一种带着温度的爱，能温暖和鼓舞他们，带给他们信心和力量。在运动员们“疯狂”品尝中国美食的背后，不仅彰显了中国饮食兼容并蓄、海纳百川的文化底蕴，也让运动员们的比赛、生活之旅增添了更多不一样的乐趣，更感受到中国文化的魅力！

资料来源：刘庆东．“舌尖上的冬奥”　暖心美食为中国文化代言［EB/OL］．［2022-02-14］．https://baijiahao.baidu.com/s?id=1724691239259918322&wfr=spider&for=pc；李愚．豆包、饺子、麻辣烫，冬奥美食到底有多香［EB/OL］．［2022-02-11］．https://mp.weixin.qq.com/s/OzzkrwDv3Dndg-dkOZ3wpLw.

思政元素：大国风范　文化自信　以礼待人

学有所悟：餐饮服务是重大活动保障中极重要的一环，北京冬奥做到只要有需求，餐饮服务保障立即“安排”。一道道美食彰显着浓浓的风土人情和中国热情的待客之道，这是一种桃李不言、下自成蹊的沉稳哲学，也是大国文化自信。冬奥会以中国美食的魅力，给国际友人留下深刻的文化记忆。

2.基于游客需求的餐饮心理服务

（1）开发餐厅的特色菜

游客就餐一般都要求食物适合自己要求，还看重色、香、味、形、声、器。因此，服务员在接待当中要想方设法满足他们的要求，一方面，通过掌握各国各地区不同民族的饮食习惯，按客人要求送上菜点；另一方面，还应及时向客人介绍本餐厅的特色菜点，当好客人的参谋，为客人选菜配菜。当客人进餐时，服务人员要注意观察客人的表情、动作，若客人流露出厌食或不满的神态应及时转告后厨，并加以改进，使客人食之有趣有味，满意而归。

（2）塑造赏心悦目的形象

①营造优雅美观的餐厅环境。餐厅内部装饰与陈设布局要整齐和谐、清洁明亮，要给人以美观大方、高雅舒适的感觉。餐厅的光线要适宜，使客人心情舒畅。可以设计一张别具一格的菜单，给客人提供一种视觉上的美感享受。最重要的是，餐厅应该整洁干净，窗明几净，地面清洁，厅内无蚊蝇。 在公共餐厅，由于就餐人数较多，噪声较大，为了不影响客人的食欲和情绪，餐厅要尽量减少噪声，同时要注意背景音乐的使用，可以根据餐厅的主题来配置一些使人心情舒畅的音乐。餐厅中各种菜肴会散发各种气味，加之各种酒水气味混合在一起，有时给人的感觉是不愉快的，所以餐厅要注意通风，保持空气清新。另外做好餐厅的温度调节，保证人体感官舒适，饭菜不容易受到环境温度影响，现代餐厅比较适宜的温度是18°C到22°C。

见多识广
5-1-3

美食与美器的搭配

②打造具有美感的餐饮产品。就餐的客人不但注重食物的内在质量，还越来越注重食品的外在形式。因此，餐厅提供的食品既要重视品质，也要重视形式上的美感。首先是鲜嫩丰富的颜色，会使客人产生菜肴质量上乘的感觉，而且红、黄、绿等颜色容易激发客人的食欲。其次是优美的造型，烹饪大师运用切、雕、摆、制、烹等技艺，给顾客提供一道道造型优美的美味佳肴，也为顾客带来了艺术上的享受。最后是用精美的器皿衬托菜肴，锦上添花。餐桌上各式美食美器相映成趣，让人赏心悦目、食欲大增。餐具的搭配应与食物本身的风格以及分量相称，才能产生美的感官效果。

③树立优雅端庄的服务人员形象。首先，服务人员应注重仪容仪表，注意修饰大方、得体，工作制服的式样、色彩和质地都应和餐厅的整体风格相协调。由于餐饮服务工作具有特殊性，服务人员在穿着工作制服时应随时注意保持整洁，避免因工作制服不干净或是穿戴不整齐给客人带来不适感，女性服务人员在工作时应把头发束起，避免引起客人对餐厅卫生状况的质疑。

其次，餐厅工作人员应具备娴熟服务技能——上菜、分菜、撤碟等服务，这将直接影响客人对服务人员以及整个餐厅的观感，甚至影响客人对整个酒店的印象和评价。

最后，餐厅服务人员还可以创新服务方式，以给客人带来全新享受。如现在很多酒店餐厅不仅提供精美菜单，重要的宴会还会配上介绍菜肴文化的创意菜单，甚至将部分切配好的菜肴实物，置于四周围有透明玻璃的餐车里，推到客人面前加以介绍，这样更容易激发客人兴趣而选择品尝。

（3）营造安全卫生的整体环境

卫生需求是客人求安全心理的外部表现，餐厅应非常重视餐厅环境卫生、餐具卫生、餐饮食品卫生、餐饮服务人员的个人卫生以及操作卫生，保证全部符合卫生标准。

（4）缩短顾客等候的时间

在前面，我们已经学习了缩短游客等候时间的策略。除了餐前等候时间缩短外，餐后结账也要及时。

（5）注重企业服务文化建设

“宾至如归”“顾客至上”的理念应体现在服务的全流程中。“宾至如归”表示餐厅欢迎客人的光临，希望客人如同生活在自己家中一样，对一切都不感到陌生和拘束，这迎合了顾客希望受到欢迎的心理需求。“顾客至上”就是体现将客人放在最受尊敬的位置上的宗旨。

微笑迎送顾客，微笑能使饥肠辘辘的就餐者心情平和。如果有较多的客人同时到达，服务员不能一一迎接，在展现亲切的微笑时眼睛最好呈“散射”角度看向所有客人，避免顾此失彼。服务员引领客人入座时，要注意观察客人的特征，把客人领到他们喜欢的座位上，对恋人、老人、儿童等客人要尊重他们各自的特殊习惯。尤其要注意有生理缺陷的人，既要对他们细心照顾，又不要伤害他们的自尊。服务员在上菜、倒酒时也要尊重客人的风俗习惯，使客人有宾至如归之感。

人们普遍具有强烈的求知欲，即使是在进餐时也不例外。为了服务好客人，使客人产生宾至如归的感觉，餐厅员工必须掌握丰富的文化知识，以便在面对不同的客人时，能够塑造出与客人背景相应的服务角色，与客人进行良好的沟通。餐厅员工除了要利用业余时间从书本上学习知识外，还需从日常服务中积累知识，餐厅也应进行有针对性的培训。

①营造餐厅文化和主题特色。客人走进餐厅，首先会对餐厅的整体布局风格感兴趣。此时，他最想了解的就是有关酒店、餐厅的文化，服务人员应熟悉这方面的知识以满足客人的求知欲望。有许多餐饮酒店会举办各种文化活动招揽客人，如举办与轻音乐、电影、话剧、民歌等艺术形式相关的活动。还有的餐馆将餐厅布置成画廊，或者以漫画、古董来装饰餐厅环境，以提高餐厅的文化品位；有些餐馆备有报纸、杂志、书籍等供客人随意阅读；有的餐馆举办各种讲座、培训、文化沙龙等活动；有的餐馆定期刊出有关营养、保健、医疗等方面知识的板报；还有些餐馆就像个小型的展览厅，常以不同主题陈列各式各样的相关物品，顾客在这里可以从中获取许多有用的知识。

启智润心 5-1-3　　国宴，中华饮食的精粹集成

华夏大地上，延续千年的饮食文化璀璨生辉。其中象征最高规格饮食的国宴历史悠久，在儒家经典《周礼》《仪礼》《礼记》中已有王室为招待贵宾而举行国宴的记载。国宴能展示一个国家的至高餐饮水准，是国家领导人招待外宾，或在重要节日招待国内各界特邀人士而举行的正式宴会。国宴菜肴博采各菜系之长，上及宫廷肴馔谱录，下采民间风味小吃，撷英集精，形成了独具特色的系列菜品，是中华儿女代代心手相传的国粹精髓，宴席风范也是国家礼仪与待客之道的华彩展现。

杭州第19届亚洲运动会开幕式的国际贵宾的国宴在浙江省杭州市西子宾馆举行。西子宾馆是西湖四大名园之一，也是国宾馆之一，建于1927年。宴会厅内，天青长卷、如诗如画、山水登临、韵味悠扬，装饰主题是“浙山、浙水、浙条路”。餐桌上的盆景有浙西地区的群山像，从浙江最西端的景宁山水，到杭州钱塘山水、安吉余村，再到浙江东部的大陈岛、舟山群岛，还有三个世界文化遗址：西湖、大运河、良渚。整个宴会厅空间的色调设计都是以西子青色为主。

国宴充分体现杭州元素，冷盘是钱塘风味冷盘、江南特色小碟；例汤是松茸鲜菌汤；主菜为龙井虾仁、西湖醋鱼、竹香牛排和秋分时蔬；主食是杭州小笼包和杭式葱油拌面；点心是浙江传统名点；甜品为淇淋鲜果；宴会用酒是2016年G20杭州峰会使用的张裕爱斐堡。国宴的餐桌上还有许多别具匠心的亚运元素小细节：餐台摆台的底部由19种不同的线条组合而成，看上去就和赛场上的跑道一样，而19条跑道也代表着杭州第19届亚运会的主题；在旁边的配菜上还有萝卜雕成的绍兴乌篷船，亚运的扇形标志以及运动员形象，希望能让外宾品尝美味的同时感受到亚运元素。

李白诗云：“金樽清酒斗十千，玉盘珍羞直万钱。”摆放于桌面的“钱塘潮涌”国宴餐盘与现场的青绿色基调交相辉映。瓷面上，山河掩映，钱塘潮涌若隐若现，尽显杭州“山水登临之美，人物邑居之繁”。41件器皿整体呈现出“白如玉、明如镜、薄如纸、声如磬”的特点。细节之处，还有青丝绘成的桂花、潮水、明月等元素，渲染出“月下金桂满秋香，钱潮东游下杭城”的主题。粗看这组餐具，以白底青花为主，细看会发现，其中增加了立体白浮雕套花工艺，用手轻轻触摸，同样可以感受到浪花翻滚的气势，既体现竞技体育精神，也体现浙江特色之钱塘江大潮的弄潮儿精神。这组国宴餐盘传承了南宋官窑制作越瓷的配方及烧制工艺，氤氲着宋韵之美。每一件国宴用瓷都经历了72道制作工序，每一道工序都按照国宾接待标准进行全检。宋瓷雅韵的“钱塘潮涌”造型创意历经了1年半左右才得以定稿，而烧制则耗时5个月，反复实验20多次，直到寻找到泥坯延展性和刚性的平衡点，终于，这套“千锤百炼”的美轮美奂的“钱塘潮涌”国宴餐盘华丽亮相。

中国餐桌上呈现出的色香味形器境，见证了“民以食为天”的民本思想。国宴作为一种重要的外交礼仪活动，不仅展示了国家的待客之道和文化传统，更通过精心设计、精湛烹饪、独特味道，向世界展示了我国的独特饮食文化。可以说，国宴是集中国家饮食文化特色和礼仪文化特色于一体的国典形式之一，每一次礼宾国宴，输出的都是中国文化，变化的是国宴主题，不变的底蕴是源远流长的中华文化。

资料来源：佚名．揭秘杭州亚运会欢迎宴会：充分体现杭州元素和韵味［EB/OL］．［2023-09-25］．http://caijing.chinadaily.com.cn/a/202309/25/WS65111ca5a310936092f2375f.html；刘睿．国宴，中华饮食的精粹集成［EB/OL］．［2023-05-23］．https://baijiahao.baidu.com/s?id=1712417456723173542&wfr=spider&for=pc；应陶．揭秘杭州亚运国宴用瓷：宋瓷雅韵迎宾来［EB/OL］．［2023-05-23］．https://baijiahao.baidu.com/s?id=1778102636648415446&wfr=spider&for=pc.

思政元素：大国外交　文化自信　工匠精神

学有所悟：以国宴之匠心，弘扬餐饮之文化。经过历史岁月的沉淀，中国饮食具有更深刻的文化内涵。饮食里面有学问、有艺术、有文化，博大精深，厚重而绵长，推动着民族间的相互融合。古往今来，工匠精神一直改变着中国，改变着世界。习近平总书记指出：“要在全社会弘扬精益求精的工匠精神，激励广大青年走技能成才、技能报国之路。”当下，“中国制造”正在向“中国智造”迈进。通过国宴，中国陶瓷穿越时空，在世界舞台上更加熠熠生辉，国宴餐具是向世界展示我们中华之美的载体，每一次设计都是工匠人一次新的挑战，也是义不容辞的责任。

②熟悉餐厅菜肴与酒水知识。菜肴、酒水知识是餐厅服务员必须掌握的业务知识。若是介绍菜肴、酒水时加入名菜典故、人文趣事等更能提高餐厅服务水准，掌握酒水与菜肴等营养搭配常识可以帮助客人获得更好的用餐体验。

学以致用 5-1-1

请大家根据表5-1-2描述的不同类型顾客用餐特征，思考针对性的对客心理服务重点。

表5-1-2　**不同类型顾客的用餐特征**

类型	主要特征
家长型	顾客脸部表情威严，说话时爱用祈使句或肯定句，希望服务员服从他的指挥，不愿听解释，而且很好面子
朋友型	顾客性格开朗、随和，能够营造一种轻松的气氛，与服务员就像老朋友一样，互相问长问短
儿童型	顾客不愿劳神，需要服务员去安排，尤其以初次来的居多
挑剔型	顾客对服务质量挑剔，对服务各环节要求严格
主人型	顾客来到餐厅，就好像回到家里，不等服务员与他打招呼就径直朝餐桌走去，并招呼自己的客人，不管此桌是否有别的客人或预定，对服务质量要求较高
主妇型	顾客来到餐厅里会主动与服务员交谈，出主意，想办法，有时甚至调动服务员干这干那，好像她是餐厅经理
工作型	顾客在就餐中谈工作，对服务质量要求高，需要相对独立和安静的就餐环境
读报型	顾客不喜欢被别人打扰，在安静的角落里一边读书看报，一边用餐
古典型	顾客喜欢正统或传统式的进餐，常是邀请一些重要客人或家人，在一些节日或纪念日里举行，对服务方法和服务程序较注重
旅游型	顾客充满好奇心，对风土人情、旅游景点感兴趣，对服务员知识面要求较高，希望能够得到让他们满意的回答

二、旅游住宿中的心理服务与技巧

客房在酒店处于主体地位，这决定了做好客房服务工作对于保持酒店良好声誉、树立良好口碑意义重大。

顾客对于酒店客房在清洁、舒适、安全等方面均有要求，体现出求尊重、求知、求卫生、求宁静舒适、求安全、求方便等心理。客人进入客房最先关注的就是房间的卫生状况。针对客人的种种心理需求，酒店应有针对性地提供服务和设施，从软件和硬件上保证客人在酒店这个旅途中暂时的“家”中感受到“宾至如归”。

微课 5-1-2

酒店客房体验心理与服务策略

知识课堂 5-1-2

（1）扫码学习“微课 5-1-2”。

（2）画出微课中所介绍的客房体验心理与服务策略相关知识点导图，并谈一谈，听完坚守客房服务岗位近20年的企业专家的讲述之后你有什么感想？

在满足客人尊重需求时，除了记住客人名字后使用尊称，还要尊重客人对房间的使用权，选择合适的进房时间，尽量在客人离开房间之后清扫房间。如果客人整天停留在房间，应选择其没有入睡的时间，并征得同意后再进行清扫。进房前的确认房态、进房后的规范程序、遇客后的礼貌应对，尊重客人的喜好与生活习俗，进行个性化服务，这都是客房服务员需要注意的细节。

启智润心 5-1-4　以真情做好服务，靠勤奋迎来圆满：中国酒店人演绎冬奥服务传奇故事

2022年北京冬奥会结束后，不少参赛的国外运动员在离开奥运村时都想“下次再来”，让他们难忘的除了美食还有中国酒店人细致入微的服务。

冬奥会期间时刻发生着温暖的故事，这背后离不开酒店人的坚守。北京和平里大酒店接待的是来自世界各地的媒体记者。一天，一位客人焦急地找到客房服务员，称自己用于进入比赛场馆的证件找不到了，可能是被自己不小心当垃圾扔掉了，希望服务员能帮忙寻找。看到客人着急的神情，客房服务员立刻回到工作间，穿戴好隔离服，逐一打开垃圾袋翻找，一番翻找后，服务员已是大汗淋漓……这看似一件小事，却饱含着酒店人的真情服务，因为客人的满意始终是酒店人奋斗的目标。

“您好，我是您的专属管家，有任何需求都可以联系我。”为了给客人提供专业、细腻、及时的服务，北京金陵饭店成立了以党员和管理人员为主的金陵大使团队，点对点服务于此次入住的400名客人，让服务有温度、更高效、可定制。

所有精心的照顾，都来自充分的培训和准备。为高效高质量做好冬奥服务保障工作，冬奥会接待酒店组建了服务意识强、业务能力优的服务保障团队。自成为冬奥会签约饭店，到第一位客人入店，为保障服务水平和运营质量，酒店服务员接受了长时间的线下的专业培训，具备了良好的专业素质和丰富的实战经验，用最好的服务展示大国的形象以及专业服务的品质。

2022年对于北京冬奥会所有接待酒店的酒店人来说都注定“不平凡”！为给全世界人民呈现一场国际化、高标准的赛事，在中国传统佳节的团聚时刻，酒店人毅然放弃了与家人团聚的机会，坚守在无数个“平凡”的岗位上，默默付出。他们的坚守和无私奉献，让精彩的冬奥会更加有温度！

资料来源：佚名.中国酒店人演绎冬奥服务传奇故事［EB/OL］.［2022-02-24］. https://baijiahao.baidu.com/s?id=1725634766493217443&wfr=spider&for=pc.

思政元素：大国风采　爱岗敬业　乐于奉献　责任担当

学有所悟：对酒店来说，承担冬奥会服务保障工作，不仅仅是完成任务，还对提升社会影响力和国内国际形象有着重要的意义。服务展示文化，服务传递真情，服务中展现大国风采。即使冬奥会结束，精益求精、高质量的服务品质也应该是文旅人始终追求的目标。每一位文旅人都在工作岗位默默做出奉献，用自己的力量推动文化产业高质量发展，让人民群众在高质量发展中共享高品质生活。

任务三　旅游购物中的心理服务与技巧

一、旅游者的购物心理

购物是旅游过程中的主要活动之一，甚至可以算是旅游者出游的主要动机之一。旅游者在旅游过程中，一般都会买些纪念品。一方面，能否购买到称心如意的旅游商品，将直接影响旅游者对旅游效果的评价。旅游者在购物过中所获得的快乐甚至超过所购物品本身，可以说购物是游中和游后的一大乐趣。另一方面，旅游商品的销售情况直接影响整个旅游业的收入。据世界旅游组织统计，在每年的全世界旅游总收入中，因旅游者购物所获得的收入占旅游总收入的30%，此项收入在旅游业发达的国家和地区占了当地旅游总收入的50%~60%。新加坡和我国香港等地的旅游商品收汇率更高，它们将旅游商品作为本国或本地区的创汇支柱。而我国其他地区目前这一比例还很低。因此，揣摩旅游者心理，提供最佳的商品服务就显得尤为重要。

旅游购物业是指在旅游活动中为旅游者提供当地旅游商品的行业。旅游纪念品、工艺品、土特产品、日用品等旅游商品是旅游者在旅游活动中所购买的以物质形态存在的实物。这些商品大部分在旅游结束后留作纪念、欣赏或使用，或作为馈赠亲朋好友的礼品。购买旅游商品在某种意义上可以说是旅游活动的扩展和延伸，把无形的旅游经历有形化，变成可回忆、可纪念、可观赏的实物。总之，旅游购物的作用较多，可以唤起潜在旅游者的旅游欲望，有利于激发潜在的旅游动机，可以丰富旅游活动内容，增加旅游者的愉悦感与满足感，引起游客的美好回忆，还有助于宣传旅游地形象等。

旅游商品需求是指旅游者购物时对旅游商品的数量、质量和品种的购买和消费倾向。旅游商品需求是旅游商品市场的形成基础，旅游者购买某种商品的内在动因是以满足个体某种心理需求为基础的。旅游商品生产经营企业在调查和了解旅游者的购物心理需求的基础上开展经营活动，针对市场需求开发生产旅游商品，才能实现较好的经济和社会效益。

旅游者的购物心理需求可总结为：求纪念、求馈赠、求新异、求实用等，见表5-1-3。

表 5-1-3　　旅游者购物心理需求

动机	释义
求名	旅游者购物求名，可以理解为：一是纪念，希望通过旅游商品物化自己的旅游经历，希望购买旅游地具有民族特色、地方特色及审美价值和纪念价值的旅游商品，日后借此回忆旅行生活。持有此种心理需求的旅游者所占比例较大。二是馈赠，人们外出旅游归来之后都要送给亲朋好友一些从旅游地购买的商品，表达关心，增进感情，也可以向亲朋好友分享自己的经历，从而获得他们进一步的友好。三为显示自己的能力、名誉与地位
求新	追求商品的新颖、奇特与应时。旅游者大多喜欢新奇、新异、新颖的商品，追求新的花色、新的款式、新的质量、新的质地、新的情趣
求美	爱美、追求美是人的天性，旅游商品要满足旅游者的审美心理需求。这就要求旅游商品的设计、生产要在造型、色彩、图案、包装等方面下功夫
求实	讲究商品的实用价值，实惠、耐用。产品外部，要讲究美观并注重与环境适应；产品内部，注重实用、实惠
求廉	希望商品价廉物美。旅游活动是一种高消费享受活动，旅游者不会过分追求廉价。但是由于运输费用、中间商、关税等因素，相同的商品在不同的国家、地区、城市常常会有不同的价格。如果旅游地某种商品价格明显低于该商品在旅游者居住地价格，人们会借旅游之机在旅游地购买该种商品，以满足求廉心理。
求趣	旅游者有不同的专业知识与专长，有各自的生活经历与生活情趣，形成了某种特殊的爱好，重视购买与自己爱好有关的特殊商品。

二、旅游商品中的心理因素

见多识广 5-1-4
男性与女性的购物心理差异

1.旅游商品的开发设计

（1）树立大旅游商品的观念

要突破旅游商品就是旅游纪念品、旅游工艺品、旅游特产或特色文化旅游商品的狭隘观念。中国旅游协会将旅游商品类别从纪念品、工艺品等几类扩大到包括日用纺织品、日用陶瓷、日用竹木、电子电器、化妆品、玩具、特色食品、茶、酒、饮料等20大类，形成覆盖面广、品类众多、品种丰富且让游客的生活更安全、更方便、更舒适又有特色的品牌旅游商品。

（2）三性——纪念性、艺术性与实用性

旅游是一种异地、异时、异常的情感体验与精神享受活动，会受到时空制约，旅游者为了使自己在异地、异时的美妙感受能长久保持下去，为了使这种愉快经历、愉悦体验能在以后不断重温回忆，就需要有一种象征物来替代，拍照、摄像、购买旅游商品就是一种极好的方法。因此，旅游商品的设计上，纪念性比经济性重要，艺术性比实用性重要。

（3）三风格——本国风格、民族风格与地方风格

心理学的特色原理指出，“最”的东西最能吸引人，这就是“最”字效应。具有特色的旅游商品才会有象征意义，才会有吸引力。三种风格中，具有地方乡土特色的风格最为重要，由于其新颖独特，必然能满足人们的好奇心，有强大的生命力。从某种意义上说，越是民族的东西越是世界的，越是地方乡土的东西越是世界的。特色旅游商品包括地方制造、地方文化（民族、宗教、历史等，以形状、图案、标识等来体现）、地方品牌的商品。

近年来，中国文创风起云涌，从故宫文创到“丑萌”出圈的“小绿马”，从婀娜多姿的“敦煌飞天”丝巾到仿唐三彩侍女摆件，各文博机构可谓“你刚唱罢我登场”，纷

纷挖掘核心展品的根与魂，不断活化传承。

启智润心 5-1-5　　打造国风文创 IP，赓续千年文脉

2022 年，以“铜奔马”为原型而生产制造的丑萌玩偶以独特的外形让网友印象深刻，一下子就刷爆了社交媒体。“铜奔马”毛绒玩具上架后，迅速冲上人气收藏榜、销量榜两项第一，月销量达到 1 000 多单。“铜奔马”出土于甘肃武威雷台汉墓，又名“马踏飞燕”，是我国国宝级文物。“铜奔马”自出土以来曾多次出国展出，引起了世人极大的兴趣，一度出现了“四海盛赞铜奔马”的热潮。

四川三星堆博物馆开发的“三星堆面具冰淇淋”采用了独具特色的馆藏文物青铜面具原型，以浓浓的“出土味”和“青铜味”引领博物馆文创的潮流，逐渐构建起包含动漫、电影、小说、网游等文创产品在内的三星堆新文创体系。

中国国家博物馆推出一款主打“考古+食玩”的四羊方尊考古巧克力，也是一个优秀范例。这款巧克力礼盒里包含了铲子、刷子、一次性手套等“考古工具”，消费者可以在泥土质感般的曲奇碎中，挖掘出这件巧克力制成的传世国宝——四羊方尊，体验“沉浸式考古”。

近年来，“博物馆+文创”频频引起公众关注，给相关的文创产业发展带来越来越多的机会。“让文物活起来”的发展理念，以一种接地气的灵活姿态，让博物馆的文化传播变得“更潮更有趣”。

现在有很多孩子被家长带去参观博物馆，但是很多孩子并没有看懂，看完就忘。博物馆以文创产品这种形式让更多人记住中华传统文化，把文化带回家。文是根本，创是生命，好的文创不是简单的元素堆砌、新奇点缀，而是审美、功能和内涵的和谐统一，并将传统感和时代感有机结合，以独具匠心的思想表达带给人们情感共鸣，打造大国文创 IP，赓续千年文脉。

资料来源：赵梅．文创设计师：把博物馆“带回家”[EB/OL]．[2023-09-17]．https://www.163.com/dy/article/IEQNR46D0519AKBM.html；大有同人．深入贯彻党的二十大精神 | 坚定文化自信　打造“大国文创”IP [EB/OL]．[2022-11-11]．https://mp.weixin.qq.com/s/XjkT656EqP7P6HfNpgnqcg；峰会艺术品鉴定承保联合体．盘点那些火到“出圈”的文创产品 [EB/OL]．[2022-08-25]．https://mp.weixin.qq.com/s/dcE9lm7gSbYGXbaAo8C0ow.

思政元素：文化自信　文化传承　守正创新

学有所悟：一个民族的复兴需要强大的物质力量，也需要强大的精神力量。习近平总书记多次强调：“文化自信是一个国家、一个民族发展中最基本、最深沉、最持久的力量。”党的二十大报告就文艺创作、文化体制改革、公共文化服务、文化产业发展、文化遗产保护利用、文旅融合等方面提出指导。这些新部署、新要求为推进文化自信自强、建设文化强国提供了根本遵循、指明了前进方向。

文创产品是一种以中国传统文化元素为创作灵感，并结合现代设计理念和工艺技术，创造出的具有独特风格的产品，既传承了传统文化的精髓，又让人们在使用和欣赏中感受到传统与现代的交融。随着年轻一代消费者及文化受众对以展现中国传统文化内核及审美内容产品的接受度越来越高，“国风”再度成为“国潮”，也极大地激励了年轻创作者们对传统文化的挖掘和再造。

（4）三化——系列化、多样化、配套化

具有不同国籍、民族、职业、社会地位、经济收入的旅游者，必然具有不同的个性、兴趣和爱好，其购物动机也各不相同。要设计和生产品种繁多、规格齐全的旅游商品，以满足旅游者的不同需求。丰富多彩、品种齐全、规格多样的商品，本身就是一种美，不仅能满足旅游者的实用需要，而且能满足旅游者的审美需要。

（5）三就地——就地选题、就地取材、就地生产

设计者要运用当地的自然风光、历史传说或典型建筑来设计旅游商品的造型与图案，用当地特产的原材料和独特的生产工艺来制作，以突出民族特色与地方风格，体现当地的文化传统、当地的游览主题，才会吸引旅游者。三个就地原则能降低生产成本，增加利润。

启智润心 5-1-6　　670余件国礼带你看中国“朋友圈”

国际交往讲究礼尚往来。礼尚往来所崇尚的是彼此有礼，使“礼”成为国与国、人与人之间紧密联系的强大纽带。国礼既是人民友谊的使者，也是国家间友好关系的见证。

1981年，中共中央宣传部批准成立国家友谊博物馆，专门收藏中华人民共和国成立以来所收到的来自全世界的国礼。国际友谊博物馆目前保存了几十年来世界170多个国家和地区的领导人赠送我国领导人的近2万件国礼，有30多个大类，100多个品种。2022年，“友好往来　命运与共——党和国家领导人外交活动礼品展”在中央礼品文物管理中心正式开放。670余件中华人民共和国成立以来党和国家领导人在外交活动中受赠、赠送的珍贵国礼集中亮相，生动展示新中国70余年辉煌的外交成就，共同见证着中国人民与世界各国人民之间的深厚情谊。

一份国礼，往往有着重要的象征意义。国礼是代表国家赠送的，因此各国在礼物的选择上注重体现本国或本民族的传统的物质和文化特征。如我国赠送给联合国成立70周年的礼物景泰蓝“和平尊”，表达了中国对联合国的重视和支持，也体现了中国坚定维护世界和平安宁、捍卫以联合国宪章为基石的战后国际秩序的坚强决心。所以，每件礼品都是一段中外交流的历史见证，它是中国奉行独立自主的和平外交政策的重要象征。

资料来源：佚名．这几件国礼，意涵丰富，大有讲究！［EB/OL］．［2022-09-16］．https://baijiahao.baidu.com/s?id=1744108838044760798&wfr=spider&for=pc；董津义．和平使者——国礼［EB/OL］．［2022-05-09］．https://mp.weixin.qq.com/s/of4uanuD4gtiutj1KbAqjQ.

思政元素：大国风范　礼仪之邦　文化自信　文化传承

学有所悟：国礼是一个国家或民族文化传统的集中体现。中华五千年礼仪之邦，礼重于情，礼贵于心。在中国传统文化中，制定符合道德理性的国家制度属于“制度礼乐”，成为社会贤达的共识。以传统工艺美术品作为国礼，是中华文化对外输出的一个重要方式，这些“礼”作为华夏文明中文化的传承与发扬，融汇国粹之精华，成为华夏文化的重要展示窗口。“中国有礼仪之大，故称夏；有服章之美，谓之华。”一份份国礼承载着中华民族源远流长的礼仪文化，彰显出新时代中国亲和敦厚的气度风范，它们是中国同世界各国友谊合作的缩影，更是中国特色大国外交壮阔征程的见证。

2.旅游商品的包装心理

旅游商品包装的心理功能应有易识性、方便性、可靠性、象征性、审美性、环保性等，见表5-1-4。

表5-1-4 **旅游商品包装的心理功能释义**

功能	释义
易识性	只有独特的、容易识别的包装才能让来去匆匆的旅游者在短暂的时间里识别、记忆。因此，商品的包装要有特殊性，其包装的图案、形状、式样、色彩、材料、说明文字等均应有别于其他商品
方便性	旅游商品要适应旅游生活，体积要小巧、紧凑、轻便、实用，食品必须密封包装，便于旅途中携带，便于开启，容易食用；玻璃、陶瓷品的包装要结实，防震性能好，便于途中携带。包装上还应印有使用、保管说明
可靠性	采用各种新型包装材料和包装方法，可使人觉得该产品是精心设计的、质量可靠可信。当然，包装成本应与商品价值和特点相符
象征性	包装要讲文化品位，能体现当地传统文化、自然风光、建筑的特色，高级商品的包装应精美，以满足旅游者“花钱买象征”的需要
审美性	旅游是一种寻求美、欣赏美的活动。旅游商品的包装本身就应是艺术品，增强视觉效果，吸引人的眼球，得到文化熏陶，满足审美情趣
环保性	随着绿色经济、循环经济的理念深入人心，人们越来越重视景区的污染问题。好的商品包装应在保证质量的前提下，注重环保，经济适用，切忌过度包装

各类游客对旅游商品的包装也有不同的心理偏好，见表5-1-5。

表5-1-5 **各类游客对旅游商品包装的心理偏好**

游客类型	要求与喜好
男性游客	喜欢刚劲、粗犷、庄重、大方的风格，喜欢实用性和科学性的形象
女性游客	喜欢线条柔和、色彩别致、造型精巧的风格，喜欢艺术性和流行性的形象
老年游客	要求朴实、庄重、便于携带，喜欢实用性的形象
青年游客	对新事物反应敏锐，心境变化快，喜欢标新立异的材料、制作方式和外观造型
少儿游客	喜欢图案生动、色彩鲜艳，文字说明要有趣味性和知识性

3.旅游商品的陈列心理

商品陈列就是以商品为主体，通过布景道具的装饰，配以灯光、色彩、文字说明，运用美学的基本原理，运用多种艺术手段对商品进行宣传，使旅游者的感官对陈列商品易于感知、记忆和引起兴趣，产生购买欲望和消费行为。

商品陈列方式有橱窗陈列、柜台陈列、悬挂陈列、就地陈列、货架陈列等，无论哪种陈列，都是为了让顾客能在有规律地放满商品的货架之中自由选购。

根据知觉对比理论，橱窗布置色彩要鲜明、光线要柔和，商品与背景的对比差异要大，才易于人们感知商品。陈列要讲美感，要通盘计划，和谐统一。商品排列要根据人的视觉规律从上到下、从左到右排列，主要商品排列的位置要与客人的视线持平；重点商品放在最佳位置，以吸引视线；精品商品按主次类别合理摆布陈列。所有商品要保持整洁，一尘不染。

①合理排列货架，提高商品能见度。客人步入商店，一般都会下意识地环顾店内四周情况，对商场的摆设、货架的排列、商品的安排会形成一个初步的印象，然后才会趋近自己所关心的商品柜台或货架。应根据客人的行为规律，把货架作“马蹄形”排列，使客人能对所有货架在环顾时一览无遗。

②适应购买习惯，方便客人选购。陈列商品要顺应客人逛商店时的行走习惯，据研究，国外客人多沿顺时针方向走动，国内客人会下意识地靠右行走，沿逆时针方向走动，因此商品摆放区域构成的主道与支道要按不同客人行走习惯来设计。把那些购买次数多、销量大的商品摆在商店入口处，以吸引客人购买；把那些挑选性强的商品放在离通道入口处较远的地方；把促销商品摆在货架外部显眼之处，把非促销商品摆在货架后部不显眼之处。

见多识广 5-1-5

旅游商品的销售方式与销售渠道

③根据时空变化，突出实用价值。应根据季节变化和传统节日的来临，把那些适应时节、能满足人们生活需要的商品摆在显眼之处，摆放时要设法展示其实用价值。

三、旅游商品销售人员服务技巧

旅游者的购物行为是人的认知、情感、意志活动综合作用的结果。要真正实现旅游商品从旅游企业转移到旅游者手中，旅游商品销售人员的服务技巧也起着非常重要的作用。

知识课堂 5-1-3

微课 5-1-3

游客购物心理与服务技巧

（1）扫码学习“微课 5-1-3”。

（2）结合微课中的购物情景剧，总结两位导购的服务技巧，谈一谈对自己的启示是什么。

1. 善于观察客人来了解旅游者的真实动机

（1）“一看眼睛二看脚”

通过观察了解客人特定的言语、神态、表情、动作、打扮、年龄、性别等外部现象可了解客人的消费心理。观察人，一般应该是“一看眼睛二看手”，而观察顾客应该是“一看眼睛二看脚”。客人眼睛东张西望，目光游移四处，不专注于某个商品，脚步不久停于某个柜台或商品，表明客人以游览为目的，无明显购物动机。这时营业员不必主动招呼客人，否则会使客人尴尬、窘迫，但可微笑地点头示意，表示热情欢迎。如客人目光专注，脚步停驻，注意力集中于某一商品，则是有意购买的表现，营业员可亲切招呼，热情接待。

一般来说，光顾商店的旅游者大致有三种类型：一是实现既定购买目的的旅游者；二是了解行情的旅游者；三是浏览商品或看热闹的旅游者。销售人员只有明确旅游者光顾商店的真实动机，才能有针对性地为旅游者提供个性化服务。

（2）“接一顾二联系三”

接待多方来客时，应有先有后、依次接待。注意力要合理分配，销售人员在接待第一位客人时要兼顾、联系周围其他的客人，千万不要冷落了他们。

2.善于接触旅游者来掌握合适服务时机

销售人员除了注意自己的着装和仪容仪表外，更要善于与客人沟通。首先要对进店的顾客微笑相迎，主动招呼。用眼睛的余光注视着周围客人的举动，等待时机去接触客人，接触客人的时间太早、太晚都不好。客人处于“环视观察”商品时，销售人员过早搭话，会引起客人的戒备心理，产生不安情绪而悻悻离去。客人想“比较研究”商品、急需销售人员给予帮助时，销售人员还不理不睬，客人就会感到被冷落、被轻视，产生不快心理。最好在购物心理过程中的“兴趣联想”阶段接触为宜。遇到这种时机，销售人员要面露微笑，一边礼貌说“我能为您做些什么”，一边走近客人为其服务。

学以致用 5-1-2

请同学们分析旅游者出现下列行为时，是否为销售人员接触旅游者进行销售的最佳时机。

- 旅游者长时间地凝视某一商品
- 旅游者从注意的商品上抬头
- 旅游者突然止步盯着某商品观看
- 旅游者用手触摸商品
- 旅游者与营业员视线相碰
- 旅游者刚刚进入店门
- 旅游者到处张望似是寻找什么商品
- 旅游者对着商品摇头

3.善于展示商品特征来激发游客购买兴趣

销售人员接近客人后的重要工作就是向客人展示商品，让客人观看、触摸、嗅闻，目的是使客人了解商品特征、产生对商品质量的信任，引起其购买欲望，加快成交速度。展示商品是一项技术性较高的工作，需要销售人员具有丰富的商品知识和熟练的展示技巧。在展示时动作要敏捷、稳健，拿递、搬动、摆放、操作示范等动作不可粗鲁、草率，否则会显得销售人员对工作不认真、对商品不爱惜、对客人不尊重。展示商品的要求和做法见表 5-1-6。

表 5-1-6 **展示商品的要求和做法**

要求	做法
充分揭示商品特性	展示中，要突出商品的重要部位、优点与特点，将商品的正面或贴商标的一面朝向客人，既能让客人看清商品的概貌与特点，同时也是对客人的尊重。展示商品时要用双手送到客人手中或面前，不能抛或扔
使用状态展示	给客人看使用状态，通过客人的直观感知引发客人联想
促成直接接触	尽量让客人用手来触摸商品，用手触摸能产生强烈的感觉
多种类展开后任其挑选	客人要求多拿几种或同样商品多拿几个以便挑选时，要予以满足，要做到百拿不厌、百问不烦
根据客人的购买能力推荐商品	推荐时要从低中档向高档推荐，这样能满足客人的自尊心；相反，从高档向中低档推荐，需要低档商品的客人则要多次重复“还有更便宜的吗？”这句难以启齿的话，会损伤客人的自尊心。

4.热情介绍商品来增进游客信任

销售人员热情积极、生动详细的介绍，可以激发客人的购买欲望。当客人关注某一商品并对商品进行比较、评价的时候，销售人员应适时地介绍商品。所谓适时介绍，就是在分析客人的年龄、性别、职业、个性、经济、文化等条件和购买需求的基础上，采取不同的说话方式和相应的敬语来介绍，有重点地说明商品，以使“投其所好”。

介绍商品时，要态度热情、语音悦耳、语速适宜。少用第一人称语气说话，而要用第三人称身份介绍，这样客人更容易接受，如“不少客人都喜欢这种商品”“特别受年轻姑娘的青睐”等。服务语言要详略得当，对认真挑选的客人，可详细介绍；对随意看看的客人，可简明扼要说明；对初次购买的外行，可介绍其功能、用法、价格等特点；对行家里手，可着重强调商品的与众不同。

销售人员介绍商品必须讲诚信，既不夸大其词、隐瞒缺点，也不以次充好、以劣抵优。不能言而无信、欺骗顾客，不对顾客进行诱购、误导，强买强卖。

5.抓住时机来促成交易

跟旅行社门市接待员一样，要通过熟练的服务技能展示，抓住时机促成交易。娴熟的服务技能，能减少客人的等候时间，提高工作效率；能使客人增加信任感与安全感；同时也是对商店声誉的一种无声宣传，使客人对商店产生良好的评价。销售人员的操作技能包括掌握商品的知识、展示商品的技巧、介绍商品的功能、交谈的语言技巧等。做到“一懂”，即懂得商品流通各个环节的业务工作；“三会”，即对自己所经营的商品要会使用、会调试、会组装；“八知道”，即知道商品的产地、价格、质量、性能、特点、用途、使用方法和保管措施。销售人员要掌握“一看准、一抓住、一说准”等过硬本领，而这些过硬的服务技能要靠不断培训、悉心学习与反复练习才能具备。

销售人员在介绍商品的特点后，如果客人仍犹豫不决，就要抓住时机，采用增进信任的办法，打消客人的顾虑，以促成交易，可参考旅行社门市接待员促成交易的技巧。

总之，服务人员在介绍商品时，要根据客人的年龄、性别、国籍、职业、语气和购买需要等不同情况，采取不同的方式，语言要详略得当。客人无论是否购物，离柜或离店时，服务人员均应热情告别，并表示欢迎其再来。客人买好商品后要告诉他旅途中该如何妥善保管，这样会提升客人的满意度。

6.周到的售后服务

对于旅游商店来说，还需要建立完善的旅游商品售后服务体系。针对旅游商品的售后服务制定标准的服务流程，使游客在购买旅游商品前就明确自己可以获得哪些服务和保障，免去后顾之忧。此外，旅游商品的售后服务不能只停留在对已售出的旅游商品可能存在的质量问题进行承诺的层面上，更应该让旅游者实实在在地感受到旅游商品售后服务的具体细节的人性化、情感化。

如果发生需要提供售后服务的事，要为顾客做好预约登记，按照约定时间、地点进行专人送货或者上门维修等服务。在接待顾客投诉时，要做到耐心诚恳，及时做好记录，迅速调查核实。在接待顾客退货时，要态度热情，不推诿，更不能讽刺、挖苦顾客。

案例分享5-1-2　　增强安全意识，避免掉入“低价团”“购物团”陷阱

文化和旅游部2023年7月13日发布的《2023年上半年国内旅游数据情况》显示，2023年上半年，国内旅游总人次达23.84亿，同比增长63.9%。如此庞大的出行需求背后，也浮现出不少问题，其中国内游被诟病最多的“低价团”“购物团”仍然存在。

低价团通常是旅行社利用低于经营成本的价格吸引消费者参团，然后在旅游过程中通过压缩旅游品质、要求消费者高额购物、临时加价、增加自费旅游项目等方式实现盈利。由于低价团多以“团购价”“旅游补贴”等噱头吸引消费者，而实际出行体验与宣传推广大多不符，容易引发消费纠纷。消费者参团旅游时，应选择资质齐全、口碑较好的旅行社或网络旅行平台，注意查看“营业执照”“旅行社业务经营许可证”等证件，线上订购时选择正规旅行社的官方网站或信誉较高的大型电商平台。对于微信群、朋友圈等社交媒体上发布的旅游促销信息、参团链接等须提高警惕，不轻信各类营销话术，不盲目追求低价。

消费者在旅游景区不熟悉环境且行程紧、时间少，购物应选择证照齐全的正规经营场所。购买前要详细了解商品价格、质量、计量、退换政策等信息，不轻信商家的优惠打折宣传和口头承诺，谨慎购买高价药材等特产、古玩玉器、珠宝首饰等，并注意索取和保留发票等有效购物凭证。

资料来源：佚名. 陕西省消保委发布旅游消费提示：警惕不合理低价团陷阱［EB/OL］.［2023-06-29］. https://mp.weixin.qq.com/s/0ttCb3neL3ZMlIqVhFHF6Q.

思考：查阅相关的材料，请同学们思考，劝游客理性购物的行业基本操作为什么是“稀缺品”。

除了旅游商品销售人员进行旅游商品销售外，导游员也担负着购物促销工作。作为导游员应当明白，协助旅游者“购物”是导游的责任之一。做好“导购”工作可以增加当地收入，对促进所在地的经济发展有一定的作用。

导游员一定要把为游客服务放在第一位，导购前后态度要一致，合理安排购物时间，导游员的导游服务必须建立在游客“需要购物，愿意购物”的基础上，安排购物的时间最好是整体行程快结束的时候，因为一般情况下此时旅游者的购物兴趣最大。

导游员要提醒游客慎重选择购物商店，教给旅游者旅游商品鉴别知识，积极消除游客购买风险；建议游客不购买贵重且自己无法鉴别的旅游商品，注意“三要”和“五不要”。旅游购物“三要”：一是要买自己喜欢的物品，不要“从众”；二是买东西一定要商家开发票；三是贵重物品一定要“保单”。“五不要”：贵重物品不要买、金银物品不要买、珠宝玉器不要买、大件物品不要买、海鲜水产不要买。另外，遇到游客购买到不满意的商品的时候，应协助游客做好商品的调换工作。其他具体注意事项详见“见多识广5-1-6”。

见多识广
5-1-6
导游员旅游商品导购技巧

课后小练习

◎ 判一判（判断下列观点的正误并解释原因）

1. 当今年轻人表现出敢于挑战、富于创造、追求个性、表现自我的心理特征，热衷选择与众不同、别具一格、类型多样、独特的交通工具。（　　）

2. 作为旅游的“灵魂”，导游务必要促进合作方与旅游者之间的沟通，并把其他旅游工作者的心理服务引导到旅游者面前。（　　）

3. 将旅游纪念品制成半成品，留下易完成的工序由旅游者制作，让旅游者留下自己的制作印记后再出售，这种销售方式属于实行出售标记制度。（　　）

◎ 选一选（选出下列多选题中正确的选项）

1. 在旅游中期阶段，游客主要会出现（　　）。

A.求安全心理　　B.群体心理　　C.忙于自身事务　　D.懒散心态

2.“专家型导游”培养应从（　　）做起。

A.严格遵守导游规程办事

B.在“突发事件”中巧用“先否定后肯定效应”展现自己

C.熟知团队的旅游计划

D.高度重视对全团旅游者的第一次非正式讲话

3.客人仔细检查客房用具，主要是出于对（　　）的需要。

A.安全　　B.标准　　C.舒适　　D.卫生

4.在餐厅中塑造赏心悦目的形象包括（　　）。

A.营造优雅美观的餐厅环境　　B.打造具有美感的餐饮产品

C.创意设计感十足的菜单　　D.树立优雅端庄的服务人员形象

◎ 练一练

请大家以小组为单位，寻找本地具有特色的旅游商品，并撰写旅游商品介绍书。再以小组为单位，进行该旅游商品销售情景模拟剧的演绎与拍摄，上传至平台作业区。

收获与体会

____

____

____

项目二　言行一致，全面沟通

◎课前小互动

请同学们扫码观看“动画5-2-1”，结合自己的日常生活情境，确认自己的可能类型并说明理由。分享者讲述时，老师与其他同学保持倾听，并给予适度回应。

知识共探究

任务一　旅游服务沟通模式

一、旅游服务的全面沟通模式

沟通是指双方通过一定的信息交流而达到相互了解的过程。在旅游活动中，旅游者与旅游服务人员之间经常进行各种各样的信息交流。在模块三中，我们已经知道，服务人员在客我交往中，要为客人提供心理服务，在客人心目中树立一个富有人情味、和蔼可亲的形象，这就应做到对客人态度谦恭、能有效运用有声语言与无声语言、具有敏锐的洞察力等。其中，在察言观色的基础上综合运用有声语言（言语沟通）与无声语言（非言语沟通）就是全面沟通的模式。

1.言语沟通

言语沟通是人运用语言表达思想和交流信息、影响他人的过程。现代社会中，人们越来越重视交往，而交往能力的高低与人的表达能力关系密切。一个人将自己的见解用明晰的语言、缜密的逻辑，再辅以传情达意的动作来表达，就使口头语言有了综合感染力。在日常生活中，我们处处离不开口头语言。

（1）旅游服务中言语沟通的原则

旅游服务人员在与游客进行语言沟通时要遵守以下几个原则：

①选择准确表达思想内容的语句。选用合适的语句，准确、恰当地表达自己的思想是与游客进行顺利交往的首要环节。“言不在多，达意则灵”，交谈时要慎重措辞，不要造成歧义，使游客误解。

②言语交往要适合特定的交往环境。言语交往都是在特定的环境中进行的，一般涉及谈话的对象、时间、地点、场合、情绪等。说话时要适应不同对象的特点，首先要弄清游客的年龄、身份、职业、文化修养，针对不同的对象和不同的内容，采用不同的语言形式。

（2）旅游服务中语言表达技巧

①旅游礼貌服务用语挂嘴边。旅游服务中的用语是相当丰富的，服务工作的特殊性，要求服务人员在服务中正确且大量使用礼貌用语，如“对不起”“别客气”“谢谢”

“您好”“再见”“欢迎再来”等。

②注重语音、语调、语气、语速的力量。语音、语调、语气、语速能直接影响服务的效果。比如，游客刚进酒店，服务人员说的“您好”“请进”“请坐”等用语，蕴含着“您的光临使我们非常高兴”的意思，这时的声调应当响亮而有朝气，以表达喜悦的心情。如果声音太小，客人就会觉得你不冷不热、态度傲慢。但声音也不宜过高，否则，刚进门的人会觉得你很做作，已在店内的客人也会觉得厌烦。客人离店时，服务人员说的“再见”“欢迎再来”等用语，以亲切、热情为宜，表达依依惜别之情。

③多采用“三明治”式口头表达。当游客听到“这边走”与“麻烦您这边走，好吗?”两种不同的道路引导服务语言时，会更喜欢哪一句呢？答案毫无疑问是后者。多用征询、请求等语句来引导游客，效果更佳。

2.非言语沟通

非言语沟通是人们通过使用非言语的方式来沟通感情、交流信息的过程，通常包括身体动作、面部表情、穿着打扮、交往距离等内容，一般称作身体语言、无声语言。在旅游购物的心理服务与技巧中，我们已经展开了实际运用探讨。

动画 5-2-1

微动作心理学

知识课堂 5-2-1

（1）扫码学习“动画5-2-1”。

（2）结合动画思考生活中曾经遇到哪些难以琢磨的他人微动作，提出来并一起分析。

非言语沟通有很重要的作用。“55387”理论显示，“信息的全部表达＝55%表情+38%声音+7%言语”，这说明了身体语言在社会交往中的作用。尤其在某些特定场合，比如在那种不便说话、不愿说话或言语不通的场合，身体语言有直接的表意作用，人的思想、感情等也会从身体语言中反映出来。在旅游交往中身体语言的内容主要包括以下几个方面：

（1）面部表情

面部表情是人们思想感情的流露，有时可起到言语所起不到的作用。面部五官（眼睛、眉毛、鼻子、嘴、耳朵等）与脸颊肌肉都是传达感情的工具。

人们常说：“眼睛是心灵的窗户。”眼睛与有声言语协调，可以表达千变万化的思想感情。眼睛凝视时间的长短、眼睑睁开时的大小，瞳孔放大的程度和眼睛的其他一些变化，都能传递最微妙的信息。一般来讲，每一种目光都有其特定含义。比如，视线频繁乱转，给人的印象是心不在焉、不感兴趣；视线向上，表示高傲；视线向下，表示害羞、胆怯、悔恨等。在旅游服务中，欲达到最佳的交际效果，就要学会巧妙地使用目光。比如要给客人一种亲切感，就应让眼睛闪现热情而诚恳的光芒；要给客人一种稳重感，就应送出平静而诚挚的目光；要给客人一种幽默感，就应闪现一种俏皮而亲切的眼神。

自然得体的眼神是语言表达的得力助手，当服务人员与客人交谈时，注视着对方的眼睛，就意味着是在集中精力倾听客人说话，表示对客人的尊重。眼神接触对沟通过程具有反馈作用和强化作用，当然并不是说要目不转睛地盯着对方，这会显得咄咄逼人，而应该通过目光让对方感觉到你在认真倾听，没有分散注意力，否则会被误以为心不在焉和没有礼貌。是否有眼神的接触还意味着服务人员是否具有自信，一般说来，自信的人在交谈中往往正视对方。一个优秀的服务员必须培养与客人说话时正视对方的习惯，这种习惯在客我交往中能够使交往更加顺利地进行。

在面部表情中，微笑起着更大的作用，微笑是旅游服务灵魂的“十把金钥匙”之一，可以打开客人的心灵，是各国客人都能够理解和欢迎的世界语言。心理学发现，人与人刚开始交往的时候，都是相对有距离的，微笑传递一种快乐积极的信号，会无形中拉近彼此之间的距离，起到促进面孔吸引力的作用。服务人员使用微笑性的表情语，配以服务的文明用语，会使无声语言与有声语言相得益彰。

见多识广 5-2-1
专注目光的修炼

见多识广 5-2-2
微笑的魅力

（2）身姿动作

人的动作与姿势是人的思想感情和文化修养的外在体现，也反映着对他人的态度。手势是言语交往的辅助手段。手势是有情绪性的，如恼怒时握拳，恐惧时掩口等；有指示性的，如招手示意人过来，挥手示意人走开等；有描述性的，如用手比画东西的大小、方圆等。导游员在讲解时，手势可以衬托、强调关键性的话语，可以显示个人风格。当然，手势的运用也不可过多，不能没有目的地指手画脚，故意造作，分散游客的注意力。运用手势要明确、精练和个性化。服务性场合必须避免用食指指人，而要用手掌指引，另外，尽量双手递送物品。服务期间，服务人员之间避免交头接耳、窃窃私语，在客人面前不随意摸自己的脸和头发。

坐姿和站姿也是不容忽视的。人坐时，要轻、安稳，不可声音过大。不论坐椅子还是坐沙发，姿势要自然端正，以坐三分之二为好。也可靠在沙发上，但忌半躺半坐。另外，站着与客人交谈时，身体要正对着客人，腰要挺直，两腿不要抖动。

一个人的行为方式对他的心理有很大的暗示作用，信心也可从站姿、坐姿、走姿中体现出来。行动有信心，就能够树立信心；动作无精打采，心情就容易消沉；行为友善，态度就会友善，也容易与客人形成友善的关系；站得直并且稳的时候，大脑反应就会更快。

无论面部表情还是身姿动作，既是仪态礼仪的展示，也是微动作心理学的运用。

知识课堂 5-2-2

（1）扫码学习“微课 5-2-1”。

（2）结合微课归纳相应微动作反映的心理状态，并寻找相关资料与书籍，进一步拓展学习。

微课 5-2-1
微动作心理学的运用

（3）服饰

人的服装、发型、化妆、饰物等，可以反映一个人的身份、地位、性格、爱好等。由于旅游服务工作的特殊性，服务人员（特别是酒店）一般统一穿着工作服装，以表明自己的服务人员的身份，也表示对客人的尊重，不宜穿戴得过于华丽。

（4）空间距离

人与人之间存在着一条看不见但实际存在的界限，这就是个人领域的意识，每个人都要有属于自己的一定空间，并维护它不受侵犯，这就是气泡理论。气泡理论是个人空间研究理论，认为人们日常活动时，其周围总有一个心理场，就像随身携带着无形的弹性气泡，以便与其他人保持一定的距离。在不同场合中，到一定距离时，人们会有相应的行为反应和心理反应。

在个体空间气泡内，人会产生安全感、舒适感和自由感。当然，个体空间具有伸缩性，不同的人需要的个体空间的范围也不同，这与人们的心理、文化、地位以及人与人之间的关系等因素有关。彼此间距离不合适时，人们会试图调整，以维持自己的情绪稳定和自身安全。

了解人际交往中的空间距离，对旅游服务人员在与客人的交往中把握好交际的分寸是十分重要的。首先，要尊重客人的“空间距离”意识，不与客人说过头的话，开过头的玩笑。要善于控制自己的情绪与理智、与人接触保持合适的频率，不可过频或过疏，过频使人生厌，过疏显得冷淡。不要介入有关私人问题的评论，不要有意无意窥探客人的隐私。其次，要尊重客人的习惯和性格，随时注意客人对空间距离的反馈信号。要根据客人的信号调节自己的言行。否则，自己本无恶意的行为被客人误解，就会影响与客人的关系。最后，要追求共享空间的默契。默契是一种领悟、沟通与理解，是一种难以达到的境界。这需要人们遵守社会行为准则，具有较高的思维艺术和精神修养，以及人与人之间的相互宽容和爱。

见多识广
5-2-3

合适的界域与恰当的位置

服务人员在与客人打交道时，和客人之间应该保持多远的距离既因人而异，更与文化背景的差异有很大的关系。在与拉美人和中东人谈话时，如果离得比较远，就会使他们感到不友好；而在与欧洲人和北美人谈话时，如果离得比较近，就会使他们感到不舒服。同时，人们的社会地位不同也会影响人们之间的距离，例如，一些特别喜欢显示自己声望的人，以及那些社会地位高于别人的人与社会地位相对低一点的人打交道时，都喜欢拉远距离，以体现出一定的“社会距离”。

二、遵循双胜原则的服务沟通模式

在模块三中，我们已经明确以“双胜”为目标是旅游工作者在客我交往中必须坚持的一项基本原则。“双胜八法”是在人际交往中争取“双胜”结局的八种方法，是旅游工作者处理好与客人和合作者的关系应该掌握的具体交往方法。“双胜八法”的具体内容是：真诚赞赏法、幽默化解法、积极倾听法、支持性对抗法、敞开心扉法、广义推销法、广义谈判法和分两步反应法，使用情景与对应方法关系如图5-2-1所示。最后一种分两步反应法就是基于PCA理论的“两步反应”服务沟通模式，是我们重点介绍的内容，其他方法请大家从“见多识广5-2-3”中进一步学习。

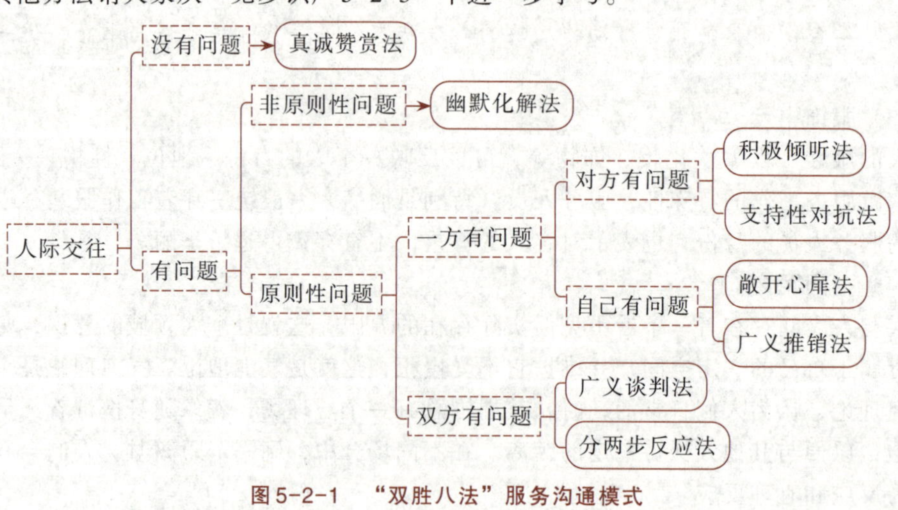

图5-2-1 “双胜八法”服务沟通模式

知识课堂5-2-3

（1）扫码学习"微课5-2-2"。

（2）结合动画画出"倾听的内涵与技巧"知识点思维导图。

微课5-2-2
倾听的内涵与技巧

1.基于PCA理论的客我服务交往"行为仓库"

在模块三中，我们已经学习了PCA人格结构理论，PCA强调人格是由三种自我状态构成的，分别是自以为是的"父母自我"、感情用事的"儿童自我"、面对现实的"成人自我"。三个"自我"分别用权威、感情、理智来支配人的行为，它们是人们内心世界中的三个不同的"行为决策者"，三种状态均发挥作用，就是一种心理健康的状态。因此，一个人在与他人交往时，扮演着三个"自我"、七种不同的心理角色，会有七种不同的行为模式，见表5-2-1。

见多识广5-2-4
一起学"双胜七法"

表5-2-1 七种行为模式的特征

自我状态	行为模式	特征
儿童自我	自发行为	"天真儿童"的自发型儿童行为，如天真烂漫行为
	服从行为	"驯服儿童"的服从型儿童行为，按照某种规范或按他人提出的要求来行动，是一种"听话的""乖孩子"的拘谨行为
	任性行为	"任性儿童"的反叛儿童行为，不受约束，任性的、反抗的行为
	求告行为	"无助儿童"的求告依赖型儿童行为，如哀求、无可奈何行为
父母自我	训导行为	"严父"的训导型父母行为，"父母命令型"又称"严父式"，这是给别人下命令、教训别人、指责别人的行为，是威严的行为
	关爱行为	"慈母"的关切型父母行为，"父母安抚型"是一种关心人、爱护人的行为，以宽容、怜悯、谅解的态度待人，给人以安慰
成人自我	成人行为	"成人式理智型"，通情达理、平等待人的成人行为，这是一种成人的行为，以平等的态度待人，通过协商来解决问题

表格中描述的七种行为模式就成为每个人自己的"行为仓库"，它们并无绝对的好坏之分，一定要考虑时间、地点、场合和彼此所扮演的角色恰当地去选择运用。

2.三个不同的"行为决策者"

在人际交往中，应该从自己的"行为仓库"里"取出"哪一种行为去与人交往呢？这就是人际交往中的"行为决策"问题。相互作用分析理论告诉我们，一个人有三个"自我"，这三个"自我"就是内心世界的三个不同的行为决策者。

人的行为，有时主要受感情的支配，有时主要受权威的支配，有时主要受理智的支配。"儿童自我""父母自我"和"成人自我"就是分别用感情、权威和理智来支配人的行为的三个不同的"行为决策者"。这里所说的"权威"不是指生活中的某个或某些权威人士，而是指每个人在头脑中记录的权威人士（首先是父母）的言传和身教。

"儿童自我"是一个"感情用事"的行为决策者，它不会根据社会的、他人的利益和自己的长远利益来考虑"合理不合理""应该不应该"的问题，而只是考虑"喜欢不喜欢"和"高兴不高兴"的问题。"父母自我"是一个"照章办事"的行为决策者，它的"章程"就是头脑中所记录的那些由权威人士提供的行为准则。只有"成人自我"才是一个“面对现实”的行为决策者，它既不像“儿童自我”那样感情用事，也不像“父母自我”那样只会照章办事，它善于独立思考，善于根据实际情况做出明智的选择。

在行为决策中，有时是“成人自我”起主导作用，有时是“儿童自我”或“父母自我”起主导作用。面对同一件事情，不同的“自我”在行为决策中占了优势，人就会做出不同的反应。因为“行为决策者”不同，所以人际交往中会存在高姿态、低姿态与平姿态之分，见表5-2-2。

表5-2-2 人际交往时的姿态

类型	释义	分类	表现
高姿态	用“父母行为”与“儿童行为”交往	刚性的高姿态	训导行为（儿童行为）
		柔性的高姿态	关爱行为（儿童行为）
低姿态	用“儿童行为”与“父母行为”交往	刚性的低姿态	任性行为（父母行为）
		柔性的低姿态	服从行为、求告依赖行为（父母行为）
平姿态	用相同行为方式交往	成人的平姿态	说理
		儿童的平姿态	天真
		幽默的平姿态	各种行为灵活运用和综合运用，宗旨是“让别人过得去，也让自己过得去”

3.适合服务沟通的“两步反应”模式

平行互补的交往是心态互补的交往，其特点是双方在交往过程中符合对方的心理需求，交往双方心态平衡、情绪愉快、关系融洽、行为互补，交往容易继续下去。在众多的行为方式中，平行互补的人际交往方式有：成人式理智型对应成人式理智型；父母式命令型对应儿童式服从型；儿童式依赖型对应父母式安抚型。生活中适当地进行“父母对应儿童”“儿童对应父母”“儿童对应儿童”的交往，可以增加生活情趣；但在遇到较重要的问题时，还是采用“成人对应成人”比较好，而不要采用“压对应屈服”“顶对应迁就”的方式，要找到“不压、不顶、不屈服、不迁就”而又能解决问题的好办法。

微课5-2-3

基于PCA人格理论的交往沟通模式

知识课堂5-2-4

（1）扫码学习“微课5-2-3”。

（2）结合微课思考，我们应该选择什么自我状态应对微课开头案例中的女游客，并通过角色扮演的方式进行现场演绎，培养灵活运用能力。

具体到旅游中客我交往的服务沟通，我们可从微课中找到了运用的策略（如图5-2-2所示）和案例示范。如果遇到了“不讲理”的游客，服务人员应该认识到：你并不是遇到了一个不讲理的“人”，而是遇到了他的某个不讲理的“自我”。比如当一个人表现出他的威严的父母式命令型自我时，他只希望别人能够尊敬他、服从他，而不希望别人与他“讲理”；或者当一个人表现出他任性的儿童自我时，他只希望别人能够迁就他、纵容他，而不希望别人与他“讲理”。只有当一个人表现出他的通情达理的成人自我时，他才可能与别人一起通过商量和讨论来解决问题。所以，如果旅游服务人员要与客人“讲理”，那么只能与这个客人的成人自我“讲理”，而不能与他的家长自我或儿童自我“讲理”。于是，面对父母式或儿童式的游客，我们务必分两步反应，选择恰当的自我诱导出所期待的行为。

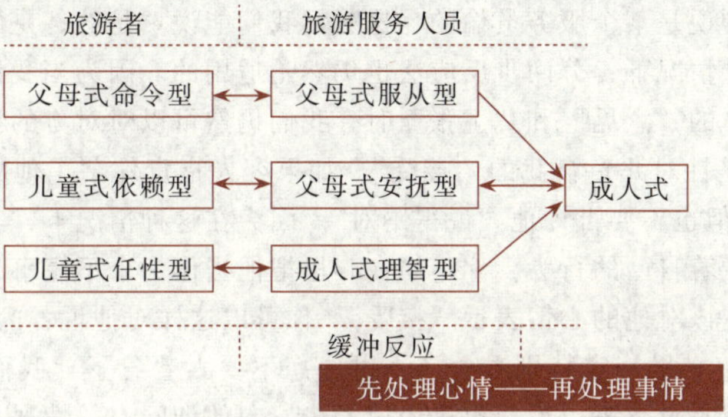

图5-2-2 基于PCA理论的“两步反应”服务沟通模式

两步反应法可以概括为“先接受然后再说”，即分两步做出反应：第一步，针对客人的父母自我或儿童自我，“先接受”那些“不能接受的”；第二步，“有什么要说的”要等到请出客人的成人自我以后“再说”。

(1)“先接受”

①接受父母自我。如果对方自以为是、盛气凌人，为了让他威严的父母自我多少获得一点满足，我们第一步可以先扮演一个“乖孩子”，用灵活的方式把对方无理的意见和主张“先接受”下来，然后转入第二步——“再说”。这是针对父母自我的“接受”。

这种“接受”，可以是明确的、全盘的接受，也可以是部分的、有所保留的接受，或者是含糊的接受，还可以是有前提条件的接受。比如，“您说的我完全同意”是明确的、全盘的接受。“您说……在这一点上我同意您的意见”是部分、有所保留的接受，就是对方说了许多问题，我们只同意其中某一点，不同意的问题以后“再说”。“我想，您这样说一定有您的道理”是比较含糊的接受，因为这个道理是否真的成立还是个问题，需要以后“再说”。“是啊，这件事看起来是有点问题”也是比较含糊的接受，因为看起来有问题并不等于真的有问题，是否真有问题以后“再说”。“当然，只要有这样的规定，我们一定照办”是有前提条件的接受，如果规定不是这样，我们就不能照办，而是否真有这样的规定，需要以后“再说”。“如果事实诚如您所说的这样，我们一定要严肃处理”也是有前提条件的接受，因为事实上到底是否如此，需要以后“再说”。

最低限度的“接受”是用恰当的语言把对方所说的意思复述一遍。比如客人来投诉说：“你们那个服务员真不像话！”你可以回答：“您的意思是说我们那位服务员做得不对，是吗？”如果对方用比较粗暴的口吻说话，你应该复述对方的“意思”，不必复述对方的“原话”，也不要加以评论，不要表示赞成也不表示反对。复述，是一种最简单的、行之有效的方法。复述对方的意思，表明了你在认真地倾听对方的话，并且在仔细地领会，表明你“接受”了对方，这使对方威严的父母自我得到了尊重，避免顶撞对方的父母自我。同时，这也为自己赢得了思考问题的时间，使你能够从容地考虑“再说”的问题。

②接受儿童自我。如果对方手足无措，情绪低落，为了让他依赖的儿童自我多少获得一点满足，我们第一步可以先扮演“好妈妈”，以“慈母”之心来理解和接受对方的情绪。等对方态度缓和了，再转入第二步“再说”，使交往以“成人对成人”的方式继续进行。有时候，对方所说的话是我们无论如何也不能接受的。比如，一位客人发现他的钱包不见了，硬说是某个服务员偷的，这时候我们能说“是的，是她偷的”吗？显然不能。即使在这种情况下，分两步反应法也仍然是适用的。因为当我们即使无法接受对方所说的那些具体的“意见”和“主张”时，我们仍然可以对对方的情绪表示理解和接受，其实，这就是针对儿童自我的“接受”。如果客人指责你拿了他的钱包，你不能承认他“说得对”，但也不要批评他“说得不对”。因为在这种情况下，客人完全受感情用事的儿童自我支配着自己的行为，你不妨在心里把他当作一个不懂事的孩子，不要去计较他的言辞，而应该对他的心情表示“接受”。你可以这样对他说：“我能够理解您的心情，您找不到钱包心里一定特别着急。不过，您不要太着急了，我们一定设法帮您去找……”等他情绪平息下来以后，再进入第二步，向他询问有关情况。

（2）“再说”

“再说”也有两种方法：一是平行陈述法；二是请教式提问法。

①平行陈述法。“平行”就意味着“不相交”，进行平行的陈述，就是指不与对方交锋，用不与对方争论、更不对对方进行攻击的方式来陈述自己的意见、主张或感受。“成人与成人”的交往是彼此平等的交往，你可以陈述你的意见，我也可以谈我的看法，并不是只要有了分歧就一定要彼此交锋、争论不休，应该允许各抒己见。在需要双方达成共识的时候，也可以先让双方“平行”地说出自己的意见，然后再进行协商讨论。

②请教式提问法。用向对方请教的方式提出问题，可以让对方自己去思考、找出错误，也能够使对方从激动的情绪中平息下来，这是诱导对方成人自我的一种最好的方法。向对方请教包括：请对方说得更具体、更详细一些；请对方说出自己的理由和根据；如果对方不同意自己的想法或做法，请教对方应采取什么具体办法；针对对方办法中存在的问题，请教如果遇到对方还没有考虑到的某种情况，又该怎么办。质问、辩解和批驳都会诱发抗拒，而请教式的提问则可以促进合作。在许多情况下，质问、辩解和批驳都可以用请教式提问来代替，请教式提问法用得好，可以让对方说出你本来想要说的话。

三、其他旅游服务沟通模式

1. 以游客为中心的服务沟通模式

以游客为中心的服务原理较多，我们在“微课5-2-4”中重点介绍了不争辩原理、同理心原理、客户利益优先原理，以及相关运用案例。

微课 5-2-4

以游客为中心的服务原理

知识课堂5-2-5

（1）扫码学习“微课5-2-4”。

（2）结合微课思考这三个服务原理有哪个是你难以理解的？你觉得同理心建立的难点在哪里？

客户利益优先原理（即“FAB法则”）在模块四门市接待服务中以及本模块购物心

理服务中有一定介绍。FAB法则也称为属性、作用、益处的法则，是通过介绍产品的属性、产品的作用和产品能够给予购买者的利益来打动顾客的一种营销沟通方法。FAB服务沟通模式如图5-2-3所示。

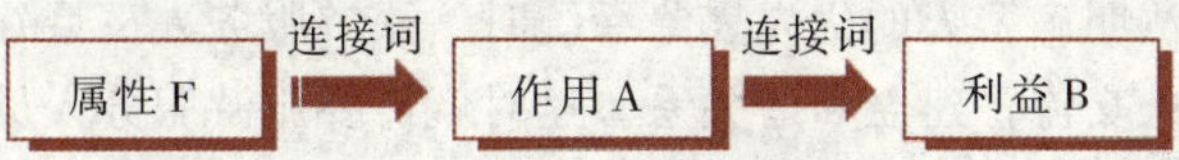

图5-2-3　FAB服务沟通模式

这里的“属性”指的是产品所包含的客观现实所具有的特质，如这套茶具是紫砂陶的，紫砂陶就是产品所包含的客观现实属性；“作用”是指产品的“属性”，即产品所具有的功能，如紫砂陶的茶具透气性好，能吸收茶汁，壶内壁不用刷，沏茶不会有异味；“利益”是指产品给客户带来的好处，如用紫砂陶的茶具沏茶，可以不失原味，茶香氤氲，得茶之真香真味。

以茶具销售为例，FAB法则应该这样来使用：因为这套茶具是紫砂陶的，紫砂陶的茶具透气性好，能吸收茶汁，壶内壁不用刷，沏茶不会有异味，所以购买紫砂陶的茶具来沏茶，可以不失原味，茶香氤氲，得茶之真香真味。这样介绍了产品的属性，这种属性具有什么样的作用，可以满足客人什么样的需求，给客人带来怎样的利益，阐明这三个方面就能促使客人购买产品。

采用FAB法则时候需要避免下面的问题：第一，避免对于产品属性的介绍过于详细和专业。在产品营销过程中将重心过于放在产品的属性上，比如对茶具的紫砂陶进行过于详细的介绍，使用大量专业术语，对于一般的消费者而言，有些专业术语不容易听懂，会感觉云山雾罩，反而产生不信任感，造成营销失败。第二，避免属性、作用和利益三者区分不清。产品的属性是指产品所包含的客观现实，是事实性的；产品的作用也是产品本身所固有的，无论谁购买这个产品，产品的作用都是固定不变的；而利益指的是给消费者带来的好处，是对消费者的益处，是消费者自己感受到的好处，是因人而异的，不同的消费者感受到的利益是不一样的。所以在使用FAB法则之前，需要了解消费者为什么要购买这一产品，要分析消费者购买某个产品是打算解决什么问题，只有真正了解了消费者的需求，帮助消费者买到他们需要买的东西，才能真正给消费者带来益处，满足消费者的利益需求。

旅游服务人员在向游客介绍时，可以这样来引导游客：首先要说明属性，再解释作用，最后阐述利益，这样才能实现更好的产品服务沟通。FAB服务沟通模式如图5-2-4所示。

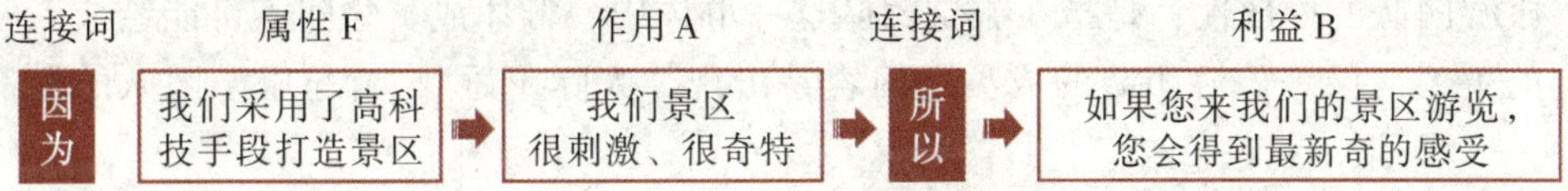

图5-2-4　FAB服务沟通模式

2.基于信息接受方式的服务沟通模式

每一个人走进同一个地方，面对同一事物，为什么接收的信息不一样呢？我们通过自己五种感觉——视觉、听觉、触觉、味觉、嗅觉接收外部信息，用同样的五感处理内部信息，并且针对信息进行自我对话（把信息写成文字）。这些感官通道就是“表象系统”，是我们陈述信息、接收信息的方式。虽然我们每个人都在某种程度上使用了所有的表象系统，但很多人会偏爱使用一两种感官通道，也就是优先表象系统。

交互式课件 5-2-1

探索表象系统——信息接受方式的奥秘

辨别他人的优先表象系统，有助于我们以对方喜欢的方式将信息传递给他们，更好地影响他们。在无法明确客人的优先表象系统时，旅游服务人员最好搭配使用所有表象系统，灵活地与客人交流，建立和谐关系。这时就需要旅游服务人员首先了解自己的表象系统情况，再有针对性地练习、调整。

任务二　旅游群体沟通策略

一、旅游团队的性质

如今，虽然一部分旅游者喜欢选择“自助游”，但大多数旅游者仍以“随团”的方式外出旅游。旅游团队与企业中的“工作团队”有很大的不同，它是一种临时性、松散性、发展性和依赖性的特殊群体。

1.旅游团队的临时性

旅游团队的临时性，是指旅游团队只是人们为了进行一次旅游而结成的，存在时间很短。一旦旅游结束，群体的成员就各奔东西，群体就不复存在了。当我们从心理学角度来看旅游团队中的人际交往时，我们会看到出现在旅游团队中的许多问题都是与它的临时性有关的。

俗话说：“路遥知马力，日久见人心。”现代旅游虽然“路遥”，却并不“日久”，而缺少了“日久”这个条件，也就难以深入地“见人心”了。事实上，无论是旅游服务人员与游客之间的交往，还是同一团队中游客与游客之间的交往，全都具有“短而浅”的特点。与“时间长而又有深度”的人际交往相比，在这种“短而浅”的交往中，人与人之间产生猜疑和误解的可能性要大得多。

当一个人知道他要与对方“长相守”，就会有一些“长远打算”。例如，他会为了“长远利益”而对彼此之间的一些“小摩擦”采取“不介意”的态度，刻意“与人为善”。但是在旅游团队当中，人们对于彼此间的交往并无“长远打算”，因此，就多了一些“计较”，少了一些“宽容”。从主观上说，没有哪一位旅游者想在旅途中经历不愉快的人际交往，但是，游客与游客之间的“人际矛盾”仍时有发生，这显然与旅游团队所具有的临时性这一客观情况有关。

2.旅游团队的松散性

旅游团队的松散性，是指在旅游团队这一群体中，群体成员之间不可能结成紧密而稳定的关系。同一旅游团队的成员之间容易出现“人际矛盾”，就与旅游团队的松散性有关。

旅游团队的成员仅仅是为了经济、便捷地完成一次旅游而“走到一起来”的，除了经济、便捷地完成一次旅游之外，他们并没有更多的共同目标。虽然旅游团队作为一个群体，肯定有它的“整体利益”，但是，要求同一旅游团队的成员能像同一工作团队的成员那样“心往一处想，劲往一处使”，显然是不现实的。导游员也不可能像管理一个“工作团队”那样，用一整套规章制度和奖惩办法去管理一个旅游团队。

旅游团队的松散性，会对团队成员在人际交往中的心理产生两种影响：一是“少投入”，二是“少顾忌”。“少投入”是因为团队成员认为不可能有更多的“收益”，“少顾忌”则是因为团队成员认为“你管不着我”“你不能把我怎么样”。

旅游团队中人际关系的脆弱和不稳定表现在两个方面：一方面，在游客与游客或游客与导游员之间，可能相处得很好、很融洽，但这种关系既没有某种共同的“长远目标”来维系，也不是以彼此“深入了解”为前提，所以它不可能在“散团”以后还“天长地久”地保持下去。另一方面，在旅途中，一旦遇到问题，这种看起来还“很不错”的关系很可能说变就变。

3.旅游团队的发展性

旅游团队的发展性，是指随着旅游活动的进行和旅游者相互交往的深入，旅游团队这个群体的松散程度会有所变化。在旅游过程中，旅游团队松散程度的变化主要有两种情况，一种情况与“中心人物”的产生有关，另一种情况与“亚群体”的形成有关。

如果旅游团队中已经产生一位强有力的“中心人物”，在遇到问题时，大家都对这位“中心人物”言听计从，而这位“中心人物”也能站出来代表大家与服务方进行交涉，这就说明团队的成员已经抱成一团，不像原来那么松散了。

当旅游团队中形成了两个甚至两个以上“亚群体”（或者说“小圈子”“小帮派”）时，不同的“亚群体”会各自抱成一团。从每一个“亚群体”内部来说，游客与游客之间已经不像原来那么松散了；但就整个团队而言，却更加松散了。

4.旅游团队的依赖性

旅游团队的依赖性，是指旅游团队各项旅游活动的顺利进行依赖于众多合作单位的共同努力。旅游团队虽然是由旅行社组织的，但是旅游团队的行、住、食、游、娱、购等各项活动的顺利进行，依赖于许多合作单位的共同努力。尽管旅行社可以通过签订合同得到各合作单位的承诺，但在导游员处理与各合作单位的关系时还是会遇到重重困难。这主要有以下几个原因：

第一，合同不可能包罗万象，许多事项不可能事无巨细地一一列出。已经列出的约定，也可能由于种种主客观原因而不能很好地履行。

第二，合同要由做具体工作的人员来履行，可能出现“现官不如现管”的问题。例如，为旅游团队提供服务的一位酒店服务员闹情绪，这对于酒店来说，只是一个局部的“小问题”，但对于旅游团队来说，就是一个会引起全团游客严重不满的大问题。

第三，旅游产品的生产和消费是同时进行的，旅游团队所接触到的每一个合作单位的工作人员都直接参与了旅游产品的生产。所以，发生在任何一位工作人员身上的问题，都会立即对旅游产品的形象和质量产生影响。与物质产品相比，旅游产品质量问题的事先预防和事后补救都要困难得多。

第四，合作单位的工作人员在行政上并不隶属于旅行社，他们是旅行社“管不着”的人。甚至在供求关系不平衡的情况下，旅行社可能还有求于某些合作单位。

在之前的章节中，我们提到导游员是旅游的“灵魂”，他在旅游过程中要协调不同的合作单位。然而，无数教训告诉我们：导游员不能以“灵魂”自居，以为每个合作单位都能随时听自己的调遣。实际上，旅游团队与它所依赖的那些合作单位之间，随时都可能发生摩擦，导游员更需要做好随时充当“润滑剂”的心理准备。

在旅游群体中，旅游者的旅游行为并不是天然一致的，人际活动也不是完全和谐的。旅游团队的活动一致性要求与旅游者个体活动的非一致性，常常造成旅游团队内有关旅游活动的矛盾。要让有着不同意图的旅游者围绕一个目标活动，就必须对旅游者进行组织和管理。由于导游员与旅游者是服务与被服务的关系，导游员不能用行政指令的方式去管理，那样会在提供功能服务的同时大大降低心理服务的功能。要让不同人际需要的旅游者“和平共处”，就必须针对这些群体现象对旅游团队进行“调控”。从导游员与旅游者交往的环境来看，导游员影响游客的过程可以分为一般情境下的影响和突发事件情境下的影响两类，情境不同，影响方式也不同。

二、影响旅游团队的基本沟通策略

在一般情境中，即旅游团队没有发生突发事件的情境中，导游员要利用旅游者受他人影响的一般规律去影响他们，以实现旅游者某些行为的发生或不发生。当代心理学研究表明，一个人的行为受到多种因素的影响，主要有个体的经验、群体中的榜样、他人的劝说和他当时的情绪状态。旅游团队的旅游者同样受到这四个因素的影响。下面我们围绕这四个因素谈谈如何影响旅游者的行为。

1.利用游客的经验对游客施加影响

人是有记忆能力的，对曾经经历过的事会留下印象，特别是对那些成功或者失败的事会留下强烈而深刻的印象。当人们再次处于类似的情况中时，就会回忆起曾经发生的那些事中自己是怎么做的，结果是成功还是失败。如果有成功经验，就会促使他再次采取这种行为，而失败的经验则会阻止他采取这种行为。导游员对旅游者施加影响时可以利用这一心理特点。具体有以下四种情形：

第一种情形，如果导游员希望旅游者采取某种行为，要尽量让他们多回忆这种行为曾经给他们带来的好处，而且要强调现在的环境条件与过去的环境条件是一样的。

案例分享 5-2-1　　也许烟雨漓江更动人

桂林山水甲天下，阳朔山水甲桂林！可是现在漓江上下起了蒙蒙细雨，旅行团的客人们犹豫不决，考虑是否要等天放晴才游河。此时，导游员小宋灵机一动，引导一位客人讲起细雨中漫游漓江的往事，那位客人兴致勃勃地跟团友说：“细雨中的漓江啊，别有一番景致！上次来阳朔也刚好下起毛毛细雨。那烟雨漓江，美得让人尖叫，如同仙境般！青山绿水，雾绕云遮，好像进入了天堂般的诗意境界。小雨，游人少些，更显得安静、舒适。可是啊，之前手机像素没有这么高清，拍不出那美景。这次可不能再错过留下美照了……”团友们被这生动的讲述打动，不用导游小宋动员，全团游客表示要去游“烟雨漓江”了。

资料来源：编者根据网络资料整理。

思考：为什么游客的经验讲述比导游的动员更有效呢？

第二种情形，如果导游员知道旅游者有因采取某种行为而获得成功的经验，但现在不希望他们采取这种行为，那就应该向旅游者说明，现在的环境条件已经与过去的环境条件不一样了，并对不一样之处加以解释和强调。

第三种情形，如果导游员不希望旅游者采取某种行为，要尽量让他们多回忆这种行为曾经给他们带来的害处，还要强调现在的环境条件与过去的环境条件是非常相似的。

第四种情形，如果导游员知道旅游者有因采取某种行为而遭受失败的教训，但现在希望他们能采取这种行为，就应该向旅游者说明，现在的环境条件已经与过去的环境条件不一样了，并对不一样之处加以解释和强调。

学以致用 5-2-1

请大家根据以上不同情形，分组列举相应的案例来说明策略的实际运用。

2.利用榜样对游客施加影响

常言道：“榜样的力量是无穷的。”当人对某种行为的后果不能充分确定，犹豫是不是要采取该行为时，他就会“观望”，看看别人是如何做的，如果有人先做出采取或回避该行为的决定，他就会做出与那个人一样的决定。人们向“榜样”学习的时候，心理上认为“榜样”是“与自己一样的人”。导游员利用“榜样”对游客施加影响时应紧紧抓住这一点。

知识课堂 5-2-6

微课 5-2-5

从众心理

（1）扫码学习“微课 5-2-5”。

（2）结合微课，请大家举例说明自己作为新时代的青年，应该如何来树立榜样，走好自己的人生道路。

启智润心 5-2-1　　**坚守初心，为梦导游**

“导游是我的兴趣，把兴趣干成工作是件很酷的事儿，也是最幸福的事儿。”每当田黎做分享时，这句话总会是开场白。作为土生土长的凤凰伢崽，田黎自幼便有一个导游梦，导游是文化的传播使者，以脚步丈量世界，增识增知，用声音分享美好、传播文化。2010年，田黎考取了导游资格，如愿成为一名导游员，那面导游旗他一举就是13年。13年间他一直在一线带团，服务过近3万名游客，他说“能够给游客带去一场快乐而又有收获的旅行，我能获得价值感与幸福感”。2020年，旅游行业遭受了前所未有的打击，很多旅游从业者选择转行，但是他一直坚守在导游岗位上，在橘子洲的研学团里、在书院的红培团上、在省博的接待团中，总是能听到他激情而又坚定的讲解。正如他所说“导游是他的兴趣，是他的梦想，他会一直幸福地干下去”。

田黎的导游工作并不是一成不变的，而是一直随着市场的变化和游客的需求而创新。当“云旅游”成为行业的新业态，田黎本着更好地推荐湖湘人文及旅游资源的初衷，带领他的导游伙伴们利用互联网将线下导游转变为线上导游，闲暇之余他们通过抖音、快手等自媒体平台拍摄短视频、开展线上直播为线上游客提供“云导游”服务介绍大美湖湘。从2020年4月至今，田黎全网粉丝超过5万人，他们的短视频及直播在线上导游服务了数十万游客。很多粉丝在入湘旅游时指定“田导”为其导游，实现了特殊时期的导游再就业，新创收。

除了坚守导游岗位、开展“云导游”新业务之外，田黎还积极参与行业赋能培训，通过“湖南研学联盟的千名研学导师培训”“导游协会的大咖分享会”“金牌导游进校园”等线上线下的分享开展导游的传帮带工作，通过走进各大高校旅游学院做讲座、兼职授课等方式为湖湘新导游队伍的培养做出努力。

田黎只是旅游行业千千万万优秀的从业者之一。正是有了这样一群爱岗敬业、守正创新的新时代文旅人，国家旅游事业才能朝着高质量方向快速发展。大家都是新时代的青年，既拥有广阔的发展空间，也承载着伟大的时代使命。每个人都应把自己的理想同祖国的前途、把自己的人生同民族的命运紧密联系在一起，扎根人民，奉献国家。这既是我们每一个年轻人应有的态度，更是新时代赋予年轻人的重要使命。

资料来源：长沙旅游协会．坚守初心，为梦导游：守正创新典型导游事例——田黎［EB/OL］．［2022-10-21］．https://mp.weixin.qq.com/s/8cOBX65dOyWZ4RnJ00MtvA.

思政元素：爱岗敬业　守正创新　责任担当

学有所悟：每个人都会有自己的职业选择、人生走向，在不同的岗位、不同的地方去萌发并绽放自己真实而朴素的梦想，而这一个个梦想连接起来的正是新时代的累累硕果，是我们新青年担起青春责任，同新时代共同前进、同频共振创造的辉煌。每一位同学都要坚守自己的理想信念，肩负自己的责任担当，走好自己的人生道路。

当旅游者看到了榜样的成功，而导游员又希望旅游者采取同样的行为时，导游员应该指出旅游者与作为榜样的人是一样的，行为的环境条件也一样；当旅游者看到榜样的成功，而导游员又不希望旅游者采取同样的行为时，导游员应该强调旅游者所处的环境条件与榜样所处的环境条件是不一样的。注意，这时不应该说旅游者与榜样“是不一样的人”，不然，旅游者会觉得，在导游员眼中榜样是“优越”的，自己是“卑微”的。这样对导游员的工作十分不利。

案例分享 5-2-2　　被“榜样”打乱的旅游计划

导游小吴的团队在地陪动员团队品尝地当地风味小吃的时候，只有一部分游客参加了，另外一部分游客担心被宰客或卫生等各种问题没有去品尝。可是事后，品尝过风味小吃的游客告诉其他没有品尝的游客小吃相当不错，价格也合理，值得尝试。于是，没有品尝的游客希望小吴安排晚上的时间给他们品尝小吃。可是这样一来，计划中观赏特色民族舞的活动可能会变得十分匆忙甚至被耽误，搞不好还会耽误其他团友。当小吴不知如何应答时，想到这部分游客平时购物不多，认为他们是出于经济原因不去品尝，没多思考就冲口而出：“风味小吃还是不便宜的，如果去的话需要另外加钱。昨天品尝的游客，每个人都加了100元。”这句话刚说完，那些游客脸都拉下来。“这100块又不是吃不起，反正我们去定了！”小吴意识到说错话了，这样一来游客更要去吃风味小吃，整个行程全乱了。

资料来源：编者根据网络资料整理。

思考：旅游团中，游客的行为很容易会被相互影响，请思考导游应该如何利用向“榜样”“学习”的心理来管理旅游团。

3. 利用他人劝说对游客施加影响

从旅游团队内社会关系的划分看，旅游团队中发生的“他人劝说”有两类：一类是导游员对旅游者的劝说；一类是旅游者之间的劝说。

在对游客施加影响的方法中，利用“他人劝说”是导游员运用得最多的方法。在前面的“利用游客的经验对游客施加影响”和“利用榜样对游客施加影响”中，导游员也是用“说”的方法，但是，说的内容与“他人劝说”的内容不同。“他人劝说”更多的是针对旅游者的切身利益和个人能力来组织“说的内容”，而“利用游客的经验对游客施加影响”和“利用榜样对游客施加影响”则是根据劝说对象的经验和旅游团队中的榜样来组织“说的内容”。

“他人劝说”一般是导游员向旅游者阐明“利害关系”，其逻辑是：能够带来好处的行为就是应该采取的行为，相反，会给旅游者造成危害的行为则是应该避免的行为。比如，导游员劝说旅游者带些当地土特产品的“劝说”，一般都说这些土特产品送人拿得出手，表示来过什么地方啊，或者告诫旅游者不要在植物园内吸烟、会被罚款等，这些都是以“旅游者切身的利害关系”进行劝说的，是导游员使用频率最高的“他人劝说”。

还有一种“他人劝说”是通过改变旅游者“自我能力评价”进行劝说的，它是让旅游者看到自身“行为”与自己“能力”之间的联系，即如果你采取此种行为，就说明你有能力或能力很强；如果你不采取此种行为，就说明你没有能力或能力很弱。这种劝说“鼓动性”很强，很能促使旅游者采取行动。

4.利用游客的情绪对游客施加影响

高涨的情绪会使人对自身能力的评价过于积极，从而增强人的行为的主动性和冒险性。低落的情绪会使人对自身能力的评价过于消极，使人的行为变得被动和迟缓。只有当人的情绪处在中等强度的情况下，对外部事物的认知才会比较真实、全面，对自身能力的评价也才会比较符合实际，他的行为才是经过“深思熟虑”的。

情绪的产生与认识目标与人的利害得失有密切关系，而情绪又通过影响人的认识过程来影响人们的行为。所以，导游员利用游客情绪对其施加影响时，要结合旅游者对行为目标的认知活动进行。

当旅游者情绪高涨，而导游员不希望他们采取某种行为时，导游员应该转移他们的目标，降低他们的情绪强度。比如，在地下洞穴游览时，游客看到各种新奇景观十分兴奋，有人就想爬上石壁拍照。这是十分危险的动作。这时，导游员除了指明这种行为的危险性外，更好的方法是告诉游客，前面有比这里更好看、更便于拍照的景观。当旅游者情绪高涨，导游员希望他们采取某种行为时，导游员应该为他们指明行为的目标和达到目标的途径，并且积极地去调动他们的情绪。

案例分享5-2-3　　讲解的技巧：循序渐进的美食“诱惑”

地陪小蔡想动员游客品尝杭州特色的杭帮菜。由于餐馆就在西湖边上，他巧妙地选择了游客坐船游西湖最兴奋的时候进行介绍。当西湖秀色可餐的景色让游客高兴不已，当船临近西湖名店“山外山”时，小蔡“借景”介绍了“山外山”的来历，“山外山”之名始创于1903年，源自南宋诗人林升“山外青山楼外楼”之名句，至今已有一百多年的历史；又介绍了“龙井虾仁、松嫂鱼汤、西湖醋鱼、东坡红烧肉”等山外山供应的特色杭帮菜，用它们引发游客品尝的欲望。当游客提出有没有可能品尝风味的时候，小蔡又全面地介绍了旅游团队餐费与风味餐的差价、时间安排等事项。最后，小蔡点明“山外山”的八宝鱼头王，代表了杭州地区鱼头的最高水平，因此，被誉为“杭州第一餐厅”。这一下就把游客的情绪全面调动起来了。等游船靠岸时，全团游客一致提议晚上在“山外山”品尝地道的杭帮菜。在小蔡循序渐进的讲解中，游客产生了品尝当地风味名菜的想法。

资料来源：编者根据网络资料整理。

思考：案例中，导游在游船的时候找准时机成功推荐餐馆，请同学们思考，在旅游车这漫长的车程的情况下，导游可以采用什么方法活跃气氛，让大家情绪高涨呢？

当旅游者情绪低落，导游人员也不希望他们采取某种行为时，导游员应保持他们这种低落的情绪，并模糊其行为的目标。比如，有些景区地质状况不是很好，一有大雨，发生灾害的可能性就大大增高，大雨天也容易让游客情绪低落。这时，导游员为了游客安全，可顺势改变旅游行程，保证在当地的旅游计划完成即可。当旅游者情绪低落，而导游员希望他们采取某种行为时，导游员应该为他们指明行为的目标，并详细解释达到目标的途径，运用各种手段去提高他们的情绪强度。

在利用游客的情绪对游客行为施加影响的过程中，有一点十分重要，这就是导游员的情绪。情绪是会在导游员与旅游者之间“传染”的。导游员必须保持饱满、积极、稳定的情绪，才能引导游客的情绪，并对游客施加有效的影响。如果导游员本身就情绪低落，就无法调动旅游者的情绪。旅游服务人员如何自我调整情绪，将在最后一个模块展开介绍。

二、旅游团队“中心人物”的沟通策略

1.旅游团队“中心人物”的产生

旅游团队“中心人物”现象是旅游团队最普遍的群体现象。旅游团队“中心人物”是指旅游者为了维护自身的利益而推举出来代表全团旅游者与服务方进行交涉的旅游者。服务方能不能按承诺来为旅游者提供服务？会不会做出一些损害旅游者利益的事情？这是常常使旅游者感到担忧的问题。当团队出现“中心人物”，说明旅游者们的忧虑达到了一定程度。

旅游团队产生一位“中心人物”后，这位“中心人物”就成为旅游服务人员在为全团旅游者提供服务时绕不过去的一个环节。“中心人物”对导游工作可能起好的作用，也可能起坏的作用。“中心人物”对导游工作的积极作用是：第一，“中心人物”的意见代表了团队绝大多数旅游者的意愿，因此，导游员知道了“中心人物”的建议和意见，也就知道了团队绝大多数旅游者的意愿；第二，“中心人物”对团队的旅游者有较强的暗示作用，导游员可以通过“中心人物”所具有的暗示作用去对团队施加影响。“中心人物”对导游工作的消极作用是：如果旅游团队“中心人物”自我意识膨胀，即把“表现自我”看得比维护全团旅游者的利益更为重要，就会给旅游服务人员的工作造成很大的困难。

这种“自我膨胀”的“中心人物”，常常会当着全团旅游者的面，对导游员或其他旅游服务人员的工作“鸡蛋里面挑骨头”，以显示自己的水平高；还常常会当着全团旅游者的面，拒绝服务方所做的合理安排，而提出一些完全不切合实际的要求，以显示自己“毫不妥协地维护全团旅游者的利益”。

为了避免自发产生的“中心人物”由于其“自我膨胀”而起消极作用，导游员可以在团队还没有产生“中心人物”时，有意识扶植一位能支持和帮助自己的团队“中心人物”。如果已经有了团长或领队的能力比较强，全陪就不要去争当“中心人物”，那样反而会引起全陪与团长或领队之间的冲突。如果这个团走的线路还不太成熟，可能会发生一些

意想不到的事情，那就应该争取成为团队的“中心人物”。如果发现团里的客人可能要集体闹事，那就应该尽早使自己成为团队的“中心人物”。如果团里没有团长，领队也是借光出来玩的，全陪就当然应该成为团队的“中心人物”。在旅游者认为全陪或团长是“自己人”的时候，全陪或团长可以代表他们去和地接社、酒店、景点、购物店、车队等诸多方面进行交涉。

导游员虽然也可以兼任“中心人物”的角色，但这样对导游员的素质有很高的要求，如果没有把握，最好不要轻易尝试。在“一身二任”的情况下，如果旅游计划是由于导游员自己的失误而被破坏的，那么，导游员既要为自己的失误承担责任，又要代表全团游客来追究自己的责任。如此剧烈的“角色冲突”是非常难处理的。当游客不再信任导游员的时候，“中心人物”的角色必然发生“漂移”，而新产生的“中心人物”会有很强烈的把矛头对准导游员的倾向，这又会使导游员处于非常被动的境地。

知识课堂 5-2-7

（1）扫码学习“微课 5-2-6”。

（2）思考微课开头的旅游服务视频的应对具体方法吗？并用角色扮演的方式呈现。

微课 5-2-6

旅游团队的中心人物

2.旅游团队“中心人物”的扶植

扶植“中心人物”的工作要分三步走：第一步是要找到合适的人选，这是成功的关键；第二步是要处理好与“中心人物”的关系；第三步是使其对担当团队的“中心人物”持肯定态度。

（1）“中心人物”的标准

“中心人物”的扶植对象必须是处在人际交往节点上的游客。在旅游团队活动中，如果其他游客都喜欢与这几位游客在一起，就可以说这几位游客处在人际关系节点上。“中心人物”具备的三个条件如图 5-2-5 所示。

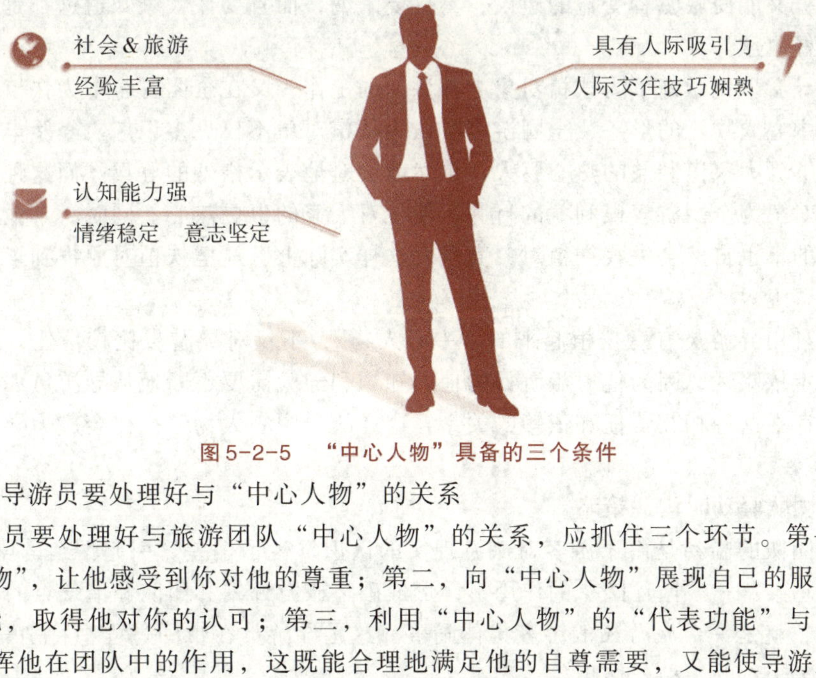

图 5-2-5　“中心人物”具备的三个条件

（2）导游员要处理好与“中心人物”的关系

导游员要处理好与旅游团队“中心人物”的关系，应抓住三个环节。第一，接近“中心人物”，让他感受到你对他的尊重；第二，向“中心人物”展现自己的服务动机和服务技能，取得他对你的认可；第三，利用“中心人物”的“代表功能”与“暗示功能”，发挥他在团队中的作用，这既能合理地满足他的自尊需要，又能使导游员对旅游者的劝导工作化难为易。要处理好与“中心人物”之间的关系，导游员就必须抓好“接近”“展现”“利用”三个环节。

（3）转变扶植对象的态度

导游员挑选出交往能力和认知能力较强，且情绪比较稳定的游客作为扶植对象之后，如果导游员开诚布公地去劝说扶植对象来担当团队的“中心人物”，可能会使扶植对象认为自己将被导游员利用而充当傀儡，所以这种劝说是不可取的。扶植团队“中心人物”的工作宜潜移默化地进行，应该设法使扶植对象自然而然地成为团队的“中心人物”。这需要导游员有意识地去为扶植对象增补必要的知识和经验，并有意识地在团队中树立扶植对象的“中心人物”形象。

心理学告诉我们，人的行为与人的态度之间有着双向的联系，既可能由态度的改变而导致行为的改变，也可能由行为的改变而导致态度的改变。“促使行为发生，以行为改变态度”是使扶植对象转变态度的一种有效做法。采取这一做法要抓好以下两点：

①调整扶植对象的知识经验结构。因为扶植对象对旅游目的地的知识经验不足，所以有必要给他“补课”。首先，要有意地与扶植对象谈论他的社会阅历和旅游经历，摸清他的知识和经验结构，然后，根据“缺什么补什么”和“重点补充有关旅游目的地的知识和经验”的原则来给他“补课”，使他对旅游目的地的吃、住、行、游、娱、购等各方面的情况都有必要的了解。要特别注意的是，这项工作必须在私下进行，这关系到扶植工作的成败，因为一旦公开化，其他旅游者就会认为扶植对象是导游员的“传声筒”而不予信任。

②在团队中树立扶植对象的“中心人物”形象。导游员要在与扶植对象讨论旅游团队今后的行程时，诱导他对今后的旅游活动发表意见和建议。对于其中既不影响旅游计划的完成，又能使旅游者受益的建议，不仅要采纳，而且要让大家知道这都是扶植对象想出来的好主意。

由于导游事先做好了为扶植对象“补课”的工作，又在全团游客中为扶植对象树立了一个“中心人物”的形象，全团游客会认为扶植对象不仅见多识广、经验丰富，而且是一个能够为大家谋利益的热心肠人，自然就会对他表示格外的尊重。而这种尊重又能强化扶植对象为全团游客谋利益的行为，使他对大家的事更热心。同时，其他游客有关旅游活动的事也自然会去找扶植对象商量。这样实际上已经把扶植对象推到了“中心人物”的位置上。

像这种由导游员有意扶植起来的“中心人物”，不仅对导游员比较信任，而且对导游员有一定依赖性，因为他对旅游目的地的知识和经验需要不断地从导游员那里得到补充。由于存在这种相互信任和依赖的关系，这样的“中心人物”往往会成为导游员最得力的助手。

三、旅游团队骚动时沟通策略

旅游团队的骚动是由于游客对旅游现实的认识发生了偏差，引起情绪的剧烈波动，在“情绪感染”和“循环圈”的作用下，形成破坏旅游计划和团队和谐气氛的行为。更通俗地说，就是一个旅游团的游客集体闹事。这是导游员在带团过程中特别需要警惕、必须防患于未然的一种群体现象。

知识课堂 5-2-8

微课 5-2-7

旅游团队骚动的心理分析与处理

（1）扫码学习“微课 5-2-7”。

（2）结合微课思考，假设自己第一次面对旅游团队骚动，自己的情绪会如何？应如何进行调整？

学以致用 5-2-2

请大家阅读下面成功处理旅游团队骚动的案例，分析导游采用的方法。采用情景模拟的方式进行演练，扮演者们沉浸角色，感悟旅游团队骚乱的解决。

案例如下：

厦门地陪小李接待来自广州的30人旅游团队，按计划应该入住厦门市四星级的酒店。由于该酒店临时有政府接待任务，又恰逢厦门旅游旺季，市内合作酒店均已客满，地接社不得不把团队安排到位于靠近海边的一家三星级的合作酒店。游客听到这个消息后，大为不满。小李意识到，一场旅游团的“骚动”已在酝酿之中了。

小李知道，对旅游团的“骚动”，必须在“酝酿”阶段就加以阻止。最好的办法是把客人“分割”开来，分别进行劝导。然而，要去酒店还有很长一段路程，必须坐上旅游车，这就使“分割”无法进行。如何解决燃眉之急，小李很快就有了主意。

首先，小李在车上给客人展示个人才艺，活跃气氛，让游客本来消极的情绪变得轻松了一些。小李趁机对游客说：“我想了一下，虽然我们现在住的酒店降了一颗星，但是，地接社已经准备了一顿厦门的特色海鲜大餐来补偿大家。还有，我们今晚入住的酒店距离海边比较近。明天早上可以看到海上日出，这是非常难得的壮美景色。看完日出再回酒店用早餐，下面的行程也一点都不耽误。我们用‘一颗星’换来一顿厦门特色海鲜大餐还有难得一见的‘海上日出’景观，大家觉得值不值？如果大家对我的提议没有意见的话，我们就这样定了，好不好？”

大家听了这番话，不单对小李的安排没有意见，还挺满意。最后，小李对晚上的活动和明天一早的行程做了安排，又回答了客人的几个小问题。这样，一场有破坏性的“骚动”处在“酝酿”阶段就被小李有效地制止了。

四、旅游团队“亚群体对抗”时沟通策略

与前面介绍的两大旅游团队群体现象不同，旅游团队亚群体及其对抗是发生在旅游者之间的群体现象。引起这一现象的根本原因与旅游服务方没有直接联系，但是旅游团队亚群体对抗会影响到旅游服务方，特别是全陪导游，有的时候对导游员的身心影响比对旅游团队中心人物和骚动的影响还要大。

1.旅游团队中的“亚群体”

“亚”这个字有次一级的意思。如果在一个群体中又分出了次一级的群体，我们就可以把这些次一级的群体称为“亚群体”。旅游团队的“亚群体”是指某些旅游者由于来自同一地区，或具有相同的社会地位，而在旅游团队这一群体中所结成的次一级群体。

在同一个旅游团队的成员之间，会有许多不同之处，但也会找到一些相同或相似之处。找到某些相同或相似之处的旅游者往往会抱成一团，成为旅游团队的“亚群体”。当一个旅游团队分成了两个甚至两个以上的“亚群体”之后，游客们在说到与自己属同

一“亚群体”的其他游客时，会说“我们”；而在说到与自己属不同“亚群体”的其他旅游者时，会说“他们”。

旅游团队中常见的有来自同一地区的游客结成的“地区型亚群体”，还有由社会地位相同或相近的游客结成的“社会地位型亚群体”。一个旅游团队中出现不同的“亚群体”很正常，但这就有发生“亚群体对抗”的可能性，就会给导游员的工作造成非常大的困难。

2.旅游团队中的“亚群体对抗”及危害

旅游团队中的“亚群体对抗”是指旅游团队中两个或两个以上不同的“亚群体”之间互相指责、互相攻击。在“亚群体对抗”中，旅游者不仅互相指责、互相攻击，还会把指责和攻击的矛头指向旅游服务人员。本来，旅游服务人员与旅游团队之间的交往是个人与群体之间的双边交往，但在同一个旅游团队中出现了不同的“亚群体”之后，双边的交往就变成了三角甚至多角的交往，其复杂性大大增加。

旅游团队的“亚群体对抗”容易影响旅游计划顺利推进，不仅会极大地增加旅游服务人员的工作量，破坏旅游团队的和谐气氛，而且会使旅游服务人员因为被误解而被投诉。因此，导游员一定要尽最大努力避免“亚群体对抗”的发生。

3.旅游团队“亚群体对抗”的处理

“不介入”是导游员处理好旅游团队中不同“亚群体”之间关系的最高原则，不介入不同“亚群体”之间的是非之争，保持“为全团游客提供服务”的形象。这样才能在对立的双方相持不下甚至“两败俱伤”的时候，以“调解人”面目出现，获得控制局面的主动权。

（1）阻止“亚群体”从“形成”向“对抗”发展

从对旅游团队亚群体形成及对抗的分析中我们知道，在短短的旅游行程中，旅游团队亚群体是不可能瓦解的，处理旅游团队亚群体及其对抗的要点是“防患于未然”。在“形成”的过程中，旅游者会对服务方提出有别于他人的服务要求，此时亚群体之间还不会发生“对着干”的情况，对旅游活动和导游员也不会有大的影响。然而，到了“亚群体对抗”阶段，影响旅游团队的各种行为都会出现，对导游员的指责、投诉等也会产生。这个时候，导游员就是想对他们施加影响也常常无济于事，搞不好还会“沾上一身腥”。

因此，导游员在旅游团队亚群体没有发生对抗的时候对他们施加影响，效率会比较高，主要应从三个方面入手：第一，掌握客源地的概况及接团材料，综合分析旅游团队的背景；第二，密切注意旅游者言行，判断亚群体发展趋势，比如向导游提要求的时候说“我们”等；第三，采取预防措施，阻止旅游团队“亚群体”形成，这时应该尽早确认旅游团队“中心人物”，同时在旅游者交往不深的时候营造融洽的人际氛围，让旅游者认为“都是一个团的，好不容易在一起，非常有缘分”。

见多识广
5-2-5
旅游团队
座谈会

（2）在旅游团队中实现社会尊重的平衡

在利益层面，不同“亚群体”会对导游员和其他服务人员提出不同的要求，但从人际交流的层面上来看，都是为了获得更多的社会尊重。因此，要避免“亚群体对抗”，就应该在旅游团队中实现社会尊重的平衡。不同“亚群体”之间就比较容易“和平共处”，也不会因为“派系”之间存在差距而去找导游员的麻烦。

学以致用5-2-3

假设大家是导游员，遇到的团队里面出现两个“亚群体”，一个“亚群体”希望能每天晚上由导游带着逛逛街、吃小吃，一个“亚群体”喜欢在团餐后跟导游谈论当地风土人情，你会怎么处理呢？

（3）利用“争光”心理保证旅游活动正常进行

旅游团队中不同的“亚群体”形成以后，每个“亚群体”的成员都会有为自己这个“亚群体”争光、不让自己这个“亚群体”丢面子的心理。这种心理会导致“亚群体对抗”，但是聪明的导游员也可以利用他们的这种心理来保证旅游活动的正常进行。例如，导游经常会遇到自由活动不守时的游客，反复强调也不奏效。对于这类问题就可以利用为“亚群体”争光的心理解决。导游可以在每次自由活动前，特别向不同“亚群体”的领导大声叮嘱一下集合时间，提出不要迟到等要求，并得到他们的认同，这样，游客迟到问题就可以迎刃而解了。

（4）通过“亚群体”内部的“互相关照”来解决问题

旅游团队中的游客之所以要结成“亚群体”，除了要满足社会尊重的需要之外，还要在“亚群体”中获得一种“归属感”。显然，在同一“亚群体”内部的人际相容性高；在不同的“亚群体”之间，人际相容性低。这个区别非常重要，因为在人际相容性高的人之间不算问题的问题，在人际相容性低的人之间就可能是个问题；同样，在人际相容性低的人之间是问题的问题，在人际相容性高的人之间可能就不算问题了。例如，在旅游车上，一位游客请另一位游客与他换一下座位，如果他们是属于同一个“亚群体”的，那就不算什么问题；如果他们不是属于同一个“亚群体”的，那位被要求换座位的游客就很可能要考虑“吃亏还是占便宜”的问题了。

学以致用5-2-4

假设大家是导游员，带团时常常会遇到分房、分火车卧铺后再要求调换的棘手问题，尝试通过“亚群体”内部的“互相关照”加以解决，并说明具体策略。

课后小练习

◎ 判一判（判断下列观点的正误并解释原因）

1.在个体空间气泡内，人会产生安全感、舒适感和自由感，不同的人需要的个体空间的范围也不同，这与人们的心理、文化、地位以及人与人之间的关系等因素有关，且不具有伸缩性。（　　）

2.采用FAB法则时需要对产品属性的介绍非常详细和专业。（　　）

3.一般说来，地陪导游员可以成为旅游团队的“中心人物”。（　　）

4.形成并维持旅游团骚动的群体心理因素主要是情绪感染和循环作用，因此要平息“旅游团骚动”就必须切断情绪感染的“因果环”。（　　）

5.当旅游团队中形成了两个甚至是两个以上的“亚群体”时，旅游团队就变得不再“松散”了。（　　）

◎ 选一选（选出下列多选题中正确的选项）

1.在旅游过程中，旅游团队“松散程度”的变化主要有（　　）两种情况。

A.“中心人物”的产生　　B.人际矛盾的产生

C.团队“骚动”的产生　　　　　　D.“亚群体”的形成

2.旅游团队中常见的“亚群体”有（　　）。

A.职业型亚群体　　　　　　B.社会地位型亚群体

C.年龄型亚群体　　　　　　D.地区型亚群体

3.在一般情境中，影响旅游团队的基本沟通策略受（　　）因素的影响。

A.从众心理　　B.情绪状态　　C.本人成败经验　　D.群体中的榜样

◎ 想一想

假设你是一名旅游服务人员，请根据游客的语言来判断他们的哪种自我状态在起主导作用，并且思考一下你应该如何基于PCA理论进行“两步反应”服务沟通。

• 客人甲对你说：“你必须搞到我的高铁票。”

• 客人乙的身份证丢了，跑来对你说：“张先生，我的身份证不见了！这可怎么办呀?”

• 你让客人准时上车时，客人丙嘴一撇说：“别理他，我们走我们的!”

收获与体会

项目三　转危为机，处理投诉

◎课前小互动

假设你现在是一名旅游企业的实习生，第一次面对客人当面的投诉，你会有何感想？老师与其他同学保持倾听，并给予适度回应。

知识共探究

任务一　旅游者投诉心理

一、正确看待游客的投诉行为

第一次面对投诉，有抗拒、害怕等心理都非常正常，因为这属于人际交往中的正常反应。在竞争激烈的市场经济中，面对千千万万的游客，即使最优秀的企业也做不到十全十美，不可能保证永远不发生失误或不引起游客投诉。所以，我们必须正确看待游客的投诉行为。

1.游客产生异议后的不同行为表现

知识课堂 5-3-1

（1）扫码学习“微课 5-3-1”。

（2）结合微课思考“游客异议”与“游客投诉”之间的关系是什么？

微课 5-3-1

游客异议的理论分析

在接受服务的过程中，游客异议时有发生，产生异议甚至受到挫折后会采取不同的方式去发泄自己的不满。具体行为归纳起来包括：

（1）不采取任何外显的行为

在不满的情况下，游客之所以采取忍让克制的态度，主要是因为他认为抱怨需要花费时间、精力，所得的结果往往不足以补偿其付出。很多游客在发生不愉快的消费经历后，不采取任何行动，大多是觉得“投诉无门”或“投诉也无济于事”。虽然如此，游客对旅游企业甚至相关管理部门的印象与态度明显恶化。换句话说，不采取行动并不意味着游客对旅游企业没意见。

（2）采取某种形式的私下活动

①游客可能决定再也不同该旅游企业打交道。

②游客可能将自己不好的体验告诉熟人，告诫朋友和家人光顾该旅游企业是不明智之举。

（3）采取一些公开的行动

①游客可能直接向旅游企业索赔，要求补偿或补救。例如，打电话或直接找相关负责人进行交涉，要求解决问题。

②游客可能要求第三方予以谴责或干预。例如，对有关旅游企业提起法律诉讼，要求赔偿或向新闻媒体写投诉信，诉说自己的不愉快经历或者要求政府机构、消协出面干预，以维护自己的权益。

2.端正对待游客投诉的态度

在旅游消费活动中，只有少部分游客直接向旅游企业投诉。这并不意味着旅游企业的服务水平很高，而是因为大多数游客采用其他方式去表达他们的不满。一些旅游企业成功的经验告诉我们：

（1）投诉是无法完全避免的

游客需求的多样性以及旅游产品和旅游服务的差异性，导致旅游活动和导游必然会受到抱怨。如果旅游企业重视服务质量管理工作，遇到的投诉可能会减少。

（2）投诉对旅游企业是有益的

如果游客没有采取任何公开或私下行为来表达他们的不满，旅游企业反而失去了为他们提供补救性服务的机会，也就丧失了弥补双方关系的机会。

（3）投诉是旅游企业向游客学习的机会

任何营销调研都不可能像游客投诉那样为旅游企业提供针对性极强的信息。在游客投诉中，管理人员往往可发现未满足的市场需求，形成新的商品构思和服务设想。

（4）投诉是影响旅游企业口碑的重要因素

如果旅游企业没有解决游客投诉，会使他们更加不满，给企业带来负面的影响。但是如果旅游企业及时解决游客的投诉问题，他们就会为旅游企业做正面的宣传。游客投诉意味着游客对企业还有信任，期待企业的调整与改进，并愿意在此基础上继续消费。

3.影响投诉行为的因素

（1）游客不满程度

游客往往会原谅旅游企业的轻微差错而不采取任何行为。有关分析研究结果表明：游客对旅游企业轻微服务差错不会表现出不满，但是即使是轻微服务差错，游客也会因旅游企业没有表示道歉而产生极大不满。

（2）产品服务的重要性

对于价值较低的产品和服务，游客通常不愿意花费时间和精力去投诉，随着产品和服务重要性的提升，不满游客的投诉倾向也会随之增强。

（3）游客的个性

文化背景、个性特征、投诉时间等也会影响游客的决策。一般来说，年轻的、受教育水平较高和收入较高的游客更倾向于采取投诉行为。这也许是因为他们有充足的时间、较高的沟通和谈判能力，以及有较强的权利意识和规则意识。

（4）游客责怪对象

同样一个问题，如果游客认为自己也有错误，那么他们投诉的可能性就很小，如果游客认为旅游企业应对自己面临的问题负责，他们就会投诉。

（5）旅游企业态度

如果游客认为投诉后旅游企业并不能解决什么问题，就不会向旅游企业投诉。

二、分析旅游投诉的原因

游客投诉是指游客主观上认为由于旅游服务工作上的差错，他们的利益受到损害，而向有关人员和部门进行反映或要求给予处理。在旅行游览过程中，游客带着期望而来，其期望值是受旅游企业口碑、自己过去的游览经历与游客个人的需求等多方面因素影响而形成。当旅游者认为所得到的旅游服务满意度小于期望值，与实际心理要求相比有落差时，就会产生抱怨，当这种抱怨的情绪在某一方面超过临界值时，便会引起投诉。

游客会直接在服务现场口头投诉，在旅游企业的“游客意见簿”留言，在OTA平台抱怨，提交差评来释放不满，甚至借助媒体进行表达。当旅游者认为旅游经营者损害其合法权益，投诉也会发展到请求旅游行政管理部门、旅游质量监督管理机构或者旅游执法机构处理。

启智润心 5-3-1　　**投诉处理效率高，游客权益得保障**

2022年11月20日，井冈山市执法处接到市12345政务服务便民热线转来投诉，游客朱先生称其于2022年11月16日晚7:00左右在井冈山市茨坪镇某餐馆就餐，三个菜一共花费500元，认为该店家收费过高不合理，寻求相关部门核实该商家是否存在乱收费行为并协调退款。接到投诉后，执法处辖区大队工作人员立即与朱先生取得联系，同时前往朱先生就餐餐馆了解情况。经调查核实，朱先生两人就餐花费500元，菜单为：猪肚98元、青蛙218元、两份青菜56元、两份红米饭30元、餐具4元、红米酒88元、椰汁6元，合计500元。经执法工作人员耐心调解，商家于11:50分将300元通过微信转账退回给投诉人朱先生。针对该店存在的收费过高不合理的行为，执法处将根据《江西省旅游者权益保护条例》第二十四条之规定立案处理。执法部门本着“严格执法、热情服务”的工作理念，依法依规处置旅游投诉，维护景区旅游形象，切实保障每一位游客的合法权益。

实际上，国家以及各地政府都出台了多部法律法规、行业标准等来保障旅游者的权益，规范旅游市场。例如，《中华人民共和国旅游法》第九十二条规定了旅游者与旅游经营者发生纠纷时可以采取的投诉途径。《旅游投诉处理办法》《旅游经营者处理投诉规范》《关于进一步规范旅游市场秩序的通知》等法规，让旅游投诉有法可依。此外，各地政府也提供便民的投诉途径，如各地“12345政务服务便民热线”统一接听旅游投诉电话，还有各地区政府旅游部门官方微信公众号投诉自助通道等。

投诉是旅游活动中时常发生的一种现象。当旅游者或旅游经营者认为自己的合法权益受到侵害时，可以用书面或口头形式向旅游管理部门或各地旅游局提出投诉，游客应通过正常渠道维权，切勿采取过激行为。同时，旅游商家也应该诚信经营，共同打造规范的旅游市场秩序。

资料来源：井冈山管理局景区行政执法处．投诉处理效率高　游客权益得保障［EB/OL］．［2022-11-27］．https://mp.weixin.qq.com/s/JyDjcLGwudNwnZSddYkw1g.

思政元素：法治思维　诚信经营

学有所悟：随着各项法律法规的出台以及行政部门监管、执法力度的加大，文旅市场秩序得到有效维护。同时，旅游市场经营主体也应倡导诚信经营，共同维护旅游者的合法权益。

导致投诉的原因有很多，游客的投诉既可能是旅游服务工作中确实出了问题，也可能是由于游客的误解，这里既有与旅游经营单位服务接待有关的主观原因，也有一些客观原因。投诉的主客观原因见表5-3-1。

表5-3-1 投诉的主客观原因

投诉主观原因		投诉客观原因	
不尊重旅游者	主要表现为旅游服务人员对客服务不主动，不热情；对旅游者厚此薄彼；语言不礼貌，行为不恰当；不尊重旅游者风俗习惯，触犯生活禁忌等	旅游者的个性差异	由于旅游者个性存在差异，旅游者处理问题的方法有明显区别。如对于同一项失误的服务，内向的旅游者通常只抱怨几句，而外向、情绪不好的旅游者则容易投诉
工作不负责任服务水平低	主要表现为旅游服务人员缺乏责任心，粗枝大叶、服务水平低下。如服务人员不能摆正角色关系，怠慢旅游者，对旅游者的询问不予理睬。另外，旅游服务过程中一些硬件设施的损坏引起了旅游者的使用不便或损害了旅游者的利益也会导致投诉	服务质量与态度难量化	旅游服务是一种非物质化的一次性体验，不少专家学者对服务质量与服务态度提出了一系列的规范标准，但也只能是基本的一般要求，很难精确地进行量化。服务质量与服务态度的优劣，与旅游者的心理感受有直接关系，服务标准众口难调，很难做到尽善尽美

学以致用5-3-1

游客投诉的内容会涉及“物”的因素、“人”的因素以及“物”与“人”的综合管理因素，请大家按照这三个分类将以下可能的投诉方面进行分类，并在此基础上提出更多补充示例。

服务流程、承诺兑现、形象、技能、设施、设备、态度、环境、产品质量

客观来说，旅游业是个依附性很强的复杂产业，旅游活动对外部环境有高度的依赖性，需要许多其他旅游企业以及旅游相关部门的通力合作才能进行。游客在旅途中随时都有可能遇到这样或者那样的问题，虽然旅游从业人员已经做好迎接一切困难的准备，但是旅游业涉及社会的各行各业，有些问题不是旅游从业人员能解决的。例如，交通工具引发的投诉，包括车辆晚点、车辆因未年检被有关部门扣留、车辆出现故障和飞机或轮船晚点、误班等，造成整个团队滞留或引发机场、码头、司机、导游、游客多方之间的交叉争执。再如，景区原因引发的投诉，主要表现在安全措施不到位、客流缺乏控制和引导等方面。特别是在旅游旺季，一些景区会出现饱和现象，而景区缺乏必要的引导和劝诫，造成游客拥堵就会引发不满，还有些景区本身存在安全隐患，导致游客受伤等。

三、游客投诉心理诉求分析

旅游投诉心理是指旅游者对即将进行或已经进行的旅游投诉的心理反应，包括对旅游投诉的知觉、需求、动机、态度等，也包括对被投诉者、投诉处理部门、投诉过程的心理反应。从旅游者心理反应过程观察，旅游投诉心理经历了情绪波动产生、旅游体验兴趣度降低、心理压力增大、发泄愿望强烈、摆脱困境动机形成等一系列过程。熟悉旅游者每一阶段的投诉心理活动有利于有效预防和正确处理旅游投诉。

1.投诉犹豫阶段的心理

投诉犹豫阶段多发生在旅行游览过程中，旅游者的心理活动不易被人察觉，这样的旅游者被称为潜在旅游投诉者。他们往往对食、住、行、游、购、娱等其中的某一项或几项服务或价格有怨言，具体表现为行动上消极抵制、情绪上烦躁不安。在旅行游览过程中，始终存在着生产和消费的统一性以及评价标准的主观性。当旅游者的消费实际感受低于他的期望值时，旅游者不满是不可避免的。由于部分旅游者不会将不满表现出来而是默默离去，故旅游经营者须善于主动观察旅游者的反应，设法通过一些有效的途径来获取旅游者不满的信息，不断鞭策自己，创新服务，让旅游者满意，消除潜在的投诉危机。

2.投诉行动阶段的心理

旅游是一种消费活动，当消费者的合法利益受到侵犯时，在经历是否投诉的心理挣扎过程后，如果问题没有及时地得到解决，旅游者心里的不适没有消除，就会进而采取投诉行动，去争取应有的经济和精神补偿，维护自身的合法利益。此阶段旅游者表现出明显的心理特征：一是意志坚定，向旅游行政管理部门和经营企业讨个说法；二是群体行动，希望动员有关的利益相关者集体投诉，将问题扩大，引起社会、舆论和他人注意；三是积极主动，旅游者会认真了解投诉途径方法和投诉对象，寻找投诉理由和搜集证据并进行法律咨询等，希望通过投诉获得理想的经济和精神补偿，摆脱投诉犹豫阶段的纠结，达到作为消费者的维权目的。

知识课堂 5-3-2

微课 5-3-2

游客投诉心理分析与处理策略（上）

（1）扫码学习“微课 5-3-2”。

（2）结合微课思考投诉的原因是什么？旅游服务人员在面对游客投诉的时候，分析游客是出于哪些方面的投诉心理。

3.投诉处理阶段的心理

在投诉处理的过程中，旅游者会极力展示有利于自身的证据和理由，驳斥被投诉者的证据和侵权的行为，希望争取更多的赔偿。

一般情况下，旅游者投诉时的心理需求主要包括以下几个方面：

①求尊重心理。求尊重是人的正常心理需求，而在进行投诉活动时这种心理需求更加突出。旅游者在采取投诉行动之后，都希望别人认为他的投诉是对的，是有道理的；渴望得到他人的相信、尊重、同情、支持；渴望被投诉者向他表示歉意并立即采取相应的措施，解决问题。

②求补偿心理。当旅游者蒙受损失（物质方面或精神方面）而向有关部门投诉时，他们都希望被投诉对象能补偿他们的损失，这是普遍的心理需求。如在餐厅用餐，发现食物不洁、菜中出现异物时，旅游者希望服务员能换一道菜；当衣物被弄脏时，旅游者希望能免费洗干净；当餐厅过热时，旅游者希望餐费打折等。另外，当旅游者寻求满足，而又因种种原因或条件的限制其需求无法得到满足时，“求满足”也会变成“求补偿”。例如，因饭店的临时电力线路故障而造成旅游者生活起居上的不便、导游带团游览过程中因天气突变而造成某些景点无法观赏等，这时旅游经营者应该及时预见旅游者的心理需求，为其提供补偿服务。

③求平衡心理。旅游者求平衡心理主要表现在两个方面：一方面，他们通过旅游消

费来放松精神、舒缓日常生活中的压力（包括心理、工作压力）。另一方面，旅游者在消费过程中保持必要的心理平衡，借此获得社会的尊重，并体现自我尊严和社会地位。旅游者的心理会受到社会环境及个人情绪的影响。从前面学到的“三求心理”入手，如当旅游者到酒店消费，一方面，希望摆脱日常生活中的精神紧张，能从中获得日常生活中所缺少的满足感和新鲜感；另一方面，旅游者往往又担心付出代价之后不能如愿以偿，甚至在“日常生活之外的生活”中又遇到新的麻烦，遭受新的损失。

游客在碰到令他们感到烦恼的事情后觉得心里不平衡，十分窝火，认为自己受到不公正的待遇。因此，他们可能就会找到有关部门，利用投诉的方式将心中的怒气发泄出来，以求得心理上的平衡。这是游客寻求心理平衡，保持心理健康的正常方式。而客人之所以投诉，是源于游客对人的主体性和社会角色的认知，游客花钱是为了寻求愉快、美好的经历，如果他得到的是烦恼，就会选择通过投诉来找回他们的权益。

④求宣泄的心理。美国心理学家亚当斯提出了著名的挫折理论，他认为挫折是个人在某种动机推动下所要达到的目标行为受到无法克服的障碍而产生的紧张状态与情绪反应。当游客受到挫折后，有的人采取减轻挫折和满足需要的积极进取的态度，但有的人采取消极对抗的态度，会采取一系列的行动来发泄不满。旅游者最主要的一个渠道就是投诉，旅游投诉者总是觉得自己理由很充分，投诉时往往情绪激动、满腔怒火，他们会利用投诉的机会将自己的烦恼、怒气和怨气全部发泄出来，将直接被触发或意识深层的挫折感和郁闷情绪一扫而光，使其不平静的心情逐渐平静下来。所以，旅游者的投诉，一般是在心情不愉快、满腹怨气甚至愤怒中进行的，无论采取何种投诉形式，都难免要发牢骚、讲气话甚至吵闹与谩骂，投诉者的这种情绪表现，就是为了发泄其内心的不满，同时也利于弄清事情的缘由，以维持其心理上的平衡。

⑤求保护心理。旅游者敢于投诉，是自我法律保护意识的觉醒。通过合法的途径投诉，既是为自己，也是为所有的消费者寻求利益保护。通过投诉，能促使旅游相关部门重视旅游者的诉求并不断改进服务，促使服务质量不断提高，进而使旅游者在今后的旅游中得到更优质的服务。

任务二　投诉处理策略

一、处理旅游投诉的心理准备和基本原则

投诉是旅游者维护自身利益的合法权利，投诉的表象是旅游者对产品或服务的不满，投诉的实质是旅游者对企业具有期望。投诉的内容是企业弱点所在，旅游服务与管理人员应持欢迎态度。因为从旅游者的投诉中，可以了解管理和服务中存在的问题，发现服务工作中的疏漏和不足，特别是能发现一些有倾向性的问题，以便有针对性地采取措施，改进服务工作，为旅游者提供高质量、高效率的服务，赢得旅游者的尊重和信任。

因此，对待游客投诉，我们应该怀着“四颗心”。第一颗心是接受心：生活、工作中的分歧比比皆是，投诉只是一种表现形式。第二颗心是同理心：真心体会游客的抱怨，站在游客的角度考虑问题。第三颗心是双赢心：游客投诉的最佳处理方式是争取“双赢”，尤其是让游客觉得有所获利。第四颗心是成长心：投诉处理没有标准答案，在

学习中提升，在实践中成长。

处理游客投诉一定要秉承三个原则：首先是真诚原则，理解游客的心情，同情游客的处境，满怀诚意地帮助游客解决问题，只有这样才能赢得游客的信任和好感，才能有助于问题的解决。其次是冷静且不争辩原则，处理游客投诉时，要有心理准备，即使游客采用了过激的语言及行为，也一定要在冷静的状态下和游客沟通。最后是不损害企业利益和形象原则，处理投诉时要真诚地为游客解决问题，保护游客利益，但同时也要注意保护旅游企业的合法利益，维护企业的整体形象。

知识课堂 5-3-3

动画 5-3-1

沟通拖延症

（1）扫码学习“动画 5-3-1”。

（2）结合动画思考，在面对难以处理的投诉问题或者难以沟通的游客时，你会存在沟通拖延吗？如果有，你会如何调整？

二、不同游客投诉类型的应对策略

1. 按照投诉动机分类与服务策略

游客按照投诉动机分宣泄型、谈判型、挑剔型等，相应特点与服务策略见表 5-3-2。

表 5-3-2　**按照投诉动机分类与服务策略**

游客类型	表现特点	服务策略
宣泄型游客	宣泄型游客遇到不公正的待遇，会进行抱怨式的投诉。不仅要面子，而且脾气还很大。他们在投诉时总是要求撤换有关主管或当时的服务员，并会说：“我不在乎钱，就要出这口气！”	这类投诉者急需有人能够耐心倾听他们的抱怨和不满，希望可以获得同情和理解。尽量采取一些措施让他们放松情绪，用耐心去倾听他们的抱怨，用爱心表示自己的同情，用细心去揣摩他们的心理和需求。把“对”让给他们，一定要给足他们面子，并当众向他们致歉，以抬高他们的身价，让他们觉得脸上有光
谈判型游客	谈判型投诉者非常理智，会列举种种事实和理由证明自己的合法权益受到损害，他们很有修养，几乎从不乱发脾气，但他们的投诉常是以被投诉方做出某种经济补偿而告终	区别情况，除精神上给予安慰外，还要给予物质上的补偿。否则，无论多么诚恳的赔礼道歉也无济于事。在处理这类投诉时，不能一概“有求必应”。首先应考虑投诉者可能提出哪些减免费用的要求，哪些可以接受，哪些不能接受。在可能接受的部分中，又有哪些经过努力可以避免。因此制定合理的赔偿制度就非常重要
挑剔型游客	挑剔型投诉者常常是从关心的动机出发，以挑剔的眼光看待旅游企业的现状，并进行横向比较，提出种种建议，希望该企业能够认识到自己存在的问题，并予以改进	礼让三分、从容大度，表示歉意和感谢。工作人员既要有强烈的角色意识，又要无条件地放下“个人尊严”，自觉地站在客人立场上，设身处地、换位思考。这类游客在投诉后，多会再来光顾，他们要看自己所提的意见是否被真正采纳，服务工作是否真正提高。即使是脾气很大，投诉与事实不符的游客，不少在事后也会有所自省，并成为忠实的顾客，为企业带来稳定的客源和收入

2. 按照投诉强度分类与服务策略

游客按照投诉强度分普通型、强烈型、隐性型等，相应特点与服务策略见表 5-3-3。

表5-3-3 按照投诉强度分类与服务策略

游客类型	表现特点	服务策略
普通型游客	普通型游客提出一般性的投诉。例如，有的游客投诉房内设施差、空调不制冷等，并提出因此而减免房价之类的要求	对这类投诉应以诚相待，好言相慰。只要通情达理，功夫到家，不愁问题解决不了。如果游客提出的问题都能得到及时解决，游客又看到工作人员是在真心实意地解决问题，就算脾气再大的游客也会满意的
强烈型游客	强烈型游客可以容忍陈旧的设备，但绝不会容忍低劣的服务：一是服务不规范、不细致、不周全；二是服务态度恶劣，甚至蔑视、讥讽宾客。后一种最容易引起游客反感，导致其强烈投诉	因服务态度恶劣而造成的客人投诉，是旅游企业的致命伤。在处理时，不仅要按管理规定处分有关工作人员，而且要具备较高的语言技巧和工作经验，必要时领导要出面处理，向游客赔礼道歉，尽量在软件服务上"软化"游客，使游客感到满意
隐性型游客	隐性型游客是有能力影响舆论或他人的游客（如社会名流、各界代表和新闻界、舆论界人士等），比一般游客有更大的社会影响力，对旅游企业的褒贬（就算无意间的）可能产生"不是投诉，胜似投诉"的结果	这种"隐性型"投诉不可能及时处理，因此，只有靠平时提高每一位员工的素质、提高整体服务质量来避免

三、不同原因投诉的服务心理与应对技巧

1.各类主观原因投诉的服务心理与应对技巧

游客因感到"未受到尊重""不一视同仁""语言沟通不畅""食品质量不佳"等而进行的投诉，其服务心理与应对技巧各有侧重，见表5-3-4。

表5-3-4 代表性主观原因投诉的服务心理与应对技巧

主观原因	游客遭遇举例	服务人员调整策略
未受到尊重	服务人员对游客冷淡，对询问不予理睬或一律回答"不知道"，不注意礼节礼貌，语言不文明，不尊重游客风俗习惯，未经敲门许可就闯入客房，无端怀疑游客带走酒店物品让游客感到受侮辱，误认为游客未结清账目就离开等	•端正服务态度。游客是花钱买享受的，理应受到尊重。当接到投诉时首先应摆正自己和游客的角色关系，认真倾听，妥善补偿，树立为游客服务的意识。 •提高自身素质。认真分析自身原因，冷静对待，心平气和，不急于辩解或反驳，做到有理、有礼、有节，体现旅游服务人员良好的素质修养，扭转游客的不良认知。 •控制行为。礼与谦指的是服务人员一生的必修课，"如何做"是关键。当游客投诉时，利用各种方式满足游客求尊重的心理，把理解做到位，让游客感受到被尊重，被理解
不一视同仁	服务人员只对团队中一些人热情，或分房、乘车等情况优先考虑一些乘客需求，其他团员明显感觉自己受到冷落。将游客划分等级，以财、以貌取人，对游客服饰、打扮评头品足，对常客热情有加，对不经常来或第一次来的游客不冷不淡，冷热不均	•对游客做到同价同酬。游客投诉有求平等心理，旅游者花钱是为了寻求美好的旅游经历和获得应有服务，如遭遇不公平待遇，自然寻求补偿，所以要掌握客观公正原则，避免让游客产生不平等、受歧视感受。投诉后要给予游客补偿，满足他们心理平衡的需要。 •适当把握有"人情味"的服务，掌握好尺度。对待特殊游客必须提供周到、细致的特殊服务。既要让他们感受到被关注又能使其他游客不觉得过分。如果游客因为受到不一样的待遇而投诉，要理解游客，让游客一吐为快，将心中的不满和感受释放出来，然后游客一般就能恢复平静

续表

主观原因	游客遭遇举例	服务人员调整策略
语言沟通不畅	游客认为服务员对自己有成见，但服务员认为自己不是那个意思，原因是沟通模式运用不佳造成误会，表达欠艺术，招惹宾客不悦	• 在接待服务的过程中巧妙地使用礼貌用语。 • 要充分理解游客“求沟通、求理解”的心理需求。 遇到游客投诉时要把误会的原因归结到自己服务不周上，通过沟通把“理”让给游客，“错”由服务人员承担，赢得游客满意，并通过进一步的沟通转变游客的不良认知
食品质量不佳	食品不卫生，饮料过期变质，甚至有假酒、假冒饮料、菜肴变味变质或烹调不当，使游客无法下咽，都会引起宾客不满，造成投诉	• 立即调整服务工作中的弱点、漏洞和不足。特别是发现一些带倾向性的问题，以便有针对性地采取措施，改进服务工作，提供高质量、高效率的服务。 • 了解游客求得补偿的方式，判断给予补偿的可能性。并根据游客的心理需求调整游客求补偿的“合理性”。 • 给予适当补偿，求得游客心理平衡，挽回过失所引起的不良后果

2.各类客观原因投诉的服务心理与应对技巧

游客因住宿条件、交通条件、景点服务设施等客观原因而引起投诉的服务心理与应对技巧各有侧重，见表5-3-5。

表5-3-5　　代表性客观原因投诉的服务心理与应对技巧

客观原因	游客遭遇举例	服务人员调整策略
住宿条件	游客没有得到旅游约定的住宿条件，感受到自己没有享受到该有的权利，和自己预期相差甚远，要求讨回公道，求合理解决	首先了解游客不满的主要原因；其次在能够调节和解决的范围内尽可能解决，如调房等；再次，如果的确不能解决，则要给予游客质量降低的相应差价的补偿。一般住宿条件没能满足游客要求时，有所改善的调房都会缓解游客的不满
交通条件	旅游者的期待较高而客观设施较差的落差引起，在旅游合同约定中很少约定旅游交通条件设施，如没有约定旅游车是新的，结果游客在旅游行程中感受到狭小、憋闷等直接影响旅游质量	服务人员深知旅行社提供给游客的交通设施状况，遭到投诉也知道游客反映属实，在不能立刻更换交通工具的情况下，在待客技巧上应做到以下几点。 · 接受游客的指责和批评，让游客的抱怨得到发泄； · 深表歉意并耐心做好解释，争取游客谅解； · 做好缓解措施，如提供更加人性化的个性服务，补偿由于硬件设施差引起的不满； · 对于不能调和的游客给予适当的差价补偿
景点服务设施	景点服务设施引起投诉多与意外相联系，是服务人员和游客都无法预期的，如电梯突然不工作、索道出现暂停等一些非人为控制的因素，游客认为应该由安排旅程的旅行社负责	这种情况下可以由旅游项目提供者负责，旅行社协助处理。但从心理上导游人员要帮助游客承担起这样的心理负荷，理解游客心理，帮其解决并以安慰为工作核心。游客只是借助旅游服务人员来解决，接待投诉时抓住核心，不能推卸责任，要寻求合理的解决方案给予补偿

在旅游活动中，游客的美好旅程是建立在相对较好的客观条件基础之上的，在吃、住、行、游、购、娱每一个环节，都要有硬件设施的基本条件保障。在各环节中，如果硬件设施或客观条件不能满足游客最基本的期待和需要，就会遭到投诉。如在旅游合同中约定了景点或住宿的酒店，但具体旅游中此景点因突发原因临时关闭，或酒店遭遇意外情况无法入住等，都有可能引起游客消费质量的下降或预期的破灭，从而遭到投诉。

在因客观原因引起的投诉中，游客知道许多客观条件不是马上能够改善的。因此，大多数游客的投诉是为了解决问题，不能得到解决的投诉多数是为了宣泄和得到合理补偿。只要能够得到接待人员的理解和认同，大多数游客能够平息心中的怨气。旅游服务人员在斟酌和协商合理补偿上要与游客沟通交流，调整游客的心态，以便得到和谐解决。由于个人特点，游客在投诉时，有可能反映的不全是客观内容，甚至还会加进一些自己的判断、推测和分析。接待投诉的旅游人员，应能够区分出哪些反映的是真实情况，哪些反映的不一定是真实情况，从而更好地解决问题。

微课 5-3-3

游客投诉心理分析与处理策略（下）

知识课堂5-3-4

（1）扫码学习“微课5-3-3”。

（2）结合微课思考，万绿湖景区的投诉处理策略中有哪些是可以借鉴的。

四、处理旅游投诉的方法

在“微课5-3-3”中，我们学习了处理旅游投诉，首先要耐心倾听、弄清真相，然后区别情况、采取措施，通过CLEAR五步法（控制情绪，倾听游客诉说，建立与游客共鸣局面，对游客情形表示歉意，提出应急和预见性方案等）妥善处理。

1.礼貌接待与耐心倾听

处理旅游投诉的工作人员应在旅游者前来投诉时礼貌接待。条件许可的话，可以为旅游者倒上茶，请旅游者坐下，以缓和气氛，让交谈变得轻松。要耐心听旅游者把话说完，因为有时耐心可以使本来暴跳如雷的旅游者自然地平静下来，同时耐心听其投诉，也是为了弄清事情的真相，以便恰当处理。倾听时可以适当做些记录，便于以后核实，一定要保持冷静，不要辩解和反驳，尤其是在投诉者宣泄愤怒时，工作人员不适时的解释可能会被认为是在推脱或是狡辩，会引起旅游者更多的不满和愤怒。

2.表示尊重与诚恳道歉

无论旅游投诉事件的真相如何，发生了投诉，就意味着旅游服务还存在缺陷，并给旅游者带来了不便与烦恼。旅游者发牢骚、投诉，是因为确实遇到了问题和麻烦，确实需要服务人员的帮助，而他们的投诉有助于服务人员改进工作。因此，投诉接待人员一定要学会站在投诉者的立场考虑问题，以诚恳的态度向他们表示理解、尊重与歉意；以旅游企业代表的身份欢迎并感谢他们提出批评和意见，必要时还可以请职位高的经理或主管来向旅游者道歉，以示重视。

3.发泄情绪与表示安慰

宣泄是指当一个人遇到某种挫折时，把由此而引起的懊恼、不满、悲伤和愤怒等情绪痛痛快快地“发泄”出来的心理调节方法。能够把情绪发泄出来，就能比较理智地来对待这个挫折，以后也比较容易忘掉这个挫折，而不至于总是耿耿于怀。

当旅游者由于服务的缺陷而感到不满意时，服务人员也应该让旅游者“宣泄”自己的情绪，让他们“出了气再说”或者“出了气再走”。因为当旅游者尽情地发泄了不满情绪后会有一种较为放松的感觉，心情也能逐渐地平静下来，这样的心理状态和情绪有利于接待人员与其进行较为顺畅的沟通。

前来投诉的游客一般都是觉得自己受到了伤害，是带着一颗“烫伤的心灵”来要求主持公道的。如果去触碰“受伤的心灵”，一定会遇到剧烈的反应。这时，服务人员必须对游客表示安抚和同情，比如可以说“我对您感到气愤和委屈的情绪非常理解，如果我是您，我也会有和您相同的感受”。对投诉的游客表示同情和理解，是安慰其受伤心灵的最好办法，也是把他的注意力引向解决问题而不是沉浸于令人烦恼的细节和令人沮丧的情绪的唯一途径。

4.确认诉求与解决问题

旅游者一旦投诉，肯定是有目的的，或求补偿、或求发泄或者其他。掌握好旅游者的心态，处理问题就会达到较好的效果。处理投诉的目的是让不满意的旅游者成为满意的旅游者。因此，一定要在正确分析旅游者投诉心理的基础上，真心实意地帮助旅游者解决问题，赢得旅游者的良好口碑。

针对求发泄旅游者的投诉，一定要让其先发泄情绪，然后以服务或其他补偿来平衡其心理缺失。针对旅游者寻求保护的心理需求，旅游企业从业人员要做到知法懂法，按照法律规定给予补偿。在耐心倾听中确认问题的症结所在，是迅速解决问题最关键的一步，也是对投诉旅游者最有效的尊重。如果是旅游企业方面的错误，要马上道歉，并做出补偿处理；对于复杂的问题，要减缓旅游者的过激心态，不马上表态，通过汇报请示上级领导后再向旅游者答复；对于不合理的投诉，回绝时要做到有理有据；对于不能马上处理的事情，要向旅游者说明，并及时告知旅游者处理的进展情况；一定要避免和旅游者出现正面冲突。

学以致用5-3-2

请大家根据表5-3-6描述的不同类型游客投诉的特点与处理策略，分组选择后进行情景界定，并分配角色进行投诉情景剧扮演。

表5-3-6　不同类型游客投诉的特点与处理策略

游客类型	感情用事者	正义爆棚者	固执己见者	有备而来者	有社会影响力者
游客特点	情绪激动或哭或闹	语调激昂，认为自己在为道义、公理尽力	坚持自己意见不听劝	一定要达到目的，了解政策法规，甚至会记录处理人谈话内容或录音	通常是某重要行业领导，电视台、报社记者、律师，对处理不满时会进行曝光
处理策略	保持镇定，适当让游客发泄，尽力安抚，告诉游客有解决方案。注意语气，谦和有原则	肯定游客，并对其反映问题表示感谢。告知企业的发展离不开广大游客的支持	先表示理解游客，力劝游客站在互相理解的角度解决问题，耐心劝说，解释所提供的处理方案	处理人一定要清楚公司的服务政策及法律有关规定。充分运用政策及技巧，语调充满自信，明确希望解决游客问题的诚意	谨言慎行，尽量避免使用文字。投诉的要求无法满足时，及时上报请示有关部门研究，要迅速、高效解决此类问题

5.整理分析与服务完善

对于旅游者的投诉，旅游接待人员一定要做好记录。对于旅游企业而言，这是一笔非常宝贵的财富，通过这些投诉，能发现旅游企业日常经营管理中的问题，从而有助于提高旅游服务质量。对于投诉记录最好能形成典型案例，以便之后运用于日常员工培训体系中。

总之，在处理旅游者的投诉中，旅游投诉接待人员要正确了解和分析旅游者投诉的原因和心理，掌握处理投诉的程序和要点，把握处理投诉的技巧和艺术，辅之以恰当的体态语言，以便形成良好的洽谈环境，消除隔阂，相互理解，最终达到解决问题的目的。

旅游企业还要高度重视对各大OTA平台留言投诉处理，因其对于旅游企业评级、评星来讲至关重要。因此，企业非常有必要设置专门的网络投诉处理回复专员。回复时，态度明朗，逻辑清晰，而且要有针对性地回复，避免使用千篇一律的网络自动回复。回复内容尽量包括感谢消费、诚恳致歉、表达重视、合理解释、改进策略、祝福收尾等。投诉处理专员定期进行数据分析，抓取关键问题，反馈给相关部门，相关部门也要及时调整策略，并上升为管理决策，进而改善相关管理制度。

旅游者的感受就是事实，顾客永远是正确的，给旅游者想要的东西，让他们满意和高兴是每一个旅游企业从业人员所应该遵循的原则。只有这样，企业才能赢得更多的旅游者，也只有这样，才能在众多的企业当中脱颖而出，成为最终的胜利者。

课后小练习

◎ 选一选（选出下列单选题中正确的选项）

1.处理旅游投诉的最关键环节是（　　）。

A.耐心倾听　　B.予以尊重　　C.解决问题　　D.表示安慰

2.以下不是旅游投诉处理的基本原则的是（　　）。

A.真诚原则　　B.企业利益高于一切原则

C.不争辩原则　　D.冷静原则

3.需要特别关注以下（　　）游客在投诉中情绪的发泄程度。

A.隐性型　　B.谈判型　　C.挑剔型　　D.宣泄型

◎ 演一演

请同学们分组从携程网上选择一家旅游企业作为目标，翻看其游客评价信息，并从中挑选出投诉案例，整编成完整的投诉处理剧本，由小组内成员按照剧本进行角色扮演，并拍摄投诉处理短视频上传至课程学习平台。

收获与体会

____

____

____

模块六
给“心”一缕阳光——旅游企业员工心理及其调适

学习导图

给“心”一缕阳光

模块六　旅游企业员工心理及其调适

- 项目一　旅游企业领导行为与团队管理
  - 任务一　领导行为与员工心理
  - 任务二　管理激励与团队精神
- 项目二　旅游企业员工心理状态调适
  - 任务一　情绪察觉与状态调整
  - 任务二　身心舒压与逆商培养

思政浸润

★跟习近平总书记学领导艺术，引导学生领悟文旅企业的领导者需要从抱负、能力、担当和情怀等多方面不断修炼，为企业营造民主、积极、包容和风清气正的氛围。

★引导学生关照自我内心，觉悟人生意义，认识到心理建设的根本是思想建设，即塑造美好的心灵与完善的人格。勇于面对现实，积极“心理自助”，滋养自我心灵，成就自己的“小太阳”，实现身心平衡发展，过积极健康、有意义的人生。

学习目标

知识目标

- 了解领导行为内涵，理解领导风格与“严”“爱”结合的管理；掌握管理激励的定义、类型、策略与艺术；掌握团队精神的内涵与培养途径。
- 理解情绪与情感的内涵、功能与关系；掌握情绪的要素种类与调控管理方法；理解心理健康的标准及心理压力与挫折的内涵；掌握身心解压与逆商塑造的策略。

能力目标

- 能针对不同个性的员工实施“严”“爱”结合的管理；能针对团队特色提出差异化激励措施，铸造良好团队精神。
- 能正确认识、面对与接受情绪、压力、挫折，不断进行积极且多维的自我调整，培养健康和谐、稳定自洽的身心状态。

素养目标

- 养成从全局出发观察、思考、分析和解决问题的思维习惯，逐步具备大局观。
- 养成自我觉察、自我疗愈的习惯，提升抗压能力与自身逆商，逐步具备良好的心理素质。

项目一 旅游企业领导行为与团队管理

◎课前小互动

说到“00后整顿职场”，同学们有什么看法？请大家自由分享，各抒己见。分享者讲述时，老师与其他同学保持倾听，并给予适度回应。

知识共探究

任务一 领导行为与员工心理

一、领导行为概述

在模块一的项目三中，我们通过描绘服务性企业的服务蓝图，明白旅游业要真正提升服务质量，还需要实现从“游客第一”向“员工第一”的转化，“有了满意的员工才有满意的游客”。随着文旅行业的旅游服务人员有了更多的“90后”“00后”加入，管理者们也开始面临新的管理局面，需要不断调整自己的领导风格与做法。

1.领导的定义与功能

领，就是政治引领、方向统领、队伍带领与品格率领；导，就是学习先导、专业指导、工作督导与思想疏导；领导，即率领、引导、指挥、统御，带领着大家干，真情实干、踏实苦干、担当敢干。

领导实际上是一种社会关系，体现社会组织中权力主体（领导者）与权力客体（被领导者）间的相互关系。领导的含义有很多种，通常我们认知的是以行为和影响力激发下级的责任心与荣誉感，引导和带领下级为共同理想的实现而努力的行为。其性质为交互刺激反应的过程，本质是人际关系所产生的影响，强调程序与功能，较不重视所占位置、角色与价值。

从心理角度分析，领导就是“让他人做事、把人心安好”。领导的基础是下属，领导的工作是带心，领导的目标是安心，领导的境界是无为。领导一般由三个方面的功能组成，即组织功能、激励功能、控制功能。

组织功能是指领导者为实现组织目标，合理配置组织中的人力、物力、财力等组织分散的要素构成一个有机整体的功能。组织功能是领导的首要功能，没有领导者的组织，组织中的人力、物力、财力等都只是独立分散的因素，难以形成有效的生产力。只有通过领导者的组织活动，对人力、物力、财力等要素进行合理配置，才能实现组织的最终目标。

激励功能是指领导者在领导过程中，通过激励的方法调动员工的积极性，使之积极努力地实现组织目标的功能。实现组织的目标是领导的基本任务，但是这一任务不能只靠领导者一个人去动手完成，而应该在组织的基础上，通过激励功能的作用，将全体员工的积极性调动起来，共同努力。所谓“众人拾柴火焰高”，领导者的激励功能就是通过一定的措施和方法使众人都积极、有效地完成任务。

控制功能是指在领导过程中，领导者对员工以及整个组织活动的驾驭和支配。在实现组织目标的过程中，“偏差”是不可避免的。偏差的发生源自不可预见的外部因素的影响，也可能源自内部不合理的组织结构、规章制度，或不合格管理人员的影响。纠正偏差、消除导致偏差的各种因素是领导的基本功能。

2. 领导的本质作用

毛主席曾说：“政治路线确定之后，干部就是决定的因素。”俗话说：“狮子领导的绵羊部队，能够打败绵羊领导的狮子部队。”根据二八理论，企业是由少数人来负责与维持的，领导者要承担80%的责任。企业要找对带头人，领导要做好领头雁。领导职责形象地说，一是指方向：“同志们，请往这里走！”二是挥手：“同志们，请跟我一起走！”领导要激发他人乐于为企业目标而奋斗，要进行思想上的引导、业务上的辅导、规则上的督导、人品上的教导。“领导就是服务”，领导服务越到位，员工认同越主动，服从也越自觉。这种服务就是六个提供：提供环境和条件、提供平台和舞台、提供规则和规范、提供信息和支持、提供评价和激励、提供疏导和指导。

见多识广
6-1-1

领导要有将帅意识

3. 领导的影响力

领导的影响力是指领导者有效地影响和改变被领导者的心理和行为的力量，它是实现有效领导的必要条件，包括权力性影响力与非权力性影响力，见表6-1-1。

表6-1-1 领导影响力

影响力	因素	性质	心理效应	特点	重要性
权力性影响力（又称强制性影响力、权力威信）	传统因素	观念性	顺从感	外来性 强制性 阶段性	科学用权 使管理走上正轨
	规范因素	社会性	服从感		
	职位因素	法定性	敬畏感		
	资历因素	历史性	敬重感		
非权力性影响力（又称自然影响力、非权力威信）	品格因素	本质性	敬爱感	内在性 根本性 长远性	更具号召性、感染力 使管理走上高级阶段
	才能因素	实践性	敬佩感		
	知识因素	科学性	信赖感		
	情感因素	精神性	亲切感		

组织赋予权力性影响力，自己打造非权力性影响力。领导者要具备两个基本条件：一是实力；二是魅力。人格魅力是领导者人品、气质、能力的综合反映。领导者要用好权力威信，不仅要铁腕掌权、冷面立威、科学管理，使员工按规范执行，更重要的是靠自己的人格魅力给员工以思想上的正确引导和行为上的良好示范。在管理工作中靠前指挥，在制度执行上严守规定，在用权用人上坚持原则，在处理问题上公道公正，在工作作风上求真务实，在团结共事上胸怀坦荡，努力展示自身过硬、组织信赖、下级钦佩、

员工拥护的良好形象。

有效领导者在企业中的影响力是如何通过活动行为体现的呢？在旅游企业里，除了管理思维、管理方法等以外，最主要的在于针对员工的心理需求适时做出调整和变化，满足员工的需求，从决策、授权、激励、影响等方面来具体实现，从而促使员工为企业献出最大的工作热情（如图6-1-1所示）。

见多识广
6-1-2
有效领导者的活动行为分析

二、领导风格与员工管理

1.领导风格的内涵

领导风格是指在各种领导场合，激励领导个人行为的基本需求结构。领导者的领导风格，也就是在不同的领导场合，领导者的目标或需求的一致性（假定领导风格是难

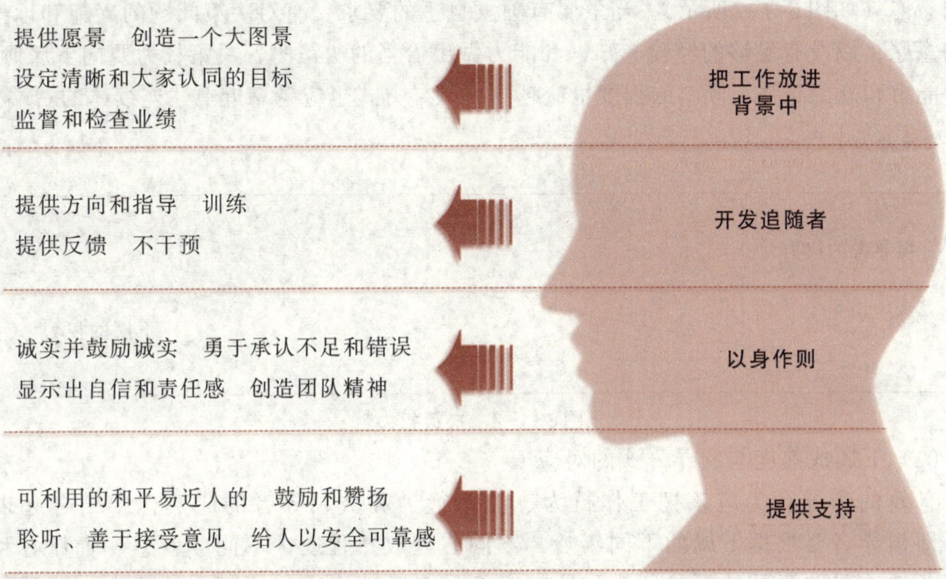

图6-1-1　有效领导者的活动行为

以改变的）。根据表现形式不同，领导风格可分为集权型、授权型、战略型和实务操作型，见表6-1-2。

表6-1-2　领导风格类型及表现形式

领导风格类型	表现形式
集权型	自身才智与能力卓越，主管全局、立场鲜明、具有领导威信、行事果断，对下属的期望很高并让他们担负责任，对问题寻根究底
授权型	赋予员工权力，接受意见，关心员工的需求，共享荣耀
战略型	设定长期方向，考虑周全，善于寻求发展变化，将员工团结在统一的愿景与战略之下
实务操作型	注重短期成效，亲自了解员工工作进程及战略实施情况

见多识广
6-1-3
领导风格的决定因素理论

2.领导权变分析

权变，有随机应变之意。权变理论认为世界上根本不存在对一切组织、一切情况的管理都适用的“最好方式”或“最佳模式”。管理的形式、方法必须根据组织的外部环

境和内部条件的具体情况而灵活运用，并随着它们的变化而随机应变，这样才能取得较好的效果。领导品质和领导行为能否实现领导有效性，受环境因素影响很大。一种成功的领导行为，在时移势易的环境下再来运用，并不一定有同样功效。

每个领导者的特性是相对固定的，领导方式不可能具有充分的弹性，在这种情况下，根据情景选择领导方式就变成了根据情景选择领导人的问题了。菲德勒提出了“有效领导的权变模式”。他认为，任何领导方式都不可能十全十美，也绝非一无是处，领导类型要与环境相适应，尤其是针对员工的变化做出相应的领导方式的变化。

（1）决策权力的倾斜与领导方式

从决策权力的角度来看，决定领导方式的一个关键因素是下属的决策能力和独立决策的意愿（如图6-1-2所示）。当下属有独立自主的要求、有对决策问题的兴趣和承担责任的意愿，以及有足够的经验、知识和能力做出恰当的决策时，决策权力要向下属倾斜，这种能力和意愿越强，倾斜的程度也应越高，领导方式也应越靠近上述连续体的右端。

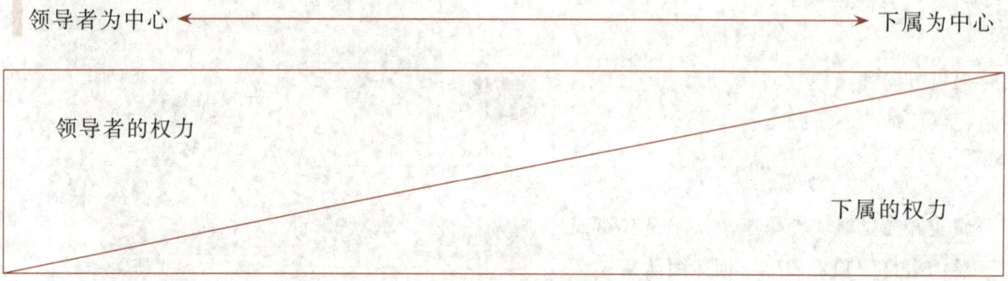

图6-1-2　决策权力

（2）下属成熟度与领导方式的对应

有效的领导行为应该把工作行为、关系行为和被领导者的成熟程度结合起来考虑，即领导者要根据下属的不同年龄，不同心理成熟程度，不同成就感、责任心和能力等条件，采取不同的领导行为。这就对领导者的能力提出了更高的要求，即领导者要成为一个好的诊断师，他必须重视询问和交流，敏锐觉察人们的各种心理差异，发掘下属的能力和动机，善于分别指导工作，弹性地改变自己的行为。在这里，下属的成熟度是决定领导方式的权变因素，领导者应该根据下属成熟度的不同，合理选择自己的领导方式。

下属的成熟度是下属管理自己行为的意愿和能力，这种意愿和能力也要结合具体要执行的任务来考虑。面对具有不同复杂性和不同责任、能力要求的任务，下属的相对成熟度就会不同。下属对其活动自我管理的意愿表明其心理成熟度。心理成熟度高的人，有很强的工作责任心、强烈的自我成就愿望和对工作目标的献身精神；相反，心理成熟度低的人，工作责任心不强，没有取得成就的愿望，对工作目标心不在焉。下属对其活动自我管理的能力表明其工作成熟度。工作成熟度高的人，有丰富的工作经验，有必要的具体工作知识，非常了解自己的工作要求；相反，工作成熟度低的人，没有什么工作经验，缺乏必要的具体工作知识，对自己的工作要求缺乏了解。

根据个人完成工作目标的意愿和能力，可以把下属分为由低到高四种不同成熟程度的人。领导者须据此采取相应的领导方式，即采取关心工作与关心人的适当组合（见表6-1-3）。

表6-1-3　**有效领导者的行为方式**

成熟←————————————————→不成熟

高	中		低	下属成熟度
M4	M3	M2	M1	
愿意	不愿意	愿意	不愿意	心理成熟度
有能力	有能力	无能力	无能力	工作成熟度
授权	参与	说服	命令	领导方式选择
低关系 低工作	高关系 低工作	高关系 高工作	低关系 高工作	

学以致用6-1-1

同学们如何看待“90后、00后整顿职场”的现象？请大家依据领导权变分析的知识点，站在领导者的角度说明自己的领导风格与处理策略。

3.“严”与“爱”相结合的员工管理

见多识广
6-1-4

华住的
“用人哲学”

领导与管理有一定的区别（见表6-1-4），管理是“管事加理人”，事情要靠管，而人要去理。管理侧重事，把事情做好；领导注重人，把人心安好。基层重视作业面，管理偏重制度面，领导重视人性面。心是精神的作用，理性的核心，良知的本质，感情的源泉，行为的动力。要管事，先理人；要理人，先安心。人的事都是从心开始的，心在哪里非常重要，专心致志才能做好工作。心与心的互动才能产生有效感应，所以，首先是知心，领导必须从认识人心、把握人性开始，了解被领导者在什么情境下最乐意接受他人的领导；其次是交心，开诚布公，互相谈心，互相了解；再次是关心与连心，重视和爱护被领导者，出于真诚，彼此默契，持久不变；最后是开心与放心，让被领导者受到关心而开心，开心之后好好做事，安心工作。

表6-1-4　**领导与管理的区别**

领导	管理
更具整体性或全局性，看重整体效益	注重局部或部分，看重局部效率
更具宏观性或战略性，注重计划、协调和控制	注重微观性、战术性和专业性，技术性较强，容易规范化和定量化
涉及社会因素复杂，重点在决策层，主要决策者影响大	涉及社会因素较简单，重点在事业层，管理的具体规律和业务对管理影响大
更具变动性和冒险性，常用变革手段打破常规，创造出惊喜来激发员工的积极性和主动性	具有常规性，注重正常秩序的维持
更具超前性，注重发展趋势和前进方向，侧重目标制定和重大决策	注重当前性，注重现实情况和问题，侧重当前活动的落实
更具超脱性，注重从宏观上把握过程，从根本上解决问题	更具操作性，注重细节，注重管理要素的科学配置和具体事务性的安排来完成任务

在一条完整的服务价值链上，服务产生的价值通过员工来实现，从旅游企业服务接触蓝图上，我们可以清晰地发现，虽然直接对客服务的大多是一线员工，如销售、前厅

接待、导游等，但是二线员工如策划、采购、计调等都是在为一线员工做辅助、支撑工作。从旅游企业管理工作的实践来看，想让员工为游客提供“高效而又富于人情味的服务”，领导者首先就要实行“高效而又富于人情味的管理”，即“严”与“爱”相结合的管理。只有实行这种“严”与“爱”相结合的管理，才能处理好员工关系，才能让员工去为客人提供“高效而又富于人情味的服务”。旅游企业必须重视员工、尊重员工，才能更好地发展。企业给员工的回报不应仅仅是工资、福利、报酬，要想让员工有归属感，领导者必须学会关爱员工、理解员工、尊重员工。

如果管理工作中的“严”要通过对员工的要求、评价和赏罚来体现，那么“爱”就要通过对员工的尊重、理解和关心来体现。所谓“严”与“爱”相结合，实际上就是要把对员工的要求、评价和赏罚与对员工的尊重、理解和关心结合起来。更具体地说，实行“严”与“爱”相结合，就是要实行以下这三个“相结合”：一是对员工的要求与对员工的关心相结合；二是对员工的评价与对员工的理解相结合；三是对员工的赏罚与对员工的尊重相结合。

微课6-1-1

严与爱结合的旅游企业员工管理

知识课堂6-1-1

（1）扫码学习“微课6-1-1”。

（2）结合微课内容寻找严与爱相结合的旅游企业员工管理的具体案例，并分析说明。

见多识广6-1-5

旅游企业管理中严与爱结合的理论依据

在模块三的项目三中我们明确了性格的差异性与可塑性，根据性格的形成特点，我们可以预见员工在某种情况下将如何行动，以此作为管理依据，针对不同性格特征的员工实施严与爱结合的管理方法（见表6-1-5），并注意培养员工的性格，积极创造条件，让员工的性格向健康的方向发展。

表6-1-5　不同性格特征的管理方法

性格特征	具体表现	管理方法
开朗直率	心胸坦荡，兴趣广泛，但爱发表议论，不拘小节，易在言语、行为上被人误解	表扬为主 防微杜渐
倔强刚毅	能吃苦，不怕困难，但缺乏灵活性，对领导布置的工作不理解时易发生对抗	经常鼓励 多教方法
自尊心强	有上进心，对自己要求严格，怕被别人鄙视，脸皮薄，挫伤自尊心后好生闷气	一点就透 正面引导
温和顺从	心地善良，有同情心，听从命令，服从领导，但有时感情脆弱，遇事缺乏主见	开展批评 多给任务
心胸狭小	好动脑筋，但心眼小，遇到不顺心和涉及个人利益的事情时爱斤斤计较	典型引导 开拓胸怀
毛毛愣愣	工作有热情，干活快，但性急，粗枝大叶，工作缺乏计划性	经常提醒 警钟长鸣
粗暴急躁	求胜心切，但容易冲动，“点火就着”，心中容不下事，好“放炮”，事后常常后悔	避开锋芒 坚持疏导
沉默寡言	少言寡语，技术较好，工作任劳任怨，但在有些事情上分不清是非	不宜指责 多讲道理
疲疲沓沓	大错不犯，小错不断，经常迟到早退，工作拈轻怕重	启发觉悟 注重治本
傲慢自负	反应较快，过分相信自己，爱表现自己，好发表议论，虚荣心强	看准问题 严肃批评

人需要生理、心理、物质、精神等方面的关爱。领导给员工更多关爱，员工给企业更多回报。良好的企业文化应该像学校一样培养价值观念，像军队一样奉行严格纪律，像家庭一样营造温馨气氛。管理应以人为本、以用为本、以能为本、以心为本。造物先造人、做事先理人、育人先育心。让员工“用心极致”地在为客人提供“满意加惊喜”的服务中，实现自身的价值，产生自豪感。企业关爱的六个方面见表6-1-6。

表6-1-6　企业关爱的六个方面

关爱方面	具体内容
身心健康	·关心员工的身体健康，高度重视劳动保护与劳动安全，进行健康知识的教育； ·关心员工因压力所造成的心理紧张和各种心身疾病，帮助员工进行心理调适
薪酬优厚	按照市场机制与本企业、本岗位的工作强度和工作要求，制定合理、公平、具有吸引力的工资制度。员工凭业绩获得公正的薪酬
氛围和谐	创造有温度的氛围环境，既要营造一个安全、舒适、方便休息的自然物理环境，更要营造一种温馨、温暖、和谐的文化氛围
职业发展	·准确了解和把握员工需求，正确评价员工个人能力和潜力，指导、考评、帮助员工制定与实现职业生涯规划； ·为员工搭建施展才华、发挥能力的平台，有接受培训、提高本领、实现价值的发展空间； ·有获得成就感和自我实现感的工作
生活质量	·要了解员工的现状与难处、需求与不便、痛苦与问题，关心他们最直接的利益，解决他们的难点、痛点和堵点问题。 ·不仅要关心员工的工作质量，而且要关心他们的生活质量； ·不仅要关心员工本人，而且要关心员工的家属； ·不仅要关心员工的物质生活，而且要关心员工的精神生活
敢于担当	·领导要从严要求下级，真心爱护下级； ·在下级努力工作时，要形成尽责免责、创新容错机制，为担当者担当，为负责者负责，为干事者干事

任务二　管理激励与团队精神

一、管理激励概述

1.激励的定义

如何才能使员工把组织的任务目标看成自己的任务目标？如何使他们为实现这种目标而自觉努力地工作？这都需要对员工的工作动机进行引导和激励。正确、恰当地对员工的工作动机进行引导和激励，是绝大多数管理者的重要任务之一。激励是指管理者采用某种方法调动员工的积极性，以激发其为实现组织目标而努力工作的行为。员工的积极性能否调动起来，是检验激励是否成功的标准。

员工是实现目标的基本要素，组织要取得成功，应能够吸引优秀的员工，并留住员工，确保员工能够完成自己的工作并表现出对企业的忠诚和创造性。员工的绩效最终会影响到组织的绩效，而员工的绩效不仅取决于其能力，而且取决于组织的激励机制，即：绩效=能力×激励。这个公式说明，一个人工作成绩的大小，取决于他的能力和动机激励程度，能力越强，或动机激励程度越高，工作成绩也越大。

见多识广
6-1-6
激励的必要性

有效的激励通过满足员工的正当需求，使他们做出努力的行为，从而提高工作绩效。当这种绩效受到奖励后，员工就产生了满足的感觉，进而在新的需求基础上进入下一轮激励。

2.激励的类型

根据激励的内容、作用、对象、产生原因等不同因素，激励可分为不同类型，如图6-1-3所示。

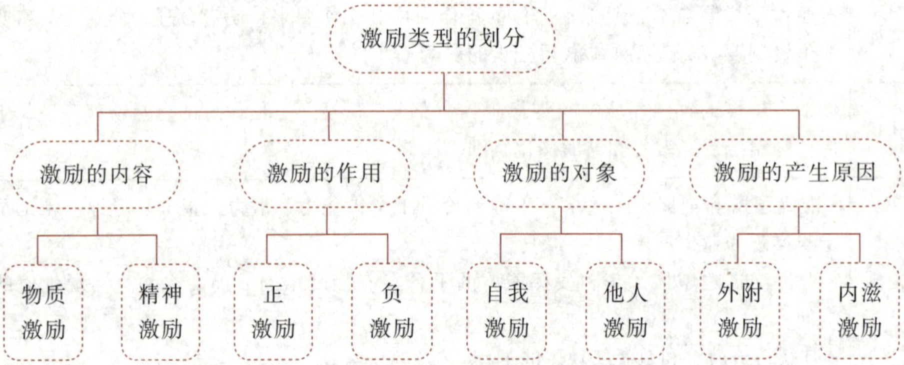

图6-1-3 激励的类型

3.激励的策略与艺术

《孟子》曰："得其心有道：所欲与之聚之，所恶勿施尔也。"有欲才有求，有求才有为；无欲虽无求，但也无为了。人的本性是趋利避害，如何进行员工激励？一方面要了解员工所渴望、祈求的是什么，另一方面要了解员工所恐惧、害怕的是什么。管理要从员工最希望的事做起，从员工最不满意的事改起，这样才能调动员工的积极性。

（1）员工需求分析

员工的需求包括外在性需求与内在性需求。外在性需求包括物质性需求、社会感情性需求以及两者兼有的需求（见表6-1-7）。满足外在性需求的资源控制在组织、领导与同事手中，工作活动本身不能使其得到满足。

表6-1-7 外在性需求

类别	内容
物质性需求	如工资、奖金、福利等
社会感情性需求	如尊重、信任、关怀、友谊、表扬、认可、赏识、自主权等
兼具两重性质	如晋升职位和职称、培训、出国、考察、进修等

内在性需求（见表6-1-8）是通过工作活动中的体验或工作结果才能满足的需求，满足此种需求的资源存在于工作过程中。

表6-1-8　　内在性需求

类别	内容
过程导向的内在性需求	可在工作活动过程中得到满足，如活动有趣而得到的快感，工作具有挑战性而感受到有机会发挥自己的聪明才智和潜能，工作使自己得到锻炼与提高所产生的兴奋与愉快等。只关心工作过程，而不关心结果，“只问耕耘，不问收获”。如工作单调乏味，过分简单，便会沮丧和不满
结果导向的内在性需求	工作本身艰苦，但取得积极成果后体验到某种成就感、贡献感与自豪感

把员工需求进一步细化，从工作整体、物质方面、文化方面、社会方面进行分类介绍，见表6-1-9。

表6-1-9　　员工需求的细化分析表

<table>
<tr><td rowspan="4">工作方面的需求</td><td>职业体面</td><td>有份好工作，专业对口，职业稳定，能发挥自己的聪明才智</td></tr>
<tr><td>薪酬丰厚</td><td>有较高的工资和奖金、优越的福利保障，收入持续增长</td></tr>
<tr><td>前景广阔</td><td>职业生涯、专业前景有发展空间，职务升迁，事业有成</td></tr>
<tr><td>良好氛围</td><td>领导重视，同事认同；领导作风民主，人际关系和谐</td></tr>
<tr><td>物质方面的需求</td><td colspan="2">随着现代物质生活水平的提高，要求提高个人与家庭在衣、食、住、行等方面的品位</td></tr>
<tr><td rowspan="3">文化方面的需求</td><td>学习培训</td><td>终身教育将是社会发展的必然趋势，需要不断提高自身的素质和水平，学习有关文化科学知识和专业技术</td></tr>
<tr><td>文化娱乐</td><td>员工需要丰富的业余文化生活，积极健康的文化娱乐活动既丰富生活，又陶冶身心，对提高员工队伍的素质、增强其凝聚力有很大作用</td></tr>
<tr><td>休闲旅游</td><td>旅游不仅是调节身心的过程，也是扩大见闻、丰富文化知识的过程，从某种意义上讲也是一种专业性的学习活动</td></tr>
<tr><td rowspan="3">社会方面的需求</td><td>获得尊重</td><td>旅游企业员工尤其是服务一线的员工最需要得到社会对他们劳动的尊重，希望得到鼓励和赞扬</td></tr>
<tr><td>关系融洽</td><td>员工们都希望生活在和睦相处、真诚相待的社会环境中，获得心理上的安全、平衡与舒畅</td></tr>
<tr><td>恋爱婚姻</td><td>恋爱婚姻的顺利、家庭生活的幸福美满，会给员工增添生活乐趣和工作动力；反之，会使员工感到沮丧和痛苦</td></tr>
</table>

案例分享6-1-1　　海底捞“锁住”员工的秘诀

在海底捞：员工永远比顾客更重要！海底捞董事长张勇：“对创新最好的激励就是尊重员工。”

餐饮企业员工的流失率很高且稳定性较差，海底捞是如何将员工的流失率控制在10%以下，并促使员工积极主动地提供行业内最优质的服务的？从海底捞的企业文化就能看出，海底捞对员工的培养和管理非常重视。一直以来，薪酬低、晋升空间小、员工归属感低是人们公认的餐饮行业用工的三大硬伤，但对海底捞而言，一切都能迎刃而解。

从薪酬角度看，海底捞的平均工资远高于一般餐饮企业。不仅如此，在海底捞的管理理念中，就是要让员工把公司当成自己的家，因此海底捞员工的宿舍都选择当地的中高端住宅区，里面空调和暖气一应俱全，每人的居住面积不小于6平方米，且上班步行只需20分钟。

为了激发员工的积极性，公司每个月都会给优秀员工、优秀经理家中的父母汇200~800元不等的工资。另外，在海底捞工作满一年的员工，若一年累计三次或连续三次被评为先进个人，就可以为该员工的父母报销来店探亲往返的车费，在店免费就餐一次，员工还有三天的陪同假。这种亲情上的关怀，大大增强了员工的归属感与幸福感。

在晋升与个人成长方面，海底捞也构建起非常完善的制度。海底捞实行计件工资制度，鼓励员工“用双手改变命运”，晋升机制公开透明。为保证服务标准化，公司建有海底捞大学，并实行下店实习培训，每一个餐厅岗位服务细节都有相应的考核标准。初级、中级、高级员工的职级提升必须通过门店经理的进阶考试，从初级工到高级工的淘汰率高达50%，有力地保证了餐厅一线员工的服务质量和水准。店长基本为内部晋升，发展路径清晰。高级员工与初级员工的工资拉开倍数差距，店长与高级员工的工资拉开倍数差距。

每位员工在海底捞入职前都会得到这样的承诺：“公司会为每一位员工提供公平公正的发展空间，如果你诚实与勤奋，并且相信‘用自己的双手可以改变命运’这个理念，那么海底捞将成就你的未来!”这样的管理机制很好地激发了员工的能动性，同时也“锁住”了员工的心。

资料来源：徐佳敏．海底捞“锁住”员工的秘诀![EB/OL]．[2021-08-24]．https://mp.weixin.qq.com/s/R9Jd38KUFzUyArSUM9bUcQ．

思考：请同学们阅读并查找相关的资料，分析海底捞对员工的成功激励满足了员工的哪些需求。

见多识广 6-1-7

员工满意度调查问卷设计

根据员工需求分析，我们将影响员工工作积极性的因素总结为政治、工作、生活、家庭、社会5个方面共40项，见表6-1-10。

表6-1-10 影响员工工作积极性的因素

类别	因素
政治方面	入党入团、提升晋级、评选先进、表扬批评、奖励惩罚、受到冲击、领导信任、培训机会、受人尊重
工作方面	工作条件、工作环境、工作分配、任务安排、管理措施、人际关系、奖金分配
生活方面	工资待遇、婚姻恋爱、文化生活、工伤疾病、劳保福利、住房分配、计划生育
家庭方面	经济收支、对待长辈、子女教育、夫妻关系、亲属矛盾、邻里纠纷、天灾人祸
社会方面	形势变化、政策改变、市场物价、社会治安、不正之风、环境交通、子女就业、岗位竞争、中外交往、退休离职

（2）员工激励策略

了解了员工需求后，如何实现激励，如何在管理者与员工之间找到平衡点并实现组织绩效最大化呢？员工激励策略具体表现在以下几个方面：

①目标激励。设定一定的目标，促使员工按照目标的要求采取适当的行动。每个旅游企业都有自己的经营目标，每个员工都在企业整体目标的指引下设定个人的行动目标，通过完成个人目标来实现企业的目标。这一方面促进了个人目标实现而带来的自我价值实现，另一方面通过企业目标与个人目标的结合，使个人的价值充分体现出来，产生巨大的激励作用。

目标在设置的时候一定要定量化、整合化、适度化、公正化。定量化是使目标具有可操作性、可检验性与可评估性；整合化是将员工个人承诺与企业目标认同、企业利益与员工利益整合起来；适度化意味着目标制定得不能太低或太高，最好是既切实可行又具有一定的挑战性；公正化在于对目标完成情况的检查和评价要公开、公平与公正。

②物质激励。物质激励（见表6-1-11）包括薪酬激励、利益驱动与利润共享等，其中薪酬激励是最常用、最重要的一种物质激励手段，而利益驱动能解决长期激励的问题。

表6-1-11　**物质激励**

类别	内容
薪酬激励	薪酬能体现员工的工作价值，影响员工的情绪、能力和积极性的发挥，影响员工的工作行为和工作绩效。企业要为员工提供具有竞争力的薪酬，薪酬要与工作业绩挂钩，薪酬要公正。建立科学公正的薪酬体系，给员工带来更高的满意度，珍惜这份工作，在工作中竭尽全力
利益驱动	要解决长期激励的问题，必须建立一种利益驱动模式，使员工报酬与公司的经营状况相挂钩、相一致。长期激励最典型的是股权或虚拟股权激励。员工最终得到的“奶酪”大小与他们所持有股份的多少以及企业最终利润的多少有很大的关系。员工持股，他们就成了企业的主人，工作起来就会更有动力
利润共享	在经营管理上，经营者如果能和受雇佣者利润共享的话，所产生的激励效果，肯定大于员工们只拿固定的薪水。因为员工知道，最终的利润也有他们的一份，关系到他们自己的切身利益，所以他们增强了责任心，提高了工作的积极性

③支持激励。工作对人有多重意义，既是谋生手段、致富途径，更是实现自我价值的平台。支持激励（见表6-1-12）体现在知人善用、授权支持、参与管理、搭建平台、推功揽过、终身教育、流程再造等方面。

表6-1-12　**支持激励**

类别	内容
知人善用	善于正确地识别人、用人。把合适的人安排在合适的岗位上，发挥其最大的能力，实现工作目标。首先是用人之长。管理的重点是用人，用人的重点是用“长”，即用每个人的“可用”之点。其次是展人之长。用当其时，珍惜人才最佳发展时期；用当其位，把人才放在最佳位置；用当其长，发挥人才最佳才能；用当其愿，使其愿干、肯干、爱干，使人才产生最佳心理。最后是聚人之长。八仙过海，各显神通，形成互补团队。对于成长中的中小企业，老板要选和自己一样的人来增强执行力。企业发展了，则要选和自己互补的人来配合。企业弱小时，选张飞式的猛将打天下，以谋求强盛之道。企业已具规模后，就要吸引各种优秀人才

续表

类别	内容
授权支持	用人要授权，授权要信任，信任要放心。给基层管理人员和普通员工更多的对客服务的处置权，如更换权、打折权、部分免单权、限额自主应急采购权、要求对客服务配合权等
参与管理	参与管理是激励的好办法，通过参与管理，可以让员工把企业当作自己的事业来看待。既然是看作自己的事业，当然会比一般人更用心了，效率自然会高。让员工参与管理可以培养其归属感、认同感、责任感、信任感和成就感，激发其主人翁精神，贡献其聪明才智。常见的形式有工作生活质量小组、员工参与产品设计、征求意见会、干部扩大会、员工代表大会、员工合理化建议制度等
搭建平台	给员工更多表现与发展的机会，如总经理信箱、店刊、店报、主题演讲会、自由谈、知识竞赛、员工艺术团等，帮助员工进行职业生涯设计，让员工有发展的空间
推功揽过	员工工作有成绩应及时表扬；员工工作有过失要具体分析，如偶尔的、经验方法性的、影响小的过失，应予谅解，主动承担领导责任；员工工作有困难、有矛盾或遇到挫折时，要给予鼓励、支持与帮助；员工受到讽刺打击时，敢于力排众议，扬善惩恶
终身教育	加强对员工的培训，使员工变得更成熟、更能动
流程再造	避免长期从事某一工作而产生单调、枯燥、厌烦感，让员工对工作充满新鲜感和激情

④榜样激励。一方面要树立典型，一方面要领导表率。先进典型能形成一种良好的、积极的、健康的企业文化氛围，通过先进典型来影响人、感染人、带动人。宣传模范人物要实事求是，突出号召力、感染力。“火车跑得快，全靠车头带”。领导者如果能够以身作则，身先士卒，率先垂范，就能鼓舞员工。

⑤强化激励。前面我们提到了“严”与“爱”相结合的管理，强化激励就是将这一管理原则贯彻到底，通过奖励关爱或惩罚批评等手段来强化人们的期望行为或抑制问题行为，从而取得激励的效果。

总之，有效的员工激励是让员工感觉自己是在为自己工作。激励也是因人、因需而异的，管理者通过了解自己的下属，找出他们真正需要的东西，用他们所需要的方法去激发其内在动力，让员工自己跑起来。

外驱力和内驱力是人的行为产生的两方面原因。其中，内驱力是指建立在员工自信心基础上的一种自我实现的成功精神。内驱力立足员工的自尊和自我实现等心理需求，使员工渴求不断地完善自己，将自身的潜能发挥出来。在这一过程中，员工主动投入工作中，甚至不计报酬地寻求创造性解决方案。旅游企业的管理者要努力改善员工的工作环境、生活环境，丰富员工的文化生活，努力增进员工的身心健康；建立良好的内部沟通渠道，努力消除管理人员与员工以及员工之间的不满与隔阂，保持员工的心理平衡，减轻员工的心理挫折感。

案例分享 6-1-2　　碧水湾的积分制激励

从小费、服务费制到利润分享制，再到股权配给制等等，可以说酒店业的激励机制有很多，广州从化碧水湾温泉度假村采取的是积分制。碧水湾团队始终奉行“管理的本质就是激活人的善意和潜能”的理念，其实施积分制的初心不是刚性的管理约束，而是柔性的鼓励与激发。因此，碧水湾的积分制不直接与钱挂钩，甚至不以对员工某一具体工作表现的评价为重点，积分制的核心宗旨是以营造发展的、长时效性的动态管理氛围为基点，不纠缠于一时一事的员工表现。在碧水湾积分制体系下，柔性的评价氛围比刚性的考核更让员工放松，对工作更有把握，从而在日常的服务行为方面表现得足够从容。从容带来主动，主动产生亲切，亲切生成温馨，因而在碧水湾，来自员工从从容容的服务给了宾客美妙的感受，没有刻意的表现，更没有颇具心计的邀功感觉，晓风细雨般达成情感的传递，亲情化服务的目标便在这柔软的氛围下自然得以实现。

“人性永恒、服务永恒”，可以说刚性的制度以柔性的表述方式和流程来推行是碧水湾积分制成功的关键，这是一种管理文化的创新，更是基于人文关怀的企业精神再造。碧水湾管理思维的实质和内涵赋能组织，激活员工，企业就会具有旺盛而持久的生命力。

资料来源：佚名．积分制管理［EB/OL］．［2022-06-04］．https://mp.weixin.qq.com/s?__biz=MzA4NjQzNjEyMg==&mid=2650062047&idx=2&sn=8dbb9441d5e2690aaa9d734121f0d54a&chksm=87c8acaab0bf25bc383ea7453b9580233505db0d16a0e8bdf7c45089421c3f6f2446eeb6c1b5&scene=27.

思考：请同学们阅读并查找相关资料，思考假设自己作为员工，你更青睐怎样的激励机制，原因是什么。

（3）激励的艺术（见表6-1-13）

表6-1-13　激励的艺术内容

<table>
<tr><th>类别</th><th>步骤</th><th>内容</th></tr>
<tr><td rowspan="2">激励互动</td><td>先激</td><td>在行为之前，激发人的行为动机、热情和创造性，可以形象地说“给他梦想与愿景”，让人想干、愿干、喜欢干、有信心地去干</td></tr>
<tr><td>后励</td><td>根据强化理论，在行为之后及时给予肯定和奖赏，如物质上的奖金、精神上的表扬。可以形象地说“给他鲜花与掌声”，这是一种反馈、评价，一种正向的行为强化</td></tr>
<tr><td rowspan="2">心智激励</td><td>心激励</td><td>点燃激情：激励动机、情绪、信念、热情、自信、兴趣。这是激励的前提，解决工作动力问题，调动员工的积极性，使其努力工作</td></tr>
<tr><td>智激励</td><td>开发潜能：激励智力、智慧、本领和创造力。这是激励的目的，解决工作能力问题。潜能受到激励成显能，进一步变成效能；潜能不激励会变成无能。心智互动，心激励智，智激励心</td></tr>
<tr><td rowspan="2">双因素激励</td><td>保健因素</td><td>保健因素取决于常量，是企业管理的基础，是“没有它不行”，避免员工不满意的因素</td></tr>
<tr><td>激励因素</td><td>激励因素取决于增量，是企业管理的升华，是“有了它更好”，是让员工满意、感动甚至惊喜的因素，在保健基础上发挥魅力作用</td></tr>
<tr><td>综合激励</td><td colspan="2">既有物质激励，又有精神激励；既满足生理需求，又满足心理需求；让员工既有“本我”发动机，又有“超我”发动机</td></tr>
<tr><td rowspan="2">相互激励</td><td>发动自我激励自我</td><td>一个连自己都激励不起来的人是不可能激励他人的，没有自我激励就没有领导者的影响力和领导力。在自我激励的基础上去激励他人</td></tr>
<tr><td>激励他人激励众人</td><td>激励有本领的人，不激励无能力的人；激励会干事的人，不激励会评论的人。激励高效率工作的人，不激励高数量工作的人；激励创新改革的人，不激励因循守旧的人；激励独立思考的人，不激励人云亦云的人；激励有团队精神的人，不激励单打独斗的人</td></tr>
<tr><td>激励凝聚</td><td colspan="2">激励员工是前提，凝聚团队是目的。激励形成分力，是向外张扬的过程；凝聚形成合力，是向内收敛的过程。在激励的基础上凝聚，在凝聚的基础上激励。团队成功在于相互支撑、支持、理解、合作和辅助</td></tr>
</table>

启智润心 6-1-1　　展行业风采，绘文旅新篇

“我宣誓，以良好的精神面貌讲好中国故事、展现专业素养、传播行业正能量……”金秋时节，由文化和旅游部、中华全国总工会、共青团中央、全国妇联联合主办，河北省文化和旅游厅、唐山市政府承办的第五届全国导游大赛决赛的号角于2023年9月14日在河北唐山南湖畔吹响。本届大赛以“展行业风采，绘文旅新篇”为主题，旨在推出一批讲政治、专业精、服务好的优秀导游，持续发挥以点带面的示范引领作用，提升导游队伍服务水平，树立行业良好形象，推进文化和旅游深度融合发展。

自2010年首次举办全国导游大赛以来，通过不断完善赛制规则、创新呈现形式、丰富宣传手段，大赛的品牌影响力不断增强。文化和旅游部市场管理司负责人在赛前动员讲话中表示，导游既是旅游服务的提供者和旅游形象的展示者，也是中华优秀传统文化的传播者和社会主义核心价值观的践行者。全国导游大赛作为向全社会、全行业展示导游职业风采，传递行业正能量的平台和窗口，一直以来都是各级文化和旅游部门加强导游队伍建设、提升导游专业能力、增进导游职业认同的有效抓手。竞赛活动的开展进一步提振了行业信心，发挥了以赛促训、以赛提质的作用，为促进旅游业复苏和高质量发展提供了更加坚实的人才支持和智力保障。

资料来源：中华人民共和国文化和旅游部．第五届全国导游大赛决赛开幕［EB/OL］．［2023-09-15］．https://www.mct.gov.cn/preview/whzx/qgwhxxlb/hb/202309/t20230915_947265.htm；佚名．展行业风采　绘文旅新篇——第五届全国导游大赛决赛开赛［EB/OL］．［2023-09-15］．https://www.thepaper.cn/newsDetail_forward_24623288．

思政元素：制度自信　爱岗敬业　奋发进取

学有所悟：导游代表着旅游行业的形象，代表着文旅融合的深度，更代表着文化和旅游产业高质量发展的水平。近年来，我国导游队伍不断发展壮大，涌现出一大批爱岗敬业、博学多闻、服务热心的优秀导游，深受广大游客的称赞，成为推动我国文化和旅游业高质量发展的重要力量。全国导游大赛持续发挥品牌效应和社会影响，比赛中展现出了高水平的优秀导游的巨大感召力，以榜样的力量影响和激励着其他行业的从业者。对榜样的学习和仿效，可以使先进的受到激励，平庸的受到推动，后进的受到震动，推动导游职业道德、文化底蕴、专业能力、服务水平、综合素质等不断提升。

二、团队精神建设

1.团队的内涵

团队，又称群体或团体，是指组织内的一群人相互依存，在心理上彼此意识到对方同属于一个群体，在行为上相互作用，为达到某种目标而结合起来。

团队是组织与社会的基本组成部分，是组织管理工作的对象。组织是由团体构成的，团队是由个体构成的。个体、团队、组织是不可分割的统一体。团队介于组织与个体之间，建立一支生机勃勃、富有战斗力的团队，是旅游企业管理者领导企业员工朝共同的目标奋进的重要内容，也是人事主管工作的重点所在。团队的三个基本特征如图6-1-4所示。

2.团队精神的内涵

旅游企业的团队建设集中体现在团队精神的培养上。团队精神是指团队成员为了团队的利益和目标而相互协作、尽心尽力的意愿和作风，是团队的灵魂，也是成功团队的特质。每个旅游企业团队成员都能感受到团队精神的存在并在它的感召下努力工作。因此，团队建设的核心是在团队成员之间就共同价值观和某些原则达成共识。

团队精神是大局意识、协作精神和服务精神的集中体现，核心是协同合作，反映的是个体利益和整体利益的统一，进而保证组织的高效率运转。团队精神的培养并不要求团队成员牺牲自我；相反，挥洒个性、表现特长能保证成员共同完成任务目标，而明确的协作意愿和协作方式则会产生真正的内驱力。团队精神是组织文化的一部分，良好的管理可以通过合适的组织形态将每个人安排至合适的岗位，充分发挥集体的潜能。如果没有正确的管理文化，没有良好的从业心态和奉献精神，就不会有团队精神。团队精神包括团队的凝聚力、合作意识及团队士气三个层面的内容（见表6-1-14）。

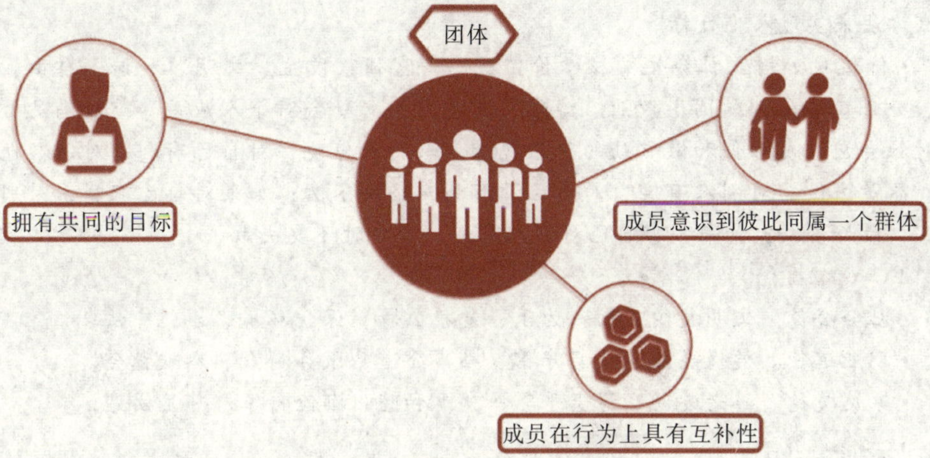

图6-1-4　团队的三个基本特征

表6-1-14　团队精神的三个层面

类别	内容
团队的凝聚力	旅游企业团队的凝聚力是针对团队和成员之间的关系而言的。团队精神表现为团队强烈的归属感和一体性，每个团队成员都能强烈感受到自己是团队中的一分子，因而能够把个人工作和团队目标联系在一起，对旅游企业团队表现出一种忠诚，对团队的业绩表现出一种荣誉感，对团队的成功表现出一种自豪感，对团队的困境表现出一种忧虑。当个人目标和团队目标一致的时候，凝聚力才能更深刻地体现出来
团队的合作意识	团队的合作意识是指旅游企业团队及其成员具有协作精神。团队成员间相互依存、同舟共济、互敬互重、礼貌谦逊；彼此宽容，尊重个性的差异，形成一种信任关系；待人真诚，遵守承诺，互相帮助，互相关怀，共同提高；利益和成就共享，风险和责任共担。良好的合作氛围是高绩效团队的基础，没有合作就谈不上取得很好的业绩
团队士气	这一点是从团队成员对待团队事务的态度体现出来的，表现为团队成员对团队事务的尽心尽力及全方位的投入

启智润心 6-1-2　　持续思想教育，铸造团队精神

有些旅游企业对员工持续进行“五个三”的思想教育。

1. 三观教育

• 世界观。这是指一个人对整个世界的总的看法和态度。它是个性心理的核心，是个性心理倾向的集中表现。世界观影响着人的整个精神面貌，指导着人的行动；要树立科学的自然观、历史观，科学地与自然、社会以及他人和谐相处。

• 人生观。人生目标，即人为什么活着，从为个人、为家庭提升到为大众；人生价值，即人怎样活得有意义；人生态度，即做什么样的人；人生的手段，即采用什么方法来实现人生目标。

• 价值观。树立社会主义核心价值观——富强、民主、文明、和谐，自由、平等、公正、法治，爱国、敬业、诚信、友善。树立社会对个人应该尊重和满足、个人对社会应该负责任和做贡献的价值观念。人的价值观，对自己有利，对别人也有利，尽量去做；对别人有害，对自己没有利，坚决不做；如果对自己有利，对别人有害，最好不做；如果损害自己对别人有利，必要时还要去做。

2. 三德教育

• 社会公德。文明礼貌、助人为乐、爱护公物、保护环境、遵纪守法。

• 职业道德。爱岗敬业、诚实守信、办事公道、服务群众、奉献社会。

• 家庭美德。尊老爱幼、男女平等、夫妻和睦、勤俭持家、邻里团结。

3. 三情教育

• 球情教育。爱护地球，保护家园。要有环保意识、绿色理念、可持续发展观念。

• 国情教育。热爱祖国，热爱社会主义事业，加强爱国主义教育。

• 企情教育。热爱企业，爱岗敬业，忠于职守，践行使命，把愿景落实在工作上。

4. 三性教育

工作要有积极性，工作要有主动性，工作要有创造性。

5. 三信教育

人要有信仰，人要讲信用，人与人之间要相互信任。

资料来源：叶伯平. 旅游心理学［M］. 3版. 北京：清华大学出版社，2019.

思政元素：思想修炼　意识提升

学有所悟：一个人的思想反映了他的需求，又调节着他的需求。所谓思想觉悟的高低，实际上是如何进行自我调节，正确处理国家、集体与个人三者之间的关系。心理建设的根本是思想建设，即塑造美好的心灵和完善的人格。心理建设必须有强大的精神支柱。而团队注重思想教育，成员注重思想修炼，均有助于团队精神的整体塑造。

3. 团队精神培养途径

团队精神的培养要从团队凝聚力培养、合作氛围营造与团队士气提升三个方面展开。

（1）团队凝聚力培养

团队的凝聚力是将一个团队的成员联系在一起的一条看不见的纽带，因此团队成员才会认为自己是属于团队的，并且认为自己不同于“其他人”——团队规范是使团队具有凝聚力的重要因素。

见多识广
6-1-8

团队凝聚力的提升

（2）合作氛围的营造

旅游企业团队精神的精髓在于“合作”。旅游企业团队合作受到团队目标和团队所属环境的影响，只有团队成员都具有与目标相关的知识、技能，及与别人合作的意愿，团队合作才有可能成功。

信任是合作的基础和前提，互信才能实现团队合作。培养互信气氛的要素包括诚实、公开共享信息、行为一致、尊重他人四个方面，且四个方面要互为一体。互信的品质非常脆弱，上述四点中其中任何一点丧失，互信关系都将不复存在，甚至会受到毁灭性打击。

营造合作氛围，旅游企业团队领导者首先要带头鼓励合作而不是竞争。很多管理者热衷于竞争，嫉妒他人的业绩和才能，惟恐下属的成就超过自己，而事实上没有一个领导者会因为自己的下属优秀、做得好而吃到苦头。成功的领导者总是力求通过合作来消除分歧，达成共识，建立一种互信的领导模式。其次是制定合作的规则、规范。要想有效地推动合作，旅游企业的领导者必须订立成员普遍认同的合作规范，采取一种公平的管理原则。最后是建立长久的互动关系。旅游企业的领导者要持续地创造能使团队成员融为一体的机会，要使团队成员拥有共同的美好愿景，让大家相信团队可以成功，使团队成员自觉地不去计较眼前的得失，而是主动合作达成愿望。

（3）团队士气的提升

团队士气是增强旅游企业活力和内部团结的一个重要心理因素。一个企业能否有效实现自己的目标，在很大程度上取决于所在企业团队成员的士气；而一个企业想要实现效益最大化，必须进行有效的管理；而有效的管理，需要打造一支由一群富有热情和力量、努力为共同的目标而奋斗的人组成的战斗团队。富有战斗力的团队士气是与管理工作的高效率紧密联系的。管理者要想提高管理绩效，使管理工作切实符合全体员工的共同目标，建立和培养富有团队士气的员工队伍是一条必要途径。

学以致用 6-1-2

请同学们站在领导者的角度，阐述鼓舞“90后”“00后”旅游企业员工团队士气的策略。

从服务蓝图来说，丝滑的游客旅程需要前中后台服务人员在各个环节的服务都是顺滑的，要充分鼓舞团队士气，坚持让每一位旅游服务人员都满意，并将这种满意传递给每一位游客。影响团队士气的因素见表6-1-15。

表 6-1-15　　影响团队士气的因素

因素	释义
领导者的精神状态及领导方式	•一个企业的领导者具有奋发图强、开拓进取、无私奉献的精神状态，就能激发员工积极向上的意识与高昂情绪。 •领导者坚持原则、作风正派、联系群众，就能使团队正气上升，人际关系良好。 •领导者采取民主的管理方式，坚持物质激励与精神激励并重的激励方法，充分发挥员工的聪明才智，就会增强员工对团队的认同感和团队的战斗力
工作的环境与条件	•合理的作息时间安排、安全与舒适的工作环境，使员工在工作期间保持愉快的心情，毫无身心疲劳之感，则有助于团队战斗力的提高。 •反之，工作环境不安全，会使员工提心吊胆；工作环境杂乱，易使员工烦躁与抑郁，会影响员工的身心健康，挫伤员工工作的积极性
合理的经济报酬	•这不仅是员工生理上与安全上的需要，而且在一定程度上反映了员工的贡献。 •工资待遇上按劳取酬，在奖金分配上实行多劳多得，公平合理。 •企业的福利措施水平较高，能解除员工的后顾之忧，极大地调动员工的积极性
成员之间的心理相容和相互补位	•这是影响团队成员士气的重要因素。 •团队成员之间彼此信任、相互帮助，能使员工的工作积极性高涨，提高工作效率；反之，成员之间互相猜疑嫉妒，内讧不息，必然瓦解员工士气，甚至能使团队瘫痪，以致解体。 •同时，从工作实际出发，相互协调、相互补位，形成一种协作精神，对团队精神的培养也是不可缺少的
意见的沟通与参与	•管理者对团队成员能否给予充分的意见表达机会，以及上、下级之间能否以意见沟通代替监督命令，对团队战斗力会产生很大影响。 •员工参与管理，畅所欲言地发表自己的意见，使员工的智慧、常识、经验得以充分的运用，对员工会产生鼓舞与激励作用，增强其对团队的认同感，提高团队的战斗力
员工对工作的满意感	•员工对当前的工作是否满意，是否认为在组织内将有发展机会，也会影响团队战斗力的大小。 •一般来说，如果员工所从事的工作合乎他的兴趣，工作安排与他的能力相适应，员工在工作上必然会有优异的成绩，这也会使员工心理上具有满足感和成就感，更能激发他的工作积极性与创造性，并为达成组织的目标而努力
员工的身心健康	•员工个人的体质会直接影响其精神状态。 •体质的不同会造成个人在精力、决断力及情绪上的差别，进而影响工作的持久性。 •员工的身体健康状况、心理是否保持平衡，都会影响其工作效率，影响团队战斗力的发挥与提高

见多识广
6-1-9
鼓舞团队士气的方法

课后小练习

◎ 选一选（选出下列多选题中正确的选项）

1. 领导的功能包括（　　）。

A. 组织功能　　B. 激励功能　　C. 控制功能　　D. 惩罚功能

2. 注重短期成效、了解员工工作进程及战略实施情况是（　　）领导风格。

A.战略型　　B.授权型　　C.实务操作型　　D.集权型

3.“严”与“爱”相结合的员工管理中“爱”体现在（　　）方面。

A.关爱员工　　B.评价员工　　C.尊重员工　　D.理解员工

4.员工结果导向的内在性需求不包括（　　）。

A.成就感　　B.贡献感　　C.自豪感　　D.自主权

5.“给他鲜花给他梦”表达的是激励艺术中的（　　）。

A.激励互动　　B.心智激励　　C.综合激励　　D.双因素激励

◎ 想一想

1.阅读下述“领导的艺术——怀柔与强悍之辩”案例，分别从领导者与被领导者两个角度分析不同领导艺术的优劣以及均衡的策略。

从个人经历来讲，两种类型的领导我都遇见过。通过比较和观察，我觉得在很多时候，如果管理者对下属过于强硬的话，员工会感受到很大的压力。在紧张压抑的状态下，员工的工作效率往往会大打折扣；同时，事事都严格按上级的要求去做，也会抑制员工的创造力和潜能。所以，我更倾向于怀柔的管理风格。

其实，我本人也有一个从强硬派到怀柔派的转变过程。几年前刚做管理的时候，因为年轻，总有一种“怕管不住人”的心态，所以决定要“凶”一些。但经过了这么多年的实践体会，现在我比较偏向于怀柔风格。当然，所谓怀柔并不是一味柔和到底，这里面是有条件和限度的，即对管理对象怀柔的同时他们也必须达到我的要求。有时候，我也会考虑是否有必要在管理方面偶尔变得强势一些，但我还是觉得这样做的效果不会很好。如果你要求员工完全服从你的指令去行事，他可能会去照做，但他的心里就不一定会舒服，而最终的结果也可能难以令人满意。

我觉得管理者可以柔和一些，但做事必须有章可循，保证公平，不能让员工认为你只是为了维持一种关系上的和谐而不坚持原则。员工偶尔会迟到，你可以宽容他，但如果他经常性迟到，那你就必须严格按照企业的制度处理他，并通过处理结果向所有员工传递一个信息：大家不要去试探和挑战管理者的底线，不要认为宽松的环境下就可以抛弃规章制度。但并不是所有的事情都有章可循，出现这样的情况时，依靠领导者的个人魅力以及对下属的影响力可能会更加有效。管理者应该通过自己平常的行为、做事方法去影响员工，当然这需要管理者平时就去做铺垫。比如，管理者应该更多地了解员工的性格和处事方式，多倾听他们的声音和感受。因为管理的目的是要员工完成本职工作，提升绩效，本着这个方向帮助员工解决问题才是最重要的。

比较重要的一点是，管理者要学会借助管理工具来管理员工。前面我说管理者在对员工怀柔的同时也要对他们有所要求，这些要求是通过绩效考核体系等管理系统来保证的。比如，员工在没有完成预期的工作目标时，你可以用考核的杠杆给他施加一定的压力，让他有紧迫感，形成“外松内紧”的管理氛围。提高“凶狠指数”，把握原则是基础。

2. 根据马斯洛需求层次理论，请同学们提出针对不同需求层次的员工的具体激励方法。

收获与体会

项目二　旅游企业员工心理状态调适

◎ **课前小互动**

请同学们扫码学习“交互式课件 6-2-1”，就情绪管理与情绪劳动管理的关系与差异展开思考，发表看法。

交互式课件
6-2-1

情绪劳动及
管理

知识共探究

任务一　情绪察觉与状态调整

一、情绪劳动与情绪管理

通过前面的模块学习，我们可以确定旅游服务注重心理服务，是一种情绪性服务，旅游服务人员就是典型的情绪劳动者，为游客提供情绪价值。在模块三与模块四中，我们都介绍了通过察言观色来觉察游客的情绪状态，发挥微动作心理在对客沟通时的功效。

旅游服务人员在对客服务中时刻进行着情感强化和情感置换，一方面要增强自己和服务对象之间的亲密感，把陌生的服务对象想象成自己的朋友和亲人；另一方面则要隐藏自己的真实情感，正确表达旅游企业需要的情感。在这种情况下，长时间压抑自己的真情实感，很可能会出现一些不良的结果，主要表现在情感耗竭、去人格化和工作满意度降低三个方面，影响服务人员的心理健康。组织层面的情绪劳动及管理策略已经在“交互式课件 6-2-1”中呈现，那么旅游服务人员该如何觉察情绪、调整状态呢？我们还是要从情绪和情感说起。

二、情绪与情感概述

1. 情绪与情感的定义

人非草木，孰能无情。人生活在社会中，为了自身的生存和发展，就要不断地认识和改造客观世界，以期为人类文明、进步和发展创造条件。人们在变革现实的过程中，必然要接触自然界或社会中各种各样的对象和现象，必然要遇到得失、顺逆、荣辱、美丑等各种情境，有时感到高兴和喜悦，有时感到气愤和憎恶，有时感到悲伤和忧虑，有时感到爱慕和钦佩等。这里的喜、怒、哀、乐、忧、愤、爱、憎等都是情绪和情感的不同表现形式。

那么，究竟什么是情绪和情感呢？百余年来，心理学家们对这一问题进行了长期而深入的研究，对情绪和情感的实质提出了许多学说。但由于情绪和情感的复杂性，各人研究的角度、重点和方法不同，因此，至今没有得出一致的结论。当前一种比较流行的看法为，情绪与情感是因人对客观事物是否满足自己的需要、愿望和是否符合自己的观点而产生的态度体验及相应的行为反应。

人们在活动与认识世界的过程中，既表现出对事物的态度，同时也表现出这样或那样的情绪、情感。例如，人们遇到危险时会产生紧张感或恐惧感；碰到那些违反社会道德标准的丑恶现象会产生厌恶感或愤怒感。这些以特殊方式表现出来的主观感受或体验就是情绪、情感。

情绪、情感作为主观感受，也是对现实的反映。它所反映的不是客观事物本身，而是作为具有一定需要的主体的人和客体之间的关系。在主客体关系中，不是任何事物都能引起人的情绪与情感体验的。例如，车声、铃声在一般情况下，不能引起我们的情感体验，但当我们聚精会神地思考某些问题时，这些声音就会使我们觉得很讨厌；当你急切地盼望下课时，或在车站伫立等候来车时，铃声和车声又会使你感到愉快、高兴。这说明客体是否能引起人的情绪与情感体验，是以人的需要为中介的。凡是能满足人的需要或符合人的愿望、观点的客观事物，就会使人产生愉快、喜爱等肯定的情绪与情感体验；凡是不符合人的需要或违背人的愿望、观点的事物，就会使人产生烦闷、厌恶等否定的情绪与情感体验。

2.情绪与情感的功能

（1）信息交流功能

情绪的交流功能是指在人际交往中，人们除借助言语进行交流之外，还通过情绪的流露来传递自己的思想和意图。情绪和情感传递信息、沟通信息的功能是通过表情来实现的，表情包括肢体表情、言语表情和面部表情。表情具有信号传递作用，属于一种非言语性交际，人们可以凭借一定的表情来传递情绪信息和思想。表情更具生动性、表现力、神秘性和敏感性，有些时候人们用情绪的表露代替语言的表达会更具感染力，能取得“此时无声胜有声”的效果。

学以致用 6-2-1

请大家温故知新，根据图6-2-1的卡通人物面部表情判断人物的情绪重点。

图6-2-1　卡通人物面部表情

（2）调节功能

从情绪和行为的关系来看，情绪对行为既有促进作用，也有干扰作用。情绪与情感作为行为动力，有发起和维持行为的作用。情绪和情感是激励人的活动、提高人的活动效率的动力因素之一。适度的情绪兴奋，可使身心处于活动的最佳状态，进而提高人的活动效率，有效地完成工作任务。研究表明，适度的紧张和焦虑能促使人积极思考和成功地解决问题。没有一点紧张，或者过度紧张或焦虑将不利于问题的解决。情感可以把行为引向合理的轨道，如对旅游服务工作的热爱、对游客的爱心，这是旅游服务人员创造性地完成接待工作的推动力量。但是，情绪和情感也有干扰作用。当人的行为受到阻碍而产生消极情绪时，这种情绪就会妨碍活动的进程，降低活动的效率。

知识课堂6-2-1

微课6-2-1

与焦虑和平共处

（1）扫码学习“微课6-2-1”。

（2）结合微课内容思考，在生活中有哪些事情会引发自己焦虑，现在你会如何看待焦虑，如何自我调整？

（3）感染功能

将一个乐观开朗的人和一个整天愁眉苦脸、抑郁难解的人放在一起，用不了多久，这个乐观的人也会变得郁郁寡欢起来。道理很简单，悲观者将自己的苦闷、抑郁情绪传递给了乐观者，人的情绪就是这么奇怪。情绪可以感染，会像“病毒”一样从这个人身上传播到另一个人身上，一传十、十传百，传播速度有时比有形的病毒和细菌的传染速度还要快，而当事人也许并未察觉到这种情绪的蔓延。这在模块五的团队骚动调解中，我们也有提及。

情绪的传染无处不在，且关系越密切、越熟悉的人之间，情绪的感染就会越明显。我们每个人都是情绪的始作俑者，同时也都是情绪的感染者。其实，只要中间的某个人可以调整自己的消极情绪，这种消极情绪就不会再循环下去。明白了这个道理，我们在生活、工作中，应该懂得调整自己的状态，把快乐、积极的情绪传递给他人。

3. 情绪和情感的区别与联系

情绪和情感是十分复杂的心理现象。西方的心理学著作常把情绪和情感合称为感情。这样，感情的概念就包括了心理学中的情感和情绪两个方面。情绪和情感是两种难以分割又有区别的主观体验。情绪和情感的区别见表6-2-1。

表6-2-1　**情绪和情感的区别**

情感	情绪
更多地与人的精神或社会需要相联系	更多的是与人的物质或生理需要相联系的态度体验
人所特有的	人和动物共有
受一定情境的影响，但具有较强的稳定性、深刻性和持久性	具有一定的情境性、激动性和暂时性，一般不具有稳定性
更加深沉，常以内心体验的形式存在	是情感的表现形式，通常具有明显的冲动性和外在表现形式，常伴随一定的机体生理反应

情绪和情感虽有区别，但它们都是需要是否得到满足的一种主观体验，在具体的人的身上它们总是彼此依存、融于一体、难以分开的。情感离不开情绪，稳定的情感是在情绪的基础上形成的，同时又通过情绪反应得以表达，离开情绪的情感是不存在的。情绪也离不开情感，情绪的变化往往反映着情感的深度，在情绪产生的过程中，常常深含着情感。因此，情绪和情感又是不可分割的。

情绪与情感体验是错综复杂、细腻多样的，一种情感往往包含着几种不同的情绪，在表现形式上有时不易被人一下子辨认清楚。如苦闷和绝望、忧伤和悲痛、默许的微笑和否定的微笑等，就不容易一下子辨认清楚，这要根据当时的客观情况进行仔细观察、了解。

三、情绪的要素、种类与状态调控

1.情绪的要素与种类

见多识广 6-2-1

情绪的三要素

情绪是人类对各种认知对象的一种内心感受，这种内心感受经由身体表现出来的状态，是当人受到某种刺激产生的一种身心激动状态，一般伴随着生理反应。因此，情绪包括生理层面上的生理唤醒、认知层面上的主观体验、表达层面上的外部行为。当情绪产生时，这三个层面共同活动，构成一个完整的情绪体验过程。

学以致用 6-2-2

请大家将下面的词语按照情绪三要素进行分类。

“我觉得内疚”“目瞪口呆”“面红耳赤”“眉开眼笑”“心跳加快”“我感到痛苦”

情绪因为性质不同、状态有别，分类也有差异。

①依据情绪性质分类

人的情绪是多种多样的，我国古代就有“喜、怒、哀、乐、爱、恶、惧”七情的说法。心理学界一般认为，快乐、愤怒、悲哀和恐惧是人的四种基本情绪。这些基本情绪与生俱来，与人的基本需要相联系。四种情绪的基本形式，在体验上是单纯的、不复杂的。在这四种基本情绪的基础上，可以派生出许多种不同组合的复合情绪和情感，如厌恶、羞耻、悔恨、嫉妒、喜欢、同情等。这些复合情绪和情感往往有着相对复杂的社会内涵和主观体验。情绪的性质分类见表6-2-2。

表6-2-2　情绪的性质分类

类别	快乐	愤怒	悲哀	恐惧
感受	快乐主要是指个体盼望的目的达到或需要得到满足，继而解除紧张感时的情绪体验。快乐的程度取决于目的的重要程度和目的达到的意外程度。追求的结果对个体而言越重要，或者达到目的的意外程度越高，那么所引起的个体快乐感也就越强烈	愤怒主要是指由于个体所追求的目的和愿望不能达到或顽固地、一再受到妨碍，逐渐积累而成的情绪体验。愤怒的程度取决于所受干扰的大小及违背愿望的程度，同时也受人的个性的影响。愤怒的情绪不一定是由个体所遭受的挫折引起的，只有那些不合理的挫折才是造成愤怒情绪的原因	悲哀主要是指个体在失去所盼望的、所追求的事物或有价值的东西时产生的情绪体验，如亲人去世、考试失败等。悲哀的程度取决于所失去对象的重要性和价值，越是具有重要意义或是价值越高的对象，个体在失去以后所产生的悲哀情绪也就越强烈。有时伴随着悲哀会出现哭泣行为，哭泣可以适当地释放紧张感，给个体带来轻松感	恐惧主要是指个体由于缺乏处理或摆脱可怕或危险的情境（事物）所需的力量和能力而产生的情绪体验。恐惧与快乐、愤怒不同，快乐和愤怒都是会使个体产生接近意图的情绪，而恐惧是使个体产生企图逃脱、回避危险的情绪，它比任何其他情绪都更具有感染力。引起恐惧的关键因素是个体缺乏处理可怕情境的力量

②依据情绪状态分类

情绪状态是指在某一事件或某种情境的影响下，在一定时间内所产生的激动不安的状态。其中，最典型的情绪状态有心境、激情、应激。情绪的状态分类见表6-2-3。

表6-2-3　　**情绪的状态分类**

类别	心境	激情	应激
内涵与表现	心境是一种比较微弱、平静而持久的情绪状态。平稳的心境可持续几个小时、几周或几个月，甚至一年以上。它可能是愉快的或忧郁的，也可能是恬静的或朝气蓬勃的。心境一经产生就不只表现在某一特定对象上，在相当一段时间内，能使人整个生活都染上某种情感色彩	激情是一种猛烈、迅速爆发而时间短暂的情绪状态，通常由对个人有重大意义的事件引起。如重大成功之后狂喜，惨遭失败之后绝望，突如其来的危险所带来的异常恐惧等，伴随生理变化和明显的外部行为表现。盛怒时全身肌肉紧张，怒发冲冠，咬牙切齿，紧握双拳等，甚至出现所谓激情休克现象，有时表现为过度兴奋，言语紊乱，动作失调	应激是指人对某种意外的环境刺激所做出的适应性的反应。当人陷入困难和危险的情境，必须当机立断做出重大决策时，便进入应激状态。如战士排除定时炸弹时的紧张而又小心翼翼的行为；飞机发动机突然发生故障，驾驶员紧急与地面联系着陆等。在这些情况下人们所产生的特殊紧张情绪体验，就是应激状态
影响	心境对生活、工作和学习的影响很大。良好的心境能使人处于欣喜状态，头脑清醒，从而提高工作效率，克服前进中的困难；消极的心境能使人厌烦消沉	激情有积极和消极两种，积极激情可以成为人们投入某一行动中的巨大动力，如见义勇为；消极激情会带来不良后果，出现“意识狭窄”现象，即认识范围缩小，理智分析受抑制，自我控制能力减弱，导致行为失控，做出鲁莽行为。要用意志力控制消极激情，不让消极激情支配自己。任何人对在激情状态下失控造成的不良结果都要负责	应激有两种表现：一是心理活动立即动员起来，调动身心各种潜力，保持旺盛精力，思想特别清晰，动作机敏准确，使人化险为夷、摆脱困境；二是活动处于抑制状态，知觉范围缩小，手脚失措、行动紊乱，做出不适宜动作。应激消极表现可通过提高认识、接受训练加以调节

知识课堂6-2-2

（1）扫码学习“微课6-2-2”。

（2）假设你就是这位遭受游客过激行为的实习生，你会产生怎样的情绪？

微课6-2-2

旅游者过激行为的成因分析（上）

2.情绪的调控管理

喜悦、愤怒、哀伤、恐惧、厌烦等情绪本身并无好坏，但由情绪引发的行为或行为的后果有好坏之分，所以才有了积极情绪、消极情绪之别。在什么时间、什么地点和场合、对什么人、采取什么样的反应方式，要以社会和道德的规范标准为依据。也就是说，情绪的反应以及情绪所引发的行为要符合社会规范。情绪管理通过研究个体和群体对自身情绪和他人情绪的认识、协调、引导、互动和控制，充分挖掘和培植个体和群体的情绪智商，培养驾驭情绪的能力，从而确保个体和群体保持良好的情绪状态，并由此产生良好的管理效果。情绪管理包括认知管理、合理宣泄、积极防御、理智控制、及时求助等方式。情绪管理不是要去除或压制情绪，而是在觉察情绪后，调整情绪的表达方式。可以说，“每一份情绪，都是心灵的信使”，我们需要先正确认知情绪、觉察情绪。

知识课堂6-2-3

（1）扫码学习“微课6-2-3”。

（2）结合微课内容，说一说自己对情绪的新认知，举例分享一下自我情绪调整的好办法。

微课6-2-3

情绪的认知与管理

情绪如四季般自然地发生，一旦情绪产生波动，个人会将愉快、气愤、悲伤、焦虑或失望等各种不同的内在感受表现出来，假如消极情绪常出现而且持续不断，就会对个人产生消极的影响，如影响身心健康、人际关系或日常生活等。

启智润心 6-2-1　　中医心理学：情志相胜治疗法

中医心理学是中医学和心理学的结合，遵循中医理论体系，在中医学思想的指导下，突出中医特色。中医心理学疗法有很多，其中情志疗法为最具特色的方法。情志相胜法，是以《素问·五运行大论》中“怒伤肝，悲胜怒；喜伤心，恐胜喜；思伤脾，怒胜思；忧伤肺，喜胜忧；恐伤肾，思胜恐”的五行相生原理为指导，治疗因情志过极、脏腑功能紊乱而产生的神情病证的一种方法。其适用于癫、狂、痫、惊恐、喜笑不休等证，具有调摄心神、调畅气机、调谐阴阳、调和五志的作用，是中医学独特的心理疗法。

情志，即感情、情绪；胜，意即战胜、制服。情志相胜，意思是说各种情绪是可以互相制服的。情志相胜的一般规律是：悲胜怒、怒胜思、思胜恐、恐胜喜、喜胜悲。在正确判断患者不同性质的情志疾病的基础上，根据五行相生理论，利用各种手段（语言、行为、声响等），使患者产生可以克制其病态情志的另一种情志变化，使由病态情志导致的疾病得以康复。

中医能生生不息数千年，至今还存在并不断发展，其最重要的缘由是临床有效。中医情志疗法是一种具有民族传统文化特色的医学心理学疗法，它反映了古代医学家独特的思维和辨治观，是经典理论和临证经验的完美结合。中医强调辨证施治，看重病人个体差异，看中医不是头疼医头，脚疼医脚，而是根据病人的体质、体征，结合天时、地理、病史等诸多社会因素确定病因和医治方案。

资料来源：青少年心理咨询服务. 中医心理学：情志相胜疗法治疗抑郁症［EB/OL］.［2021-10-29］. https://mp.weixin.qq.com/s/rz85e_WlpHGLzw_ytPG5_A；明明乐. 心病还需心药医！中医心理情志疗法，以情胜情！［EB/OL］.［2022-07-02］. https://mp.weixin.qq.com/s/fp_IMcbl5uTHgp9imgiorg.

思政元素：文化自信　身心健康　创新传承

学有所悟：党的二十大报告提出：“促进中医药传承创新发展。”习近平总书记指出，“中医药学是中国古代科学的瑰宝，也是打开中华文明宝库的钥匙”“推进中医药现代化，推动中医药走向世界，切实把中医药这一祖先留给我们的宝贵财富继承好、发展好、利用好，在建设健康中国、实现中国梦的伟大征程中谱写新的篇章”。中医药是一个伟大的宝库，在几千年中医理论与实践发展过程中，不断汲取中华文化各方面的精华，形成了人文与生命科学相融合的系统知识体系，不仅升华了中华文化的内涵，而且形成了鲜明的中医文化特色。中医药文化是中华民族生命力和医药智慧的结晶，是中华传统文化的精髓。传承和发扬中医药文化，是文化自信的生动体现。

每当“焦虑”“愤怒”“悲伤”这类情绪出现时，很多人都会避而远之。毕竟它们常常让人内心消极，也可能对身体健康造成一定的危害。其实，很多看似消极的情绪，也能给我们带来正向的疗愈。抑郁，是提醒你调整目标并放下对某件事的执着；焦虑，是提醒我们把注意力放在当下；愤怒，是警示我们的边界正在被入侵；后悔，其实说明我们的心智正在成长。如果能细细聆听消极情绪的信号，我们或许能从中获得疗愈和成长的契机。

知识课堂6-2-4

微课6-2-4
旅游者过激行为的成因分析（下）

（1）扫码学习“微课6-2-4”。

（2）结合微课内容，请大家一起来试试“蝴蝶拍”舒缓操，感受情绪稳定化技术。

情绪没有好坏之分，不要抗拒你的情绪，请欢迎它们。因为每一种情绪的到来，都是在提醒我们：要记得关注自己。《在春天走进果园》的诗歌中描述：人就像一间客栈，每个早晨都有新的客人光临。“欢愉”“沮丧”“卑鄙”，这些不速之客随时都有可能登门。对任何来客都要心存感激，因为他们每一个，都是另一个世界派来指引你的向导。那些时不时拜访的“客人”从何而来？又为何而来？我们应当如何“招待”它们？这些问题，是情绪给予我们的觉知；而问题的答案，则是情绪带给我们的能量。我们不妨对任何情绪的到来都说一句“欢迎欢迎”。借由它们的指引，让自己过上一种更具智慧、更恰如其分的生活。

见多识广6-2-2
所有消极情绪，都是身体发出的求救信号

知识课堂6-2-5

微课6-2-5
构筑我的安全地

（1）扫码学习“微课6-2-5”。

（2）结合微课内容，请大家一起来试试“构筑自己的安全地”，感受结束后，比较蝴蝶拍技术与安全地技术哪个对自己更有效，分析一下两者各自适合怎样的场景。

情绪的调节方法见表6-2-4。

见多识广6-2-3
说说情商

表6-2-4　**情绪的调节方法**

类别	方法	举例
形象控制法	用浮现在自己意识中的形象来影响情绪的方法。人的情绪通常与浮现在头脑里，即出现在意识中的形象有关。美好的形象使人愉快，可怕的形象则使人恐惧。这说明我们可以通过控制出现在头脑里的形象来影响自己的情绪	当我们接受一项工作时，可能因为难度比较大而对自己信心不足。这时，调节自己情绪最好的方法是在自己的头脑中浮现以前出色完成类似工作时的情景。这样，你的“潜意识”会根据这些情景，把你带入一个充满信心的情绪状态中
想象演习法	如果我们在记忆中找不到所需要的美好形象，就用“美好想象”来代替“美好记忆”。对“潜意识”来说，幻想出的美好想象与留在记忆里的美好形象起同样作用。“想象演习法”是根据“潜意识”特点设计的，先在想象中进行演习，用演习来保证自己在将会遇到的事情和将要从事的工作中处于良好情绪状态	旅游服务人员初次走上工作岗位的时候，由于缺乏经验，不知道能不能很好地处理突发事件，也不知道在遇到各种各样“难伺候”的客人时，自己能不能冷静地面对。为了能在工作中保持良好的情绪状态，在开始工作之前可以用“想象演习法”来帮助自己“积累经验”
自我暗示法	要不加怀疑地把正确思想灌输给自己。人会接受“暗示”，是因为潜意识里没有批评能力，潜意识能自动化地用它所接受的思想去支配人的情绪和行为，而不辨别这种思想意识是正确还是错误。我们能做的就是用积极的“自我暗示”取代消极的“自我暗示”	例如，一个脾气急躁的旅游服务人员在面对挑剔的游客时，应该向潜意识输送积极的“自我暗示”——“我能控制自己”“我能改掉我的坏脾气”，而不是消极地“自我暗示”——“我改不了我的坏脾气了”“烦死了，我控制不住了”

续表

类别	方法	举例
自我强化法	通过及时自我鼓励养成良好的习惯。当人们能按照自己的习惯来做事的时候，都会觉得很顺心；而当被迫改变自己的习惯时，难免会感到别扭。因此，能养成一些良好的习惯，就能使自己常处于良好的情绪状态。“强化”就是用奖励的方法来增强一种行为重复出现的可能性，从而使行为变成习惯	人所得到的奖励来自他人与自己。例如，员工有了好的表现，会得到来自客人和自己上司的各种形式的奖励。如果确信自己“做得对”，那就应该及时地表扬自己，对“做得对”的行为加以“自我强化”，方法是养成一种新的习惯，去取代已形成的不好的习惯，让它不再起作用
注意力转移法	把注意力从产生消极否定情绪的活动或事物上转移到能产生积极肯定情绪的活动或事物上来	可以做自己感兴趣的事；对压抑的环境进行调整，环境对情绪有重要的调节和制约作用；音乐陶冶治疗已经是公认有效的方法
合理宣泄法	一个人的情绪应该表达而又没有表达出来的状况，称为“情绪便秘”。人在愤怒情绪状态下，常伴有血压升高，这是正常的生理反应。如果怒气能适当宣泄，紧张情绪就可以缓和，升高的血压也会降下来；如果怒气受到压抑，长期得不到发泄，那么紧张情绪得不到缓和，血压也降不下来，持续过久，就有可能导致高血压。由此可见，情绪需要进行及时宣泄。情绪的宣泄是平衡心理、保持和增进心理健康的重要方法	情绪宣泄既不能伤人，也不能伤己，应该是正常宣泄。 ·聊天宣泄。找信任的人倾诉自己的积郁情绪，一方面能使不良情绪得到发泄，另一方面在倾诉中得到更多的情感支持和理解，获得认识和解决问题的新启示，增加克服困难的勇气。 ·运动宣泄。情绪随着汗液排出。 ·写作宣泄。写完烧掉，怒气烟消云散。 ·哭泣宣泄。过度悲痛时，放声痛哭比强忍眼泪要好
合理化作用	合理化作用是指当个人的行为不符合社会价值标准或未达到所追求的目标时，为减少或免除因挫折而产生的内心不安和焦虑、保持自尊，而对自己不合理的行为给予一种合理的解释，以消除紧张，减轻压力，将自己从不满、不安等消极心理状态中解脱出来，保护自己免受伤害	心理学上把个体追求某目标失败时，为冲淡内心不安将目标贬低的现象称为“酸葡萄”效应；不说自己达不到目标不好，却百般强调自己认定低目标或自己拥有的东西是好的，来减轻内心失落和痛苦的心理现象，被称为“甜柠檬”效应。当人们认为自己无能为力时，不妨采用这种应对方法，以免走向极端

微课6-2-6

走进神奇的艺术心理疗愈

知识课堂6-2-6

（1）扫码学习“微课6-2-6”。

（2）结合微课内容和生活体验，请大家谈一谈哪些艺术方式对自己的情绪疗愈有帮助。

当然我们还可以用理智调控法，如心理换位、自我激励、学会升华等。心理换位就是我们通常所说的“将心比心”“推己及人”。心理换位是要克服“自我中心”，是人们进行情绪自我调节的一种良好方法。当人们对某人的言行产生不满情绪的时候，不妨把自己想象成对方，站在对方的立场上想一想，可自问如果是自己，会不会做出和他一样的行为，说出和他一样的话语。为对方的言行寻找恰当的理由，从而充分理解对方，化解与对方的对立情绪，达到调节自己的不良情绪、理智地解决问题的目的。后两种在面对挫折、提升逆商方面成效显著，我们在下一个任务中进行介绍。

任务二　身心舒压与逆商培养

一、旅游服务人员的心理健康

健康是人类的基本需求之一，是每个人都渴望的。作为一个企业员工，特别是从事旅游业的工作人员，保持良好的身心状态十分重要。

1.人类的心理健康标准

人的心理健康正常与否的标准是相对的。要判断一个人的心理是否健康，判断一种行为是不是健康心理的表现，必须考虑所处的时代、文化背景及年纪、情景等多方面因素。

基于对这些问题的考虑，心理学家们认为，同等条件下大多数人的心理和行为的一般模式，是社会常规，而具有这种心理活动、情绪或行为的人心理就是健康的。与此相比，若一种心理活动只是少数人具有，那我们可以认为这些人偏离常规、与众不同。但是这种与众不同的行为并不能称为心理不健康。为此，心理学家们制定了判定人们心理健康与否的标准，来判断一个人的心理和行为是否正常。心理健康的标准见表6-2-5。

表6-2-5　心理健康的标准

概念范畴	标准说明
对自身的态度	·有自我意识地对自身进行适当的探索 ·自我概念的现实性 ·接受自我，能现实地评价自己的长处和短处 ·心理认同感觉的明确性和稳定性
成长、发展或自我实现的方式及程度	·发掘自己各种能力及才干的动机水平 ·实现各种较高目标（如关心他人、工作、理想、兴趣）的程度
主要心理机能的整合程度	·各种心理能量适宜的动态平衡（如本我、自我、超我） ·有完整的生活哲学 ·在应激条件下能坚持并具有忍耐能力和应对焦虑的能力
自主性或对各种社会影响的独立性	·遵从自身的内部标准，行为有一定之规 ·行为独立的程度
对现实知觉的适应性	·没有错误的知觉，对所预期及所见的事物重视其实际证据 ·对他人的内心活动有敏锐的观察力
对环境的控制能力	·具有爱的能力并建立令人满意的人际关系 ·有足够的爱、工作和娱乐 ·人际关系适宜 ·能够适应环境的要求 ·具有适应和调节自身所处环境的能力 ·能有效地解决问题

2.旅游企业员工心理健康标准

参照上述心理健康的一般标准，结合旅游企业员工的心理特征以及特定的社会角色，员工心理健康的标准与解析见表6-2-6。

表6-2-6 员工心理健康的标准与解析

标准	解析
正确认识自己、接纳自己	• 心理健康的员工能够体验到自己存在的价值，既能了解自己，又能接受自己； • 对自己的能力、性格和特点能做出恰当、客观的评价，并努力发展自身的技能
能较好地适应现实环境	• 心理健康的员工能够面对现实、接受现实，并能主动适应现实、改造现实； • 对周围事物和环境能做出客观认识和评价，并能与现实环境保持良好的接触； • 对生活、工作中的各种困难和挑战都能妥善处理
和谐的人际关系	• 心理健康的员工乐于与人交往，能够认可别人存在的重要性和作用； • 心理健康的员工在与人相处的时候，积极的态度总是多于消极的态度； • 心理健康的员工在工作和生活中总是有较强的适应能力和较充分的安全感
合理的行为	• 心理健康的员工，其行为应该是合情合理的。 比如，行为方式与年龄特征一致，行为符合社会角色等

面对日益增加的工作和学习压力、生活中不断增加的风险，以及无法躲避的激烈竞争，大多数员工浮躁、失衡，不满的心理加重，甚至有威胁感、忧患感、不安全感、失落感、无稳定归属感。这些心理因素引导好将会变为工作和生活动力，处理不好将成为个人心理危机，影响工作和生活、人际关系甚至家庭和睦。在“严”与“爱”的管理介绍中，我们已提到管理者的关爱，从心理学层面上，了解和把握员工心理变化规律，用科学的方法帮助员工解决心理问题，引导员工对生活体验多角度反思，点燃对生活的激情和对工作的创造力。心理健康维护，是保护人力的重要手段。旅游企业的管理者可以通过举行讲座、讨论交流和成立心理健康咨询室等方式，开展经常性心理咨询和辅导，使本企业的员工都具有健康的心理，激发其工作热情，提高工作效率，热爱企业，努力为企业工作。

学以致用6-2-3

请大家根据表6-2-7描述的企业给员工的六种不同机会和空间，思考分别会带给员工哪些心理健康上的调整和维护。

表6-2-7 企业的“六给”内容

“六给”	具体内容
给员工更多发言渠道和表现机会	如总经理信箱、店刊、店报、主题演讲会、自由谈、知识竞赛、员工艺术团等
给员工更多参与管理的途径和机会	如“诸葛亮”会、干部扩大会、征求意见会、建议有奖活动等
给员工更多的展现优秀形象的方式和机会	如光荣榜、明星奖、荣誉称号、表彰大会、委屈奖、奖励旅游等
给基层管理人员和普通员工更多的对客服务处置权	如更换权、打折权、部分免单权、限额自主应急采购权、要求对客服务配合权等
给员工创造更加舒适和宽松的硬环境和软环境	如改善员工的住宿条件，改良组织氛围和人际关系，改变不良的领导作风和不当的管理方法
给员工更加广阔的发展机会和空间	如帮助员工设计职业生涯计划、轮岗锻炼等

3.成为心理健康的人

心理学一般认为，心理健康主要与心理压力、身心疾病、心理应对技能、自信心与社会支持因素有关。它们之间的关系可用下面的公式来表示：

$$\text{心理健康状况}=\frac{\text{心理压力}+\text{身心疾病}}{\text{心理应付技能}+\text{自信心}+\text{社会支持系统}}$$

在这个公式中，分子越大，一个人的心理健康状况就会受到越大的消极影响。从某种程度上说，“心理压力”和“身心疾病”都是生活中的客观存在。如果我们不能直接去改变它们，我们还可以通过加大公式中分母的比重，来降低分子可能产生的消极影响，从而提高我们的心理健康水平。因此，对心理健康的维护和保健，可以从分母的“心理应对技能”“自信心”“社会支持”三个方面入手。

①增强自己的心理应对技能。心理应对技能指对待麻烦的态度与处理能力。“心理压力”本身并不完全是消极的“压力”，关键在于你如何去对待这种“压力”。同样一种“心理压力”，对不同的人的影响结果是不一样的，可能是纯粹的消极压力，也可能会变成某种积极的动力。这也就是“心理对技能”的意义和内涵。面对挫折、压力，有了适当的心理应对技能，就可以把消极的压力变为积极的动力。

②提高自信心。自信心包括自我认可、自我接纳和自我价值感。自信心越强，一个人对付心理压力乃至身心疾病的能力也就越强。一个人的自信心是建立在对自己正确、客观认识的基础上的。一个人对自己的认识和理解越深刻、越积极，就越有条件来处理自己所面临的心理压力和身心疾病问题。

首先，要客观看待心理疾病，心理疾病是可以治疗并预防的，无关可耻。其次，了解并接纳自己、正视自己。俗话说“人贵有自知之明”，而事实上，并不是每个人都能真正做到自知的，常常是当局者迷，缺乏对自己的优点、缺点、兴趣、气质、性格的准确了解。因而会不自量力，想入非非，过分自卑怯懦、丧失信心。这就需要对自己做出恰如其分的、客观的评价，既不狂妄也不妄自菲薄。对自己存在的不足与缺陷要勇于承认，并努力弥补，防止过高或过低地评价自己。确立适当的个人发展规划，可减轻外界评价压力。

正确认识自己，提高自己，接纳全部的自己，只和自己的过去比较，让自己控制自己的形象，调整不现实的生活目标，“我们终此一生，就是要摆脱别人的期待，成为真正的自己”。

③扩大自己的社会支持系统。“社会支持”是一个内涵较为广泛的概念，它既包括一个人的社会交往能力，也包括为心理健康问题提供帮助的社会服务系统。一方面，若一个人能有几个与自己患难与共的朋友，在家中有体贴、理解自己的亲人，在单位有支持、关心自己的领导、同事，那么当他遇到心理压力的时候，就会有一种强有力的支持和依靠。另一方面，能够提供良好的心理咨询和辅导的社会服务系统，也能为遭遇身心疾病和心理压力的人提供及时而有力的帮助，降低身心疾病和心理压力对其产生的消极影响。

微课 6-2-7

神奇的艺术
心理疗愈之
绘画疗愈

知识课堂 6-2-7

（1）扫码学习“微课 6-2-7”。

（2）请大家准备白纸与彩笔，随心所欲地在白纸上描绘“房”“树”“人”三个元素，结束后将自己的解读分享给愿意分享的人。

见多识广 6-2-4

房·树·人绘画测试解密

二、旅游服务人员的身心舒压

企业面对的最突出的心理问题是压力。员工的压力可能来自工作本身、工作中的人际关系，也可能来自家庭和日常生活。总之，压力可能来自工作、生活的各个方面。

知识课堂 6-2-8

微课 6-2-8

旅游职业压力与应对策略（上）

（1）扫码学习“微课 6-2-8”。

（2）结合微课内容，绘制压力来源的思维导图，并结合自身情况，确认自己的压力来源以及压力调整方法。

1. 心理压力的内涵

所谓心理压力，就是指外界环境中的某些因素对个体产生压迫、紧张感，从而影响其情绪和工作效率。躯体能感受到的压力都是有形的，我们能够清楚地知道压力的来源、大小和逃避的方式。但心理压力经常给人铺天盖地的感觉，让人无处遁形。

心理压力有一部分是由已经发生或即将发生的生活事件引起的，但它对人的影响却有着非常明显的个体差异。同样一件事，在某些人眼里，简直不足挂齿，而在另一些人看来，却是天大的事。是举重若轻，还是举轻若重，与一个人的人格大有关系。那些对自己要求过多、过严的人，就容易把小事放大，小压力也就成了大压力。

知识课堂 6-2-9

动画 6-2-1

同伴压力

（1）扫码学习“动画 6-2-1”。

（2）结合动画内容思考，面对压力你是“石头型精英”还是“玻璃型精英”？你的价值感来源于哪里？

另外，工作职位的高低、人际关系、内心价值的冲突、生理需求与社会准则之间的冲突等都会带来压力。心理压力带来的消极反应见表 6-2-8。

表 6-2-8 心理压力带来的消极反应

消极反应	释义
身体症状	科学研究分析发现，压力过大将直接导致冠心病、高血压、肠胃溃疡等疾病，以及手脚麻木、肌肉酸痛、消化不良、尿频或者便秘、呼吸急促、头晕或者偏头疼、口干、心悸、容易疲劳等各种亚健康症状，人体免疫力随之下降
行为症状	如习惯于紧张、不能放松，对烟、酒、茶、咖啡的依赖性增强，欲望衰退，出现强迫性行为，做事拖沓不主动，难以做决定等
情绪和认知的症状	如注意力不集中，记忆力下降，阅读困难，学习理解能力下降，创造力下降，经常担忧，烦躁不安，焦虑，对任何事情都没有兴趣等

2. 正确看待心理压力

心理压力是魔鬼与天使的混合体。说它是魔鬼，是因为它的确能带给人心灵和躯体的双重伤害。说它是天使，是因为它也有很多的好处。

第一，在心理压力之下，我们能够保持较好的觉醒状态，智力活动处于较高的水平，可以更好地处理生活中的各种事件。有个爆米花的广告描述得非常准确，“有压力才能绽放美丽”，所以我们要感谢压力。

第二，心理压力在承受范围内，可以是一种美好的精神享受。竞技活动，就是人们在心理压力太小时“无中生有”地制造出心理压力，目的就在于丰富我们的精神生活。

3.心理压力的应对

完全没有心理压力的情况是不存在的，无论是企业还是个人，都要学会应对。从企业角度来说，要转变观念，要站在组织层面上来理解员工的心理和个人问题，要充分认识到这些问题对企业的影响，把员工的心理和个人问题当成企业自身的问题，看成是企业管理的必要组成部分；加大培训投资力度，实行情感管理；改善企业工作的硬环境和软环境（如组织结构改革、团队建设、领导力培训、员工职业生涯规划等），给员工提供一个健康、舒适、团结、向上的工作环境，丰富员工的工作内容，指明员工的发展方向，消除外部环境因素对员工职业心理健康的不良影响。最关键的是实施员工帮助计划，这是解决员工压力和心理问题最有效、最全面的方法。作为企业员工压力和心理问题的全面解决方案，其围绕着职业心理健康，由专业的心理服务公司提供企业员工心理问题调查研究、组织管理改进建议、宣传教育、心理培训、心理咨询等各个方面的服务。最后还要有正确的培训机制，要有一个进行实际运作的培训组织，有一套推进企业培训发展的政策，有一支训练有素的训导师队伍，有一定数量的培训经费和设施设备，有一套适合不同员工、不同岗位的培训方法。

知识课堂 6-2-9

微课 6-2-9

旅游职业压力与应对策略（下）

（1）扫码学习“微课 6-2-9”。

（2）结合微课内容，为自己设计合适的抗压营养食谱，并跟随企业导师的展示进行运动减压练习。

从个人角度来说，要从应对问题与应对情绪两方面来入手。努力克服困难，排除障碍，将问题解决，压力便会消除。问题应对主要涉及确立适当目标、制订周密计划、讲究科学方法以及合理运筹时间等方面。我们在解决问题的过程中会有喜怒哀乐，会有成功的愉悦和失败的懊恼，只有调整好心态，才能更好地解决问题。这种对情绪的自我调控和管理，谓之情绪应对。由于采用问题应对的策略未必会获得成功，而且大部分是不成功的，因此，情绪应对就显得更加重要了，这是上一个任务的学习重点。

知识课堂 6-2-10

微课 6-2-10

闻香治愈：香氛的秘密

（1）扫码学习“微课 6-2-10”。

（2）结合微课内容，尝试使用嗅觉通道来进行心理解压，为自己搭配合适的减压香氛，从身边的气味中寻找到解压的味道。

启智润心 6-2-2　　香道师的解压良方：中华药香的魅力

在旅游和酒店业中，“微笑服务”成为行业标杆，员工长期存在情绪劳动负荷，将诱发系统性的心理健康问题，如倦怠、疲劳和焦虑等。企业员工在长时间的压力下，身体和心理都会出现许多症状。比如：身体出现各种不适，失眠，记忆力减退；情绪也会发生明显变化，焦躁、忧虑，时常莫名其妙地对周围人发脾气，无法控制的怒火……这就是积“压”成疾，会给人的身心造成不同程度的破坏，成为人们的“职业杀手”。旅游服务人员如何消除压力，拥有健康的心理状态？当下，在年轻人当中流行一种新的解压方式——焚香法。香道可以减压助眠、静心养神，是心灵休闲的绝好方法，汉末《名医别录》对其有文字记载，至今已有几千年历史。

香道，是通过呼吸去享受香气、养身健体、凝气安神的一种高尚优雅的养生方法和生活情趣。中华药香作为香道中的瑰宝，其线香与香水、无火香薰不一样，点燃一支线香，袅袅香烟弥漫在房间里，整个环境都渗透着和谐、温暖与安宁。

中华药香以其纯天然的中草药成分而闻名，它们是由中草药制成的，具有丰富的草本香气和独特的功效。这些中草药经过精心的调配和炮制，保留了草本植物的天然香气和药用成分。与其他香相比，中华药香更加纯净、天然，没有添加任何化学成分，非常适合追求纯净自然的人们。品质较好的香，其香气一般都具有以下特点：清新、爽神，久用也不会有头晕的感觉；醒脑提神，有愉悦之感，并不使人心浮气躁；香味醇和，浓淡适中，深呼吸也不觉得刺鼻；香味即使浓郁，也不会感觉气腻，即使恬淡，其香也清晰可辨；天然香料做的香，常能感觉到在芳香之中透出一股轻微的涩味和药材味。

中华药香的优势不仅在于其纯天然的成分，还在于其独特的功效。不同的中华药香具有不同的功效，如沉香有助于安神助眠，檀香能提神，白芷香有清凉解毒的作用，川芎香能活血化瘀等等。这些功效使得中华药香在日常生活中有着广泛的应用，可以帮助人们缓解压力，调整身心状态，提升生活品质。

资料来源：禅香心语．香道师的解压良方：中华药香的魅力［EB/OL］．［2023-07-28］. https://baijiahao.baidu.com/s?id=1772618282321564607&wfr=spider&for=pc；佚名．木有灵气 香飘千年［EB/OL］．［2023-05-18］．https://baijiahao. baidu. com/s? id=1766232898077664143&wfr=spider&for=pc；佚名.身心健康丨企业员工为什么要进行心理健康管理？［EB/OL］．［2022-11-01］. https://mp.weixin.qq.com/s/whn8TgMqWLYzeBkr7R8mIA.

思政元素：文化自信　非遗传承　工匠精神

学有所悟：中式文化之香道传承，跨越了千年的时光，曾被遗落在世界的某个角落，但最终还是被完好继承了下来，这是一个奇迹，也是历史的一种必然抉择，因为它自身悠远弥香，淡而不衰。随着生活水平的提升，不少人开始品味传统文化中的灵性生活。推广品香活动，将品香艺术重新带回生活之中，使得香道文化逐渐受到重视，并被收录在国家级非物质文化遗产保护项目中。

三、旅游服务人员的逆商培养

1.心理挫折的内涵

心理挫折简称挫折，是指个人从事有目的的活动时，遇到无法克服的障碍或者干扰，不能满足其心理需求而产生紧张、焦虑、不安等情绪的状态。挫折产生的原因一般可分为客观环境因素、个体主观因素和组织因素三类（见表6-2-9）。

表6-2-9　挫折产生的原因与表现

	因素	表现
客观环境因素	自然环境	如高噪声、低照明的工作环境，以及个人能力无法克服的自然因素的限制，严重的如无法预料和抗拒的水灾、地震、人的衰老、疾病、死亡等
	社会环境	包括所有个人在社会生活中所遭受到的政治、经济、法律、宗教、习惯等人为因素的限制

续表

	因素	表现
个人主观因素	个人生理条件	指个人具有的智力、能力、容貌、身材以及生理上的缺陷、疾病所带来的限制
	动机的冲突	竞争与合作的冲突、理想与现实的冲突、满足欲望与抵制欲望的冲突
组织因素	组织的管理方式	传统的组织理论多采用“X理论”，即主张用权威控制和惩罚的方法来管理员工，导致组织目标与个人动机之间严重冲突，员工受挫现象较为普遍
	组织内的人际关系	组织内上级与员工之间的沟通关系，大部分是单轨方式，即员工没有机会向上级反映自己的意见，容易形成紧张的人际关系
	工作性质	现代化的旅游企业过分强调分工精细，以致工作对员工显得单调、枯燥与重复，这是导致员工产生挫折感的重要原因

其他组织因素还有工作与休息时间安排不当，强迫加班或恶性延长工作时间，偏低工资，不公平的晋级制度等，都会影响员工的情绪，导致员工的挫折感。

2.心理挫折后的反应与应对

挫折同样具有二重性，要一分为二地看待。从消极方面看，挫折使人痛苦、失望或消极、颓废，甚至还会引起某些人的粗暴对抗行为，引致生理上的疾病，有损身心健康；从积极方面看，挫折会给人以教训，让人认识到错误，从而锻炼人的意志，使其更加成熟、坚强，激励人由逆境中奋起，更加努力向上。

但个体遭受挫折后必然会引起思想、行为上的相应反应。这里讲的反应主要是指消极反应，有以下两种：

第一，直接反应，即发生挫折后立即反应，见表6-2-10。

表6-2-10　受挫后的直接反应及释义

直接反应	释义
攻击	个体遇到挫折后，引起愤怒情绪，常产生攻击行为。攻击可分为直接攻击和转向攻击两类。直接攻击是指攻击构成挫折的人或事物。转向攻击是一种变相的攻击，有迁怒、无名烦恼和自我责备三种
退化	指个体遭受挫折后，采取幼稚习惯与行为的反应形式。如一位男员工受到批评后，当众大哭，这就是成熟心理的退化现象
冷漠	个体对引起挫折的对象无法攻击又无适当的替罪羊可以攻击时，便将其情绪压制下去，从而表现出一种冷漠和无动于衷的态度。这种反应最容易在四种情况下出现：第一，长期遭受挫折；第二，个人感到无望和无助；第三，情境中心理恐惧和生理痛苦；第四，个人心理上有攻击和抵制的冲突
幻想	个体遇到挫折后，陷入一种想象的境界中，以非现实的方式对待挫折或解决问题。比如，一个个子瘦小体弱的人受到一位身强体壮者欺负后，这个瘦小者便幻想在某时某地将身强体壮者狠狠教训一顿，从而得到心理上的满足
固执	个体受挫后，以一种一成不变的方式做出反应，这种人缺乏机敏品质与随机应变的能力

第二，间接反应，即遇到挫折后长远的反应。这种反应会导致个体紧张、压抑、焦虑、痛苦、长期郁闷，甚至还有可能导致人心理变态；也会给群体造成人心涣散、士气低落并长期持续的后果，使群体内部纪律松弛、事故增多、效率下降，影响群体的健康发展。

在遭受挫折之后，向专业心理人员进行咨询、寻求辅导是一种快速有效的方法。此外，还可以发挥自身的潜能来应对挫折。具体来说，可以采取以下步骤来进行自我调节：第一步是正确认识挫折，客观分析挫折产生的原因；第二步是运用合理的心理防卫机制（如合理化作用、幽默、转移等），以减轻其心理压力和伤害；第三步是调整自我的抱负水平和目标；第四步是改善挫折情境（如暂时离开挫折情境、避免消极的自我断言、与亲朋好友交流沟通等）；第五步是进行自我鼓励，积极寻找解决问题的途径和方法。

3.塑造抗挫的逆商

面对纷繁复杂、变化多端的客观世界，人在实现目标的过程中，很少是一帆风顺的，难免会遇到一些障碍、干扰、困难与挫折。不同的人对待挫折有不同的态度和解决方法。正确的态度和方法能使人从挫折中总结经验，吸取教训，增强心理承受能力和解决问题的能力。不当的态度则会给人带来巨大的心理痛苦，导致失意、沮丧、悲观、消沉，甚至种种疾病，从而影响工作质量与生活质量，给企业、家庭带来不良的影响。对于旅游服务企业，其服务的特殊性决定了其员工必须以一种饱满的精神状态出现在客人面前。而做到这一点，就需要保持一种良好、健康的身心状态，培养自我逆商。

逆商是人们面对逆境时的反应方式，即面对挫折、摆脱困境和克服困难的能力。它是衡量一个人应对工作挫折甚至任何挫折的能力。同样的打击，逆商高的人产生的挫折感低，而逆商低的人就会产生强烈的挫折感。逆商由控制感（掌控感）、起因和责任归属（担当力）、影响范围（影响度）、持续时间（持续性）四个部分组成（见表6-2-11）。

表6-2-11　逆商的组成解读

直接反应	释义	
控制感	控制感是指人们对周围环境的信念控制能力	•控制感弱的人只会逆来顺受，听天由命：我无能为力、我能力不及； •控制感强的人会凭借一己之力能动地改变所处环境，相信人定胜天：虽然很难，但这算什么，一定有办法
起因和责任归属	内因是事物存在的基础，它是某一事物区别于其他事物的内在本质，是事物运动的源泉和动力，它规定事物运动和发展的基本趋势。外因是事物存在和发展的外部条件，它通过内因而作用于事物的存在和发展，加速或延缓事物发展进程，不能改变事物的根本性质和发展的基本方向。外因是变化条件，内因是变化根据，外因通过内因起作用	•第一类属内因：由于自己的疏忽、无能、未尽全力抑或宿命论。“都是我的错，我注定要失败”，往往表现为过度自责、意志消沉、自怨自艾、自暴自弃。 •第二类属外因：合作伙伴配合不力、时机尚未成熟或者外界不可抗力。“就是时机不成熟，事前怎么就没想到会发生这样的情况呢？” •高逆商者，往往能够清楚地认识到使自己陷入逆境的起因，并甘愿承担一切责任，能够及时地采取有效行动，痛定思痛，在跌倒处再次爬起
影响范围	挫折事件波及的范围	高逆商者能够将逆境所产生的负面影响限制在一定范围内，将负面影响程度降至最低。越能把握影响范围，越把挫折视为特定事件，自己就越有能力处理，不致惊慌失措
持续时间	挫折事件影响的时间长度	高逆商者认为逆境不会长时间持续，有解决的一天

高逆商者通常乐观向上、勇于尝试、坚持不懈，我们如何塑造自我逆商呢？首先一定要接受不完美。人生不如意之事，十有八九。强者的人生，也有很多的遗憾和不完美，但他们的强大，就在于能接受种种不完美，与自己的人生和解，而不是自寻烦恼，非要苛求并不存在的完美。其次还有以下方法：

第一，自我激励法。遇到困难、挫折、打击、逆境、不幸而痛苦时，善于用坚定的信念、伟人的言行、英雄榜样、生活哲理来安慰自己，由此产生一种力量同痛苦做斗争。自我激励是人们精神活动的动力源泉之一，一个人在痛苦、打击和逆境面前，只要能够有效地进行自我激励，就会感受到力量，就能在痛苦中振作起来。

第二，感情升华法。当个体遭受挫折后，可将不为社会所认可的动机和不良情绪转移到有意义的活动中去，变压力为动力，使其上升到有益社会的高度。“化悲痛为力量”就是感情升华的一种表现。

第三，逆境行为反应日记。通过写逆境行为反应日记，了解自己面对逆境、面对挫折时的心理历程、行为和措施；再依据自己的个性特点、遭遇的具体情况进行反思，提高自身对逆境的觉察能力、控制能力；促使自己视困难为历练，学会分析困难，选择解决困难的最佳方案。

第四，自我认可法。内心真正强大的人在遭遇逆境时，不会失去自信，而是先搞清楚自己在逆境还能做什么，在逆境找到并放大优势，将这种优势转化为战胜逆境的动力。

第五，立即行动法。陷入逆境、人生不如意时，逆商低的人总喜欢抱怨，但抱怨只会让事情恶化；相反，逆商高的强者绝不抱怨，而是用行动解决问题，战胜逆境。

课后小练习

◎ 选一选（选出下列多选题中正确的选项）

1.情绪和情感的功能包括（　　）。

A.信息交流功能　　B.感染功能　　C.保健功能　　D.调节功能

2.我们丢失了钱财，往往以破财免灾来自我安慰，这一现象属于（　　）。

A.“酸葡萄”效应　B.“甜柠檬”效应　C.自我暗示　　D.合理化作用

3.以下自我心态调整的思路较好的是（　　）。

A.当你面对游客无理取闹时，不要委屈，提醒自己“闻过则喜”

B.当你出现服务失误时，不要内疚，要记住“吃一堑长一智”

C.当你对新工作环境不适应时，不要焦虑，要相信“人最终会战胜环境”

D.当你对同事表现不满时，不要生气，要自勉“走自己的路”

◎ 想一想

假如下述事件发生在你的身上，你会有什么样的想法？你该如何面对挫折，排解压力，调控情绪，解决问题，始终以积极、乐观的情绪状态投入旅游服务工作中？

事件一：导游在带团过程中，由于客观原因导致旅游计划变更，遭到游客的指责并要求中途更换导游。

事件二：作为一名旅游管理专业的学生，好不容易进入自己向往的旅游景区，本想从事景区讲解方面的工作，却被分配到景区度假酒店做一名客房服务员。

事件三：作为景区的检票人员，你严格执行景区规定，要求儿童达到1.40米需购买全票，却遭到了儿童家长的谩骂。

事件四：同样是温泉部的实习生，领导只是专门针对你的行为严厉批评，与其他实习生相谈甚欢，在你没有任何失误的情况下依旧如此。

事件五：在送机途中，你漏接了一位客人，未将对方准时送到机场，造成一系列连锁问题与经济损失。

收获与体会

参考文献

[1] 马晓佳. 向内寻找：重塑你的安全感［M］. 长沙：湖南文艺出版社，2023.

[2] 伍新蕾. 服务礼仪与形体训练［M］. 大连：东北财经大学出版社，2023.

[3] 孙喜林，杨金桥. 旅游心理学［M］. 8版. 大连：东北财经大学出版社，2022.

[4] 陈捷君. 可塑的我［M］. 北京：人民邮电出版社，2021.

[5] 严虎. 画知道答案［M］. 长沙：湖南人民出版社，2021.

[6] 霍华德·加德纳. 多元智能新视野［M］. 沈致隆，译. 杭州：浙江教育出版社，2021.

[7] 舒伯阳，张乐婷，喻春艳. 文旅时代的IP智造［M］. 北京：旅游教育出版社，2021.

[8] 王志凡，周婵. 旅游心理学实务［M］. 武汉：华中科技大学出版社，2019.

[9] 吕勤，沈苑. 旅游心理学［M］. 3版. 北京：中国人民大学出版社，2019.

[10] 严虎，陈晋东. 绘画分析与心理治疗手册［M］. 3版. 长沙：中南大学出版社，2019.

[11] 舒伯阳，刘苏衡. 旅游心理学［M］. 4版. 大连：东北财经大学出版社，2018.

[12] 李海凤，单浩杰. 旅游服务心理学［M］. 北京：中国人民大学出版社，2018.

[13] 兆民. 内向者的沟通课［M］. 北京：北京联合出版公司，2018.

[14] 李长秋. 旅游服务心理学［M］. 北京：旅游教育出版社，2017.

[15] 刘纯. 旅游心理学［M］. 北京：科学出版社，2017.

[16] 王婉飞. 旅游心理学［M］. 2版. 杭州：浙江大学出版社，2017.

[17] 孙孝华，多萝西·孙. 色彩心理学［M］. 白路.译.上海：上海三联书店，2017.

[18] 麻益军，芦爱英. 旅游心理原理与实务［M］. 4版. 北京：旅游教育出版社，2015.

[19] 张海燕. 旅游心理分析与应用［M］. 西安：西北工业大学出版社，2015.

[20] 泽丝曼尔，比特纳，格兰姆勒. 服务营销［M］. 张金成，白长虹，等译. 6版. 北京：机械工业出版社，2015.

[21] 李祝舜. 旅游心理学［M］. 北京：高等教育出版社，2014.

[22] 薛英，车秀英，钱小梅. 旅游心理与服务策略［M］. 北京：清华大学出版

社，2014.

［23］格里格，津巴多．心理学与生活［M］．王垒，王甦，译．19版．北京：人民邮电出版社，2014.

［24］图塞．微动作心理学［M］．李伟，译.南京：译林出版社，2013.

［25］傅昭，彭磊义，徐峰．酒店服务心理［M］．杭州：浙江大学出版社，2013.

［26］陈楠，王茹，吴辉球．旅游心理学［M］．北京：北京理工大学出版社，2012.

［27］刘宏申．旅游心理学［M］．成都：西南财经大学出版社，2012.

［28］程春旺．酒店服务心理学［M］．北京：国防工业出版社，2012.

［29］李刚．旅游心理学［M］．北京：清华大学出版社，北京交通大学出版社，2012.

［30］周义龙，龚云．旅游心理学［M］．武汉：武汉理工大学出版社，2012.

［31］汪红烨，王立新，杜红梅．旅游心理学［M］．上海：上海交通大学出版社，2011.

［32］彼得，奥尔森．消费者行为与营销战略［M］．王欣双，译．9版．大连：东北财经大学出版社，2010.

［33］人力资源和社会保障部教材办公室．旅游心理服务与技巧［M］．北京：中国劳动社会保障出版社，2009.

［34］叶伯平．旅游心理学［M］．北京：清华大学出版社，2009.

［35］薛群慧．旅游心理学理论案例［M］．天津：南开大学出版社，2008.

［36］国家旅游局人事劳动教育司．旅游服务心理学［M］．北京：旅游教育出版社，2004.

［37］斯沃布鲁克，霍纳．旅游消费者行为学［M］．俞慧君，张鸥，漆小燕，译．北京：电子工业出版社，2004.

［38］甘有朝．旅游心理学．［M］．2版．天津：南开大学出版社，2001.

［39］屠如骥．现代旅游心理学［M］．青岛：青岛出版社，2000.

主编简介

伍新蕾

管理学副教授，广东河源职业技术学院教学名师、课程思政名师，“新蕾名师工作室”主持人，现为广东省教育系统百姓宣讲团成员。主要研究方向为旅游服务质量管理、旅游职业教育。曾获得“中国旅游教育杰出青年教师”“南粤优秀教师”“广东省职工经济技术创新能手”等荣誉称号，入选文化和旅游部“万名旅游英才计划”——“双师型”教师项目、广东省高等学校“千百十”人才培养工程、河源市青年社科专家等，并获得教育部高职高专旅游管理类专业教学指导委员会第二届教学成果优秀奖、广东省教育教学成果奖二等奖、广东省第二届高校青年教师教学大赛第三名（高职与本科合赛）等奖项；建设1门国家在线精品课程、3门省级高职教育精品在线开放课程、1门省级高职院校课程思政示范课程、1门省级继续教育网络课程、6门校级课程思政示范课程、5门线上线下混合式教学改革课程；编写教材5部，其中《旅行社计调业务》入选首批“十四五”职业教育国家规划教材，《服务礼仪与形体训练》《旅游市场营销》入选首批广东省“十四五”职业教育规划教材；主持文化和旅游部“万名旅游英才计划”项目2项，省级高职院校课程思政教育案例1项，省级教育科学规划课题、教育教学改革项目多项，主持及参与广东省哲学社会科学“十三五”规划课题多项；指导学生获国家级职业技能大赛一等奖、省“挑战杯”竞赛特等奖等奖项近30项。拥有中级导游、中级旅行策划职业技能教学培训师、研学旅行策划与管理职业技能培训教师与考评员、茶艺师考评员、AACTP国际注册培训师、国际注册色彩心理咨询师与绘画色彩疗愈师等能力资质认证，为多家企事业单位提供专题讲座和培训，深受好评。